大学赤本シリーズ

457

名古屋学芸大学

教学社

は　し　が　き

おかげさまで，大学入試の「赤本」は，今年で創刊70周年を迎えました。

これまで，入試問題や資料をご提供いただいた大学関係者各位，掲載許可をいただいた著作権者の皆様，各科目の解答や対策の執筆にあたられた先生方，そして，赤本を使用してくださったすべての読者の皆様に，厚く御礼を申し上げます。

以下に，創刊初期の「赤本」のはしがきを引用します。これからも引き続き，受験生の目標の達成や，夢の実現を応援してまいります。

本書を活用して，入試本番では持てる力を存分に発揮されることを心より願っています。

編者しるす

＊　＊　＊

学問の塔にあこがれのまなざしをもって，それぞれの志望する大学の門をたたかんとしている受験生諸君！　人間として生まれてきた私たちは，自己の欲するままに，美しく，強く，そして何よりも人間らしく生きることをねがっている。しかし，一朝一夕にして，この純粋なのぞみが達せられることはない。私たちの行く手には，絶えずさまざまな試練がまちかまえている。この試練を克服していくところに，私たちのねがう真に人間的な世界がはじめて開かれてくるのである。

人生最初の最大の試練として，諸君の眼前に大学入試がある。この大学入試は，精神的にも身体的にも，大きな苦痛を感ぜしめるであろう。あるスポーツに熟達するには，たゆみなき，はげしい練習を積み重ねることが必要であるように，私たちは，計画的・持続的な努力を払うことによって，この試練を克服し，次の一歩を踏みだすことができる。厳しい試練を経たのちに，はじめて満足すべき成果を獲得できるのである。

本書は最近の入学試験の問題に，それぞれ解答を付し，さらに問題をふかく分析することによって，その大学独特の傾向や対策をさぐろうとした。本書を一般の参考書とあわせて使用し，まとはずれのない，効果的な受験勉強をされるよう期待したい。

（昭和35年版「赤本」はしがきより）

挑む人の、いちばんの味方

赤本創刊70周年

1954年に大学入試の過去問題集を刊行してから70年。赤本は大学に入りたいと思う受験生を応援しつづけてきました。これからも，苦しいとき落ち込むときにそばで支える存在でいたいと思います。

そして，勉強をすること，自分で道を決めること，努力が実ること，これらの喜びを読者の皆さんが感じることができるよう，伴走をつづけます。

そもそも赤本とは…

受験生のための大学入試の過去問題集！

70年の歴史を誇る赤本は，500点を超える刊行点数で全都道府県の370大学以上を網羅しており，過去問の代名詞として受験生の必須アイテムとなっています。

なぜ受験に過去問が必要なのか？

大学入試は大学によって問題形式や頻出分野が大きく異なるからです。

赤本の掲載内容

傾向と対策

これまでの出題内容から，問題の「**傾向**」を分析し，来年度の入試に向けて具体的な「**対策**」の方法を紹介しています。

問題編・解答編

- 年度ごとに問題とその解答を掲載しています。
- 「**問題編**」ではその年度の試験概要を確認したうえで，実際に出題された過去問に取り組むことができます。
- 「**解答編**」には高校・予備校の先生方による解答が載っています。

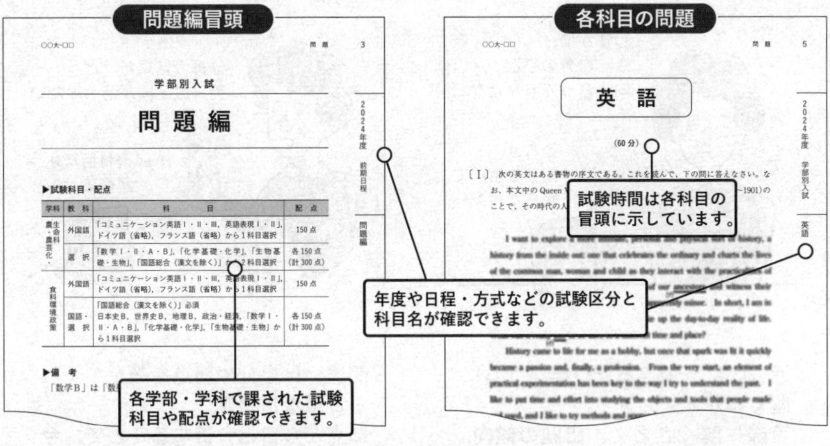

他にも，大学の基本情報や，先輩受験生の合格体験記，在学生からのメッセージなどが載っていることがあります。

掲載内容について

著作権上の理由やその他編集上の都合により問題や解答の一部を割愛している場合があります。なお，指定校推薦入試，社会人入試，編入学試験，帰国生入試などの特別入試，英語以外の外国語科目，商業・工業科目は，原則として掲載しておりません。また試験科目は変更される場合がありますので，あらかじめご了承ください。

受験勉強は

過去問に始まり，

STEP 1

なにはともあれ

まずは解いてみる

しずかに…
今，自分の心と
向き合ってるんだから
ムーン
それは
問題を解いて
からだホン!

過去問は，**できるだけ早いうちに解く**のがオススメ！
実際に解くことで，**出題の傾向，問題のレベル，今の自分の実力**がつかめます。

STEP 2

じっくり具体的に

弱点を分析する

分析の結果だけど
英・数・国が苦手みたい
スリー
必須科目だホン
頑張るホン

間違いは自分の弱点を教えてくれる**貴重な情報源。**
弱点から自己分析することで，**今の自分に足りない力や苦手な分野**が見えてくるはず！

合格者があかす赤本の使い方

傾向と対策を熟読

（Fさん／国立大合格）

大学の出題傾向を調べるために，赤本に載っている「傾向と対策」を熟読しました。

繰り返し解く

（Tさん／国立大合格）

１周目は問題のレベル確認，２周目は苦手や頻出分野の確認に，３周目は合格点を目指して，と過去問は繰り返し解くことが大切です。

過去問に終わる。

STEP 3

志望校にあわせて

苦手分野の重点対策

明日からはみんなで頑張るよ！
参考書も！ 問題集も！
よろしくね！
呼んだ？
なにを!?
どこから!?
グッ
グッ

参考書や問題集を活用して，苦手分野の**重点対策**をしていきます。
過去問を指針に，合格へ向けた具体的な学習計画を立てましょう！

STEP 1▶2▶3

サイクルが大事!

実践を繰り返す

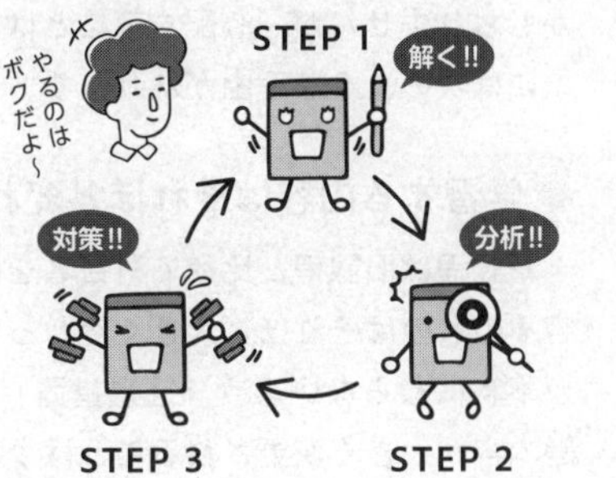

STEP 1～3を繰り返し，実力アップにつなげましょう！
出題形式に慣れることや，**時間配分を考えること**も大切です。

目標点を決める

(Yさん／私立大合格)

赤本によっては合格者最低点が載っているので，それを見て目標点を決めるのもよいです。

時間配分を確認

(Kさん／私立大学合格)

赤本は時間配分や解く順番を決めるために使いました。

添削してもらう

(Sさん／私立大学合格)

記述式の問題は先生に添削してもらうことで自分の弱点に気づけると思います。

新課程入試 Q&A

2022年度から新しい学習指導要領（新課程）での授業が始まり，2025年度の入試は，新課程に基づいて行われる最初の入試となります。ここでは，赤本での新課程入試の対策について，よくある疑問にお答えします。

Q1. 赤本は新課程入試の対策に使えますか？

A. もちろん使えます！

旧課程入試の過去問が新課程入試の対策に役に立つのか疑問に思う人もいるかもしれませんが，心配することはありません。旧課程入試の過去問が役立つのには次のような理由があります。

● 学習する内容はそれほど変わらない

新課程は旧課程と比べて科目名を中心とした変更はありますが，学習する内容そのものはそれほど大きく変わっていません。また，多くの大学で，既卒生が不利にならないよう「経過措置」がとられます（Q３参照）。したがって，出題内容が大きく変更されることは少ないとみられます。

● 大学ごとに出題の特徴がある

これまでに課程が変わったときも，各大学の出題の特徴は大きく変わらないことがほとんどでした。入試問題は各大学のアドミッション・ポリシーに沿って出題されており，過去問にはその特徴がよく表れています。過去問を研究してその大学に特有の傾向をつかめば，最適な対策をとることができます。

出題の特徴の例	・英作文問題の出題の有無 ・論述問題の出題（字数制限の有無や長さ） ・計算過程の記述の有無

新課程入試の対策も，赤本で過去問に取り組むところから始めましょう。

Q2. 赤本を使う上での注意点はありますか？

A. 志望大学の入試科目を確認しましょう。

過去問を解く前に，過去の出題科目（問題編冒頭の表）と 2025 年度の募集要項とを比べて，課される内容に変更がないかを確認しましょう。ポイントは以下のとおりです。科目名が変わっていても，実際は旧課程の内容とほとんど同様のものもあります。

英語・国語	科目名は変更されているが，実質的には変更なし。 ▶▶ **ただし，リスニングや古文・漢文の有無は要確認。**
地歴	科目名が変更され，「歴史総合」「地理総合」が新設。 ▶▶ **新設科目の有無に注意。ただし，「経過措置」（Q３参照）により内容は大きく変わらないことも多い。**
公民	「現代社会」が廃止され，「公共」が新設。 ▶▶ **「公共」は実質的には「現代社会」と大きく変わらない。**
数学	科目が再編され，「数学 C」が新設。 ▶▶ **「数学」全体としての内容は大きく変わらないが，出題科目と単元の変更に注意。**
理科	科目名も学習内容も大きな変更なし。

数学については，科目名だけでなく，どの単元が含まれているかも確認が必要です。例えば，出題科目が次のように変わったとします。

旧課程	「数学Ⅰ・数学Ⅱ・数学 A・数学 B（数列・ベクトル）」
新課程	「数学Ⅰ・数学Ⅱ・数学 A・**数学 B（数列）・数学 C（ベクトル）**」

この場合，新課程では「数学C」が増えていますが，単元は「ベクトル」のみのため，実質的には旧課程とほぼ同じであり，過去問をそのまま役立てることができます。

Q3. 「経過措置」とは何ですか？

A. 既卒の旧課程履修者への対応です。

多くの大学では，既卒の旧課程履修者が不利にならないように，出題において「経過措置」が実施されます。措置の有無や内容は大学によって異なるので，募集要項や大学のウェブサイトなどで確認しておきましょう。

◯旧課程履修者への経過措置の例

- 旧課程履修者にも配慮した出題を行う。
- 新・旧課程の共通の範囲から出題する。
- 新課程と旧課程の共通の内容を出題し，共通範囲のみでの出題が困難な場合は，旧課程の範囲からの問題を用意し，選択解答とする。

例えば，地歴の出題科目が次のように変わったとします。

旧課程	「日本史Ｂ」「世界史Ｂ」から１科目選択
新課程	「**歴史総合**，日本史探究」「**歴史総合**，世界史探究」から１科目選択※ ※旧課程履修者に不利益が生じることのないように配慮する。

「歴史総合」は新課程で新設された科目で，旧課程履修者には見慣れないものですが，上記のような経過措置がとられた場合，新課程入試でも旧課程と同様の学習内容で受験することができます。

新課程の情報はWEBもチェック！
より詳しい解説が赤本ウェブサイトで見られます。
https://akahon.net/shinkatei/

科目名が変更される教科・科目

	旧課程	新課程
国語	国語総合 国語表現 現代文A 現代文B 古典A 古典B	現代の国語 言語文化 論理国語 文学国語 国語表現 古典探究
地歴	日本史A 日本史B 世界史A 世界史B 地理A 地理B	歴史総合 日本史探究 世界史探究 地理総合 地理探究
公民	現代社会 倫理 政治・経済	公共 倫理 政治・経済
数学	数学Ⅰ 数学Ⅱ 数学Ⅲ 数学A 数学B 数学活用	数学Ⅰ 数学Ⅱ 数学Ⅲ 数学A 数学B 数学C
外国語	コミュニケーション英語基礎 コミュニケーション英語Ⅰ コミュニケーション英語Ⅱ コミュニケーション英語Ⅲ 英語表現Ⅰ 英語表現Ⅱ 英語会話	英語コミュニケーションⅠ 英語コミュニケーションⅡ 英語コミュニケーションⅢ 論理・表現Ⅰ 論理・表現Ⅱ 論理・表現Ⅲ
情報	社会と情報 情報の科学	情報Ⅰ 情報Ⅱ

目　次

●一般選抜前期・プラス共通テスト

掲載内容についてのお断り

- 一般選抜は前期のうち各科目の代表的な 1 日程分（英語・国語は 2 日程分）を掲載しています。
- 編集の都合上，メディア造形学部の実技は省略しています。

UNIVERSITY GUIDE

大学情報

基本情報

学部・学科の構成

大　学

●管理栄養学部　日進キャンパス

管理栄養学科

●ヒューマンケア学部　日進キャンパス

子どもケア学科（子どもケア専攻〈養護教諭〉，幼児保育専攻，児童発達教育専攻）

●メディア造形学部　日進キャンパス

映像メディア学科

デザイン学科

ファッション造形学科

●看護学部　名城前医療キャンパス

看護学科

大学院

栄養科学研究科 / 子どもケア研究科 / メディア造形研究科 / 看護学研究科

大学所在地

日進キャンパス

名城前医療キャンパス

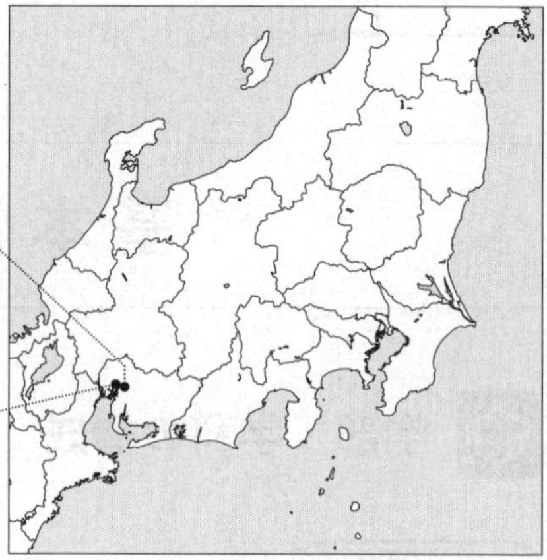

日進キャンパス（管理栄養学部・ヒューマンケア学部・メディア造形学部）

〒470-0196　愛知県日進市岩崎町竹ノ山 57

名城前医療キャンパス（看護学部）

〒460-0001　愛知県名古屋市中区三の丸 4-1-1

2024年度入試データ

入試状況

○子どもケア学科内での第２志望合格者は，その専攻の志願者・受験者・合格者として扱われた。

一般選抜

●前期（２科目型）

学部・学科・専攻			募集人員	志願者数	受験者数	合格者数
管理栄養	管理栄養		30	242	232	52
ヒューマンケア	子どもケア	子どもケア〈養護教諭〉	11	140	136	12
		幼児保育	20	112	108	26
		児童発達教育	8	42	41	13
メディア造形	映像メディア		22	201	198	24
	デザイン		16	119	110	16
	ファッション造形		7	24	23	5
看護	看護		8	313	288	34

●前期（３科目型）

学部・学科・専攻			募集人員	志願者数	受験者数	合格者数
管理栄養	管理栄養		10	190	180	27
ヒューマンケア	子どもケア	子どもケア〈養護教諭〉	4	126	123	14
		幼児保育	6	99	95	19
		児童発達教育	2	36	35	10
看護	看護		15	325	299	39

●前期プラス共通テスト

学部・学科・専攻			募集人員	志願者数	受験者数	合格者数
管理栄養	管理栄養		12	215	209	73
ヒューマンケア	子どもケア	子どもケア〈養護教諭〉	4	133	132	43
		幼児保育	12	100	96	69
		児童発達教育	2	44	43	32
メディア造形	映像メディア		7	175	172	21
	デザイン		4	115	106	16
	ファッション造形		6	18	18	9
看護	看護		10	299	274	76

●後期

学部・学科・専攻			募集人員	志願者数	受験者数	合格者数
管理栄養	管理栄養		3	12	11	8
ヒューマンケア	子どもケア	子どもケア〈養護教諭〉	2	11	11	1
		幼児保育	3	4	4	2
		児童発達教育	2	6	6	5
メディア造形	映像メディア		3	22	22	3
	デザイン		3	5	5	2
	ファッション造形		2	3	2	1
看護	看護		4	38	37	6

一般選抜共通テスト利用

●前期（2科目型）

学部・学科・専攻			募集人員	志願者数	受験者数	合格者数
管理栄養	管理栄養		12	112	112	55
ヒューマンケア	子どもケア	子どもケア〈養護教諭〉	4	63	63	27
		幼児保育	10	53	53	33
		児童発達教育	2	25	25	9
メディア造形	映像メディア		10	98	98	15
	デザイン		6	61	61	14
	ファッション造形		5	10	10	5

●前期（3科目型）

学部・学科・専攻			募集人員	志願者数	受験者数	合格者数
管理栄養	管理栄養		10	89	85	38
ヒューマンケア	子どもケア	子どもケア〈養護教諭〉	3	63	63	30
		幼児保育	6	51	51	24
		児童発達教育	2	26	26	17
看護	看護		10	145	141	51

●後期

学部・学科・専攻			募集人員	志願者数	受験者数	合格者数
管理栄養	管理栄養		3	10	10	2
ヒューマンケア	子どもケア	子どもケア〈養護教諭〉	2	13	13	1
		幼児保育	3	4	4	2
		児童発達教育	2	5	5	4
メディア造形	映像メディア		2	26	26	5
	デザイン		2	7	7	3
	ファッション造形		2	1	1	1
看護	看護		3	34	34	6

学校推薦型選抜

●一般公募

学部・学科・専攻			募集人員	志願者数	受験者数	合格者数
管理栄養	管理栄養		40	93	93	52
ヒューマンケア	子どもケア	子どもケア〈養護教諭〉	15	37	36	29
		幼児保育	30	18	18	15
		児童発達教育	10	14	14	11
メディア造形	映像メディア		20	63	62	24
	デザイン		16	16	14	11
	ファッション造形		10	6	6	3
看護	看護		20	107	107	47

募集要項（出願書類）の入手方法

インターネット出願が導入されています。募集要項は，受験生サイトで確認およびダウンロードしてください。

問い合わせ先

名古屋学芸大学　入試課
〒 470-0196　愛知県日進市岩崎町竹ノ山 57
TEL　0561-75-1745
受験生サイト URL　nagoyagakugei.com

TREND & STEPS

傾向と対策

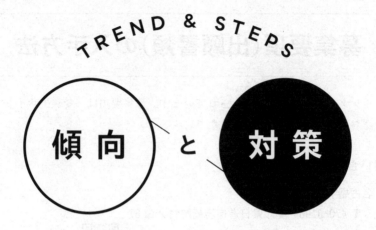

科目ごとに問題の「傾向」を分析し，具体的にどのような「対策」をすればよいか紹介しています。まずは出題内容をまとめた分析表を見て，試験の概要を把握しましょう。

注　意

「傾向と対策」で示している，出題科目・出題範囲・試験時間等については，2024 年度までに実施された入試の内容に基づいています。2025 年度入試の選抜方法については，各大学が発表する学生募集要項を必ずご確認ください。

英　語

▶学校推薦型選抜（一般公募）

年度	番号	項　目	内　容
2024 ●	〔1〕	文法・語彙	同意表現
	〔2〕	文法・語彙	空所補充
	〔3〕	文法・語彙	語句整序
	〔4〕	会　話　文	空所補充
	〔5〕	読　　　解	空所補充
	〔6〕	読　　　解	内容説明，空所補充，主題
2023 ●	〔1〕	発　　　音	発音
	〔2〕	文法・語彙	同意表現
	〔3〕	文法・語彙	空所補充
	〔4〕	文法・語彙	語句整序
	〔5〕	会　話　文	空所補充
	〔6〕	読　　　解	空所補充
	〔7〕	読　　　解	内容説明，内容真偽，空所補充，主題

（注）●印は全問，◑印は一部マークシート方式採用であることを表す。

▶一般選抜前期・プラス共通テスト

年　度		番号	項　目	内　容
2024 ●	2月6日	〔1〕	文法・語彙	同意表現
		〔2〕	文法・語彙	空所補充
		〔3〕	文法・語彙	語句整序
		〔4〕	会　話　文	空所補充
		〔5〕	読　　　解	空所補充
		〔6〕	読　　　解	内容真偽，空所補充，内容説明
	2月7日	〔1〕	文法・語彙	同意表現
		〔2〕	文法・語彙	空所補充
		〔3〕	文法・語彙	語句整序
		〔4〕	会　話　文	空所補充
		〔5〕	読　　　解	空所補充
		〔6〕	読　　　解	内容真偽，内容説明，空所補充

2023 ●	2月6日	〔1〕	発　　音	発音
		〔2〕	文法・語彙	同意表現
		〔3〕	文法・語彙	空所補充
		〔4〕	文法・語彙	語句整序
		〔5〕	会 話 文	空所補充
		〔6〕	読　　解	空所補充
		〔7〕	読　　解	内容説明，内容真偽，空所補充
	2月7日	〔1〕	発　　音	発音
		〔2〕	文法・語彙	同意表現
		〔3〕	文法・語彙	空所補充
		〔4〕	文法・語彙	語句整序
		〔5〕	会 話 文	空所補充
		〔6〕	読　　解	空所補充
		〔7〕	読　　解	内容説明，内容真偽，空所補充

（注）●印は全問，◑印は一部マークシート方式採用であることを表す。

傾向　基礎英語力を身につけ，素早く解く練習を

01　出題形式は？

2023年度は推薦・一般とも大問7題の出題であったが，2024年度はともに発音問題がなくなり，文法・語彙問題3題，会話文問題1題，読解問題2題（短めのものが1題と長文が1題）の6題となった。全問マークシート方式で，試験時間は推薦は50分，一般は60分。

02　出題内容はどうか？

文法・語彙の同意表現の問題は，基本的ではあるが，文法の全分野にわたっており，英語全般にわたる正確な知識が要求される問題もある。空所補充も高度ではないが，総合的な実力を必要とする良問ばかりである。語句整序は比較的高いレベルが求められており，英語の文法構造をよく押さえていないと正しい答えにたどりつけないものが多い。会話文は，空所に応答文を入れる問題だが，全文のきちんとした理解が要求されている。〔5〕（2023年度は〔6〕）の読解は比較的短い文の空所に語句を入れる問

題。正解に達するためには，文脈の流れを把握し，文法的な知識を駆使しなければならない。〔６〕（2023 年度は〔７〕）の読解は長文の内容に関する英問英答。英文は標準的だが，しっかりとした内容理解が求められている。

03 難易度は？

全般的に平易であるが，ところどころに難しい問題も出題されている。問題量のわりに試験時間が少々短いので，問題を解くスピードを上げる訓練をしてほしい。

対策

01 何よりも読解力

英語は読めなければ対処のしようがない。読解問題が２題出題されているので，時間をかけすぎずに，どんどん読んでいく力をつけなければならない。それほど難しい英文は出題されていないので，まずは学校の教科書の英文をしっかり読みこなそう。それができたら，平易な長文問題集を１冊仕上げておくと力になる。

02 語彙力をつける

読解問題にしても，文法問題にしても，単語力がなければはじまらない。授業を受けたり，自分で英文を読んだりする際に，単語帳を作っていくのが一番である。自信のない人は『改訂第２版キクタン【Basic】4000 語レベル』（アルク）などの市販の単語帳で覚えていくとよい。その際，単語帳は語数の少ないものを選ぶこと。厚い単語帳に挑戦しても，全部仕上げることは難しいからである。

03 文法を理解する

英語の文法はきわめて論理的にできているから『スクランブル英文法・語法 4th Edition』（旺文社）など解説の詳しい問題集を解いてみるのがよい。標準レベルの文法問題を論理的に解説してあるものがお勧めである。時間のある人は，加えて薄めの文法参考書で体系的に勉強するとさらに実力がつく。

04 整序問題の訓練を

整序問題は比較的難しく，注意を要する。最近は語句整序の問題集がたくさん出ているから，自分に合うものを選べばよい。また，整序も一種の英作文であるから，構文を押さえるために，例文の暗記をしておこう。まずは例文数が 200 くらいの例文集をマスターすることからはじめよう。

05 会話表現

必ず大問 1 題が会話文問題になっているが，特に会話表現を知らなければ解けない問題ではない。会話表現は知っているにこしたことはないが，無理に覚えようとしなくてもよい。会話文の問題集を読みこなしておけばよいだろう。読解・文法・整序と同じように，会話文問題に関しても，やはり問題を解いて，パターンに慣れておくことが必要である。空所の前後をよく読み，文脈から正解を導くことに慣れておいてほしい。

日本史

年度	番号	内　容		形　式
2024 ●	〔1〕	古代の文化	⊘視覚資料・地図	選　択
	〔2〕	鎌倉時代の社会・経済	⊘図・史料・地図	正誤・選択・配列
	〔3〕	織田信長・豊臣秀吉・徳川家康	⊘史料	選択・配列・正誤
	〔4〕	開国から太平洋戦争までの日米関係	⊘年表・史料	選択・正誤・配列
	〔5〕	原始から現代までのジェンダー	⊘史料・視覚資料	正　誤
2023 ●	〔1〕	原始・古代の墳墓と風習	⊘視覚資料・地図	選　択
	〔2〕	室町幕府の組織・政治と対外関係	⊘史料	選択・配列・正誤
	〔3〕	江戸時代の学問	⊘年表・史料・地図	選択・配列
	〔4〕	幕末から現代までの日露関係	⊘地図	正　誤
	〔5〕	古代から近代までの通貨制度	⊘史料	選択・正誤・計算

（注）●印は全問，◐印は一部マークシート方式採用であることを表す。

傾向　正誤問題・史料問題は慎重に　基本史料には必ず目を通そう！

01　出題形式は？

例年，大問5題構成で，解答個数は43個。全問マークシート方式で，4択の選択法や正誤法が中心である。試験時間は60分。

なお，2025年度は出題科目が「歴史総合，日本史探究」となる予定である（本書編集時点）。

02 出題内容はどうか？

時代別では，原始から現代まで幅広く出題されている。構成は原始・古代，中世，近世，近・現代が各１題，原始・古代から近・現代までのテーマ史が１題となっている。近代以降の出題は必至なので，念入りに学習しておきたい。

分野別では政治史中心であるが，経済史・外交史・文化史からの出題も多いので，しっかりとした学習が必要である。

史料問題が多く出題されている。ほとんどは教科書に掲載されているものであり，それ以外のものも史料集や図録を学習で活用していれば対応できる。また，地図や図表，それに年表などを用いた問題もみられる。なお，2023年度には計算問題，2024年度には史料本文の内容について正誤判断を求める問題が出題されているので，注意が必要である。

03 難易度は？

教科書の本文からの出題が多く，高校での学習をふまえたものとなっている。ただし，正文（誤文）選択問題や正誤の組み合わせを問う問題は教科書の脚注レベルのものが一部にみられるなど，やや難度が高い。用語集を用いて，歴史用語の正確な理解に努めておきたい。試験時間は60分で，解答時間にはやや余裕があるが，見直しの時間も確保できるよう，手早く解き進めていこう。

対策

01 教科書重視の学習を

まずは教科書の内容をきちんと理解しよう。教科書に沿った学習を日頃から行い，例えば『日本史用語集』（山川出版社）などの用語集を横に置いて，わからない用語が出てきたらしっかり調べて理解していくことが大切である。その際，脚注や地図，史料にも必ず目を通すこと。土地制度史など文章ではわかりにくいところは，図録を使って学習するのも有効である。また，遺跡や歴史上の出来事に関係する場所については地図で確認しておこう。

02 史料問題対策

史料問題が頻出なので，史料に対して苦手意識を持たないことが重要である。そのためには，日頃から史料の本文に触れておく必要がある。教科書に掲載されている史料は必ず見ておくとともに，授業で使用している史料集，あるいは図録に付録として収載されている史料集を活用して史料に慣れておこう。『詳説 日本史史料集（再訂版）』（山川出版社）は解説も詳しいので便利である。

03 近・現代史対策

戦後史を含む近・現代史が毎年出題されている。学習が手薄になりがちな時代でもあるので，教科書をよく読むとともに図録巻末の年表を使って流れを丁寧に押さえておきたい。教科書や資料集に掲載されている政党変遷表などを確認することで，より一層効果的な学習ができる。日頃から丁寧な学習を行うことが重要である。

04 過去問への取り組み

各時代からまんべんなく出題されている。過去問で出題傾向をつかみ，実戦的な学習を重ねることで実力の向上を図りたい。

世界史

年度	番号	内容	形式
2024 ●	〔1〕	パリの歴史 ⊘史料	選択・配列・正誤
	〔2〕	ユーラシアにおける人々の移動 ⊘地図	正誤・選択・配列
	〔3〕	中国の対外政策と領域拡大 ⊘図・地図・視覚資料	選択・正誤
	〔4〕	中南米の歴史	正　誤
2023 ●	〔1〕	古代の遊牧民 ⊘地図・系図	選択・正誤
	〔2〕	ヨーロッパの宗教対立 ⊘史料	正　誤
	〔3〕	ロシアとポーランド ⊘地図	正誤・選択・配列
	〔4〕	近現代史総合 ⊘史料	選択・配列・正誤

（注）●印は全問，◑印は一部マークシート方式採用であることを表す。

傾向　長い期間にまたがる通史・テーマ問題に要注意　地図問題は必出

01　出題形式は？

例年，大問４題構成で，解答個数は40個。全問マークシート方式で，選択法，配列法，正誤法の３つの形式で出題されている。選択法は語句や語句の組み合わせを選ぶものと，正文（誤文）選択である。配列法は３つの出来事の年代の順序を問う形式であり，正誤法は２つの文の正誤を判定する形式である。地図問題は必出で，他にも問題文の一部に史料を用いた問題や，図を使用した問題がよくみられる。2023年度は〔１〕問８で系図の問題，2024年度は〔３〕問２で組織図の問題が出題された。試験時間は60分。

なお，2025年度は出題科目が「歴史総合，世界史探究」となる予定である（本書編集時点）。

02 出題内容はどうか？

地域別では，欧米地域は，ヨーロッパを中心にバランスよく出題されている。アジア地域は，例年中国史から大問が出題されてきたが，2023年度には本文自体はトルコ共和国について述べたものであるが，問われていることはトルコ共和国に関するものとは限らず，近現代の広い範囲と時代にわたるという形の出題がなされた。2024年度も，ユーラシアにおける人々の移動という形で，ヨーロッパ史とアジア史の融合問題が出題されている。

時代別では，教科書の章などに準拠した時代区分を対象とする大問は少ない。多くは章をまたいだ長い期間を問う通史問題，もしくは政治，経済，宗教，文化など1つのテーマをもとにした総合問題の形式となっており，古代から現代まで，まんべんなく出題されている。

分野別では，政治史が中心であるが，経済史や宗教史，文化史の問題も出題されている。

03 難易度は？

ほとんどの問題は教科書学習がしっかりとできていれば対応可能である。配列法が必出で，遠く隔たった地域での出来事の前後関係を問われることもある。また，正文（誤文）選択問題や正誤の判定問題では，詳細な知識を必要とする選択肢が含まれる場合があり，注意深く文を読む必要があるものもある。全体的にみれば，試験時間60分は十分な余裕があるとはいえないだろう。

対策

01 教科書・用語集中心の学習を

時代的にも地域的にも広範囲からの出題であり，まずは教科書をしっかりと精読することが重要である。ただし，教科書は各社から何種類も出版されており，自分の使用している教科書には掲載されていない歴史事項も数多くある。こうした歴史事項を確認・理解するためにも『世界史用語集』（山川出版社），『大学受験必携 世界史用語集』（東京書籍）などの用語集は必ず利用したい。また，教科書ではうまく全体の流れを把握できないという場合は，『大学入試 ストーリーでわかる世界史探究』シリーズ（KADOKAWA），『ものがたり世界史』シリーズ（Gakken）などの通史を詳しく解説している参考書を読むのもよい。

02 地図問題への意識を高めよう

地図問題は必出である。歴史上登場する都市や王朝の領域，著名な戦いの場所，そして交易品などは必ず地理的位置とともに覚えておこう。「歴史的事項と地理」を意識的に確認するようにしたい。2023 年度〔1〕問 5 および〔3〕問 2 の地図，2024 年度〔2〕問 2 および問 10，〔3〕問 5 および問 7 の地図は教科書に掲載されている。教科書掲載の地図，図版などはすべて目を通しておこう。

03 年代に強くなろう

配列法が必出で，過去には年表を使用した問題が出題されたこともあるので，重要年代はしっかりと覚えておくこと。特に 19・20 世紀の近現代史では年代学習が効果的なので，ノートやカードを利用して年代を整理し，把握しておこう。『風呂で覚える世界史〔年代〕[改訂新装版]』（教学社）や『元祖 世界史の年代暗記法 四訂版』（旺文社）なども参考にしよう。

数　学

▶学校推薦型選抜（一般公募）

年度	番号	項　目	内　容
2024 ●	〔1〕	小 問 2 問	(1)式の値　(2)中央値・四分位範囲
	〔2〕	2 次 関 数	2 次関数のグラフ
	〔3〕	図形と計量	正弦定理・余弦定理，三角形の面積
	〔4〕	確　率	条件付き確率
	〔5〕	図形の性質	方べきの定理，角の二等分線，中線定理
	〔6〕	整数の性質	正の約数の個数，自然数になる条件
2023 ●	〔1〕	小 問 3 問	(1)絶対値を含む 1 次不等式　(2)集合の要素の個数　(3)四分位数
	〔2〕	2 次 関 数	2 次不等式
	〔3〕	図形と計量	余弦定理，三角形の面積
	〔4〕	場 合 の 数	重複順列
	〔5〕	図形の性質	角の二等分線，方べきの定理，三角形の面積
	〔6〕	整数の性質	剰余，不定方程式

(注)　●印は全問，◑印は一部マークシート方式採用であることを表す。
〔1〕～〔3〕必須，〔4〕～〔6〕から 2 題選択して解答。

▶一般選抜前期・プラス共通テスト

年度	番号	項　目	内　容
2024 ●	〔1〕	小 問 3 問	(1)式の値　(2)必要条件・十分条件　(3)平均値・分散
	〔2〕	2 次 関 数	2 次関数のグラフ，2 次不等式
	〔3〕	図形と計量	正弦定理・余弦定理，平行四辺形の面積
	〔4〕	確　率	条件付き確率
	〔5〕	図形の性質	角の二等分線，メネラウス・チェバの定理，面積比
	〔6〕	整数の性質	n 進法

2023 ●	〔1〕	小 問 3 問	(1)1次不等式　(2)命題の真偽　(3)中央値
	〔2〕	2 次 関 数	2次関数の最大・最小
	〔3〕	図形と計量	正弦定理・余弦定理
	〔4〕	確　　率	6枚のカードを並べる順列と確率
	〔5〕	図形の性質	接弦定理，メネラウスの定理，チェバの定理
	〔6〕	整数の性質	最大公約数・最小公倍数

(注)　●印は全問，◑印は一部マークシート方式採用であることを表す。
〔1〕〜〔3〕必須，〔4〕〜〔6〕から2題選択して解答。

出題範囲の変更

2025年度入試より，数学は新教育課程での実施となります。詳細については，大学から発表される募集要項等で必ずご確認ください（以下は本書編集時点の情報）。

	2024年度（旧教育課程）	2025年度（新教育課程）
学校推薦型選抜	数学Ⅰ・A	数学Ⅰ・A（図形の性質，場合の数と確率）
一般選抜前期・プラス共通テスト	数学Ⅰ・A ※数学A：図形の性質，場合の数と確率，整数の性質の3項目のうち2項目選択解答	数学Ⅰ・A（図形の性質，場合の数と確率）

旧教育課程履修者への経過措置

旧教育課程履修者に対し，不利にならないよう配慮して出題する。

傾向　幅広い出題，基礎力重視
手際よく解答できるよう練習しよう

01　出題形式は？

推薦・一般ともに〔1〕〜〔3〕は必須，〔4〕〜〔6〕の3題から2題を選択し，合計5題を解答する方式である。全問マークシート方式で，与えられた選択肢の中から解答に合うものを選ぶ形式。試験時間は推薦は50分，一般は60分。

02 出題内容はどうか？

幅広い分野からバランスよく出題されており，図形と計量（正弦定理・余弦定理，三角形の面積），確率，２次関数，図形の性質，データの分析などはよく出題されているので注意したい。

03 難易度は？

基本的な内容の出題が多いが，中には，ある程度の思考力を要するものや，計算量の多い問題も含まれており，試験時間を考えると決して容易な内容とはいえない。

対策

01 基本事項および公式の理解

全問題を通して教科書の練習問題や傍用問題集レベルの出題となっているので，これらの問題を丁寧に復習することが大切である。また，後回しにされがちな平面幾何の基本的な定理や，相似比と面積比・体積比の関係といった図形と計量に関する基本公式についても注意しておきたい。

02 典型的な問題に対する解答の練習

２次関数，平面図形，図形と計量，場合の数・確率の問題など，ほとんどの問題集にあるような典型的な問題が多いので，十分に練習しておくこと。教科書傍用問題集を通して反復練習をしておこう。

03 計算力をつける

試験時間内で解答するためには，十分な計算力が必要となる。日頃から手を動かして正しい計算ができるように練習しておこう。なお，マークシート方式ではあるが，解答の計算過程を丁寧に書き残すことにより，最後の見直しができる。解答を選択肢から選ぶときにあてはまるものがないとミスが発見できるが，そのときにも計算過程を見直すことが有効である。

04 過去問で時間の使い方を練習しよう

試験時間の割に出題数が多いので，「解きやすい問題から解答する」「つまずいた場合には別の問題を先に解く」などの判断も重要な要素となる。過去問でこれらのコツを会得しよう。

化学

▶学校推薦型選抜（一般公募）

年度	番号	項目	内容
2024 ●	〔1〕	構造・無機	混合物とその分離，同素体，炎色反応と塩化物イオンの反応，価電子，化学結合
	〔2〕	構造・状態・変化	物質量，完全燃焼の化学反応式，溶解度，化学反応式と量的関係，化学の基礎法則　⊘計算
	〔3〕	変化	酸・塩基，塩の水溶液の液性，中和滴定の指示薬
	〔4〕	変化	塩酸と水酸化ナトリウム水溶液の中和滴定　⊘計算
	〔5〕	変化・無機	酸化還元反応，酸化数，銅の工業的製法
	〔6〕	変化・無機	過マンガン酸カリウムとシュウ酸の酸化還元反応　⊘計算
2023 ●	〔1〕	構造・状態	同素体，物質の分離，気体分子の速度分布，電子式，極性分子，原子・イオンの構造
	〔2〕	構造	気体反応の法則，物質量，濃度，化学反応式と量的関係，同位体の存在比　⊘計算
	〔3〕	変化	酸・塩基の定義，pH，弱酸の遊離　⊘計算
	〔4〕	変化	二酸化炭素の逆滴定　⊘計算
	〔5〕	変化	電池，酸化還元反応，金属のイオン化傾向
	〔6〕	変化	二クロム酸カリウムと硫酸鉄(Ⅱ)の酸化還元反応　⊘計算

（注）●印は全問，◑印は一部マークシート方式採用であることを表す。

▶一般選抜前期・プラス共通テスト

年度	番号	項目	内容
2024 ●	〔1〕	構造・無機	単体と混合物，イオン半径，金属の性質，周期表，へき開，分子の構造，炎色反応，相対質量
	〔2〕	構造・変化	半減期，同位体の存在比，組成式・分子式の決定，化学反応の量的関係　⊘計算
	〔3〕	変化	塩の水溶液の液性，ブレンステッドの酸・塩基の定義，pH　⊘計算
	〔4〕	変化	希硫酸と水酸化ナトリウム水溶液の中和滴定　⊘計算
	〔5〕	変化・無機	電子を含むイオン反応式，酸化数の計算，金属のイオン化傾向　⊘計算
	〔6〕	変化・無機	過酸化水素の反応，塩素酸カリウムの分解反応　⊘計算

2023 ●	〔1〕	構造・無機	空気中の貴ガス，周期表，昇華，金属の融点，原子・分子の構造
	〔2〕	構　　造	物質量，化学反応の量的関係，分子中の炭素原子の質量比，濃度　⊘計算
	〔3〕	変　　化	pH，酸・塩基の定義，正塩の液性
	〔4〕	変　　化	濃硫酸の希釈と pH の変化　⊘計算
	〔5〕	変　　化	酸化数，ブリキとトタン，金属のイオン化傾向　⊘計算
	〔6〕	変　　化	過マンガン酸カリウム水溶液と過酸化水素水の酸化還元滴定　⊘計算

（注）●印は全問，◐印は一部マークシート方式採用であることを表す。

傾向　計算問題が多く，時間配分に注意

01　出題形式は？

計算問題も含め，すべてマークシート方式である。推薦・一般とも大問6題の出題で，試験時間は推薦は50分，一般は60分。

02　出題内容はどうか？

出題範囲は，推薦・一般ともに「化学基礎」である。

〔1〕は小問集合問題である。〔2〕は物質量や濃度，反応式と量的関係など，計算を必要とする問題が中心の小問集合である。〔3〕〔4〕は酸と塩基，〔5〕〔6〕は酸化と還元から出題されている。いずれの内容も計算問題が多く取り上げられていることが特徴である。ただし，煩雑な計算を要するものはない。

03　難易度は？

基本問題・標準問題が中心である。教科書の内容を理解し，基本問題に習熟していれば対応できるレベルである。計算問題の割合がやや多いので，時間配分に注意すること。

対策

01 理論

物質の分類，原子・分子の構造と電子配置については頻出であり，確実に得点できるよう理解を深めておく必要がある。誤文を選ばせる問題も出題されており，あやふやな知識では得点に結びつかない。理論化学各章の内容を十分理解しておくこと。

02 計算問題

理論化学の各章をひととおり学習したら，典型的な計算問題の演習を行うこと。中和滴定や酸化還元滴定などの計算問題は，慣れていないと思いのほか時間を使ってしまい，思うように得点できなくなることがある。しっかりと演習を積んでおこう。また，計算問題に取り組むときは，電卓などは使わずに，必ず自分の力で計算を行うこと。

生　物

▶学校推薦型選抜（一般公募）

年度	番号	項　目	内　容	
2024 ●	〔1〕	細　胞	細胞の構造，ミクロメーター	⊘計算
	〔2〕	遺伝情報	遺伝情報と DNA	⊘計算
	〔3〕	体内環境	自律神経系と内分泌系	
	〔4〕	生　態	遷移	
	〔5〕	生　態	生態系の物質循環	
2023 ●	〔1〕	代　謝	エネルギーと代謝	⊘計算
	〔2〕	遺伝情報	遺伝子の発現	⊘計算
	〔3〕	体内環境	ホルモンの種類とはたらき	
	〔4〕	生　態	植生の種類と構造	
	〔5〕	生　態	生態系の物質収支	⊘計算

（注）　●印は全問，◑印は一部マークシート方式採用であることを表す。

▶一般選抜前期・プラス共通テスト

年度	番号	項　目	内　容	
2024 ●	〔1〕	細　胞	エネルギーと代謝，細胞	⊘計算
	〔2〕	遺伝情報	体細胞分裂，遺伝情報の分配	⊘計算
	〔3〕	体内環境	血液の成分，心臓	⊘計算
	〔4〕	生　態	遷移	
	〔5〕	生　態	生態系の物質循環	
2023 ●	〔1〕	総　合	生物の特徴	⊘計算
	〔2〕	細　胞	体細胞分裂と染色体	⊘計算
	〔3〕	体内環境	ヒトの体内環境	
	〔4〕	生　態	植生の多様性と分布	⊘計算
	〔5〕	生　態	生態系	⊘計算

（注）　●印は全問，◑印は一部マークシート方式採用であることを表す。

傾向　標準的で幅広い内容

01　出題形式は？

推薦・一般ともに，例年，大問５題の出題で，解答個数は40個程度，全問マークシート方式である。文章の空所を埋める用語を選択したり，現象などを説明する文について正しいもの・誤ったものを選択したりする問題が主である。大問のうち，２～４題に標準的な計算問題が含まれ，どの分野においても「基礎的な計算方法がおさえられているか」を問う構成である。試験時間は推薦は50分，一般は60分。

02　出題内容はどうか？

出題範囲は，推薦・一般ともに「生物基礎」である。

2023年度と同様に，2024年度も生態からの出題が多かったが，各分野からバランスよく出題されている。正しい記述を過不足なく含むものを選ぶ問題が多く，確実な知識が必要である。実験データの読み取り，簡単な考察が必要な問題も出題されている。

03　難易度は？

教科書レベルの問題がほとんどだが，考察問題の中には思考力が必要なものが含まれることもある。

対策

01　教科書を完璧に

まず教科書の内容を確実に理解し，記憶していく必要がある。ただし，考察力や若干の専門的知識が必要な問題もあり，図説や参考書などの助けを借りたい。記憶を確実にするためには，教科書巻末にある索引を利用し，各用語がきちんと説明できるかどうかを確認しておくこと。また，実験操作についての出題もあるので，各分野ごとに教科書や資料集で手順を理解しておこう。

02 マークシート方式対策

マークシート方式に慣れておく必要がある。先に選択肢全体を確認して，不適切なものをまず除いたり，語句の組み合わせから正解を絞り込んだりすることもできるようにしておこう。問題の意味を素早くきちんと把握して，ケアレスミスをなくす練習が必要である。

03 問題演習で量に慣れる

時間内に問題を解く力を高めるためには，問題演習を数多くこなす必要がある。マークシート方式の問題集や過去問などを，できるだけ繰り返して演習するとよいだろう。繰り返す時間がない受験生は１回だけでもよいが，その場合は入試本番のつもりで試験時間を設定し，間違った問題はもう一度その内容を確認するようにしよう。

計算問題を含む大問が２～４題あるので，計算問題を解けるかどうかで差がつきやすくなっている。『大森徹の生物 計算・グラフ問題の解法』（旺文社）などを利用して，標準的な計算問題を確実に解けるようにしておきたい。

国　語

▶学校推薦型選抜（一般公募）

年度	番号	種 類	類別	内 容	出 典
2024 ●	〔1〕	現代文	評論	書き取り，空所補充，内容説明，内容真偽	「表現のエチカ」 桂英史
	〔2〕	現代文	評論	書き取り，語意，空所補充，内容説明，内容真偽	「我関わる，ゆえに我あり」 松井孝典
2023 ●	〔1〕	現代文	評論	書き取り，欠文挿入箇所，空所補充，内容説明，内容真偽	「風景論」 港千尋
	〔2〕	現代文	評論	書き取り，空所補充，内容説明，内容真偽	「〈普遍性〉をつくる哲学」 岩内章太郎

（注）　●印は全問，◑印は一部マークシート方式採用であることを表す。

▶一般選抜前期・プラス共通テスト

年 度		番号	種 類	類別	内 容	出 典
2024 ●	2月7日	〔1〕	現代文	評論	書き取り，語意，空所補充，欠文挿入箇所，内容説明，内容真偽	「手の倫理」 伊藤亜紗
		〔2〕	現代文	評論	書き取り，空所補充，内容説明，内容真偽	「風景の現象学」 内田芳明
	2月8日	〔1〕	現代文	評論	書き取り，語意，空所補充，内容説明，内容真偽	「なぜ，平和のリアリズムか」 藤原帰一
		〔2〕	現代文	評論	書き取り，表現効果，語意，空所補充，欠文挿入箇所，内容説明，内容真偽	「点・線・面」 隈研吾
2023 ●	2月6日	〔1〕	現代文	評論	書き取り，空所補充，欠文挿入箇所，内容説明，内容真偽	「日本のものづくりの源流」 鈴木一義
		〔2〕	現代文	評論	書き取り，空所補充，欠文挿入箇所，内容説明，内容真偽	「社会倫理学講義」 稲葉振一郎
	2月7日	〔1〕	現代文	評論	書き取り，空所補充，欠文挿入箇所，内容説明，内容真偽	「知的創造の条件」 吉見俊哉
		〔2〕	現代文	評論	書き取り，語意，空所補充，内容説明，内容真偽	「贅沢の条件」 山田登世子

（注）　●印は全問，◑印は一部マークシート方式採用であることを表す。

傾向　評論２題の出題　内容説明・内容真偽はやや難

01 出題形式は？

全問マークシート方式が採用されている。出題は推薦・一般ともに現代文のみで２題。１題あたりの設問数は８～11問で，試験時間は推薦が50分，一般が60分である。2024年度の大問ごとの配点は，いずれの日程も50点前後である。

02 出題内容はどうか？

評論が出題されている。文化論，文芸論，人類学，科学論，思想・哲学などのテーマで骨のある文章が多く，読みこなすだけで時間のかかるものもある。推薦と一般の傾向はほとんど変わらず，出題パターンもはっきりしている。書き取りが必出で，その後に語意・空所補充・欠文挿入箇所問題などが続き，内容説明・内容真偽で終わる。まれに修辞法や口語文法の問題が出題されることもある。内容説明や内容真偽は，選択肢に紛らわしいものがあり，文脈や筆者の言いたいことを正確にとらえていく必要がある。

03 難易度は？

書き取りや語意問題は基本～標準レベルのものがほとんどだが，時折，選択肢中の語句に難解なものが含まれている。語彙力を高めておくことが必要であろう。内容説明や内容真偽にはやや難しい設問もあるが，全体的には標準レベルである。ただし設問数が多いため，難しい設問で時間を使いすぎることのないよう留意したい。

対策

01 現代文

評論文が出題されているので，評論中心の学習が肝要である。細部の意味や段落相互の関係などに十分注意を払い，要旨を正確に把握できる力を養っておこう。本文には骨のある文章が採用されているので，各出版社の文庫・新書などから興味のある分野のものを選んで，丁寧に読んでみよう。抽象度の高い文章も読み慣れておきたい。筆者の主張やポイントを簡単な文章にまとめる練習をしておくと，内容説明や内容真偽の問題対策として効果的である。

また，選択肢に紛らわしいものがあるので，本文中で選択肢の内容について述べられた部分を押さえた上で，解答するということを身につけておこう。『マーク式基礎問題集 現代文』（河合出版）などの問題集で問題演習を重ねよう。その際，最初は時間がかかってもかまわないので，正解の根拠となる部分に線を引いて選択肢をひとつずつ検討することを試みるとよい。接続語の空所補充問題は例年出題されているので，過去問でしっかりと学習し習熟しておきたい。

02 国語常識

漢字の書き取り・四字熟語・ことわざ・故事成語・慣用表現・文法（口語）・修辞法などの知識を，漢字練習帳や国語便覧などを使用して確実に身につけたい。空所補充問題の形式でも出題されているので，とにかく繰り返し学習してマスターしておくこと。

2024年度

問題と解答

学校推薦型選抜（一般公募）

問題編

▶試験科目

<table>
<tr><th>学部・学科</th><th colspan="4">適性検査</th></tr>
<tr><td rowspan="2">管理栄養，看護</td><td colspan="2">コミュニケーション英語Ⅰ・Ⅱ（リスニングを除く），国語総合（古文・漢文を除く）</td><td>左記から1科目</td><td rowspan="2">2科目</td></tr>
<tr><td colspan="2">「数学Ⅰ・A」，化学基礎，生物基礎</td><td>左記から1科目</td></tr>
<tr><td rowspan="2">ヒューマンケア，メディア造形（ファッション造形）</td><td colspan="2">コミュニケーション英語Ⅰ・Ⅱ（リスニングを除く）</td><td>必須</td><td rowspan="2">2科目</td></tr>
<tr><td colspan="2">国語総合（古文・漢文を除く）</td><td>必須</td></tr>
<tr><td rowspan="2">メディア造形（映像メディア）</td><td rowspan="2">どちらか選択</td><td>イメージ表現〈実技〉（省略）</td><td>必須</td><td>1科目*</td></tr>
<tr><td>コミュニケーション英語Ⅰ・Ⅱ（リスニングを除く），「数学Ⅰ・A」，国語総合（古文・漢文を除く）</td><td>左記から2科目</td><td>2科目</td></tr>
<tr><td rowspan="3">メディア造形（デザイン）</td><td rowspan="3">**どちらか選択</td><td>鉛筆デッサン〈実技〉（省略）</td><td>必須</td><td rowspan="2">2科目</td></tr>
<tr><td>コミュニケーション英語Ⅰ・Ⅱ（リスニングを除く），「数学Ⅰ・A」，国語総合（古文・漢文を除く）</td><td>左記から1科目</td></tr>
<tr><td>コミュニケーション英語Ⅰ・Ⅱ（リスニングを除く），「数学Ⅰ・A」，国語総合（古文・漢文を除く）</td><td>左記から2科目</td><td>2科目</td></tr>
</table>

▶備　考

合否判定は，上記適性検査と，調査書，面接評価による総合判定。

＊イメージ表現選択者は１科目のみ。

＊＊【鉛筆デッサンと学科目１科目】または【学科目２科目】のどちらかを選択。

英　語

(50分)

【1】 次の英文(1)～(6)の下線部の語と意味が最も近いものをそれぞれ①～④の中から選びなさい。

解答番号は、(1) 1 ～(6) 6 。 (配点12点)

(1) The show is so <u>amusing</u> that you should buy the ticket. 1

① dull　② energetic　③ fascinating　④ uplifting

(2) People are <u>free</u> to decide whether or not to wear a mask. 2

① apt　② likable　③ stable　④ unrestricted

(3) The email <u>suggests</u> that she is quite satisfied with her current job. 3

① claims　② emphasizes　③ implies　④ writes

(4) There is no perfect <u>remedy</u> for the common cold. 4

① block　② nursing　③ pain　④ therapy

(5) This art gallery <u>forbids</u> customers to use smartphones. 5

① allows　② encourages　③ limits　④ prohibits

(6) I am tired of living an <u>ordinary</u> life. 6

① ambitious　② enlightening

③ intriguing　④ usual

【2】 次の英文(1)～(11)の [ ] の中に入る最も適当な語、または語句をそれぞれ①～④の中から選びなさい。

解答番号は、(1) [7] ～(11) [17] 。 (配点 33 点)

(1) My parents blamed me [7] my laziness.

① at ② for ③ in ④ to

(2) I went to the airport to see my American friend [8] .

① off ② out ③ through ④ up

(3) The custom of shaking [9] is not common in Japanese culture.

① a hand ② hands ③ the hand ④ the hands

(4) This shop [10] this watch for 3 years.

① insures ② lifts ③ subscribes ④ takes

(5) There is an exhibition of [11] art.

① acquired ② contemporary

③ transparent ④ upcoming

(6) [12] , no complaints have been received.

① As for ② Except for ③ Other than ④ So far

(7) This restaurant only uses [13] processed dairy products.

① natural ② naturally ③ nature ④ natures

(8) Despite the heavy rain, the sports festival was not [14] .

① disappeared ② excused

③ held ④ suspended

(9) The employees demanded that they should [15] the power to change the company rules.

① be given ② given to ③ giving ④ gave

(10) The young player [16] for the national championships had to withdraw because of an injury.

① envied ② qualified ③ strengthened ④ won

(11) I would like to have my own room, [17] small it may be.

① even ② however ③ whatever ④ where

【3】 次の(1)～(3)の日本文に相当する英文になるように、[ ] の中に入る最も適当な語、または語句をそれぞれ①～⑧の中から選びなさい。解答は、[18] ～ [23] についてのみ答えなさい。ただし文頭にくる場合は大文字で始まるものとする。解答番号は、(1) [18]・[19] ～(3) [22]・[23]。 (配点 12 点)

(1) 一日中買い物をした後、私には1,000円ほどしか残らなかった。

[ ] [ ] [18], [ ] [ ] [19] [ ] [ ] 1,000 yen.

① after ② with ③ only about
④ I ⑤ left ⑥ shopping
⑦ was ⑧ spending the whole day

(2) どんなに速く運転しても、東京に30分で到着することはできない。

[ ] [20] [ ] [ ], [21] [ ] [ ] [ ] in 30 minutes.

① how ② can't ③ no matter ④ get to
⑤ you drive ⑥ we ⑦ Tokyo ⑧ fast

(3) 母は電車の中で居眠りをしている間に、財布を失くしたと思われる。

My mother [ ] [ ] [ ] [22] [ ] [ ] [23] [ ] the train.

① seems　② her wallet　③ to　④ lost

⑤ dozing off　⑥ have　⑦ on　⑧ while

【4】 次の(1)・(2)の会話文の [ ] の中に入る最も適当な文をそれぞれ①〜④の中から選びなさい。

解答番号は、(1) [24] ・(2) [25] 。　　(配点8点)

(1) A : The French dinner we had last night was splendid.

B : [24] It cost me a week's salary.

① Well, we should have chosen more expensive one.

② Well, it was the cheapest one we had ever had.

③ Yeah, but it was a bit extravagant for us.

④ Yeah, but the dishes we chose were not so expensive.

(2) A : Hello. I haven't seen you for ages. How's business?

B : Not so good. [25]

A : Yeah, it's a battle to get more customers.

① Our sales keep increasing.

② Our management was successful.

③ We have plenty of competition.

④ We have a good deal of sales.

【5】 次の文章の(1)～(5)の ☐ の中に入る最も適当な語、または語句をそれぞれ①～④の中から選びなさい。
解答番号は、(1) 26 ～(5) 30 。 (配点15点)

Mie Prefectural Police's Nabari Police Station received a report of a goat in a dental clinic's parking lot, and station personnel located the animal at around 9:50 p.m. on March 7. According to the station, as soon as the police car's door was opened, the goat (1) 26 without prompting. The black-coated, short-horned goat, about the size of a small dog, was wearing a green collar with a bell, and was comfortable around people, so the police (2) 27 he was someone's pet.

Officers named the animal "Mei," (3) 28 the Japanese onomatopoeia for goat's cries. They gave him water and fawned over him while reaching out to the city hall, public health center and other places to locate the owner. An (4) 29 was received from a goat-owner on the morning of March 8, and the animal was confirmed to be his. According to the owner, Mei weighs around 12 kilograms, and is a type of goat that doesn't get very big.

Officers and others at the station said, "It was a brief time, but he soothed our nerves while we were busy. We're happy to have quickly (5) 30 him with his owner."

(The Mainichi, March 9, 2023)

(1) ① fell down ② jumped in ③ kicked out ④ ran away 26

(2) ① believed ② denied ③ launched ④ refined 27

(3) ① after ② behind ③ by ④ into 28

(4) ① accordance ② experience ③ inquiry ④ opposition **29**

(5) ① deserted ② missed ③ promoted ④ reunited **30**

【6】 次の文章を読み、(1)～(5)の答えとして最も適当なものをそれぞれ①～④の中から選びなさい。
解答番号は、(1) **31** ～(5) **35** 。 (配点 20 点)

Nerve cells acting like a compass have been found in the brains of young streaked shearwaters*, which become active when the migratory bird turns to the north, a team including researchers from Doshisha University announced. The team says the finding will lead to understanding of the detailed mechanisms of the bird's journey from Japan to the Southern Hemisphere across the Pacific.

To spend the winter in warmer areas, young streaked shearwaters go straight south from their breeding grounds in Japan without the help of their parent birds. Professors Susumu Takahashi at Doshisha University's Graduate School of Brain Science and Ken Yoda at Nagoya University's Graduate School of Environmental Studies focused on this **32** of the bird. They placed 10 young streaked shearwaters in separate boxes and monitored them with a camera ahead of the winter and examined the correspondence relationship between the direction of their heads and their brain activity.

As a result, the researchers found out that nerve cells called "head direction cells" exist in the birds' brains, and that those cells become active when the birds' heads turn to the north, at a high frequency of about 17 times per second. The same results came back regardless of whether the experiments were conducted indoors or outdoors. The researchers concluded the birds utilize the Earth's magnetism.

According to the group, head direction cells have previously been discovered in the brains of mammals, insects and other bird species. The cells show highly frequent activity when their heads turn to a certain direction. But because cells with highly frequent activity were evenly found for all directions, experts had previously believed the cells had nothing to do with the Earth's magnetism.

Young streaked shearwaters head to areas to the south of Japan, the opposite from the north for which their head direction cells get activated. Regarding this, professor Takahashi surmised, "If the compass in their brains favored the south, their cells would need to stay active during the several thousand-kilometer journey, which is not energy-efficient." He added, "We hope the findings will lead to advancing understanding of brains, such as the coordination between a sense of direction and a magnetic sense."

(The Mainichi, February 13, 2022)

* streaked shearwater(s)：オオミズナギドリ（鳥の名称）

(1) What did the research team in the article find out? **31**

① The brain surgery to young streaked shearwaters from the South Pacific.

② The effect of migration to the north by young streaked shearwaters.

③ The sensory faculty of direction in the brains of young streaked shearwaters.

④ The structure of nerve cells in the brains of young streaked shearwaters.

(2) What is the appropriate word to fill in the blank? **32**

① barometer

② characteristic

③ invention

④ prospect

(3) What is the reason the previous researchers couldn't reveal that the birds utilize the Earth's magnetism? 33

① Head direction cells had been discovered in the brains of mammals, insects and other bird species.

② Highly frequent activity in the cells was found for all directions.

③ Some researchers believed the cells had nothing to do with the Earth's magnetism.

④ The results of experiments were different between indoors and outdoors.

(4) Why does Professor Takahashi suppose the so-called "head direction cells" become active only when the birds' heads turn to the north? 34

① Because the birds' cells need to stay active during their migratory journey.

② Because it is energy-efficient if the compass in birds' brains favors the direction of their destination.

③ Because that allows them to save energy during their migration to the south.

④ Because there is coordination between a sense of direction and a magnetic sense.

(5) What is the most suitable title for this article? 35

① A Mechanism of the Inner Compass of Birds

② GPS Trackers Installed in Migratory Birds

③ The Function of Bird Colonies in the North Pacific

④ The Importance of the Earth's Magnetism

数　学

（50分）

大問	選択方法	解答番号
【1】〜【3】	必須解答	1 〜 12
【4】	選択解答 ※大問【4】〜【6】のうち2問を選択し解答すること （【4】・【5】、【4】・【6】、【5】・【6】のいずれかの組合せで解答）	13 〜 16
【5】		17 〜 20
【6】		21 〜 24

必答問題

【1】 次の問題の □ に当てはまる答えを解答群から選び，その番号をマークしなさい。

解答番号は， 1 〜 4 。（配点20点）

(1) $a=3+2\sqrt{2}$，$b=\dfrac{1}{a}$ とする。

$a^2-6a=$ 1 であり，$(a-b)a^2+6(b-a)a=$ 2 である。

(2) 正の整数 a を含んだ11個の値からなる次のようなデータがある。

17, 30, 11, 13, 24, 10, 24, 7, 23, 11, a

(i) $a \leqq 11$ のとき，この11個のデータの中央値は 3 である。

(ii) $a \geqq 11$ のとき，この11個のデータの四分位範囲は 4 である。

1 の解答群

① $-1-12\sqrt{2}$　② $-4-6\sqrt{2}$　③ $-2-6\sqrt{2}$　④ $-1-6\sqrt{2}$

⑤ -4　⑥ -2　⑦ -1　⑧ $-1+12\sqrt{2}$

⑨ $-1+18\sqrt{2}$　⑩ $-1+24\sqrt{2}$

2 の解答群

① $-96-4\sqrt{2}$　② $-48-16\sqrt{2}$　③ $-16\sqrt{2}$　④ $-8\sqrt{2}$

⑤ -6　⑥ $-4\sqrt{2}$　⑦ $2\sqrt{2}$　⑧ 4

⑨ $96-4\sqrt{2}$　⑩ $192-4\sqrt{2}$

3 の解答群

① 10　② 10.5　③ 11　④ 12　⑤ 13

⑥ 15　⑦ 17　⑧ 23　⑨ 23.5　⑩ 24

4 の解答群

① 6　② 6.5　③ 7　④ 7.5　⑤ 8

⑥ 12　⑦ 13　⑧ 14　⑨ 15　⑩ 16

必答問題

【2】 2次関数 $f(x)=-x^2+2(a-3)x+b$ がある。$y=f(x)$ のグラフの頂点は，直線 $y=6x-8$ 上にある。ただし，a，b は定数である。

次の問題の □ に当てはまる答えを解答群から選び，その番号をマークしなさい。

解答番号は，**5** ～ **8** 。(配点 20 点)

(1) $y=f(x)$ のグラフの頂点の座標は **5** である。また，b を a を用いて表すと **6** である。

(2) $y=f(x)$ のグラフが x 軸の正の部分と負の部分それぞれと交わるような a の値の範囲は **7** である。このとき，関数 $f(x)$ の $-1\leqq x\leqq 1$ における最大値が 5 となるような a の値は **8** である。

5 の解答群

① $(-a-3,\ -a^2-6a+b-9)$　② $(-a+3,\ -a^2-6a+b-9)$
③ $(-a+3,\ -a^2+6a+b-9)$　④ $(-a+3,\ a^2-6a+b+9)$
⑤ $(-a+3,\ a^2+6a+b+9)$　⑥ $(a-3,\ -a^2-6a+b-9)$
⑦ $(a-3,\ -a^2+6a+b-9)$　⑧ $(a-3,\ a^2-6a+b+9)$
⑨ $(a-3,\ a^2+6a+b+9)$　⑩ $(a+3,\ a^2+6a+b+9)$

6 の解答群

① $b=-a^2+27$　② $b=-a^2+35$
③ $b=-a^2-12a-27$　④ $b=-a^2-12a+27$
⑤ $b=-a^2+12a-27$　⑥ $b=-a^2+12a+27$
⑦ $b=-a^2-12a-35$　⑧ $b=-a^2-12a+35$
⑨ $b=-a^2+12a-35$　⑩ $b=-a^2+12a+35$

7 の解答群

① $a<\frac{13}{3}$　② $a>\frac{13}{3}$　③ $3<a<9$

④ $5<a<7$　⑤ $a<3,\ 9<a$　⑥ $a<5,\ 7<a$

⑦ $3<a<\frac{13}{3}$　⑧ $\frac{13}{3}<a<5$　⑨ $\frac{13}{3}<a<7$

⑩ $\frac{13}{3}<a<9$

8 の解答群

① $-\frac{31}{6}$　② $5-\sqrt{2}$　③ $7-\sqrt{10}$

④ $6-\sqrt{2}$　⑤ $8-\sqrt{10}$　⑥ $\frac{31}{6}$

⑦ $7-\sqrt{2}$　⑧ $9-\sqrt{10}$　⑨ $8-\sqrt{2}$

⑩ $10-\sqrt{10}$

必答問題

【3】 △ABCにおいて，AB＝12，AC＝6，$90^\circ<\angle BAC<180^\circ$ であり，△ABCの面積は $9\sqrt{15}$ である。

次の問題の □ に当てはまる答えを解答群から選び，その番号をマークしなさい。

解答番号は，**9** ～ **12** 。(配点 20 点)

(1) $\sin\angle BAC=$ **9** である。また，BC＝ **10** である。

(2) △ABCの外接円の半径を R とする。辺AB上に点Dを△BCDの外接円の半径が $\frac{4}{3}R$ になるようにとるとき，CD＝ **11** であり，△BCDの面積は **12** である。

9 の解答群

① $\frac{\sqrt{15}}{18}$	② $\frac{\sqrt{15}}{12}$	③ $\frac{\sqrt{15}}{8}$	④ $\frac{\sqrt{15}}{6}$	⑤ $\frac{\sqrt{5}}{3}$
⑥ $\frac{\sqrt{15}}{4}$	⑦ $\frac{2\sqrt{5}}{3}$	⑧ $\frac{3\sqrt{5}}{4}$	⑨ $\frac{\sqrt{15}}{2}$	⑩ $\frac{3\sqrt{5}}{2}$

10 の解答群

① $2\sqrt{22}$	② $4\sqrt{6}$	③ $8\sqrt{2}$	④ 12	⑤ $5\sqrt{6}$
⑥ $9\sqrt{2}$	⑦ $3\sqrt{22}$	⑧ $10\sqrt{2}$	⑨ $6\sqrt{6}$	⑩ 15

11 の解答群

① 4	② $\frac{9}{2}$	③ 5	④ $\frac{11}{2}$	⑤ 6
⑥ $\frac{13}{2}$	⑦ 7	⑧ $\frac{15}{2}$	⑨ 8	⑩ $\frac{17}{2}$

12 の解答群

① $3\sqrt{5}$	② $3\sqrt{15}$	③ $\frac{21\sqrt{5}}{4}$	④ $6\sqrt{5}$	⑤ $\frac{7\sqrt{15}}{2}$
⑥ $\frac{15\sqrt{15}}{4}$	⑦ $\frac{9\sqrt{15}}{2}$	⑧ $\frac{21\sqrt{15}}{4}$	⑨ $\frac{11\sqrt{15}}{2}$	⑩ $6\sqrt{15}$

【4】～【6】は，いずれか2問を選択し，解答しなさい。

【4】　袋Aには赤玉2個と白玉2個の合計4個の玉が入っている。また，袋Bには青玉2個と白玉1個の合計3個の玉が入っている。1個のさいころを投げて，次のルールにしたがって玉を取り出す。

(ルール)

1か2か3の目が出たら，袋Aから2個の玉を取り出す。

4か5の目が出たら，袋A，袋Bから1個ずつ玉を取り出す。

6の目が出たら，袋Bから2個の玉を取り出す。

次の問題の［　］に当てはまる答えを解答群から選び，その番号をマークしなさい。

解答番号は，［13］～［16］。(配点20点)

(1)　取り出した2個の玉が赤玉と青玉である確率は［13］である。

(2)　取り出した2個の玉が赤玉と白玉である確率は［14］である。

(3)　取り出した2個の玉が異なる色である確率は［15］である。取り出した2個の玉が異なる色であるとき，白玉を取り出していた条件付き確率は［16］である。

［13］，［14］の解答群

① $\frac{1}{18}$　② $\frac{1}{12}$　③ $\frac{1}{9}$　④ $\frac{5}{36}$　⑤ $\frac{2}{9}$

⑥ $\frac{5}{18}$　⑦ $\frac{1}{3}$　⑧ $\frac{7}{18}$　⑨ $\frac{1}{2}$　⑩ $\frac{13}{18}$

［15］の解答群

① $\frac{5}{18}$　② $\frac{1}{3}$　③ $\frac{7}{18}$　④ $\frac{4}{9}$　⑤ $\frac{1}{2}$

⑥ $\frac{5}{9}$　⑦ $\frac{11}{18}$　⑧ $\frac{2}{3}$　⑨ $\frac{13}{18}$　⑩ $\frac{7}{9}$

16 の解答群

① $\frac{2}{9}$　② $\frac{1}{3}$　③ $\frac{4}{11}$　④ $\frac{1}{2}$　⑤ $\frac{7}{11}$

⑥ $\frac{2}{3}$　⑦ $\frac{9}{13}$　⑧ $\frac{3}{4}$　⑨ $\frac{7}{9}$　⑩ $\frac{11}{13}$

【4】～【6】は，いずれか2問を選択し，解答しなさい。

【5】　右の図のような∠ACB＝90° の直角三角形ABCにおいて，AB＝10, BC＝8, CA＝6である。点Dを辺BC上にBD＝5となるようにとり，△ADCの外接円Oと辺ABの交点のうちAでない方をEとする。

次の問題の □ に当てはまる答えを解答群から選び，その番号をマークしなさい。

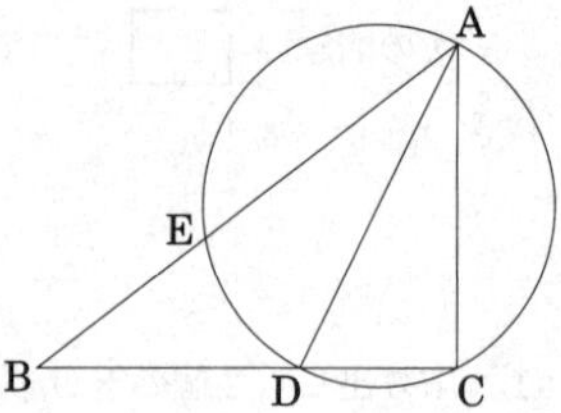

解答番号は，17 ～ 20 。(配点20点)

(1)　△ADCの外接円Oの直径は 17 である。また，BE＝ 18 である。

(2)　∠ABCの二等分線と辺ACの交点をFとするとき，AF＝ 19 である。また，△ADCの外接円Oの中心をOとするとき，OF＝ 20 である。

17 の解答群

① $\sqrt{10}$　② $\frac{3\sqrt{5}}{2}$　③ $\frac{7}{2}$　④ $\sqrt{13}$　⑤ $\frac{\sqrt{61}}{2}$

⑥ $2\sqrt{10}$　⑦ $3\sqrt{5}$　⑧ 7　⑨ $2\sqrt{13}$　⑩ $\sqrt{61}$

18 の解答群

① 3　② $\frac{13}{4}$　③ $\frac{7}{2}$　④ $\frac{15}{4}$　⑤ 4

⑥ $\frac{17}{4}$　⑦ $\frac{9}{2}$　⑧ $\frac{19}{4}$　⑨ 5　⑩ $\frac{21}{4}$

19 の解答群

① 2　② $\frac{9}{4}$　③ $\frac{12}{5}$　④ $\frac{18}{7}$　⑤ $\frac{8}{3}$

⑥ $\frac{10}{3}$　⑦ $\frac{24}{7}$　⑧ $\frac{18}{5}$　⑨ $\frac{15}{4}$　⑩ 4

20 の解答群

① $\frac{\sqrt{85}}{9}$　② $\frac{\sqrt{5}}{2}$　③ $\frac{\sqrt{85}}{8}$　④ $\frac{2\sqrt{5}}{3}$　⑤ $\frac{\sqrt{85}}{6}$

⑥ $\frac{3\sqrt{5}}{4}$　⑦ $\frac{4\sqrt{5}}{5}$　⑧ $\frac{\sqrt{85}}{5}$　⑨ $\frac{5\sqrt{5}}{6}$　⑩ $\frac{\sqrt{85}}{4}$

【4】～【6】は，いずれか2問を選択し，解答しなさい。

【6】 次の問題の □ に当てはまる答えを解答群から選び，その番号をマークしなさい。

解答番号は，**21** ～ **24** 。(配点 20 点)

(1) 1512 の正の約数の個数は全部で **21** 個である。また，$\sqrt{1512n}$ が自然数になるような最小の自然数 n は **22** である。

(2) 45 の倍数で，正の約数の個数が 15 個である自然数のうち，最も大きい自然数は **23** である。

(3) n は自然数である。$\frac{n}{6}$，$\frac{n^2}{100}$，$\frac{n^3}{225}$ がすべて自然数となるとき，$\frac{n^3}{225}$ の最小値は **24** である。

21 の解答群

① 6　② 8　③ 9　④ 12　⑤ 16

⑥ 18　⑦ 20　⑧ 24　⑨ 32　⑩ 48

22 の解答群

① 21	② 24	③ 32	④ 42	⑤ 48
⑥ 84	⑦ 126	⑧ 168	⑨ 252	⑩ 756

23 の解答群

① 225	② 405	③ 675	④ 1125	⑤ 1215
⑥ 1875	⑦ 2025	⑧ 3375	⑨ 5625	⑩ 9375

24 の解答群

① 30	② 60	③ 90	④ 120	⑤ 150
⑥ 180	⑦ 210	⑧ 240	⑨ 270	⑩ 300

化　学

(50分)

必要があれば、原子量および定数は次の値を使いなさい。

H 1.0　C 12　O 16　Na 23　Ca 40

アボガドロ定数　6.0×10^{23}/mol

また、0 ℃、1.013×10^{5} Pa（標準状態）における気体のモル体積は 22.4 L/mol とする。

【1】 次の問い（問1～6）に答えなさい。

解答番号は、 1 ～ 6 （配点22点）

問1　次の（ア）～（オ）の中から、混合物を選択したものを、下の①～⑩から一つ選びなさい。 1

（ア）　塩化水素　（イ）　塩酸　（ウ）　水

（エ）　ドライアイス　（オ）　黄銅

① アとイ　② アとウ　③ アとエ　④ アとオ

⑤ イとウ　⑥ イとエ　⑦ イとオ　⑧ ウとエ

⑨ ウとオ　⑩ エとオ

問2　混合物の分離に関する記述（ア）～（ウ）について、**誤りを含む記述をすべて選択したもの**を、下の①～⑦から一つ選びなさい。 2

（ア）　灯油や軽油は、原油の分留によりつくられる。

（イ）　茶葉に熱湯を注ぐと、特定の成分がろ過されて湯に色がつく。

（ウ）　不純物として少量の塩化ナトリウムを含む硝酸カリウムから硝酸カリウムのみを取り出すには、再結晶を用いればよい。

① アのみ　② イのみ　③ ウのみ　④ アとイ

⑤ アとウ　⑥ イとウ　⑦ アとイとウ

問3　次の（ア）～（オ）のうち、互いに同素体である組合せはいくつあるか。下の①～⑥から一つ選びなさい。 **3**

（ア）　一酸化炭素、二酸化炭素　（イ）　黒鉛、フラーレン　（ウ）　酸素、水素

（エ）　斜方硫黄、単斜硫黄　（オ）　黄リン、赤リン

① 1つ　② 2つ　③ 3つ

④ 4つ　⑤ 5つ　⑥ なし

問4　ある物質Aの水溶液を白金線の先につけてガスバーナーの外炎に入れたところ、ガスバーナーの炎は黄色になった。次に、Aの水溶液に硝酸銀水溶液を加えたところ、白色の沈殿が生じた。この結果から、物質Aとして最も適当なものを、次の①～⑨から一つ選びなさい。 **4**

① 塩化カリウム　② 硫酸銅（Ⅱ）　③ 塩化ナトリウム

④ 硝酸カリウム　⑤ 硝酸ナトリウム　⑥ 塩化銅（Ⅱ）

⑦ 硫酸ナトリウム　⑧ 硫酸カリウム　⑨ 硝酸銅（Ⅱ）

問5　価電子の数が同じ原子の組合せを、次の①～⑥から一つ選びなさい。 **5**

① B、Ca　② Ne、He　③ F、S

④ Li、Ar　⑤ O、Mg　⑥ C、N

問6　化学結合に関する記述（ア）～（ウ）について、**誤りを含む記述をすべて選択したものを**、下の①～⑦から一つ選びなさい。 **6**

（ア）　塩化カリウムKClは、KとClが互いに不対電子を出し合って電子対を共有することによって結びついている。

（イ）　二酸化ケイ素SiO_2は、SiとOが静電気的な引力（クーロン力）によって結びついている。

（ウ）　鉄Feは、原子どうしが自由電子を共有することによって結びついている。

① アのみ　② イのみ　③ ウのみ　④ アとイ

⑤ アとウ　⑥ イとウ　⑦ アとイとウ

【2】 次の問い（問1～5）に答えなさい。

解答番号は、 7 ～ 11 （配点20点）

問1　2.0 molの炭酸ナトリウム Na_2CO_3 に含まれるナトリウムイオンの質量は何gか。最も適当な数値を、次の①～⑨から一つ選びなさい。 7 g

① 12　　② 24　　③ 32
④ 46　　⑤ 48　　⑥ 92
⑦ 96　　⑧ 106　　⑨ 212

問2　次の化学反応式は、エタノールの完全燃焼を表している。

$$C_2H_5OH + 3O_2 \longrightarrow 2CO_2 + 3H_2O$$

ある質量のエタノールを完全に燃焼させたところ、消費した酸素の質量は1.74gであった。このとき、発生した二酸化炭素は標準状態（0℃、1.013×10^5 Pa）で何Lか。最も適当な数値を、次の①～⑧から一つ選びなさい。 8 L

① 1.6×10^{-3}　　② 3.6×10^{-2}　　③ 5.4×10^{-2}　　④ 8.1×10^{-1}
⑤ 8.3×10^{-1}　　⑥ 1.2　　⑦ 1.8　　⑧ 26

問3　硝酸カリウムは、水100gに25℃で39g、40℃で63gまで溶けるものとする。40℃で150gの硝酸カリウム飽和水溶液を、25℃まで冷却したときに析出する硝酸カリウムは何gか。最も適当な数値を、次の①～⑨から一つ選びなさい。ただし、水は蒸発しないものとする。 9 g

① 0　　② 12　　③ 18
④ 22　　⑤ 24　　⑥ 36
⑦ 44　　⑧ 48　　⑨ 58

問4　質量が等しい6つのビーカーA～Fに、ある濃度の希塩酸30.00gをそれぞれ入れた。ここに、質量を変えて炭酸カルシウム $CaCO_3$ を加えたところ、二酸化炭素が発生した。反応が完全に終了したあと、ビーカー全体の質量を測定した。次の表は、結果をまとめたものである。

ビーカー	A	B	C	D	E	F
希塩酸を入れたビーカーの質量(g)	88.00	88.00	88.00	88.00	88.00	88.00
加えた炭酸カルシウムの質量(g)	1.00	2.00	3.00	4.00	5.00	6.00
反応が完全に終了したあとのビーカー全体の質量(g)	88.56	89.12	89.68	90.24	91.24	92.24

この実験で希塩酸 30.00 g と炭酸カルシウムが過不足なく反応したときに発生した二酸化炭素の物質量は何 mol か。最も適当な数値を、次の①～⑧から一つ選びなさい。ただし、この反応における質量の減少は、二酸化炭素の発生によるもののみとし、二酸化炭素の水への溶解は無視する。 10 mol

① 1.0×10^{-2}　② 2.0×10^{-2}　③ 3.0×10^{-2}　④ 4.0×10^{-2}

⑤ 4.4×10^{-1}　⑥ 8.8×10^{-1}　⑦ 1.3　⑧ 1.8

問5　化学の基礎法則に関する記述として**誤りを含むもの**を、次の①～⑤から一つ選びなさい。 11

① 化学反応の前後で物質全体の質量は変わらないとする法則を、「質量保存の法則」という。

② プルーストは「定比例の法則」を提唱した。

③ ドルトンの「原子説」によれば、原子は、消滅したり無から生じたりすることはない。

④「アボガドロの法則」によれば、同温・同圧・同体積の気体中には、同数の分子が存在する。

⑤ 製法によらず、二酸化窒素の窒素と酸素の質量比は常に一定であるとする法則を、「倍数比例の法則」という。

【3】 次の問い（問1～3）に答えなさい。

解答番号は、 12 ～ 14 （配点12点）

問1 次の中和反応に関する記述（ア）～（ウ）について、**誤りを含む記述をすべて選択したもの**を、下の①～⑦から一つ選びなさい。 12

$$H_2SO_4 + 2NH_3 \longrightarrow (NH_4)_2SO_4$$

（ア） NH_3 は塩基である。

（イ） $(NH_4)_2SO_4$ は酸性塩である。

（ウ） H_2SO_4 の価数は2価である。

① アのみ　② イのみ　③ ウのみ　④ アとイ

⑤ アとウ　⑥ イとウ　⑦ アとイとウ

問2 水溶液が塩基性を示す塩を、次の①～⑨から一つ選びなさい。 13

① Na_2SO_4　② KNO_3　③ $CuSO_4$

④ CH_3COONa　⑤ $FeCl_3$　⑥ $MgCl_2$

⑦ NaCl　⑧ NH_4Cl　⑨ KCl

問3 中和滴定で用いる指示薬に関する記述として正しいものを、次の①～④から一つ選びなさい。 14

① 強酸と強塩基の中和滴定では、フェノールフタレインを用いることができるが、メチルオレンジを用いることはできない。

② 強酸と弱塩基の中和滴定では、フェノールフタレインを用いることはできないが、メチルオレンジを用いることはできる。

③ 弱酸と強塩基の中和滴定では、フェノールフタレインとメチルオレンジどちらも用いることができない。

④ 弱酸と弱塩基の中和滴定では、フェノールフタレインとメチルオレンジどちらも用いることができる。

【4】　次の問い(問1～4)に答えなさい。

解答番号は、 15 ～ 18 (配点17点)

濃度未知の塩酸10.0 mLを、ホールピペットを用いて正確にはかり取り、コニカルビーカーに入れて指示薬を1、2滴加えた。この溶液に、ビュレットに入れた0.060 mol/Lの水酸化ナトリウム水溶液を滴下すると、中和点までに25.0 mLを要した。

問1　下線部のガラス器具が純水でぬれているとき、使用する溶液で内部をすすいでから使用しなければならない器具はどれか。次の①～⑦から一つ選びなさい。 15

① ホールピペットのみ

② コニカルビーカーのみ

③ ビュレットのみ

④ ホールピペットとコニカルビーカー

⑤ ホールピペットとビュレット

⑥ コニカルビーカーとビュレット

⑦ ホールピペットとコニカルビーカーとビュレット

問2　この実験の後、さらに水酸化ナトリウム水溶液を加え続けたとする。このとき、塩酸に加えた水酸化ナトリウム水溶液の体積に対する、水溶液中のCl^-の物質量の変化を表したグラフとして正しいものを、次の①～⑥から一つ選びなさい。 16

①

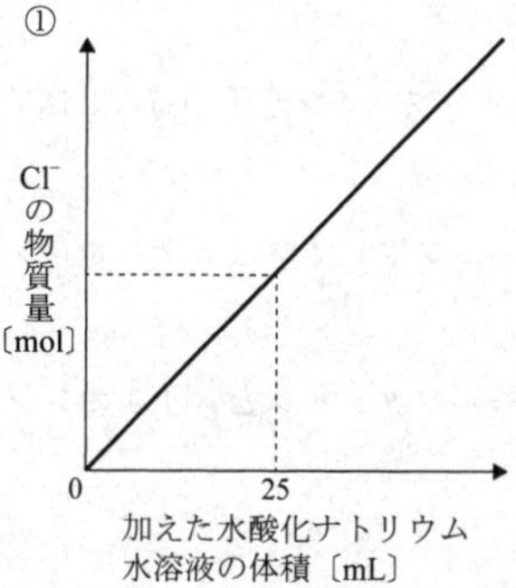

②

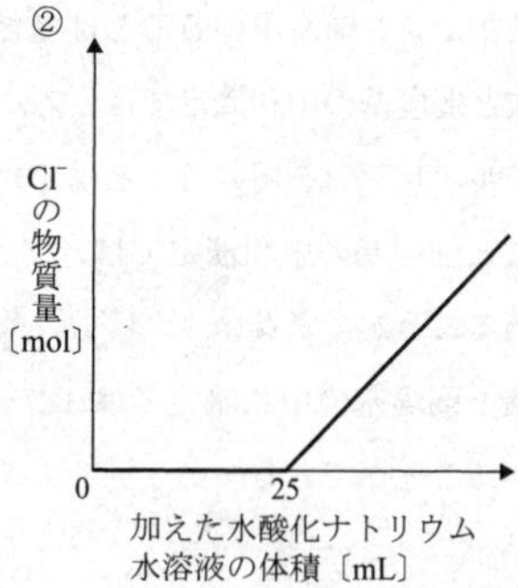

③

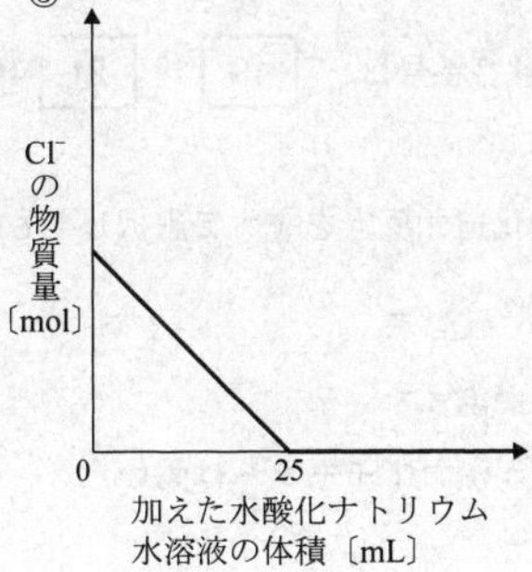

④

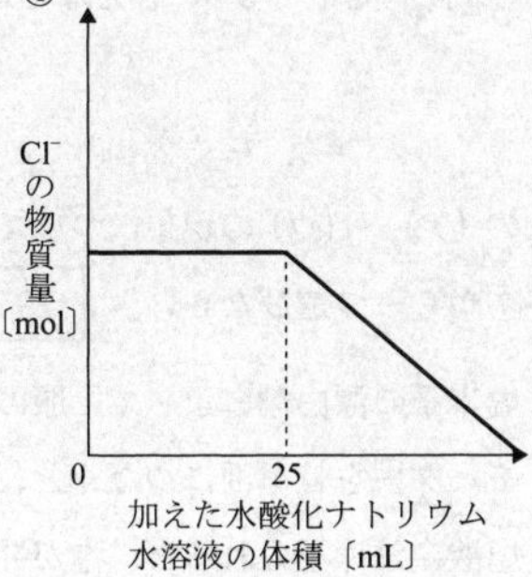

⑤

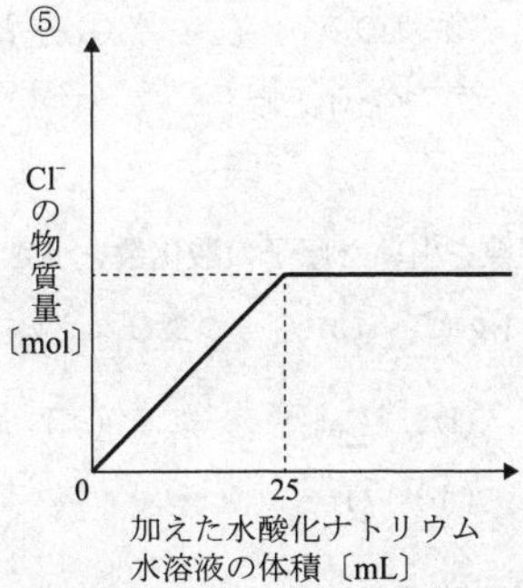

⑥

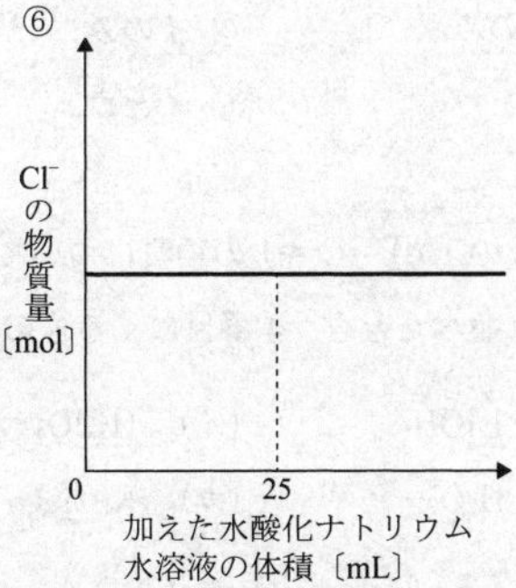

問3　この実験で用いた塩酸のモル濃度は何 mol/L か。最も適当な数値を、次の①～⑧から一つ選びなさい。 17 mol/L

① 2.4×10^{-2}　② 7.5×10^{-2}　③ 1.5×10^{-1}　④ 2.4×10^{-1}

⑤ 3.0×10^{-1}　⑥ 7.5×10^{-1}　⑦ 1.5　⑧ 3.0

問4　この実験で用いた塩酸と、0.148 g の水酸化カルシウム $Ca(OH)_2$ が過不足なく中和するとき、必要な塩酸の体積は何 mL か。最も適当な数値を、次の①～⑧から一つ選びなさい。 18 mL

① 6.7　② 13　③ 27　④ 53

⑤ 64　⑥ 85　⑦ 1.4×10^2　⑧ 1.7×10^2

【5】 次の問い(問1～3)に答えなさい。

解答番号は、 **19** ～ **21** (配点11点)

問1　次の(ア)～(ウ)の現象について、酸化還元反応をすべて選択したものを、下の①～⑦から一つ選びなさい。 **19**

(ア) 塩素系の漂白剤によって、服のしみが消えた。

(イ) モーターを乾電池につなぐと、電流が流れてモーターは動いた。

(ウ) 塩酸に鉄片を入れると、泡が発生した。

① アのみ　② イのみ　③ ウのみ　④ アとイ
⑤ アとウ　⑥ イとウ　⑦ アとイとウ

問2　次の(ア)～(キ)の物質について、下線を引いた原子の酸化数を小さいものから順に並べたとき、4番目にくるものを、下の①～⑦から一つ選びなさい。 **20**

(ア) $\underline{Li}OH$　(イ) $H_3\underline{P}O_4$　(ウ) $\underline{Ca}^{2+}$　(エ) $\underline{S}O_3^{2-}$
(オ) $H_2\underline{O}_2$　(カ) $K_2\underline{Cr}_2O_7$　(キ) $\underline{O}_2$

① ア　② イ　③ ウ　④ エ
⑤ オ　⑥ カ　⑦ キ

問3　銅の工業的製法に関する記述(ア)～(ウ)について、**誤りを含む記述をすべて選択したもの**を、下の①～⑦から一つ選びなさい。 **21**

(ア) 黄銅鉱(主成分 $CuFeS_2$)を酸化すると粗銅が得られる。

(イ) 製造の過程で得られる粗銅の純度は、90%を下回る。

(ウ) 粗銅を陽極、純銅を陰極として硫酸銅(Ⅱ)水溶液を電気分解することで銅の単体を得る操作を電解精錬という。

① アのみ　② イのみ　③ ウのみ　④ アとイ
⑤ アとウ　⑥ イとウ　⑦ アとイとウ

【6】 次の問い(問1～3)に答えなさい。

解答番号は、 22 ～ 24 (配点18点)

市販の過マンガン酸カリウム $KMnO_4$ の固体には、不純物が含まれていることが多いため、固体を水に溶かして調製した過マンガン酸カリウム水溶液の実際の濃度は、固体の質量から計算で求めた濃度と異なる。そこで、化学的に安定なシュウ酸二水和物 $(COOH)_2 \cdot 2H_2O$ を用いて標準溶液を調製し、酸化還元滴定によって過マンガン酸カリウム水溶液の濃度を決定する。

このとき、2つの物質のはたらきを示す電子 e^- を含む反応式は、次のように表される。

$$MnO_4^- + 8H^+ + 5e^- \longrightarrow Mn^{2+} + 4H_2O$$

$$(COOH)_2 \longrightarrow 2CO_2 + 2H^+ + 2e^-$$

シュウ酸標準溶液に希硫酸を加え、過マンガン酸カリウム水溶液を滴下して濃度を決定するときは、過マンガン酸カリウム水溶液の A が B ときを終点とする。

問1 文章中の A 、 B に当てはまる語句の組合せを、次の①～⑥から一つ選びなさい。 22

	A	B
①	赤紫色	無色に変化した
②	赤紫色	消えなくなった
③	赤紫色	褐色に変化した
④	褐色	無色に変化した
⑤	褐色	消えなくなった
⑥	褐色	赤紫色に変化した

問2 シュウ酸二水和物 $(COOH)_2 \cdot 2H_2O$ を正確にはかりとり、250 mL のメスフラスコを用いて、0.100 mol/L のシュウ酸標準溶液を調製した。このとき、はかりとったシュウ酸二水和物は何 g か。最も適当な数値を、次の①～⑧から一つ選びなさい。 23 g

① 1.13　　② 1.58　　③ 1.80　　④ 2.25

⑤ 2.52　⑥ 3.15　⑦ 3.60　⑧ 12.6

問3　0.100 mol/L のシュウ酸標準溶液を 10.0 mL とり、希硫酸を加えた後、濃度未知の過マンガン酸カリウム水溶液で滴定したところ、終点までに 25.0 mL を要した。この過マンガン酸カリウム水溶液のモル濃度は何 mol/L か。最も適当な数値を、次の①～⑧から一つ選びなさい。 **24** mol/L

① 1.6×10^{-2}　② 2.3×10^{-2}　③ 4.0×10^{-2}　④ 6.0×10^{-2}
⑤ 8.0×10^{-2}　⑥ 1.0×10^{-1}　⑦ 6.3×10^{-1}　⑧ 1.3×10

生　物

（50分）

【1】　細胞構造に関する次の文章を読み、後の問い（問1～5）に答えなさい。

解答番号は、1 · 2（配点2点）
3 · 4（配点4点）
5（配点4点）
6 · 7（配点6点）
8（配点4点）

17世紀の後半にフックは、（　ア　）の切片を顕微鏡で観察して、多くの中空の構造を発見しこれを「細胞」と名付けた。その後、19世紀の前半には「細胞が生物体をつくる基本単位である」という細胞説が植物および動物について提唱された。

20世紀になるとルスカが電子顕微鏡を発明した。電子顕微鏡の発達により、細胞の微細構造をより詳しく観察できるようになり、また、光学顕微鏡では観察することができなかった（　イ　）などが観察できるようになった。

細胞は、真核生物の細胞（真核細胞）と原核生物の細胞（原核細胞）に大別できる。細胞の大きさや形態は多様であるが、すべての細胞は、厚さ（　ウ　）の細胞膜をもつ。また、真核細胞では、細胞内部にいろいろな細胞小器官があり、細胞小器官のまわりは流動性に富んだ（　エ　）で満たされている。

問1　文章中の（ア）～（エ）に入る語句として最も適当なものを、下記の語群から選びなさい。　（ア）1　（イ）2　（ウ）3　（エ）4

（ア）の語群

①　オオカナダモ　　②　タマネギ　　③　イシクラゲ
④　ツバキ　　⑤　コルク

（イ）の語群

①　大腸菌　　②　ヒトの赤血球　　③　ヒトの精子

④　インフルエンザウイルス　⑤　ニワトリの卵黄

(ウ)の語群

①　5～6 nm　②　5～6 µm　③　15～16 nm
④　15～16 µm　⑤　20～21 nm　⑥　20～21 µm

(エ)の語群

①　細胞液　②　細胞質　③　細胞質基質
④　リンパ液　⑤　血清　⑥　血しょう

問2　下線部に関して、次の記述a～eのうち、正しい記述を過不足なく含むものを、下記の①～⑩から選びなさい。 **5**

a　原核生物は葉緑体をもたないので、光合成を行わない。

b　真核生物の遺伝子はDNAだが、原核生物の中には、遺伝子としてRNAをもつものがいる。

c　真核細胞には細胞壁をもつものともたないものがあるが、原核細胞はすべて細胞壁をもつ。

d　真核細胞は、ふつう原核細胞よりも大きい。

e　真核細胞にはべん毛をもつものがあるが、原核細胞にはべん毛をもつものがない。

①　a、b　②　a、c　③　a、d　④　a、e
⑤　b、c　⑥　b、d　⑦　b、e　⑧　c、d
⑨　c、e　⑩　d、e

問3　光学顕微鏡で細胞の大きさを測定する際はミクロメーターを用いる。ミクロメーターについて述べた次の文章中の（オ）、（カ）に入る語句の組合せとして最も適当なものを、下記の①～④から選びなさい。 **6**

接眼ミクロメーターは接眼レンズに、対物ミクロメーターはステージ上にセットする。顕微鏡をのぞくと（　オ　）の目盛りはピントを合わせる前からはっきり見えた。2つのミクロメーターの目盛りが平行でないときには（　カ　）平行にした。

	(オ)	(カ)
①	接眼ミクロメーター	接眼レンズを回して
②	接眼ミクロメーター	レボルバーを回して
③	対物ミクロメーター	接眼レンズを回して
④	対物ミクロメーター	レボルバーを回して

問4　Aさんは、光学顕微鏡でオオカナダモの葉の細胞の原形質流動（細胞質流動）を観察しようとした。オオカナダモの原形質流動の観察について述べた次の文章中の(キ)、(ク) に入る語句の組合せとして最も適当なものを、下記の①～⑥から選びなさい。 7

プレパラートを作製するにはオオカナダモの葉を（　キ　）で封入する。流動しているのが容易に観察できる顆粒は（　ク　）である。

	(キ)	(ク)
①	酢酸カーミン	ミトコンドリア
②	酢酸カーミン	葉緑体
③	水	ミトコンドリア
④	水	葉緑体
⑤	3％塩酸	ミトコンドリア
⑥	3％塩酸	葉緑体

問5　Aさんは、光学顕微鏡に接眼ミクロメーターと対物ミクロメーターをセットして、それらの目盛りがはっきり見えるように焦点を合わせたところ、図1のようになった。次に、同じ倍率で対物ミクロメーターの代わりにプレパラートをセットして検鏡し、細胞内の顆粒の移動時間を測定したところ、顆粒は接眼ミクロメーター20目盛りを移動するのに12秒かかった。以上の結果から、顆粒の流動速度として最も適当なものを、下記の①～⑥から選びなさい。なお、対物ミクロメーター1目盛りの長さは10 µmである。 8

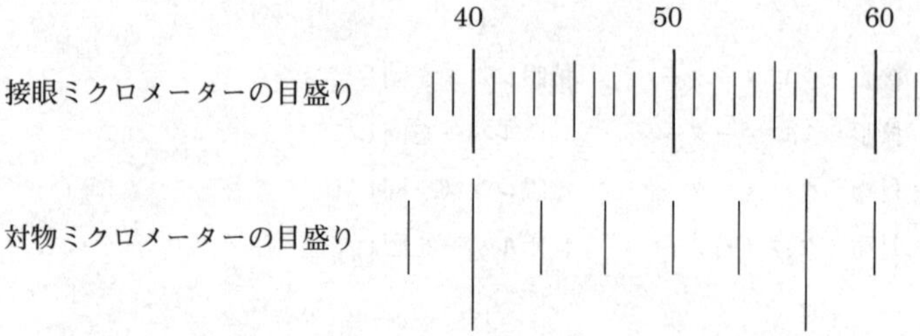

図1

① 1.7 μm/ 秒　　② 1.8 μm/ 秒　　③ 2.0 μm/ 秒
④ 5.0 μm/ 秒　　⑤ 5.6 μm/ 秒　　⑥ 16.7 μm/ 秒

【2】 DNAに関する次の文章を読み、後の問い（問1～5）に答えなさい。

解答番号は、 9 ～ 11 （配点3点）
12 ～ 14 （配点9点）
15 ・ 16 （配点8点）

（　ア　）を用いた形質転換の実験で、DNAが遺伝物質であると考えられるようになり、ハーシーとチェイスの実験で、遺伝子の本体はDNAであることが明らかにされた。DNAは（　イ　）と呼ばれる糖とリン酸、塩基とからなるヌクレオチドが構成単位である。ヌクレオチドどうしは（　ウ　）の結合によって鎖状につながって1本のヌクレオチド鎖をつくっている。また、(1)アデニン（A）とチミン（T）の塩基数はほぼ等しく、グアニン（G）とシトシン（C）の塩基数もほぼ等しいことや、(2)DNA分子は3.4 nmの繰り返し構造をもっていることが明らかにされ、それらに基づきワトソンとクリックは、ヌクレオチド鎖が2本向かい合って結合し二重らせん構造をとっていることを明らかにした。

問1 文章中の（ア）～（ウ）に入る語句として最も適当なものを、下記の語群から選びなさい。 （ア） 9 （イ） 10 （ウ） 11

（ア）の語群
① 大腸菌　　② 肺炎（双）球菌　　③ コレラ菌　　④ 乳酸菌

⑤　結核菌　⑥　サルモネラ菌

(イ)の語群

①　グルコース　②　リボース　③　デオキシリボース

④　セルロース　⑤　ウラシル

(ウ)の語群

①　糖と糖　②　塩基と塩基　③　リン酸とリン酸

④　糖と塩基　⑤　糖とリン酸　⑥　塩基とリン酸

問2　下線部(1)に関して、あるＤＮＡ分子の塩基の数の割合を求めた。アデニンは28％で、２本鎖のうち一方の鎖（X 鎖とする）のチミンは40％、同じくX 鎖のグアニンは24％であった。X 鎖のうちの、(ⅰ)アデニンおよび(ⅱ)シトシンの割合として最も適当なものを、下記の①～⑩から選びなさい。(ⅰ) 12 (ⅱ) 13

①　8％　②　10％　③　12％　④　16％　⑤　20％

⑥　22％　⑦　24％　⑧　40％　⑨　44％　⑩　60％

問3　下線部(2)に関して、ＤＮＡ分子の3.4 nm の繰り返し構造はらせん１回転に相当し、その間に10塩基対が存在する。大腸菌のゲノムの大きさを 8×10^6 塩基とすると、大腸菌のＤＮＡの長さとして最も近いものを、下記の①～⑨から選びなさい。

14

①　0.14 mm　②　0.70 mm　③　1.4 mm　④　2.7 mm　⑤　7.0 mm

⑥　14.0 mm　⑦　27.0 mm　⑧　70.0 mm　⑨　140.0 mm

問4　文章中の（ア）には、S型菌とR型菌があり、両者は、培地で培養したときに生じる菌の集団の形状によって区別できる。S型菌をすりつぶしてつくった細胞抽出液（S型菌抽出液）とR型菌とを混ぜて培養すると、生きたS型菌が出現した。このような現象を形質転換という。次の記述ａ～ｆのうち、形質転換を起こす成分がＤＮＡであることと矛盾しない実験結果を過不足なく含むものを、下記の①～⑨から選びなさい。ただし、該当するものがない場合は⑩をマークしなさい。 15

ａ　R型菌に、S型菌抽出液から分離したＤＮＡを混ぜて培養すると、形質転換が起こる。

b　R型菌に、S型菌抽出液から分離したRNAを混ぜて培養すると、形質転換が起こる。

c　R型菌に、S型菌抽出液から分離したタンパク質を混ぜて培養すると、形質転換が起こる。

d　S型菌抽出液をDNA分解酵素で処理してからR型菌に混ぜて培養すると、形質転換が起こる。

e　S型菌抽出液をRNA分解酵素で処理してからR型菌に混ぜて培養すると、形質転換が起こる。

f　S型菌抽出液をタンパク質分解酵素で処理してからR型菌に混ぜて培養すると、形質転換が起こる。

①　a、d、e　②　a、d、f　③　a、e、f
④　b、d、e　⑤　b、d、f　⑥　b、e、f
⑦　c、d、e　⑧　c、d、f　⑨　c、e、f

問５　問４の実験では、DNAによって形質転換が起こることを確認するための対照実験が必要である。また、DNAが遺伝物質としてはたらいていることを確認するための追加実験も必要である。次の記述ａ～ｅのうち、これらの実験についての正しい記述を過不足なく含むものを、下記の①～⑩から選びなさい。　16

a　生きたS型菌を培養し、S型菌の増殖の有無を調べる。

b　S型菌抽出液だけを培地で培養し、S型菌の増殖の有無を調べる。

c　形質転換で生じたS型菌を培養し、S型菌の増殖を確認する。

d　形質転換で生じたS型菌を、生きたS型菌と混ぜて培養し、S型菌の増殖を確認する。

e　形質転換で生じたS型菌を、R型菌をすりつぶしてつくった細胞抽出液と混ぜて培養し、S型菌の増殖を確認する。

①　a、b　②　a、c　③　a、d　④　a、e　⑤　b、c
⑥　b、d　⑦　b、e　⑧　c、d　⑨　c、e　⑩　d、e

【3】 生物の体内環境に関する次の文章を読み、後の問い（問1～5）に答えなさい。

解答番号は、17 ～ 20 （配点8点）
21 ～ 24 （配点12点）

哺乳類には、外部環境の変化にかかわらず、体温や血糖濃度などの体内環境をほぼ一定に保つしくみが存在する。これを恒常性という。体温や血糖濃度の調節中枢は間脳の視床下部に存在する。寒冷時には、交感神経が興奮して（　ア　）に作用し、体表からの熱の放散が抑制され、心臓の（　イ　）にある洞房結節（ペースメーカー）にも作用して拍動を促進し、血液循環を促進する。また、（　ウ　）の分泌が促進されて、主に（　エ　）での代謝による熱発生が促進される。

健康なヒトでは、空腹時の血糖濃度は約100 mg/ 100 mL に保たれている。血糖濃度が上昇した場合、その情報は視床下部で感知されて(1)<u>インスリン</u>の分泌が促進される。また、血糖濃度を上昇させるホルモンには、グルカゴンや(2)<u>アドレナリン</u>がある。

問1　文章中の（ア）～（エ）に入る語句として最も適当なものを、下記の語群から選びなさい。　（ア） 17 　（イ） 18 　（ウ） 19 　（エ） 20

(ア)の語群

① 皮膚の血管や汗腺　② 皮膚の血管や肝臓
③ 皮膚の血管や立毛筋　④ 立毛筋や骨格筋

(イ)の語群

① 左心房　② 左心室　③ 右心房　④ 右心室

(ウ)の語群

① アドレナリンやチロキシン　② アドレナリンや鉱質コルチコイド
③ アドレナリンやバソプレシン　④ チロキシンや鉱質コルチコイド
⑤ チロキシンやバソプレシン　⑥ 鉱質コルチコイドやバソプレシン

(エ)の語群

① 腎臓や筋肉　② 心臓や腎臓　③ 心臓や甲状腺
④ 筋肉や肝臓　⑤ 筋肉や甲状腺　⑥ 腎臓や甲状腺

問2　図1は、北アメリカの砂漠にすむある哺乳類の酸素消費量および体温と外界の温度との関係を示したものである。次の記述a～cのうち、図1から正しいと考えられる記述を過不足なく含むものを、下記の①～⑦から選びなさい。ただし、該当するものがない場合は⑧をマークしなさい。　21

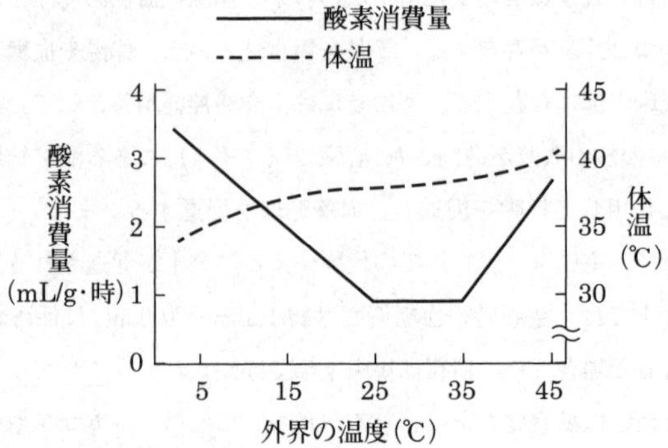

図1

a　この動物の正常な体温（平熱）は35～40℃である。

b　外界の温度が25℃を下回ると酸素消費量が増加しているのは、体内の代謝反応が抑制されているからである。

c　外界の温度が35℃を超えると酸素消費量が増加しているのは、呼吸数を減少させることで発熱量を減少させているからである。

①　a　②　b　③　c　④　a、b
⑤　a、c　⑥　b、c　⑦　a、b、c

問3　下線部(1)のインスリンに関して、次の記述a～cのうち、インスリンの作用についての正しい記述を過不足なく含むものを、下記の①～⑦から選びなさい。ただし、該当するものがない場合は⑧をマークしなさい。　22

a　グルコースの細胞内への取り込みを促進する。

b　細胞内でのグルコースの分解を促進する。

c　グルコースの尿中への排出を促進する。

①　a　②　b　③　c　④　a、b

⑤　a、c　　⑥　b、c　　⑦　a、b、c

問4　下線部(2)のアドレナリンに関して、分泌されるしくみについての記述として最も適当なものを、下記の①～⑧から選びなさい。　23

①　血糖濃度が上昇すると、交感神経の刺激により副腎髄質から分泌される。
②　血糖濃度が上昇すると、交感神経の刺激により副腎皮質から分泌される。
③　血糖濃度が上昇すると、副交感神経の刺激により副腎髄質から分泌される。
④　血糖濃度が上昇すると、副交感神経の刺激により副腎皮質から分泌される。
⑤　血糖濃度が低下すると、交感神経の刺激により副腎髄質から分泌される。
⑥　血糖濃度が低下すると、交感神経の刺激により副腎皮質から分泌される。
⑦　血糖濃度が低下すると、副交感神経の刺激により副腎髄質から分泌される。
⑧　血糖濃度が低下すると、副交感神経の刺激により副腎皮質から分泌される。

問5　糖尿病にはⅠ型（1型）とⅡ型（2型）がある。糖尿病について述べた次の文章中の（オ）～（キ）に入る語句や文の組合せとして最も適当なものを、下記の①～⑧から選びなさい。　24

Ⅰ型糖尿病は、すい臓のランゲルハンス島（　オ　）が破壊されることで発症する。Ⅰ型糖尿病患者には、食事前に（　カ　）を注射する治療が有効である。Ⅱ型糖尿病患者の中には、（　カ　）に対して標的細胞が（　キ　）ことにより、血糖濃度が通常より高い状態となっていることがある。

	(オ)	(カ)	(キ)
①	A細胞	グルカゴン	反応しない
②	A細胞	グルカゴン	過剰に反応する
③	A細胞	インスリン	反応しない
④	A細胞	インスリン	過剰に反応する
⑤	B細胞	グルカゴン	反応しない
⑥	B細胞	グルカゴン	過剰に反応する
⑦	B細胞	インスリン	反応しない
⑧	B細胞	インスリン	過剰に反応する

【4】 植生の遷移に関する次の文章を読み、後の問い（問1～5）に答えなさい。

解答番号は、 25 ～ 27 （配点 9 点）
28 （配点 1 点）
29 ・ 30 （配点 4 点）
31 ・ 32 （配点 6 点）

植生の一定方向の変化を遷移と呼び、一次遷移と二次遷移がある。火山の噴火や大規模な山崩れなどによって、地表を覆っている植生などが破壊されて裸地ができた場合、一次遷移により植生が回復することが多い。

表1は、日本のある地域での遷移の段階が異なる森林植生A～Eを構成する植物種の被度（地面の上の何%を植物が占めているかという割合）を調べた結果の一部をまとめたものである。被度は、各階層ごとに調べて、「被度階級」の数値で示してある。A～Eの植生の中で、遷移の段階が最も初期のものは（　ア　）、極相に該当するものは（　イ　）と判断できる。また、この遷移がみられたのは、（　ウ　）と考えられる。一般に、裸地から陽樹林の成立までの間に土壌の厚みは（　エ　）。

なお、遷移の比較的初期段階に現れる植物を先駆種（パイオニア種）、極相で多くみられる植物を極相種と呼ぶ。

表1

階層構造	高木層				亜高木層				低木層				草本層			
植物名／植生	スダジイ	タブノキ	コナラ	クロマツ	スダジイ	タブノキ	コナラ	クロマツ	スダジイ	タブノキ	コナラ	クロマツ	ススキ	ヤブコウジ	ベニシダ	ワラビ
A	2	1	2		3	1			3	1				1	1	
B	1		3	1	1	1	1		2	2				1		1
C				4			1	2			3	1	4			1
D	5				2	1			1	1				2	1	
E			2	3			2	1			3	1	1			1

被度階級　1：10%未満　2：10%以上～25%未満
3：25%以上～50%未満　4：50%以上～75%未満
5：75%以上

問1　文章中の（ア）～（エ）に入る記号や語句、文として最も適当なものを、下記の語群から選びなさい。　（ア） 25 　（イ） 26 　（ウ） 27 　（エ） 28

(ア)、(イ)の語群

① A　② B　③ C　④ D　⑤ E

(ウ)の語群

① 北海道東北部の低地　② 北海道南部の低地　③ 九州地方の低地
④ 沖縄地方の低地　⑤ 中部地方の亜高山帯　⑥ 中部地方の山地帯

(エ)の語群

① 徐々に厚くなる
② はじめ厚くなるがやがて一定になる
③ はじめ厚くなるがやがて薄くなる
④ 徐々に薄くなる

問2　下線部に関して、次の記述a～dのうち、極相種と比較した場合の先駆種の特徴についての正しい記述を過不足なく含むものを、下記の①～⑩から選びなさい。 **29**

a　乾燥に弱く、水分を多く含む土壌での生育に適する。
b　寿命が長く、樹高も比較的高い。
c　多数の軽くて小さい種子をつける。
d　栄養塩類の乏しい土地でも生育できる。

① a、b　② a、c　③ a、d　④ b、c
⑤ b、d　⑥ c、d　⑦ a、b、c　⑧ a、b、d
⑨ a、c、d　⑩ b、c、d

問3　二次遷移の特徴について述べた次の文中の（オ）、（カ）に入る語句や文の組合せとして最も適当なものを、下記の①～⑥から選びなさい。 **30**

いったん形成された森林が破壊された場所や、放棄された耕作地でみられる二次遷移は、すでに土壌が形成されている（　オ　）から始まることが多く、また、遷移の進行は（　カ　）。

	（オ）	（カ）
①	二次林	一次遷移と比べて速い
②	二次林	一次遷移と比べて遅い
③	二次林	一次遷移とほぼ同程度である
④	草原	一次遷移と比べて速い
⑤	草原	一次遷移と比べて遅い
⑥	草原	一次遷移とほぼ同程度である

問４　日本の中部地方でみられる落葉広葉樹林（陽樹林）である林Ⅰ、林Ⅱで月ごとの林床における変化を調査した。一つは正午の相対照度、もう一つは月平均気温である。図１の左右の図のうち、一方が照度、もう一方が気温の変化を表している。林Ⅰは人間の手が加わらず、落葉性や常緑性の低木が生育しており、林Ⅱは人間が定期的に下草刈りをしており低木はみられない。折れ線Aと折れ線Dが該当するものの組合せとして最も適当なものを、下記の①～⑧から選びなさい。　**31**

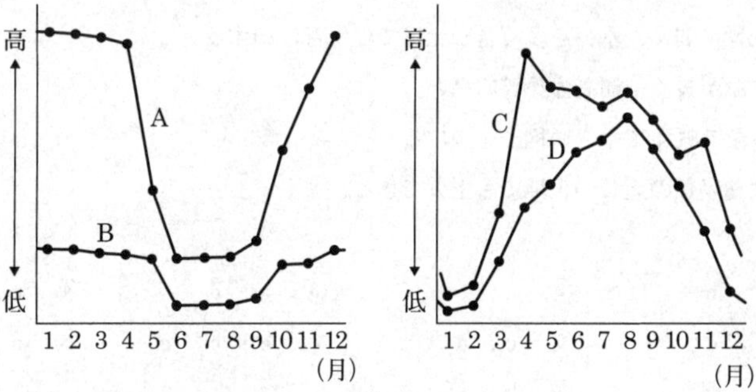

図１

	折れ線A	折れ線D
①	林Ⅰの照度	林Ⅰの気温
②	林Ⅰの照度	林Ⅱの気温
③	林Ⅱの照度	林Ⅰの気温
④	林Ⅱの照度	林Ⅱの気温
⑤	林Ⅰの気温	林Ⅰの照度
⑥	林Ⅰの気温	林Ⅱの照度
⑦	林Ⅱの気温	林Ⅰの照度
⑧	林Ⅱの気温	林Ⅱの照度

問5　問4の林Ⅰと林Ⅱに関して、このまま年月が経過した場合の林Ⅰと林Ⅱの変化について、最も適当なものを、下記の①〜⑦から選びなさい。なお、林Ⅰは人間の手が加わらず、林Ⅱは人間による下草刈りが継続して行われるものとする。　32

① 林Ⅰは現在のままで維持され、林Ⅱは極相林に遷移する。
② 林Ⅰは現在のままで維持され、林Ⅱはやがて草原に遷移する。
③ 林Ⅰ、林Ⅱとも現在のまま維持される。
④ 林Ⅰは極相林に遷移し、林Ⅱは草原に遷移する。
⑤ 林Ⅰは極相林に遷移し、林Ⅱは現在のまま維持される。
⑥ 林Ⅰ、林Ⅱとも極相林に遷移する。
⑦ 林Ⅰ、林Ⅱとも草原に遷移する。

【5】 生態系の物質循環に関する次の文章を読み、後の問い（問1〜5）に答えなさい。

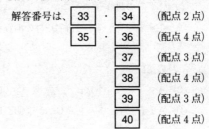

解答番号は、33 ・ 34 （配点2点）
35 ・ 36 （配点4点）
37 （配点3点）
38 （配点4点）
39 （配点3点）
40 （配点4点）

生態系は、非生物的環境と生物から成り立っている。生態系を構成している生物は、生産者と消費者に分けられ、消費者のうち、生物の遺体や排出物中の有機物を無機物に分解する過程に関わる生物は分解者という。非生物的環境と生物の間では、炭素や窒素などの物質の循環がみられる。図1は、生態系の炭素循環を示す模式図であり、A〜Cはそれぞれ、生産者、分解者以外の消費者、分解者のいずれかを表す。図1中の、Bは（　ア　）、Cは（　イ　）であり、A〜Cの中で従属栄養生物をすべて選ぶと、（　ウ　）である。また、図1中の矢印D〜Gのうち、有機物の移動を示すものをすべて選ぶと、（　エ　）である。

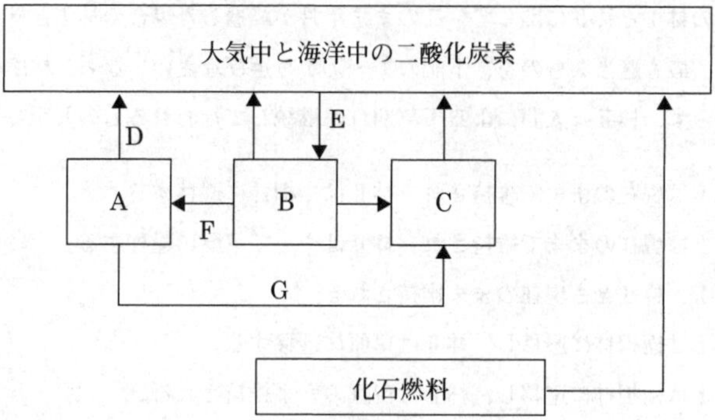

図1

問1　文章中の（ア）〜（エ）に入る語句や記号として最も適当なものを、下記の語群から選びなさい。　（ア） 33 　（イ） 34 　（ウ） 35 　（エ） 36

（ア）、（イ）の語群

①　生産者　　②　分解者以外の消費者　　③　分解者

（ウ）の語群

①　A　　②　B　　③　C

④　A、B　　⑤　A、C　　⑥　B、C

（エ）の語群

①　D　　②　E　　③　F　　④　G　　⑤　D、E

⑥　D、F　　⑦　D、G　　⑧　E、F　　⑨　E、G　　⑩　F、G

問2　消費者は、何を食べるかによって、一次消費者、二次消費者、三次以上の高次消費者のように分類できる。一次消費者のみを含む組合せとして最も適当なものを、下記の①〜⑤から選びなさい。　37

①　バッタ、カマキリ

②　ウサギ、リス

③　カエル、ヘビ

④　モグラ、ネズミ

⑤　クモ、モズ

問3　図2は、大気中の二酸化炭素濃度の経年変化を示したものである。図2に関する次の文章中の（オ）〜(キ）に入る語句や文の組合せとして最も適当なものを、下記の①〜⑧から選びなさい。なお、ppm は体積の割合を表し、1 ppm は大気 1 m^3 中に 1 cm^3 含まれることを表す。　38

大気中の二酸化炭素濃度には、1年周期の変化がみられる。1年の中で二酸化炭素濃度が低下していくのは（　オ　）で、その原因は（　カ　）である。

年を経るごとに二酸化炭素濃度は上昇している。二酸化炭素には、（　キ　）赤外線（または熱エネルギー）を吸収し、その一部を地表に放射するはたらきがあるため、二酸化炭素濃度の上昇により地球の温暖化が起こると考えられている。

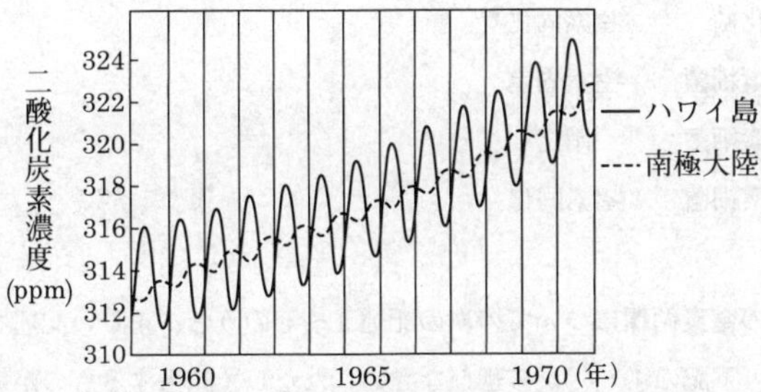

図2

	(オ)	(カ)	(キ)
①	夏季	光合成速度の増大	太陽光線に含まれる
②	夏季	光合成速度の増大	地表面から放射される
③	夏季	呼吸速度の減少	太陽光線に含まれる
④	夏季	呼吸速度の減少	地表面から放射される
⑤	冬季	光合成速度の増大	太陽光線に含まれる
⑥	冬季	光合成速度の増大	地表面から放射される
⑦	冬季	呼吸速度の減少	太陽光線に含まれる
⑧	冬季	呼吸速度の減少	地表面から放射される

問4　生態系の窒素循環について述べた次の文章中の（ク）、（ケ）に入る語句の組合せとして最も適当なものを、下記の①〜⑨から選びなさい。　39

土壌中で生物の遺体や排出物の分解によって生じたアンモニウムイオン（NH_4^+）

は、（　ク　）のはたらきによって亜硝酸イオン（NO_2^-）や硝酸イオン（NO_3^-）となる。植物は土壌中からNH_4^+やNO_3^-を吸収し、（　ケ　）によって有機窒素化合物につくりかえる。

	（ク）	（ケ）
①	根粒菌	窒素固定
②	根粒菌	硝化
③	根粒菌	窒素同化
④	硝化菌	窒素固定
⑤	硝化菌	硝化
⑥	硝化菌	窒素同化
⑦	脱窒素細菌	窒素固定
⑧	脱窒素細菌	硝化
⑨	脱窒素細菌	窒素同化

問5　生態系の窒素循環についての次の記述a～cのうち、正しい記述を過不足なく含むものを、下記の①～⑦から選びなさい。ただし、該当するものがない場合は⑧をマークしなさい。 40

a　食物連鎖に伴って移動する。

b　緑色植物の一部は、有機物中の窒素（N）を窒素分子（N_2）に変えて大気中に遊離する。

c　すべての緑色植物は、大気中の窒素分子（N_2）を有機物に変えることができる。

①　a　　②　b　　③　c　　④　a、b

⑤　a、c　　⑥　b、c　　⑦　a、b、c

問10　傍線部(7)「ここまでの拡大した時空」とあるが、それはどういうことか。その説明として最も適当なものを、次の中から選びなさい。
解答番号は、26。　(配点5点)

① 銀河系には空間や何もない無の世界が広がり続けており、それこそが人間を魅了するということ。
② 銀河系から太陽系をながめることで地球の本来の姿が見え、宇宙の本質が見えてくるということ。
③ 太陽系の中の地球から銀河系の中の地球へ、宇宙における地球の位置づけを変更したということ。
④ 銀河系の外側には何千億もの別の銀河があることを、私たちが認識できるようになったということ。
⑤ 太陽系から銀河系へと認識が広がり、銀河系が膨張していることを人類が発見したということ。

問11　本文の内容に合致するものを、次の中から選びなさい。
解答番号は、27。　(配点6点)

① 世界の端にあるタヒチという場所には、ひとりの人間として歴史を振り返り文明のあり方を問う文化がある。
② ゴーギャンは、文明の外にあるタヒチという島から文明と文明の世界の住人である自分自身を見つめた。
③ 地球のまわりを天が動いているという信仰めいた考え方は、有史以来中世まで一貫して人々を支配していた。
④ 中国語で言うところの「天外天」は、空間的には古代ギリシャ時代の「宇宙」すなわち「天」に該当する。
⑤ 宇宙への認識を深め、地球という辺境の地を空から見直すことで、人間存在の謎(なぞ)も明らかになるに違いない。

問8　傍線部(5)「彼の『辺境から文明をながめる』という試みを可能にしたのが、他ならぬ彼が懐疑と絶望を抱いた文明そのものの力であった」とあるが、それはどういうことか。その説明として最も適当なものを、次の中から選びなさい。

解答番号は、 24 。　（配点5点）

① 文明には、辺境からながめてみようという思いを抱かせるような不思議な力があるということ。
② 文明が生み出す懐疑や絶望の向こう側にこそ、辺境の地での新たな発見があるということ。
③ 文明と辺境とを対比させようとすること自体、文明の申し子的な考え方であるということ。
④ 文明が発明したものによって、辺境という遠く離れた場所に行けるようになったということ。
⑤ 文明は懐疑や絶望に満ちており、辺境から文明をながめるとその姿が見えるということ。

問9　傍線部(6)「その意味では現代という時代もまた、ひとつ進んだ段階からの試みを可能にしています」とあるが、「ひとつ進んだ段階からの試み」とはどういうことか。その説明として最も適当なものを、次の中から選びなさい。

解答番号は、 25 。　（配点4点）

① 宇宙の果てから文明の歴史そのものを考察すること。
② 辺境というあり方を、宇宙観測にも応用できるということ。
③ 人間が文明を破壊しつつあるという現実を把握すること。
④ 宇宙の辺境から文明を問い、ものごとの普遍性を探ること。
⑤ 知的生命体による文明の特殊性、独自性を問うこと。

解答番号は、 22 。　（配点5点）

① タヒチという文明から隔離された辺境の島国で、文明世界を考察しているから。
② タヒチという島国の文化を解明することで、文明社会の普遍性を捉えようとしたから。
③ タヒチという文明の辺境に行くことで、辺境そのものの意味を解明しようとしているから。
④ 文明社会とまったく縁のないタヒチという島国で、文明の特殊性を探ろうとしたから。
⑤ タヒチという孤立した島国で、文明の重要性について考えようとしているから。

問7 傍線部(4)「文明から遠く離れたタヒチにあっても、彼は最後まで文明の世界の人だった」とあるが、筆者がこのように考えるのはなぜか。その理由として最も適当なものを、次の中から選びなさい。

解答番号は、 23 。　（配点5点）

① 彼は辺境にあってもなお文明を断ちきれず、文明への憧憬を絵画の世界で表現しようとしたから。
② 彼はタヒチにいてもなお、文明をつくり出した人間の姿を描かざるを得なかったから。
③ 彼は辺境にあってもなお文明を否定できず、文明的な生き方を追求し続けたから。
④ 彼はタヒチにあってもなお、文明や文明世界を批判するような絵画を描かなかったから。
⑤ タヒチが文明社会から遠ければ遠いほど、彼は文明の持つ意味を明らかにしたいと考えたから。

②　過去をふまえた人間のあるべき姿
③　人間という存在のもつ意味
④　人間が人間として生きている意義
⑤　文明社会の根源的なあり方

問5　傍線部⑵「時を経るに従って、その『問いかけ』の持つ意味合いはさらに増しているようにも思います」とあるが、それはなぜか。その理由として最も適当なものを、次の中から選びなさい。

解答番号は、**21**。　（配点5点）

①　文明社会は、人間に利便性をもたらす一方で、人間の感性や知性を次第に退化させるものだから。
②　人間は、時間の経過に従って自分の人生に対する疑問や懐疑を増大させる存在だから。
③　人間社会は激しく変遷する文明に応じて変容し、懐疑や絶望も徐々に変化するから。
④　人間の存在にとって懐疑や絶望は必要不可欠なものであり、刻々と増大しているから。
⑤　文明の変化の加速はとどまらず、社会や人間への懐疑や絶望が時とともに深まりつつあるから。

問6　傍線部⑶「そうしたこと以上に私が重要だと思うのは、彼がそうしたテーマを、タヒチという場所で問い直したという事実です」とあるが、筆者がこのように考えるのはなぜか。その理由として最も適当なものを、次の中から選びなさい。

問2　傍線部X「昇華」の本文中における意味として最も適当なものを、次の中から選びなさい。
解答番号は、18。（配点3点）

① 美的なものに変質すること
② 異質なものに変えること
③ 価値あるものに高めること
④ 自分のものにすること
⑤ 美しく華やかに彩ること

問3　空欄 A に入る最も適当な語を、次の中から選びなさい。
解答番号は、19。（配点3点）

① 胎動期　② 勃興期　③ 過渡期　④ 最盛期　⑤ 成熟期

問4　傍線部(1)「我々はどこから来たのか　我々は何者か　我々はどこへ行くのか」とあるが、これはどういうことを問いかけているのか。その説明として最も適当なものを、次の中から選びなさい。
解答番号は、20。（配点4点）

① 人類の歴史にもとづく未来の姿

(a) テンカン　15

① ユウモウカカン
② アビキョウカン
③ イカンセンバン
④ ショシカンテツ
⑤ カンコツダッタイ

(b) チョッケイ　16

① 直情ケイコウな性格といえる。
② 面白い記事をケイサイする。
③ 音楽にゾウケイが深い。
④ ケイセツの功を積む。
⑤ ソウケイな決断を後悔する。

(c) ウズ　17

① 優雅なキュウカを楽しむ。
② 将来に大きなカコンを残す。
③ 工場のカドウ日数を増やす。
④ 彼は疑惑のカチュウにある。
⑤ 戦闘がカレツをきわめる。

〜二億五〇〇〇万年で一周するくらいの運動をしています。

銀河系の外側に行くと物質的にはほとんど何もない空間が広がっていますが、その所々には、何千億と推定される数の別の銀河があることも分かっています。

しかしながら、(ア)人類がここまでの拡大した時空の宇宙観を持つようになったのは、歴史的に見ればつい最近のことに過ぎません。そして、太陽系を超えたこのような宇宙観は、まさにゴーギャンの時代の直前から始まったのです。

（松井孝典『我関わる、ゆえに我あり』より）

（注1）ポール・ゴーギャン――フランス後期印象派の画家。
（注2）ドラスティック――徹底的。思いきったさま。
（注3）イオニア――古代ギリシャの植民地。都市国家が形成された。
（注4）ケプラー――一五七一〜一六三〇年。ドイツの天文学者。
（注5）ガリレオ――一五六四〜一六四二年。イタリアの天文学者・物理学者。

問1　傍線部(a)〜(c)と同じ漢字を含む語を、次の中からそれぞれ選びなさい。

解答番号は、(a) 15 、(b) 16 、(c) 17 。　（配点6点）

意外に思われるかもしれませんが、紀元前五世紀頃のイオニア(注3)の自然哲学者たちは、今でいうところの地動説という考え方でした。それが当時重要視されていた合理的な説明だったのです。
しかし、地球が動いているという事実は、人々の感覚とは相容(あいい)れません。太陽のまわりを動いているとしたら、ものすごい風が吹くだろうに、そんな風は吹かないからです。
というわけで、人々は地球のまわりを天が動いていると考えるようになったのです。その信仰に似た考え方が中世まで続きます。

十六世紀、太陽中心説を唱えるコペルニクス（一四七三〜一五四三）の登場によって宇宙観は大きなテンカン(a)期を迎えます。
そして、その後、ケプラー(注4)、ガリレオ(注5)を経て、太陽を中心とした宇宙観が時代の主流になっていきます。
ただ、そこで語られる宇宙は、現代風にいえば、太陽系どまりの宇宙でした。そうした宇宙観が、十八世紀から十九世紀にかけて、一気に拡大します。太陽系を超えて銀河系という星の世界を認識するようになるからです。

ここで、現代の宇宙観、宇宙の構造について簡単に説明をしておきましょう。
地球は太陽という恒星のまわりを回る惑星のひとつです。太陽を中心とする星の集まりを太陽系といいます。太陽系の外側では、太陽のような質量の天体（恒星）が一〇〇〇億個ぐらい、太陽とは質量の異なる天体まで含めると二〇〇〇億個ぐらいの天体がひとつの集団をつくっています。これが銀河系です。
銀河系(c)は円盤状の形をしており、そのチョッケイ(b)は一〇万光年くらいの広がりがあります。円盤の中心からいくつかの腕が伸びてウズを巻いたような形を見せているのですが、我々の太陽系は、そのひとつの腕の端のほうに位置し、他の天体と一緒に二億

このことを考察するためには、ゴーギャンの生きた時代を歴史という観点に立ってながめてみる必要があります。なぜなら、そうすることではじめて、彼の時代の問題を、現代の問題としてとらえ直すことが可能となるからです。

ゴーギャンが生きた十九世紀末、現代から見れば約一〇〇年前の時代とは、どういう時代だったのでしょうか。地球システム論的な視点でいえば、文明が第二段階に突入し始めた頃ですが、我々の世界ではどのような変化が、どのようなかたちで起きていったのでしょう。

ひと言でいえば、我々の宇宙観、歴史観、自然観がドラスティック(注2)に変わった時代です。

これからしばらくは、現代文明の **A** 、すなわち産業革命以降に起きた様々な変化、とりわけ我々の内部で起きた宇宙観や歴史観、自然観といったものの変化について見ていきたいと思います。

まずは宇宙観の変化から見てみましょう。

古代ギリシャ時代、宇宙とは天のことでした。天とは空のことです。現在、我々が言うところの宇宙とは、空間的には天の外にある天、すなわち中国語で言うところの「天外天」ということになります。

現在、我々が惑星と呼ぶ天体も、恒星も、銀河も、すべては同じように天に存在するものでした。もちろん当時、恒星とか銀河とかそんな区別があったわけではありません。

太陽を含め、そうした天にある天体と地球がどのような関係にあるのか。それが、宇宙に関する最大の関心事でした。宇宙の中心は地球なのか、太陽なのか。なぜ、一部の星（惑星）だけが、他の星たちとは違う変則的な動きをするのか。

それらについて合理的な説明を与えることが、古代ギリシャやそれ以降の自然哲学者たちの役割だったわけです。

分かりません。あるいは、文明によって失われた「何か」を求めて南太平洋の島タヒチに行ったのかもしれません。しかし、結果として彼が絵で描いたのは、美しい楽園の姿といったものではなく、普遍的な人間の姿であり、人間の存在そのものに対する根源的な問いかけでした。

つまり、(4)文明から遠く離れたタヒチにあっても、彼は最後まで文明の世界の人だったということです。結局のところ彼は、文明の外から文明を、文明という生き方をつくり出して生きている人間を、そして文明の世界の住人である自分自身を見つめていたように、私には思えます。

そして、もうひとつ重要なのは、彼の(5)「辺境から文明をながめる」という試みを可能にしたのが、他ならぬ彼が懐疑と絶望を抱いた文明そのものの力であったということです。

このことこそ、文明と人間の関係について考える際の重要なポイントであり、本書で問おうとしているテーマにも深く関わるものです。

(6)その意味では現代という時代もまた、ひとつ進んだ段階からの試みを可能にしています。我々は今や地球を脱し、宇宙の果てにまでその観測の視野を拡(ひろ)げているからです。地球の辺境から文明を問うたように、現代は宇宙の辺境から文明を問うことができるのです。言葉を換えて言えば、辺境に立つことはものごとの普遍性を探ることにつながるのです。

二十世紀、我々は宇宙の認識を深め、終(つい)に、物理学と化学はこの宇宙で成立する普遍性のある学問であることを確かめました。二十一世紀は、その普遍性を、地球や惑星の科学、生命の科学にまで拡張しようとしています。そしてそれは、知的生命体、あるいは文明についての普遍性を問うことを可能にしているのです。

二　次の文章を読んで、後の問いに答えなさい。

文明が大きな変貌を遂げていく中で「人間とは何か」を問うた先人がいます。十九世紀末フランスの画家、ポール・ゴーギャン(注1)(一八四八〜一九〇三)です。

(1)「我々はどこから来たのか　我々は何者か　我々はどこへ行くのか」

後世、ゴーギャンの代表作としてその名を残すこの絵画は、一八九七年、故郷のフランスから遠く離れた南の島タヒチで、描き上げられました。

急速に変化を遂げていく文明社会に対する懐疑と絶望、そして、そうした文明をつくり上げた人間という存在に対する根源的な問いかけ。それらを、ゴーギャンは絵画という芸術に見事にX昇華させました。

この絵画が、一〇〇年以上の時を経ても多くの人の心をつかんで離さないのは、その「問いかけ」がいまだに大きな意味を持ち続けているからに他なりません。むしろ、(2)時を経るに従って、その「問いかけ」の持つ意味合いはさらに増しているようにも思います。

しかし、(3)そうしたこと以上に私が重要だと思うのは、彼がそうしたテーマを、タヒチという場所で問い直したという事実です。

世界を外から見て初めて世界とは何なのかが見えてくる。先に私はそう書きました。まさしくゴーギャンは、文明の辺境に行くことで、文明とは何かを見つめようとしたのではないでしょうか。無論、彼自身の中に、そういった意識があったかどうかは

⑤　生産と労働の場である都市のあり方は、都市生活を送る賃金労働者の集住条件により決定づけられるから。

問8　本文の内容に合致するものを、次の中から選びなさい。

解答番号は、 14 。　（配点6点）

①　現代の都市論の多くは、一つの時代の特徴に着目して、そこから労働と生産の可能性を探る傾向にある。
②　都市は人が集まり住むため職種が多彩で、世界で比較的特異な産業として分類されるような仕事が多い。
③　アーティストたちがニューヨークやパリに集まるようになるのは、絶対的な社会的権力を得るためである。
④　ミッキーマウス化した人間とは、映画という複製技術を通して知名度を高めた特別な人々のことを指す。
⑤　生産物は、時として人間の想定を超えた影響力を伴い、独自に活動するかのように現象することがある。

問6　傍線部(3)「あらゆる表現が商品と一体化し大衆化していて、都市の生活様式に寄り添っている」とあるが、それはどういうことか。その説明として最も適当なものを、次の中から選びなさい。
解答番号は、**12**。　（配点6点）

①　あらゆる表現は、「おしゃれ」のための消費財へと姿を変えて、都市を文化的な側面から彩っているということ。
②　あらゆる表現は、拡大する市場の動きに合わせるように、人々の顕示的消費を誘発する存在になったということ。
③　あらゆる表現は、都市での生活を非日常なものに変える手段として、人々の娯楽の対象になっているということ。
④　あらゆる表現は、二十世紀以降の都市文化において形式を見直され、時代とともに志向を変えてきたということ。
⑤　あらゆる表現は、都市生活で消費される製品やサービスとして理解され、市場の原理に順応しているということ。

問7　傍線部(4)「労働者階級や無産階級とも呼ばれるプロレタリアートの市場という貌を必然的にもつ」とあるが、「都市」が「プロレタリアートの市場という貌を必然的にもつ」のはなぜか。その理由として最も適当なものを、次の中から選びなさい。
解答番号は、**13**。　（配点6点）

①　近代以降の都市の形成は、生産手段をもたない賃金労働者による資本主義的な労働に基づいているから。
②　都市を拡大してきた近代以降の市場は、労働者が携わる産業資本主義的な市場と密接な関わりをもつから。
③　複製技術のシンボルである都市の姿は、賃金労働者が関わる市場の様相をそのまま反映したものであるから。
④　産業資本主義を基礎に成り立っている都市は、賃金労働者が携わる仕事の内容や規模を左右しているから。

解答番号は、10。

① 人口の集中や物の流通といった経済システムの完成度だけに着眼して都市を歴史的に考察するもの。
② 賃金や労働をめぐる経済活動に支えられた居住環境の質の良さだけを都市の特徴として述べるもの。
③ 高価な商品を買い求める富裕層の価値基準に沿ってことさら都市の優位性だけをうたいあげるもの。
④ 環境の経済的な成熟度やそこから期待される便益だけを論点にして都市のもつ価値を判断するもの。
⑤ 商品やサービスを購入する人たちが感じている利便性の高さだけを都市の機能としてたたえるもの。

（配点5点）

問5 傍線部(2)「『都市の勝利』という理屈」とあるが、それはどのような考え方か。その説明として最も適当なものを、次の中から選びなさい。

解答番号は、11。　（配点6点）

① 都市は普遍的な祝祭の場であり、人々の成功の可能性に先立って都市そのものの魅力が存在するという考え方。
② 都市は経済的に成功した場所であるため、貧しい人々が住んでも都市の豊かさがゆらぐことはないという考え方。
③ 都市は豊かであることが前提であり、さまざまな可能性を求めて貧しい人々が集まるようになるという考え方。
④ 都市は職種の多様さが保証されており、労働の場を提供することで貧しい人々を救うことができるという考え方。
⑤ 都市は人々が高い所得を得る空間であり、貧しい人々にも仕事で成功するチャンスが与えられるという考え方。

問3　空欄 X ・ Y に入る最も適当なものを、次の中からそれぞれ選びなさい。
解答番号は、X 8 、Y 9 。（配点6点）

X 8
① 社会的地位の保証なのである
② 住むための必要条件なのである
③ 修練を積める場所なのである
④ 人を集める口実になるのである
⑤ 乗り越えるべき壁なのである

Y 9
① アーティストに再び崇高な役割を与えるのだ
② アーティストによって祝祭の場が盛り上げられるのだ
③ アーティストに労働者としての社会的な地位を与えるのだ
④ アーティストの作品に消費者の嗜好を反映させることになるのだ
⑤ アーティスト自身をサービスの業者にしてしまうのだ

問4　傍線部⑴「『消費者』『観客』の立場だけに終始する評価や批評」とあるが、それはどういうものか。その説明として最も適当なものを、次の中から選びなさい。

(d)　ヒョウショウ　4

① キョショウの絵を鑑賞する。
② 伝統文化をケイショウする。
③ 大会優勝にショウジュンを合わせる。
④ 作者ミショウの物語を読む。
⑤ ショウケイ文字を解読する。

(e)　ケイカイ　5

① 村上春樹にケイトウする。
② 朝から剣道のケイコに励む。
③ ネット社会にケイショウを鳴らす。
④ 彼の意見にケイハツされた。
⑤ 傷害事件のケイイを語る。

問2　空欄 A ・ B に入る最も適当な語を、次の中からそれぞれ選びなさい。
解答番号は、A 6 、B 7 。

A 6　① たとえば　② ますます　③ あたかも　④ ひょっとすると　⑤ くしくも

B 7　① まさに　② いつも　③ いまだに　④ おそらく　⑤ むしろ

（配点4点）

問1　傍線部(a)～(e)と同じ漢字を含む語を、次の中からそれぞれ選びなさい。
解答番号は、(a) 1 、(b) 2 、(c) 3 、(d) 4 、(e) 5 。
（配点10点）

(a)　シュミ　1
① シュチョウを投票で選ぶ。
② 因縁の相手にイシュ返しする。
③ 勝利のビシュに酔いしれる。
④ シュショウな態度に感心する。
⑤ 原稿にシュヒツを入れる。

(b)　ショギョウ　2
① 茶を一杯ショモウする。
② 寺のユイショを調べる。
③ ショハンの事情を考慮する。
④ 異動でブショがかわる。
⑤ 違反者をショバツする。

(c)　ケンイ　3
① イアツ的な態度を取る。
② 部下にイロウの言葉をかける。
③ 役所の手続きをイニンする。
④ 雄大な景色にイフの念を抱く。
⑤ 親のイダイさに気づく。

つ存在となったことをベンヤミンは資本主義の亡霊として読み取っている。

ミッキーマウスはあまりにも消費の対象として独自性をもつからこそ、その偏愛ぶりや物神性[注2]を発揮することになった。結果的に、たかがアニメーション映画のキャラクターだったにもかかわらず、人々を激しい偏愛のパラノイア[注3]状態に陥れる。それらを生み出した人間自身を、逆に支配してしまう疎遠な力になってしまっている。この疎遠な力は、まさにヘーゲル[注4]以来論じられてきた疎外である。

疎外をめぐる近代以降の都市はそもそも生産と労働の市場として拡大してきた。とりわけ、自分では生産手段をもたず、生活のために自らの労働力を時間で切り売りして賃金を得るプロレタリアート（賃金労働者）にとって、都市生活を送っていくうえでのさまざまな局面が複製技術によるヒョウショウとしてしか存在しなくなりつつある状況が顕著となっている。

そのプロレタリアートがどのような内容や規模の労働市場に関わっているかに応じて、集住の条件は変わり、都市の様相も大きな影響を受ける。産業資本主義を基礎とする都市のあり方は、(4)労働者階級や無産階級とも呼ばれるプロレタリアートの市場という貌を必然的にもつのだ。

（桂英史『表現のエチカ ── 芸術の社会的な実践を考えるために ──』青弓社より）

（注1）ヴァルター・ベンヤミン ── 一八九二～一九四〇年。ドイツの歴史学者・文芸批評家・哲学者。
（注2）物神性 ── 商品や貨幣、資本などの「物」が、ひとり歩きを始め、逆に人間を支配するように見えてくる現象。
（注3）パラノイア ── 偏執病。妄想症。
（注4）ヘーゲル ── 一七七〇～一八三一年。ドイツの哲学者。

も、ミッキーマウスを知らない人はおそらくいないだろう。まさに底知れぬ人気である。顕示的消費を絵に描くとミッキーマウスになると言っていいだろう。
　ミッキーマウスは考案された、いわばイメージである。ミッキーマウスが好きでグッズを買い求めている人たちは、 B イメージを消費している。このように、表現が顕示的な消費財となることに抵抗し批判する先人たちはこれまでにもたくさんいた。その代表的な歴史家がヴァルター・ベンヤミン(注1)である。ベンヤミンは都市に生きる人々を観察しながら、搾取の場が工場だけにとどまらず、ミッキーマウスのように日常生活にまで広がっていることを「同時代」、つまり宇宙の歴史からすれば「一瞬の裂け目」でしかない共通の経験として描写し、人間の奥底にある欲望や歴史のあり方を再検証しようとした。
　もちろん、ベンヤミンの「一瞬の裂け目」への関心は、当然ながら日常生活のさまざまな局面で資本主義という経済体制が暴力としてはたらいている状況にある。ベンヤミンはミッキーマウスを暴力装置として論じたのである。
　ベンヤミンはミッキーマウスを、映画という複製技術と近代的な産業のヒョウショウ(d)として位置づけた。この映画という複製技術の日常生活への影響力を念頭に置いて、テクノロジー（複製技術）によって装置（メディア）化された日常生活で活動する記号化されたキャラクターとしてベンヤミンはミッキーマウスを論じた。実はメディア化された日常生活を平穏に送ろうとする人間さえ、なんらかの拍子でミッキーマウスの暴力にさらされてしまうことをケイカイ(e)する。ビートルズやマイケル・ジャクソン、クリスチアーノ・ロナウドはミッキーマウス化した人間であるとも言える。
　ここでのメディア化とは、日常生活のあらゆるもの、たとえば人間でさえ伝達の装置と化してしまうような事態である。資本主義への隷属によって、都市生活の経験が貧しくなっていく状況をベンヤミンは「ミッキーマウスの生活は、こんにちのひとびとの夢である。ミッキーマウスの生活は、奇跡にみちている」と皮肉たっぷりに述べる。
　人間が表現したはずのミッキーマウスが、自らがあたかも生命を与えられたかのように商品として増殖し、社会のなかで際立

らゆる表現が商品と一体化し大衆化していて、都市の生活様式に寄り添っている。
二十世紀以降の都市文化では、美術や建築、演劇など古代からある表現形式も、時代の推移とともに洗練された都市文化として理解され、ある種の顕示的消費として市場に組み込まれることになる。それによって、アートは都市に住む人々の顕示的な消費を誘発し、市場を拡大する。「おしゃれ」な都市文化は顕示的な消費としての洗練度を高めれば高めるほど、当然ながら市場は拡大するのだ。

結果的にあらゆるものが消費の対象になり、資本主義は国家や地域を軽々と乗り越えて侵入する。美術館、ギャラリー、雑誌、アート系非営利団体など、アートのプラクティス（実践）が記号消費のシステムと化した都市では、心地いい飛躍と破綻が娯楽になる。確かに、飛躍と破綻は根本的に人間の知性や都市生活にとって、ちょっとした祝祭である。

神の(b)ショギョウにも近い地位を与えられるほど崇高で深淵だったはずの芸術も、資本主義の爛熟さに応じるかのように、消費の対象となり市場原理に依存した「業界」ができあがっている。アートに関連した仕事は、当然ながら都市に集中することになる。市場としての都市は、　Y　。

だからこそ、市場としてのニューヨークやパリには自分（とその作品）を買ってもらえるかもしれないアーティストたちがたくさん集まってくるし、作品に公的な(c)ケンイを与える美術館、コレクターに作品を売る画商、作家のマネジメントをしたりパーティーを開いてパトロンから資金を集めたりする業者など、少しでも顕示的な消費財としての芸術作品を高く見せるようなサービス業が発達していく。これもまた無理のない話である。

顕示的な消費についてミッキーマウスを念頭に考えてみると、ぐっと具体的に理解できるかもしれない。ミッキーマウスは二十世紀が生んだ奇跡の記号である。ディズニーランドでの主役の座は揺るがないばかりか、いまだにさまざまなグッズのデザインに採用されて目に触れる機会は多い。ビートルズやマイケル・ジャクソン、クリスチアーノ・ロナウドを知らない人がいて

検討しようとする地道な試みなど、とてももどかしいものに思えるだろう。その理由は明白だ。労働と生産をめぐる愚直な都市論など、いまや顕示的な消費の対象になりえないからだ。消費の観点から見ると、都市は祝祭そのものになる。

都市の祝祭性が高まる一方で、市場としての都市に住む人たちには経済的に貧しい人たちも多い。しかし(2)「都市の勝利」という理屈は、都市に貧しい人たちが多いという状況ではひるまない。都市の目線は徹底して高い。都市に住んでいるから貧しいわけではない。貧しい人が都市の豊かさに期待して集まってくるという理屈だ。貧しい人たちが目立っている都市もあるが、貧しい人たちも都市にはさまざまな可能性がたくさんあると信じている。つまりいろんな仕事があって、［A］自分にも大きな成功が待っているかもしれないと期待して集まってくるのだ。

「都市の勝利」という理屈のうえでは、地方で収益が上がらない農業に従事しているよりも、都市では人々が集住しているぶんサービス業が必然的に多様になるため、どんな人にとっても当然仕事のチャンスは増えるということになる。

もちろん地方にも気候風土に応じた仕事があって、そのなかには世界のなかで比較的特異な産業に位置づけられるようなものもある。しかしながら、職種の多様さという点では地方は都市にかなわない。多様な職種はいろいろな人たちが集まってくる理由になり、集まれば集まるほどさらに労働の種類は多くなっていく。どんな仕事を求めている人にとっても、都市とは自分を労働力として買ってもらえるかもしれない可能性であり、［X］。

その例としては、プロのミュージシャンが人里離れた場所を労働の場とすることはむずかしい。フェスのような特殊なイベントを除いて、ライブにくる聴衆がいないからだ。住んでいる場所が人里離れた場所であっても、ライブはいや応なく都市でやらざるをえない。さまざまな(a)シュミ嗜好（しこう）の人が都市には集まっているだけに、ライブは成立する。だが、人があまり住んでいない地方では、プロのミュージシャンが客を獲得することはむずかしい。

このミュージシャンの例によらずとも、日常生活の延長線上に、アート、インテリア、ファッション、建築、グルメなど、(3)あ

国語

（五〇分）

一　次の文章を読んで、後の問いに答えなさい。

都市の人口集中により、農業など一次産業の従事者は都市から追い出されてしまうことは避けられない。でもそのかわり、二次・三次産業の担い手には事欠かない。労働力が多様だということは、パートナーを求める独身者はもとより、共働きでふたりとも収入がある状態でいたいという夫婦やカップルにとっても都市は魅力的な場所になる。

技術や技能が高い人も高い賃金を求めてやってくる。高賃金をもらっている人たちが増えれば、高い家賃の住宅へのニーズが広がり、居住環境の道路や公園などの整備が進む。加えてわざと低所得の人たちにはアクセスできないようなゾーンをつくってしまう。そのゾーンには必然的に名門校などの教育機関などが進出するため、高い教育を受ける機会も多くなる。居住環境の質は賃金という労働条件に依存するのだ。

「都市の勝利」がそうであるように、たいていの都市論は「市民」「消費者」あるいは「観客」など、経済的な観点から語られることが多い。(1)「消費者」「観客」の立場だけに終始する評価や批評は、結果として都市を労働と生産をめぐる歴史的な節点として理解することを遠ざけていく。「同時代」を人間の奥底に装備されたセンサーとして理解し、そこから労働と生産の可能性を再

解答編

英語

1 **解答**　1—③　2—④　3—③　4—④　5—④　6—④

解説

1．amusing「おもしろい」で fascinating と同義。

2．free「自由を有する」で unrestricted「制限のない」と同義。

3．suggest「～を暗示する」で imply「～を暗に示す」と同義。

4．remedy「治療法」= therapy

5．forbid「～を禁止する」= prohibit

6．ordinary「通常の」= usual

2 **解答**　7—②　8—①　9—②　10—①　11—②　12—④　13—②　14—④　15—①　16—②　17—②

解説

7．blame *A* for *B*「*B* を理由に *A* を非難する」

8．see *A* off「*A* を見送る」

9．shake hands「握手する」

10．「このお店はこの時計を3年間保証する」　意味合いとして合うのは①の insures である。insure「～に保険をかける，～を保証する」

11．contemporary art「現代美術」

12．so far「今までのところ」　その他は文全体を単体で修飾できない。

13．processed という形容詞を修飾するので，副詞の naturally を選ぶ。

14．「ひどい雨にもかかわらず，運動会は～されなかった」とすると文意が通るので，④の suspended が正解。suspend「～を延期する」

15. 助動詞 should の直後に動詞の原形が続く形になっているので，①が正解。

16.「けがのために出場をやめなければならなかった」の主語として意味が通るのは，「全国大会への出場資格を得た若い選手」なので，②が正解。

17.「どれだけ部屋が狭くても」という意味になる②が正解。however＋形容詞/副詞＋S V で「どれだけ～でも」という意味。

③ 解答

(1)18—⑥　19—⑤　(2)20—①　21—⑥
(3)22—④　23—⑤

解説

(1) After spending the whole day <u>shopping</u>, I was <u>left</u> with only about (1,000 yen.)

spend *A doing*「*A*（時間）を～して過ごす」 be left with ～「～とともに残される」

(2) No matter <u>how</u> fast you drive, <u>we</u> can't get to Tokyo (in 30 minutes.)

no matter how＋副詞「どれだけ～でも」 get to ～「～に着く」

(3) (My mother) seems to have <u>lost</u> her wallet while <u>dozing off</u> on (the train.)

seem to have *done*「～したようだ」 doze off「うとうとする」

④ 解答

24—③　25—③

解説

24. 空欄の直後にBが「私の一週間分の給料がかかった」と言っているので，値段が高いという趣旨になる③「うん，でもちょっと私たちにはぜいたくだったね」が正解。

25. Bが空欄の直前に「あまりよくないね」と言っており，かつAが空欄の後に「より多くの顧客を得るための戦いだね」と言っていることから，③「競争がたくさんあるよね」が正解。

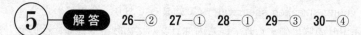

5 解答 26―② 27―① 28―① 29―③ 30―④

解説

《ヤギの発見》

26. 第1段第3文（The black-coated, …）に「緑色の鈴付きの首輪をつけており，人に慣れている」とあることから，「パトカーのドアが開いたとたんに」ヤギがする行動として，② jumped in「飛び乗ってきた」が正解。

27. 同様に，そのヤギが「誰かのペットである」と警察たちは① believed「信じた」が正解。

28. name O C after ～「～にちなんでOにCと名付ける」

29. ヤギの飼い主から届いたものとして考えられるのは，③ inquiry「問い合わせ」である。

30. reunite *A* with *B*「*A* を *B* と再会させる」

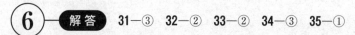

6 解答 31―③ 32―② 33―② 34―③ 35―①

解説

《鳥の内部コンパスのメカニズム》

31. 研究チームが発見したものを答える。第1段第1文（Nerve cells acting …）参照。compass「コンパス」を sensory faculty of direction「方向の探知器官」と書き換えている。

32. 第2段第1文（To spend the winter …）に「親鳥の助けなく南へまっすぐ飛ぶ」とあり，それがこの鳥の characteristic「特徴」であると考えられる。

33. これまでの研究者たちが，この鳥が地球の磁気を利用していることを明らかにできなかった理由を答える。第4段第3文（But because cells …）参照。

34. 最終段第2文（Regarding this, professor …）参照。南方向を向いたときに方向探知細胞の活性が高まると，長距離の移動中ずっと活性化したままになってしまい，エネルギー効率が悪いことが述べられている。

35. 本文は Nerve cells acting like a compass have been found in the brains of young streaked shearwaters で始まっており，全編にわたりオオミズナギドリの脳に備えられている内部コンパスの特徴や機能について述べられているので，①が正解。

数　学

① 解答 《小問2問》

1—⑦　2—⑥　3—⑤　4—⑦

② 解答 《2次関数のグラフ》

5—⑧　6—⑨　7—④　8—⑦

③ 解答 《正弦定理・余弦定理，三角形の面積》

9—⑥　10—⑨　11—⑨　12—⑩

④ 解答 《条件付き確率》

13—③　14—⑧　15—⑨　16—⑩

⑤ 解答 《方べきの定理，角の二等分線，中線定理》

17—⑦　18—⑤　19—⑥　20—⑤

⑥ 解答 《正の約数の個数，自然数になる条件》

21—⑨　22—④　23—⑨　24—④

化　学

1 解答 《小問集合》

1—⑦　2—②　3—③　4—③　5—②　6—④

2 解答 《物質量，完全燃焼の化学反応式，溶解度，化学反応式と量的関係，化学の基礎法則》

7—⑥　8—④　9—④　10—④　11—⑤

3 解答 《酸・塩基，塩の水溶液の液性，中和滴定の指示薬》

12—②　13—④　14—②

4 解答 《塩酸と水酸化ナトリウム水溶液の中和滴定》

15—⑤　16—⑥　17—③　18—③

5 解答 《酸化還元反応，酸化数，銅の工業的製法》

19—⑦　20—③　21—④

6 解答 《過マンガン酸カリウムとシュウ酸の酸化還元反応》

22—②　23—⑥　24—①

生　物

1 解答 《細胞の構造，ミクロメーター》

1－⑤　2－④　3－①　4－③　5－⑧　6－①　7－④　8－④

2 解答 《遺伝情報とDNA》

9－②　10－③　11－⑤　12－④　13－⑤　14－③　15－③　16－⑤

3 解答 《自律神経系と内分泌系》

17－③　18－③　19－①　20－④　21－①　22－④　23－⑤　24－⑦

4 解答 《遷　移》

25－③　26－④　27－③　28－①　29－⑥　30－④　31－③　32－⑤

5 解答 《生態系の物質循環》

33－①　34－③　35－⑤　36－⑩　37－②　38－②　39－⑥　40－①

な」問いかけである。懐疑と絶望を抱えつつも文明社会は急速に変化を遂げていて、そうした文明をつくり上げた人間という存在に対する根源的な問いかけの意味合いがさらに増しているのである。

問6　傍線部後の「ゴーギャンは、文明の辺境に行くことで、文明とは何かを見つめようとしたのではないでしょうか」に着目する。①が適切。②は「島国の文化を解明することで」が、③は「辺境そのものの意味を解明しよう」が、④は「文明の特殊性を探ろう」が、⑤は「孤立した島国で、文明の重要性について考えようと」が適当でない。

問7　傍線部の次の文の「文明の外から文明を、文明という生き方をつくり出して生きている人間を、そして文明の世界の住人である自分自身を見つめていた」に着目する。文明の外であるタヒチに行っても、ゴーギャンは結局文明から脱することはできなかったということ。

問8　「文明そのものの力」が「可能にした」とはどういうことかを考えつつ傍線部(6)を含む段落に着目すると、「我々は今や地球を脱し…拡げている」「現代は宇宙の辺境から文明を問うことができる」とある。ここから「文明」の進歩が「辺境に立つ」ことを可能にした、といえるので、④が適切。

問9　傍線部の「ひとつ進んだ段階からの試み」とは、傍線部直後の「地球を脱し、宇宙の果てにまでその観測の視野を拡げている」ことにより、「宇宙の辺境から文明を問うことができ…ものごとの普遍性を探ることにつながる」ということである。

問10　直前の三段落の内容から、地球は他の惑星とともに太陽系を形づくり、その外側には太陽のような天体が集まって銀河系を形成していることがわかる。さらにその外側に、何千億と推定される数の別の銀河があるという認識が現代の宇宙観といえる。

問11　②は傍線部(4)を含む段落の内容と一致する。①は「文明のあり方を問う文化がある」が、③は「有史以来中世まで一貫して人々を支配していた」が、④は「古代ギリシャ時代の『宇宙』すなわち『天』に該当する」がそれぞれ合致しない。⑤は「地球という辺境の地を空から見直す」が、傍線部(6)直後の「宇宙の辺境から文明を問う」に合わない。

二

出典　松井孝典『我関わる、ゆえに我あり――地球システム論と文明』〈第二章　文明の変貌と人間論〉（集英社新書）

解答

問1　(a)―⑤　(b)―①　(c)―④
問2　③
問3　②
問4　③
問5　⑤
問6　①
問7　②
問8　④
問9　④
問10　④
問11　②

解説

問3　まず世界史において、市民革命、産業革命を経て西洋近代、近代文明が始まったことを踏まえ、その近代文明の延長線上に現代文明があることから、空欄にはその文明の〝おこった時期〟といった意味合いの語を入れる。

問4　傍線部は本文冒頭の文中の「人間とは何か」を言い直したもので、二つ後の段落で「人間という存在に対する根源的な問いかけ」とさらに説明されている。③が適切。人間についての説明であるから、⑤の「文明社会の根源的なあり方」は適当でない。

問5　その「問いかけ」とは、問4でみた「人間とは何か」という「文明をつくり上げた人間という存在に対する根源的

が適当。

問4 傍線部以降の内容に着目すると、「『消費者』『観客』の立場だけに終始する評価や批評」とは、労働や生産といった視点からではなく消費の観点からの評価や批評ということである。「消費の観点」から見れば、都市は「祝祭そのもの」という価値判断に注目すると、④が適切。

問5 「『都市の勝利』という理屈」とは、同段落の内容から、「都市にはさまざまな可能性」があり経済的に貧しい人も多いが、「都市の豊かさに期待して集まってくる」といった理屈である。さまざまな可能性がたくさんあると信じ、自分にも成功が待っているかもしれないと期待して集まってくるのである。③が適切。

問6 次段落の「(表現形式は)洗練された都市文化として理解され、ある種の顕示的消費として市場に組み込まれる」「それによって…人々の顕示的な消費を誘発し、市場を拡大する」から判断する。「表現」が「消費」されるものとなり「市場」に組み込まれることをまとめた⑤が適切。②は市場の拡大と顕示的消費の誘発の因果関係が逆である。

問7 傍線部直前の内容から、プロレタリアート(賃金労働者)の関わる労働市場の内容や規模に応じて賃金労働者の集住の条件も変わり、それが都市のあり方に影響を与えるということ。その理由は前段落にあるように「近代以降の都市は…拡大してきた」ことにあるので、①が適当。

問8 ①は「都市論の多くは」「労働と生産の可能性を探る」が、③は「絶対的な社会的権力を得るため」が、④は「映画という複製技術を通して」が合致しない。②は「世界で比較的特異な産業として分類されるような仕事が多い」のは、「都市」ではなく「地方」なので誤り。⑤は本文中で述べられた「ミッキーマウス」を一般化して説明したものであり、これが正解。

国語

一

出典 桂英史『表現のエチカ――芸術の社会的な実践を考えるために』〈第3章　路上の倫理学〉（青弓社）

解答

問1 (a)―② (b)―① (c)―① (d)―⑤ (e)―③
問2 A―④ B―①
問3 X―② Y―③
問4 ④
問5 ③
問6 ⑤
問7 ①
問8 ⑤

解説

問2 Aは直後の「かもしれない」に着目して、それと呼応することばを選ぶ。Bは、ミッキーマウスのグッズを買い求める行為はミッキーマウスのイメージを消費しているということだという内容を確認、強調することばを選ぶ。

問3 Xはその内容が直後の段落で、都市に暮らすことでその生活が成立していると例を挙げて述べられていることから考える。Yは、①は「崇高な役割を与える」が、②は「祝祭の場が盛り上げられる」が、④は「作品に消費者の嗜好を反映させる」が適当でない。⑤の「サービスの業者」は美術館や画商などであってアーティスト自身ではない。③

一般選抜前期・プラス共通テスト

問題編

▶試験科目・配点

学部・学科	方式		教科	科目	配点
管理栄養	前期	2科目型	選択	「コミュニケーション英語Ⅰ・Ⅱ・英語表現Ⅰ（リスニングを除く）」,「国語総合（古文・漢文を除く）・現代文Ｂ」から１科目選択	100点
			選択	「数学Ⅰ・Ａ」, 化学基礎, 生物基礎から１科目選択	100点
		3科目型	外国語	コミュニケーション英語Ⅰ・Ⅱ・英語表現Ⅰ（リスニングを除く）	100点
			国語	国語総合（古文・漢文を除く）・現代文Ｂ	100点
			選択	「数学Ⅰ・Ａ」, 化学基礎, 生物基礎から１科目選択	100点
	プラス共通テスト		共通テスト	共通テスト利用科目*から高得点１科目を利用	100点
			選択	「数学Ⅰ・Ａ」, 化学基礎, 生物基礎から１科目選択	100点
ヒューマンケア	前期	2科目型	選択	「コミュニケーション英語Ⅰ・Ⅱ・英語表現Ⅰ（リスニングを除く）」, 日本史Ｂ, 世界史Ｂ, 生物基礎,「国語総合（古文・漢文を除く）・現代文Ｂ」から２科目選択（ただし, 英語・国語は１科目以上必須）	各100点

ヒューマンケア		前期	3科目型	外国語	コミュニケーション英語Ⅰ・Ⅱ・英語表現Ⅰ（リスニングを除く）	100点
				国 語	国語総合（古文・漢文を除く）・現代文B	100点
				選 択	日本史B，世界史B，生物基礎から1科目選択	100点
		プラス共通テスト		共 通 テスト	共通テスト利用科目*から高得点1科目を利用	100点
				選 択	「コミュニケーション英語Ⅰ・Ⅱ・英語表現Ⅰ（リスニングを除く）」，「国語総合（古文・漢文を除く）・現代文B」から高得点1科目を利用	100点
メディア造形	映 像 メディア	前 期		選 択	「コミュニケーション英語Ⅰ・Ⅱ・英語表現Ⅰ（リスニングを除く）」，「数学Ⅰ・A」，「国語総合（古文・漢文を除く）・現代文B」から2科目選択	各100点
		プラス共通テスト		共 通 テスト	共通テスト利用科目*から高得点1科目を利用	200点
				選 択	「コミュニケーション英語Ⅰ・Ⅱ・英語表現Ⅰ（リスニングを除く）」，「数学Ⅰ・A」，「国語総合（古文・漢文を除く）・現代文B」から2科目選択	各100点
	デザイン	前期	デッサン型	選 択	「コミュニケーション英語Ⅰ・Ⅱ・英語表現Ⅰ（リスニングを除く）」，「国語総合（古文・漢文を除く）・現代文B」から1科目選択	100点
				実 技	鉛筆デッサン（省略）	200点
			一般科目型	選 択	「コミュニケーション英語Ⅰ・Ⅱ・英語表現Ⅰ（リスニングを除く）」，「数学Ⅰ・A」，「国語総合（古文・漢文を除く）・現代文B」から2科目選択	各100点

メディア造形	デザイン	プラス共通テスト	デッサン型	共通テスト	共通テスト利用科目*から高得点1科目を利用	200点
				実技	鉛筆デッサン（省略）	200点
			一般科目型	共通テスト	共通テスト利用科目*から高得点1科目を利用	200点
				選択	「コミュニケーション英語Ⅰ・Ⅱ・英語表現Ⅰ（リスニングを除く）」，「数学Ⅰ・A」，「国語総合（古文・漢文を除く）・現代文B」から2科目選択	各100点
	ファッション造形	前期		外国語	コミュニケーション英語Ⅰ・Ⅱ・英語表現Ⅰ（リスニングを除く）	100点
				国語	国語総合（古文・漢文を除く）・現代文B	100点
		プラス共通テスト		共通テスト	共通テスト利用科目*から高得点1科目を利用	200点
				外国語	コミュニケーション英語Ⅰ・Ⅱ・英語表現Ⅰ（リスニングを除く）	100点
				国語	国語総合（古文・漢文を除く）・現代文B	100点
看護		前期	2科目型	選択	「コミュニケーション英語Ⅰ・Ⅱ・英語表現Ⅰ（リスニングを除く）」，「国語総合（古文・漢文を除く）・現代文B」から1科目選択	100点
				選択	「数学Ⅰ・A」，化学基礎，生物基礎から1科目選択	100点
			3科目型	外国語	コミュニケーション英語Ⅰ・Ⅱ・英語表現Ⅰ（リスニングを除く）	100点
				国語	国語総合（古文・漢文を除く）・現代文B	100点
				選択	「数学Ⅰ・A」，化学基礎，生物基礎から1科目選択	100点
		プラス共通テスト		共通テスト	共通テスト利用科目*から高得点2科目を利用	各100点
				選択	「コミュニケーション英語Ⅰ・Ⅱ・英語表現Ⅰ（リスニングを除く）」，「国語総合（古文・漢文を除く）・現代文B」から高得点1科目を利用	100点

▶備　考

- 試験日自由選択制。
- メディア造形学部デザイン学科は「デッサン型」「一般科目型」よりいずれか選択。
- 「数学A」は「場合の数と確率」「整数の性質」「図形の性質」の３項目のうち２項目以上を履修した者に対応した出題とし，３項目が出題され，２項目を選択解答できる。

＊「プラス共通テスト」の大学入学共通テスト利用科目

【管理栄養学部】

外国語　「英語」(注1)

国　語　「国語（近代以降の文章）」(注2)

【ヒューマンケア学部】

地理歴史　「日本史Ｂ」，「世界史Ｂ」，「地理Ｂ」

数　学　「数学Ⅰ・Ａ」，「数学Ⅱ・Ｂ」

理　科　「化学基礎」，「化学」，「生物基礎」，「生物」(注3)

【メディア造形学部】(注4)

外国語　「英語」

地理歴史　「日本史Ａ」，「日本史Ｂ」，「世界史Ａ」，「世界史Ｂ」，「地理Ａ」，「地理Ｂ」

公　民　「現代社会」，「倫理」，「政治・経済」，「倫理，政治・経済」

数　学　「数学Ⅰ」，「数学Ⅰ・Ａ」，「数学Ⅱ」，「数学Ⅱ・Ｂ」，「簿記・会計」，「情報関係基礎」

理　科　「物理基礎」，「物理」，「化学基礎」，「化学」，「生物基礎」，「生物」，「地学基礎」，「地学」(注3)

国　語　「国語（近代以降の文章）」(注2)

※一般選抜前期試験科目との重複は可。

【看護学部】

外国語　「英語」(注1)

数　学　「数学Ⅰ・Ａ」，「数学Ⅱ・Ｂ」

理　科　「物理基礎」，「物理」，「化学基礎」，「化学」，「生物基礎」，「生物」(注3)

国　　語　「国語（近代以降の文章）」(注2)

※数学または理科から１科目以上必須。数学の各科目同士の組み合わせは不可。
　一般選抜前期試験科目との重複は可。

（注１）　200点を100点に換算する。

（注２）　古文・漢文を除いた100点からの得点とする。

（注３）　基礎を付した科目は２科目で１科目分（100点）として扱う。

（注４）　メディア造形学部は，外国語200点，その他の科目200点（100点を200点に換算する）。

英　語

◀2月6日実施分▶

(60分)

【1】 次の英文(1)～(7)の下線部の語、または語句と意味が最も近いものをそれぞれ①～④の中から選びなさい。

解答番号は、(1) [1] ～(7) [7] 。 (配点14点)

(1) His accent is so strong that I can't <u>grasp</u> what he is saying. [1]

① comprehend ② deny ③ soar ④ vary

(2) The police failed to find <u>evidence</u> that he committed the crime. [2]

① device ② proof ③ strategy ④ trick

(3) It is hard to know the <u>exact</u> time of their arrival. [3]

① objective ② precise ③ slow ④ vague

(4) He smiled and tried to <u>cover up</u> his mistake. [4]

① betray ② conceal ③ excel ④ gain

(5) There is <u>sufficient</u> food for us to live for a while. [5]

① beneficial ② nutritious ③ enough ④ scarce

(6) Mary <u>donated</u> $ 100,000 to those in need due to the war. [6]

① accessed ② contributed ③ lent ④ spread

(7) The <u>concept</u> of this meeting is unique to every attendee. [7]

① courage　② fantasy　③ prediction　④ idea

【2】 次の英文(1)～(12)の [ ] の中に入る最も適当な語、または語句をそれぞれ①～④の中から選びなさい。
解答番号は、(1) [8] ～(12) [19]。　(配点 24 点)

(1) Mary's heart was broken when her grandmother passed [8].
① away　② far　③ off　④ out

(2) The thief hit the clerk at the jewelry store [9] the head.
① at　② by　③ on　④ to

(3) I was [10] by that actor and decided to go to the actor's school.
① determined　② inspired　③ overlooked　④ taken

(4) The clerk always [11] around the store with a broom.
① cuts　② dwells　③ sweeps　④ vacuums

(5) That machine is [12] of assembling 100 parts a day.
① able　② capable　③ competent　④ possible

(6) When the accident happened, she was on the [13].
① contrary　② opposite　③ spot　④ whole

(7) The food critic [14] the food at Joan's restaurant as authentic and healthy in the magazine.
① administered　② described
③ ordered　④ purchased

(8) Michael [15] talked about the school trip in the class meeting.

① absolutely ② extremely ③ initially ④ quite

(9) By the time we got to the concert, the band [16] three songs.

① had already performed ② has already performed

③ is already performing ④ will already perform

(10) If there had been a rescue team, she [17] alive now.

① would be ② would have been

③ will be ④ will have been

(11) The teacher asked the students to [18] their reports before submitting them.

① alter ② complain ③ endure ④ stand

(12) Read such books [19] will have a good influence on you.

① as ② what ③ when ④ whom

【3】 次の(1)～(4)の日本文に相当する英文になるように、[ ] の中に入る最も適当な語、または語句をそれぞれ①～⑧の中から選びなさい。解答は、[20] ～ [27] についてのみ答えなさい。ただし文頭に来る場合は大文字で始まるものとする。
解答番号は、(1) [20]・[21] ～(4) [26]・[27]。 (配点16点)

(1) 彼女のオーディションでの失敗は、彼女の性格と関係がありそうだ。

Her failure [ ] [ ] [20] [ ] [ ] [21] [ ] [ ].

① her character ② something ③ is likely
④ in the audition ⑤ do ⑥ to have
⑦ to ⑧ with

(2) 私たちは、日本の有名人がオーナーのゴルフクラブに行った。

[ ] [ ] [22] [ ] [23] [ ] [ ] [ ].

① whose ② a celebrity ③ we ④ a golf club
⑤ is ⑥ went to ⑦ in Japan ⑧ owner

(3) メアリーが帰宅すると、アパートの玄関の鍵がかかっていなかった。

Mary [ ] [24] [ ] [ ] [ ] [25] [ ] [ ].

① home ② of ③ to
④ the front door ⑤ find ⑥ her apartment
⑦ unlocked ⑧ came

(4) 今年の夏はどんな天候になるのか、興味があります。

[ ] [26] [ ] [ ] [ ] [27] [ ] [ ] this summer.

① will ② I'm ③ like ④ curious
⑤ what ⑥ to see ⑦ be ⑧ the weather

【4】 次の(1)～(4)の会話文の [　] の中に入る最も適当な文をそれぞれ①～④の中から選びなさい。
解答番号は、(1) [28] ～(4) [31] 。　(配点 16 点)

(1) A : I like the cherry blossom season in Japan.
B : Me, too. For us Japanese, it is the symbol of the beginning of a new life.
A : [28]
B : Ueno Park is one of the most popular places in Tokyo.

① How do we know when they will be in full-bloom?
② What is made from cherry blossoms?
③ When can I see the most beautiful cherry blossoms?
④ Where is a good place for viewing them?

(2) A : I hear Steve broke his leg while snowboarding.
B : Is he hospitalized?
A : [29] Let's go to the hospital and cheer him up a bit.

① I'm afraid not.
② I doubt it.
③ I think so.
④ It is open to question.

(3) A : I'm Jeffery from XYZ Trading. I'm here to see Mr. Jones.
B : [30]
A : Yes, but I'm a bit early.

① Do you have any identification?
② Do you have an appointment?
③ Have you ever been here before?
④ Have you met him before?

(4) A : The house where I grew up was over there.

B : Was it torn down?

A : Yes, about 10 years ago. The park is gone, too.

B : [31]

① Then everything is left untouched.

② Then everything is gone there.

③ They leave everything as it was.

④ Things haven't changed at all.

【5】 次の文章の(1)～(5)の [ ] の中に入る最も適当な語、または語句をそれぞれ①～④の中から選びなさい。

解答番号は、(1) [32] ～(5) [36] 。 (配点 10 点)

Hawaii's Kilauea began erupting inside its summit crater Thursday, the U.S. Geological Survey said, less than one month after the volcano and its larger neighbor Mauna Loa stopped (1) [32] lava.

The Hawaiian Volcano Observatory detected a glow in webcam images indicating Kilauea had begun erupting inside Halemaumau crater at the volcano's summit caldera, the agency said. Kilauea's summit is inside Hawaii Volcanoes National Park and away from residential (2) [33] .

Kilauea is one of the world's most active volcanoes. It (3) [34] erupted for 16 months starting in September 2021. For about two weeks starting Nov. 27, Hawaii had two volcanoes spewing lava (4) [35] when Mauna Loa erupted for the first time in 38 years. Both volcanoes stopped erupting at about the same time. Earlier Thursday, the U.S. Geological Survey raised the alert level for Kilauea due to (5) [36] that magma was moving below the summit surface, an indication that the volcano might erupt.

(The Mainichi, January 6, 2023)

出典追記：Associated Press

(1) ① declaring ② editing ③ invading ④ releasing **32**

(2) ① affairs ② communities
③ protections ④ regulations **33**

(3) ① after ② before ③ began ④ last **34**

(4) ① as much as ② by oneself
③ more or less ④ side by side **35**

(5) ① concepts ② deals ③ signs ④ wishes **36**

【6】 次の文章を読み、(1)～(5)の答えとして最も適当なものをそれぞれ①～④の中から選びなさい。
解答番号は、(1) **37** ～(5) **41** 。 (配点 20 点)

Conservationists and veterinarians are warning that plastic waste in an open landfill in eastern Sri Lanka is killing elephants in the region, after two more were found dead over the weekend.

Around 20 elephants have died over the last eight years after consuming plastic trash in the dump in Pallakkadu village in Ampara district, about 210 kilometers east of the capital, Colombo. Examinations of the dead animals showed they had swallowed large amounts of nondegradable plastic that is found in the garbage dump, wildlife veterinarian Nihal Pushpakumara said. "Polythene, food wrappers, plastic, other non-digestibles and water were the only things we could see in the postmortems*1. The normal food that elephants eat and digest was not evident," he said.

Elephants are revered*2 in Sri Lanka but are also endangered. Their numbers have dwindled from about 14,000 in the 19th century to 6,000 in

2011, according to the country's first elephant census. They are increasingly vulnerable because of the loss and degradation of their natural habitat. Many venture closer to human settlements in search of food, and some are killed by poachers or farmers angry over damage to their crops. Hungry elephants [39] the waste in the landfill, consuming plastic as well as sharp objects that damage their digestive systems, Pushpakumara said. "The elephants then stop eating and become too weak to keep their heavy frames upright. When that happens, they can't consume food or water, which quickens their death," he said.

In 2017, the government announced that it will recycle the garbage in dumps near wildlife zones to prevent elephants from consuming plastic waste. It also said electric fences would be erected around the sites to keep the animals away. But neither has been fully implemented.

There are 54 waste dumps in wildlife zones around the country, with around 300 elephants roaming near them, according to officials. The waste management site in Pallakkadu village was set up in 2008 with aid from the European Union. Garbage collected from nine nearby villages is being dumped there but is not being recycled.

In 2014, the electric fence protecting the site was struck by lightning and authorities never repaired it, allowing elephants to enter and rummage*3 through the dump. Residents say elephants have moved closer and settled near the waste pit, sparking fear among nearby villagers.

(The Mainichi, January 14, 2022)

*1 postmortem(s)：検死

*2 revere(d)：あがめる、畏敬する

*3 rummage：かき回して捜す

(1) What was NOT detected in the examinations of the dead elephants?

[37]

出典追記：Associated Press

① Food.
② Non degradable plastic.
③ Non-digestibles.
④ Water.

(2) Which of the following statements is NOT related to the decrease of elephants? 38
① Their natural habitat is lost and degraded.
② Many of them come closer to human settlements in search of food.
③ Some of them are killed by poachers or farmers.
④ People regard them with reverence in Sri Lanka.

(3) What is the appropriate phrase to fill in the blank? 39
① build up
② hold down
③ seek out
④ throw away

(4) Why do the elephants stop eating? 40
① Farmers get angry over damage to their crops.
② Plastic and sharp objects damage their digestive systems.
③ Electric fences protect them from consuming waste.
④ They are short of normal food in their natural habitat.

(5) Which is a FALSE statement according to the article? 41
① The government announced it would recycle the garbage in dumps near wildlife zones.
② The government put electric fences around all of the sites.
③ The electric fence damaged by lightning was never repaired at the site.

④ The residents fear in the village where elephants have moved closer.

◀2月7日実施分▶

（60分）

【1】 次の英文(1)～(7)の下線部の語と意味が最も近いものをそれぞれ①～④の中から選びなさい。
解答番号は、(1) 1 ～(7) 7 。　(配点14点)

(1) John has been a <u>continual</u> listener of the new music program. 1
① comparative　② enthusiastic
③ frequent　④ instrumental

(2) My mother is excited because she bought a great kitchen <u>gadget</u>. 2
① cabinet　② knife　③ table　④ utensil

(3) You need to <u>compile</u> a lot of information from the books to write a research paper. 3
① arrange　② copy　③ imitate　④ question

(4) The <u>reaction</u> to the new product has been very successful. 4
① appearance　② booking　③ response　④ theory

(5) This fancy box <u>contains</u> many kinds of chocolate. 5
① affords　② holds　③ fixes　④ inquires

(6) My father remained <u>firm</u> and never changed his mind. 6
① delicate　② obese　③ restless　④ unshaken

(7) One of my <u>chores</u> is to clean the bathroom. 7
① instructions　② points

③ tasks　　④ ways

【2】 次の英文(1)～(12)の [　　] の中に入る最も適当な語、または語句をそれぞれ①～④の中から選びなさい。
解答番号は、(1) [8] ～(12) [19] 。　　(配点 24 点)

(1) Water changes [8] ice when it reaches zero degrees Celsius.
① from　② in　③ into　④ of

(2) He was [9] with worry about his grandmother in the hospital.
① beside him　② beside himself
③ over himself　④ to him

(3) The employee [10] his work, so he was fired.
① claimed　② neglected　③ notified　④ restricted

(4) It would be great if you could become [11] to appreciate art.
① able　② incompatible
③ incredible　④ valuable

(5) The speaker's words were so [12] that everyone in the audience was impressed.
① dependent　② eloquent　③ physical　④ patient

(6) The trip to Europe was worth [13] . It was a lot of fun.
① be taking　② taking
③ to be taking　④ to take

(7) He [14] be overwhelmed with anxiety to hear the news.
① may as well　② may have　③ may well　④ might as well

(8) Please remember [15] the door before you leave the house.

① locking　② in locking　③ to lock　④ to be locked

(9) I will go to see the baseball game with you when [16] more time.

① I had　② I have　③ I'll have　④ I'll be having

(10) The problem sounds [17] it would be difficult to solve right away.

① as far　② as if　③ even if　④ even though

(11) What is the [18] such a difficult book?

① use of reading　② use to read

③ useful to read　④ using of reading

(12) My friend, [19] I expected would help me, didn't show up.

① that　② who　③ whom　④ whose

【3】 次の(1)～(4)の日本文に相当する英文になるように、[　　]の中に入る最も適当な語、または語句をそれぞれ①～⑧の中から選びなさい。解答は、[20]～[27]についてのみ答えなさい。ただし文頭にくる場合は大文字で始まるものとする。

解答番号は、(1) [20]・[21]～(4) [26]・[27]。　(配点16点)

(1) 北海道を訪れる観光客は、目に触れる偉大な自然に感動する。

[　][　][20][　][　][21][　][　] there.

① visiting　② they see　③ Hokkaido　④ the great nature

⑤ are　⑥ by　⑦ tourists　⑧ moved

(2) 旅行の計画を立てるのは、旅行そのものと同じくらい面白い。

[　][　][22][　][　][　][23][　].

① travel plans　② fun　③ making

④ is　⑤ much　⑥ as

⑦ the travel itself　⑧ almost as

(3) 電気代が上がっているので、電気をつけっぱなしにしないでください。

Don't [　][　][24][　][25][　][　][　] up.

① electricity　② on　③ the lights

④ are　⑤ going　⑥ leave

⑦ prices　⑧ because

(4) 私たちは、AIと連携して働かされる可能性が高い。

It is [　][　][　][26][　][　][27][　].

① made　② we　③ to　④ will be

⑤ that　⑥ work　⑦ with AI　⑧ probable

【4】 次の(1)～(4)の会話文の [ ] の中に入る最も適当な文をそれぞれ①～④の中から選びなさい。
解答番号は、(1) [28] ～(4) [31] 。　(配点16点)

(1) A : I just found a terrific place! The rent is reasonable, the neighborhood is quiet and there is plenty of living space.
B : [28]

① It is located in a noisy district, isn't it?
② It is a narrow-minded idea, isn't it?
③ It looks like a terrible place, doesn't it?
④ It sounds like a great apartment, doesn't it?

(2) A : Thank God it's Friday! I'm really exhausted.
B : [29] It's been quite a busy week.

① How kind you are!
② I know exactly what you mean.
③ It's been a long time since we met.
④ What do you mean?

(3) A : Thank you for coming all the way here this morning.
B : [30] Driving into city at this time is much quicker.

① Don't make fun of me.
② That is the matter.
③ No problem.
④ Wait a minute.

(4) A : Hey, it's past midnight.
B : Really? I completely lost track of the time.

A：[31]
B：I'm watching YouTube.

① How do you know the time?
② How long have you lost yourself?
③ What are you working on?
④ What time is it now?

【5】次の文章の(1)～(5)の[　　]の中に入る最も適当な語をそれぞれ①～④の中から選びなさい。
解答番号は、(1)[32]～(5)[36]。　(配点10点)

Singapore officially opened the largest energy storage system in Southeast Asia as part of the city-state's efforts to guarantee energy security amid the global energy (1)[32] and transition toward clean energy.

The Sembcorp Energy Storage System, which started operations in December last year, has a maximum storage (2)[33] of 285 megawatt hours. Its operator opened the completed site to the media and held a launch ceremony. It is designed to store (3)[34] power that can be delivered to the grid to mitigate*1 solar intermittency*2 caused by changing weather conditions in Singapore's tropical climate.

The giant lithium iron phosphate (4)[35] located in container-like structures are located on two sites spanning two hectares of land on Jurong Island, a man-made island that houses Singapore's petrochemical complex. The new energy storage facility allows Singapore to (5)[36] its 200 MWh energy storage target.

(The Mainichi, February 2, 2023)

出典追記：Kyodo

*[1] mitigate：軽減する

*[2] intermittency：断続性

(1)	① crisis	② draught	③ flow	④ spot	32
(2)	① capacity	② nutrition	③ refuse	④ waste	33
(3)	① exciting	② financial	③ official	④ surplus	34
(4)	① addresses	② batteries	③ humidities	④ tents	35
(5)	① achieve	② break	③ submit	④ transform	36

【6】 次の文章を読み、(1)～(5)の答えとして最も適当なものをそれぞれ①～④の中から選びなさい。

解答番号は、(1) 37 ～(5) 41 。　(配点 20 点)

A craftsman specializing in decorating kimono with gold leaf and other materials has launched his own kimono brand, and has collaborated with an American publisher to produce items featuring Hollywood movie characters.

Nobumi Miyake, 55, from Kyoto's Ukyo Ward, inaugurated "Nob Miyake," his original kimono brand, in September. Due to the coronavirus pandemic, work orders had plummeted since 2020 and he once even thought about closing his business, but he was resilient enough to steer his own course and set his sights on overseas markets, deeming them a "chance for new challenges."

Born to parents who were also artisans in Kyoto specializing in brilliantly adorning Kyo-yuzen kimono as part of the traditional attire's* production process, Miyake started training when he was 18 and has cultivated his skills. He devised a technique to manually attach hard materials like mother of pearl gems to kimono's soft textile. After becoming independent in 2014, Miyake was certified as one of Japan's traditional craftspeople. He has also produced outfits and dresses for celebrities including a nationally popular singer and a former pro wrestler.

After demand for the bridal industry dropped and sales plunged by 80% due to the pandemic, Miyake aimed to create kimono on his own with both domestic and overseas markets in mind, to pass on traditional techniques since the Momoyama period at the end of the 16th century. "Instead of merely delivering products to other businesses, I should produce and sell kimono on my own," Miyake thought.

His new brand has been receiving favorable feedback from clients. DC Comics Inc., an American comic book publisher, approached him, and they collaborated for "Batman" and the film "Black Adam" set to be released in December, gilding T-shirts and jackets featuring movie characters among other motifs. "I'm thrilled as I love movies," Miyake said, with a broad grin.

As kimono production involves the division of labor spanning 20 to 30 stages of processes, each requiring specialists in their respective fields, Miyake has acquired skills to cover almost all of these processes amid the serious shortage of younger generations willing to succeed the artistry. His second son, Hiromu, 24, is receiving training daily to [41] the artisanship. "I want to show us being active overseas, to let young people see hope for our industry," said Miyake.

(The Mainichi, December 4, 2022)

* attire's：attire(衣装)の

(1) Which is a FALSE statement about Nobumi Miyake? [37]

① He is in the middle of his fifties and has launched his own kimono brand "Nob Miyake".

② He has collaborated to make items featuring Hollywood movie characters.

③ His parents were also artisans specializing in Kyo-yuzen kimono.

④ He was certified as one of Japan's traditional craftspeople, and then became independent.

(2) What kind of processing technique for kimono fabrics did Nobumi Miyake originally come up with? 38

① Attaching hard materials to soft ones.

② Creating outfits and dresses for celebrities.

③ Manually picking out pearl gems from their shell.

④ Manufacturing gold leaves, pearls and other materials.

(3) What did Nobumi Miyake do after sales plummeted due to the pandemic? 39

① He once closed his business.

② He started training and cultivating his skills.

③ He expanded sales of his brand to overseas.

④ He still merely delivered products to other businesses.

(4) What made it necessary for Nobumi Miyake to acquire skills in the many stages of labor division of kimono production? 40

① Favorable feedback from his client comic book publisher in America.

② A recommendation from his second son, Hiromu.

③ The serious shortage of young craftsmen with the artistry.

④ The specialists in various fields of kimono production.

(5) What is the appropriate word to fill in the blank? 41

① annoy
② deny
③ inherit
④ prohibit

日本史

（60 分）

【1】 次の問いに答えなさい。（配点 20 点）

問1　古代の文化などに関する次の文A～Eの空欄に入る語句を、それぞれの語群の①～④の中から選びなさい。

A　古墳時代に百済の（　A　）から仏教が公式に伝えられると、その受容に反発する動きはあったものの、仏教信仰は次第に豪族たちの間に広まっていった。飛鳥文化期には蘇我氏が飛鳥寺を造営したほか、厩戸王（聖徳太子）が<u>この地</u>(1)に創建したとされる四天王寺などがつくられた。さらに白鳳文化期には朝廷による寺院造営も本格化し、大官大寺・薬師寺などが建立された。　解答番号は、**1**。

〈語群〉 ①　聖明王　②　長寿王　③　好太王　④　武寧王

B　かつて日本語は文字をもたなかった。そこで外来の漢字を用いて日本語を表記することが行われるようになった。その古い例の一つとして<u>この地</u>(2)に所在する隅田八幡神社が所蔵する下の写真の銅鏡（人物画像鏡）の銘文があり、地名などが漢字の音を用いて表記されている。このように漢字の音を用いて日本語を表現する方法を「万葉がな」と呼ぶことがあるが、これは（　B　）が最終的にまとめたといわれる『万葉集』で、この方法が多用されていることによる。　解答番号は、**2**。

人物画像鏡

〈語群〉 ①　山上憶良　②　大伴家持　③　額田王　④　紀貫之

C 律令制の導入とともに、官吏養成のために中央には大学が、地方には国ごとに国学がおかれ、学生は（ C ）の経典を学ぶ明経道、律令を学ぶ明法道など、さまざまな学問を学んだ。平安時代初期には大学での学問がより重んじられるようになり、寄宿舎として大学別曹を設けて一族の子弟教育に力を入れる貴族もあらわれたが、これに対して空海は、この地(3)に庶民も入学できる綜芸種智院を開いた。また、この時期には、文章経国思想の広まりを背景に、中国の歴史・文学を学ぶ紀伝道が重視されるようになった。 解答番号は、 3 。

〈語群〉 ① 浄土教 ② 道教 ③ 仏教 ④ 儒教

D 仏像などの彫刻は、飛鳥時代には金銅像が多かったが、奈良時代には漆を用いた乾漆像のほか、粘土を塗り固めた（ D ）などの塑像がさかんに制作された。平安時代初期の弘仁・貞観文化期には一木造の木像が増え、さらに平安時代中期の国風文化期には寄木造が広まった。寄木造の代表例としては、藤原頼通がこの地(4)に建立した阿弥陀堂の本尊である阿弥陀如来像が知られている。解答番号は、 4 。

〈語群〉 ① 東大寺法華堂不空羂索観音像 ② 唐招提寺鑑真像
③ 東大寺法華堂執金剛神像 ④ 興福寺阿修羅像

E 古代の絵画の遺品としては、飛鳥文化期の法隆寺玉虫厨子の須弥座絵・扉絵のほか、この地(5)にある高松塚古墳の壁画や法隆寺金堂壁画などが知られるが、紙や布に描かれた本格的なものとしては、奈良時代の正倉院鳥毛立女屛風、薬師寺吉祥天像などが有名である。平安時代に入ると、密教の世界観をあらわした（ E ）などが流行し、さらに平安時代中期には貴族の邸宅を飾る屛風などに、日本の風物を題材とした大和絵が描かれた。 解答番号は、 5 。

〈語群〉 ① 来迎図 ② 頂相 ③ 水墨画 ④ 曼荼羅

問2 問1の文A～Eの下線部(1)～(5)の「この地」に該当する場所を、次の地図中の①～⑩の中から選びなさい。解答番号は、(1) 6 、(2) 7 、(3) 8 、(4) 9 、(5) 10 。

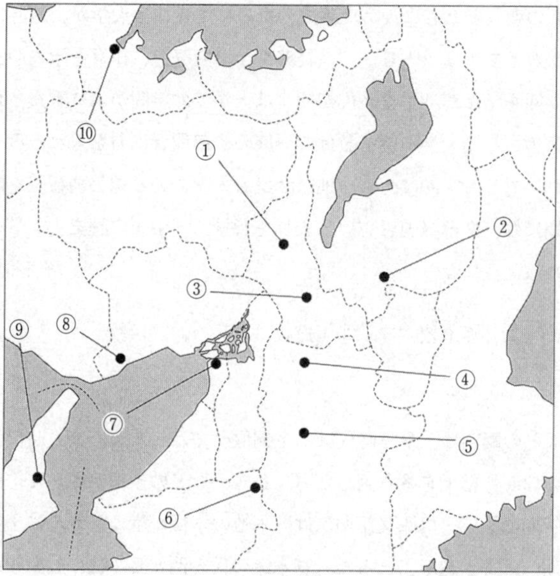

【2】 次の文A・Bを読んで、後の問いに答えなさい。　(配点22点)

A　鎌倉時代には<u>農業の発展</u>(1)を基盤として民衆の経済力が次第に向上し、手工業や商業も発展した。地方では<u>農作物や手工業製品</u>(2)などを取引する市場が定期的に開かれるようになり、(　A　)開催される三斎市が一般化した。また京都などの都市では常設の小売店である見世棚もあらわれ、さまざまな物資が売買された。遠隔地を結ぶ商業取引も活発となり、行商人が活躍したほか、遠隔地間での輸送や委託販売を行う問丸も各地の湊などに出現した。商業取引の活発化とともに、中国から輸入された<u>銅銭</u>(3)を交換手段として用いることが広がっていったが、遠隔地間の取引では、さらにはこれを手形で代用する<u>為替</u>(4)も使われるようになった。

問1　下線部(1)について、鎌倉時代の農業の発展に関して述べた文として**誤っているもの**を、次の①～④の中から選びなさい。すべて正しい場合は⑤をマークしなさい。解答番号は、 11 。

① 牛馬の利用が広がった。

② 畿内や西日本一帯で二毛作が普及した。

③ 多収穫米である大唐米が導入された。

④ 肥料には刈敷や草木灰が利用された。

問2 下線部(2)について、次の文X・Yと、それに該当する語句a～dの組み合わせとして正しいものを、下の①～④の中から選びなさい。解答番号は、12。

X 灯油の原料として広く栽培された。

Y 入宋した加藤景正が伝えた製法により、創始されたと伝えられる。

a 荏胡麻　b 藍　c 有田焼　d 瀬戸焼

① X－a Y－c　② X－a Y－d

③ X－b Y－c　④ X－b Y－d

問3 空欄(A)に入る語句として正しいものを、次の①～④の中から選びなさい。解答番号は、13。

① 日に3回　② 年に3回　③ 月に3回　④ 3年に1回

問4 下線部(3)について、次の文Ⅰ～Ⅲを、古いものから年代順に並べたものを、下の①～⑥の中から選びなさい。解答番号は、14。

Ⅰ 朝廷が蓄銭叙位令を出した。

Ⅱ 幕府が寛永通宝を鋳造させた。

Ⅲ 幕府が撰銭令を出した。

① Ⅰ→Ⅱ→Ⅲ　② Ⅰ→Ⅲ→Ⅱ　③ Ⅱ→Ⅰ→Ⅲ

④ Ⅱ→Ⅲ→Ⅰ　⑤ Ⅲ→Ⅰ→Ⅱ　⑥ Ⅲ→Ⅱ→Ⅰ

問5 下線部(4)について、為替を利用して商人Aが遠隔地の商人Bに送金する場合を模式的に示した図として最も適当なものを、次の①～④の中から選びなさい。解答番号は、15。

※──→は銭の流れ、⋯⋯→は為替手形（割符）の流れを示している。
数字は取引などの順序を示している。

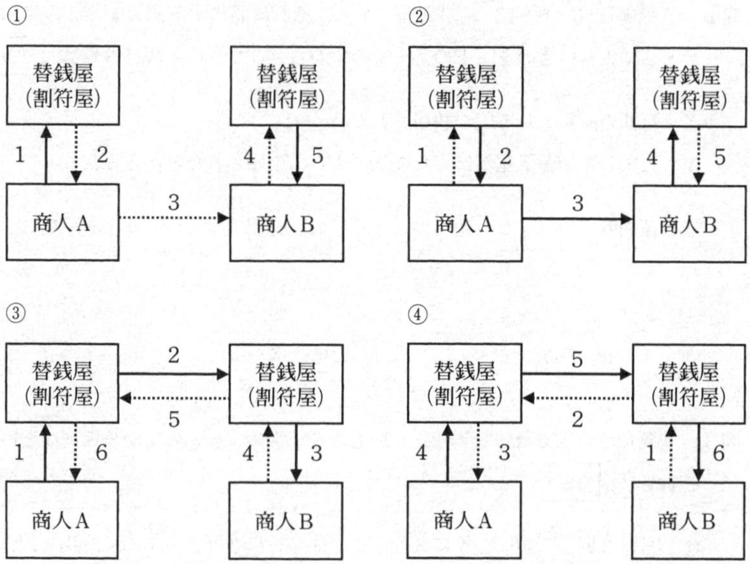

B　農業の発展を背景として次第に力をつけた民衆は、荘園領主や地頭(5)の圧迫や非法に抵抗するようになった。（　B　）阿氏河荘の荘民が地頭の非法を訴えた史料から知られるように、民衆が団結して訴訟を起こしたり、集団で逃亡したりする例もみられるようになった。一方、一般の在地の武士の間でも、経済の発展を背景に勢力を伸ばす者と、没落する者の分化がすすみ、畿内やその周辺では経済力を背景に、既存の秩序に従わない悪党と呼ばれる武士の活動がみられるようになった。また貨幣経済の進展に巻き込まれて窮乏する御家人も多くなり、所領の質入れや売却をせざるを得ない者もあらわれた。幕府は窮乏する御家人を救済するために永仁の徳政令(6)を発布したが、効果は一時的であった。没落する御家人が増加する中で、有効な対策をとることができない幕府に対する御家人の不満は高まり、北条氏の嫡流の当主に権力が集中する専制政治に対する不満とともに、幕府が滅亡(7)に向かう背景となった。

問6　下線部(5)について、鎌倉時代の荘園領主と地頭に関して述べた文として正しいものを、次の①～④の中から選びなさい。解答番号は、 **16** 。

① 荘園領主は、地頭に対して半済を行う権限を持っていた。

② 地頭の一部は幕府から任命されたが、多くは朝廷によって任命された。

③ 荘園領主は、地頭の非法に関しては朝廷に訴えることになっていた。

④ 荘園領主と地頭の紛争を解決するために下地中分が行われることがあった。

問7　空欄(B)に入る語句として正しいものを、次の①～④の中から選びなさい。解答番号は、 **17** 。

① 尾張国　② 紀伊国　③ 安芸国　④ 加賀国

問8　下線部(6)の一部である次の史料の内容について述べた文として正しいものを、下の①～④の中から選びなさい。解答番号は、 **18** 。

> 関東御事書の法
>
> 一、質券売買地の事　永仁五年三月六日
>
> 右、地頭・御家人の買得地に於ては、本条(注1)を守り、廿箇年を過ぐるは、本主取返すに及ばず。非御家人并びに凡下の輩の買得地に至りては、年紀の遠近を謂はず、本主之を取返すべし。
>
> (『東寺百合文書』)
>
> (注1)本条：御成敗式目

① 御家人が買い取った土地については、20年以上経過したものは元の所有者が取り戻すことができる。

② 御家人が売却した土地については、20年以上経過したものは現在の所有者が支配を継続することができる。

③ 御家人以外の武士が買い取った土地については、年数にかかわりなく元の所有者が取り戻すことができる。

④ 庶民が売却した土地については、年数にかかわりなく現在の所有者が支配を継続することができる。

問9　下線部(7)について、次の文X・Yの「この地」と、下の地図中の位置a～dの組み合わせとして正しいものを、下の①～④の中から選びなさい。解答番号は、19。

X　後醍醐天皇はこの地に配流された。

Y　足利高氏がこの地にあった六波羅探題を攻め落とした。

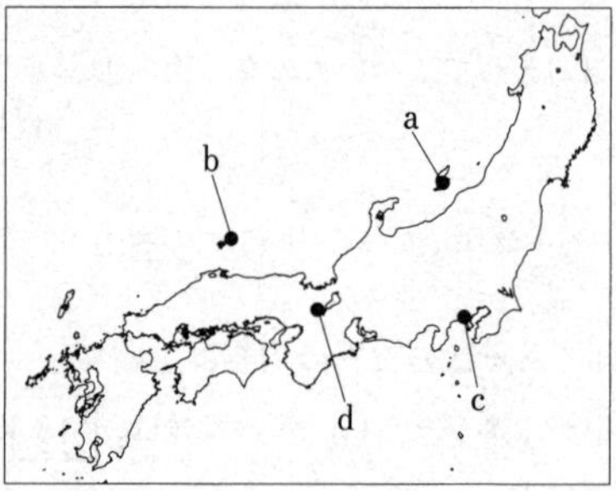

①　X－a　Y－c　　②　X－a　Y－d

③　X－b　Y－c　　④　X－b　Y－d

【3】 次の文A～Cを読んで、後の問いに答えなさい。 (配点21点)

A「織田がつき　羽柴がこねし天下餅　座りしままに　食ふは徳川」という狂歌がある。江戸時代につくられたもので、この歌を載せた絵を描いた絵師と版元は幕府によって処罰されたとされる。徳川家を風刺したことが問題となったのであろうが、歴史の大きな流れをみると、確かにうなずける面もある。

尾張の守護代の一族に生まれた織田信長(1)は、足利将軍家の一族であった（　A　）をたてて入京し、天下統一をめざした。その後、信長と対立するようになった（　A　）を追放して室町幕府を事実上滅亡させた信長にとって、最大の敵は浄土真宗寺院や寺内町を拠点とした一向一揆勢力(2)であった。一向一揆との戦いは11年にも及んだが、信長は最後は天皇の仲介という形に持ち込んで、石山本願寺を屈伏させた。以後、信長は畿内を中心に東海・北陸地方をおさえ、甲斐を本拠とする武田氏を滅ぼしたが、1582年、京都の本能寺で家臣の明智光秀に背かれて敗死した。

問1　下線部(1)が出した法令の一部である次の史料中の空欄（Ⅰ）・（Ⅱ）に入る語句の組み合わせとして正しいものを、下の①～④の中から選びなさい。解答番号は、**20**。

> 定　（　Ⅰ　）山下町中(さんげちょう)
> 一、当所中（　Ⅱ　）として仰せ付けらるるの上は、諸座・諸役・諸公事等、悉く(ことごと)免許の事。
> 一、往還の商人、上海道(かみかいどう)はこれを相留(あいとど)め、上下とも当町に至り寄宿すべし。…
> 　天正五（1577）年六月　日　（天下布武の朱印）
> 『近江八幡市共有文書』

①　Ⅰ－加納　Ⅱ－六斎市　　②　Ⅰ－加納　Ⅱ－楽市
③　Ⅰ－安土　Ⅱ－六斎市　　④　Ⅰ－安土　Ⅱ－楽市

問2　空欄（A）に入る語句として正しいものを、次の①～④の中から選びなさい。解答番号は、**21**。

①　足利義稙　②　足利義晴　③　足利義昭　④　足利義輝

問3　下線部(2)について、15～16世紀の各宗派の状況について述べた次の文Ⅰ～Ⅲを、古いものから年代順に並べたものを、下の①～⑥の中から選びなさい。解答番号は、22 。

Ⅰ　加賀の一向一揆が、守護の富樫政親を打倒した。
Ⅱ　蓮如が布教の拠点として、吉崎道場を開いた。
Ⅲ　伊勢・長島において、織田信長に対し、門徒衆が峰起した。

① Ⅰ→Ⅱ→Ⅲ　② Ⅰ→Ⅲ→Ⅱ　③ Ⅱ→Ⅰ→Ⅲ
④ Ⅱ→Ⅲ→Ⅰ　⑤ Ⅲ→Ⅰ→Ⅱ　⑥ Ⅲ→Ⅱ→Ⅰ

B　信長の家臣であった羽柴（豊臣）秀吉は明智光秀を討ち、信長の後継者をめぐる争いにおいて対立した柴田勝家を倒して事実上、後継者の地位を確立した。秀吉は天皇・朝廷の伝統的な権威を利用し(3)ながら支配体制を確立し、各地の大名を従えていった。秀吉の命に従わない大名に対しては、すでに服属した大名の兵を動員して攻撃し、九州の島津氏や関東の北条氏(4)を服属・滅亡させた。一方で秀吉は征服活動と並行して検地や刀狩(5)を行い、土地制度を整理して軍役や納税の基礎を確立するとともに、民衆の支配体制を再構築して、いわゆる兵農分離をすすめた。これらの政策こそ、江戸幕府によるいわゆる幕藩体制の基盤となったものであった。

問4　下線部(3)について述べた文として**誤っているもの**を、次の①～④の中から選びなさい。すべて正しい場合は⑤をマークしなさい。解答番号は、23 。

①　秀吉は関白に就任し、のちに養子の秀次が関白に就任した。
②　太政官の最高の官職である太政大臣に就任した。
③　天皇から全国の支配権をゆだねられたとして、大名に私闘を禁じた。
④　聚楽第に天皇を迎え、諸大名に天皇と秀吉への忠誠を誓わせた。

問5　下線部(4)の島津氏（X）・北条氏（Y）と、それぞれについて述べた次の文a～dの組み合わせとして正しいものを、下の①～④の中から選びなさい。解答番号は、24 。

a　鎌倉時代以来、薩摩を中心とした九州南部で大きな勢力を持っていた。

b　秀吉に服属したが、のち関ヶ原の戦いの結果、滅亡した。

c　鎌倉幕府で執権として権力を握った北条氏の勢力を引き継いでいた。

d　相模の小田原を本拠として勢力を拡大し、関東の大半を支配した。

①　X－a　Y－c　②　X－a　Y－d

③　X－b　Y－c　④　X－b　Y－d

問6　下線部(5)の刀狩に関する次の史料から読み取れる内容について述べた文として正しいものを、下の①～④の中から選びなさい。解答番号は、**25**。

> 一、天下ノ百姓ノ刀ヲ悉く之を取る、大仏ノ釘ニ之を遣ふべし、現(注1)ニハ刀故闘静に及び身命相果つる(注2)ヲ助けんがため、後生(注3)ハ釘ニ之を遣ひ、万民利益、現当(注4)ノ方便(注5)ト仰付けられ了と云々。内証(注6)ハ一揆停止の為也ト沙汰之在り。種々ノ計略也。
>
> (『多聞院日記(注7)』)
>
> (注1)現：現世
> (注2)身命相果つる：命をなくす
> (注3)後生：来世
> (注4)現当：現世と来世
> (注5)方便：方法、手段
> (注6)内証：本当は
> (注7)多聞院日記：奈良興福寺の僧侶によって書かれた日記。この史料は天正16（1588）年7月17日のもの。

①　下線部の大仏は、この時期に再建された東大寺の盧舎那仏のことである。

②　刀狩の目的の一つには、海外出兵のための武器を集めることがあった。

③　刀狩の目的の一つには、鉄資源の枯渇で不足した釘を確保することがあった。

④　刀狩の本当の目的は、一揆を停止するためであった。

C　三河の国人であった徳川家康（松平元康）は、桶狭間の戦い後、今川氏の支配から独立し、織田信長と同盟を結んだ。信長の死後には、小牧・長久手の戦いなどで一時秀吉と争ったが、結局秀吉に臣従した。秀吉に警戒された家康は、領地を東海地方から関東地方に移されたが、秀吉の死後には関ヶ原の戦い(6)で勝利して権力を握った。信長・秀吉が後継者への権力継承に失敗したことを知る家康は、まず軍事権の掌握を象徴する征夷大将軍の宣下を受け、将軍就任の2年後には子の秀忠に将軍職を譲り、将軍職が徳川氏の世襲であることを天下に示した。江戸城は秀忠に譲り家康は（　B　）に移ったが、以後も大御所として実権は握りつづけた。さらに家康は徳川氏による支配体制確立の障害となる可能性があった豊臣氏を圧迫し、大坂の役（陣）(7)で滅ぼしたが、その翌年、（　B　）で死去した。

問７　下線部(6)に関連して、関ヶ原の戦い前の徳川家康の状況や、その後の行動を説明するために作成した次の図中のＸ・Ｙに入る文の組み合わせとして正しいものを、下の①～④の中から選びなさい。解答番号は、**26**。

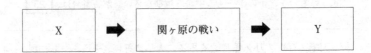

Ｘ　➡　関ヶ原の戦い　➡　Ｙ

Ｘ　Ⅰ　徳川家康は、五大老の筆頭として豊臣政権の一員であった。
　　Ⅱ　徳川家康は、豊臣政権と対立する大名連合の盟主であった。
Ｙ　Ⅲ　徳川家康は、西軍の大名を処分するなど戦後処理を行った。
　　Ⅳ　徳川家康は、東軍の大名を処分するなど戦後処理を行った。

①　Ｘ－Ⅰ　Ｙ－Ⅲ　　②　Ｘ－Ⅰ　Ｙ－Ⅳ
③　Ｘ－Ⅱ　Ｙ－Ⅲ　　④　Ｘ－Ⅱ　Ｙ－Ⅳ

問８　空欄（B）に入る語句として正しいものを、次の①～④の中から選びなさい。解答番号は、**27**。

①　駿府　②　日光　③　常陸　④　三河

問９　下線部(7)の経過について述べた文として**誤っているもの**を、次の①～④の中から選びなさい。すべて正しい場合は⑤をマークしなさい。解答番号は、**28**。

①　幕府側は方広寺の鐘銘問題で豊臣方に厳しい和解条件をつきつけた。
②　豊臣方には、かつて秀吉の家臣であった大名が多数参加した。
③　大坂冬の陣では和睦が成立したが、数か月後に大坂夏の陣が起こった。
④　豊臣秀頼やその母である淀君は自殺し、豊臣氏は滅亡した。

【4】 次の年表を見て、後の問いに答えなさい。 (配点 22 点)

年	主な出来事
1846	（ A ）、浦賀に来航し通商を要求。幕府は拒否
1853	ペリー、浦賀に来航し日本の開国を要求
1854	ペリー、日米和親条約調印
1858	ハリス、日米修好通商条約調印(1)
1864	アメリカ軍艦、他の3国の軍艦とともに下関砲台を攻撃(2)
1872	岩倉使節団(3)、アメリカで条約改正交渉を行う
1878	外務卿寺島宗則、アメリカとの関税自主権回復交渉にほぼ成功したが、イギリス・ドイツなどの反対で無効
1899	日米通商航海条約発効、日本で外国人の内地雑居実現
1905	（ B ）
	Ⅰ ↕
1917	アメリカの第一次世界大戦参戦を契機に、（ C ）調印
	Ⅱ ↕
1939	アメリカ、日米通商航海条約の廃棄を通告
1941	アメリカ、在米日本資産凍結、対日石油禁輸を決定(4) 日米交渉決裂、太平洋戦争開戦

問1　空欄(A)に入る語句として正しいものを、次の①～④の中から選びなさい。解答番号は、29 。

① グラバー　② プチャーチン　③ ビッドル　④ ロッシュ

問2　下線部(1)の一部である次の史料の内容について述べた文として**誤っているもの**を、下の①～④の中から選びなさい。すべて正しい場合は⑤をマークしなさい。解答番号は、30 。

第三条	下田・箱館港の外、…… 双方の国人、品物を売買する事、総（すべ）て障（さわ）りなく、其払方（はらいかた）等に付ては、日本役人これに立会ハず。諸日本人、亜墨利加（アメリカ）人より得たる品を売買し、或は所持する、倶（とも）に妨（さまたげ）なし。……
第四条	総（すべ）て国地に輸入輸出の品々、別冊の通（とおり）、日本役所へ、運上を納むべし。 ……
第五条	外国の諸貨幣は、日本貨幣同種類の同量を以て、通用すべし。……
第六条	日本人に対し、法を犯せる亜墨利加（アメリカ）人は、亜墨利加（アメリカ）コンシュル裁断所にて吟味の上、亜墨利加（アメリカ）の法度を以て罰すべし。亜墨利加（アメリカ）人へ対し、法を犯したる日本人は、日本役人紀（ただし）の上、日本の法度を以て罰すべし。 ……

① 第三条から、貿易は長崎でオランダ人との間で行われている貿易と同じ方式がとられることになったことがわかる。

② 第四条は、輸出入に課せられる関税に関する規定である。

③ 第五条の規定を利用して、外国人が銀貨を持ち込んで日本の金貨を入手しようとする動きが起こった。

④ 第六条では、アメリカ側にだけ領事裁判権が認められている。

問3　下線部(2)の出来事について述べた文として正しいものを、次の①～④の中から選びなさい。解答番号は、 31 。

① 「他の３国」とはイギリス・フランス・ロシアであった。

② 「下関砲台」は、当時攘夷派の中心であった長州藩の施設であった。

③ この攻撃は、前年に起こった生麦事件に対する報復として行われた。

④ この攻撃の後、京都では公武合体派が八月十八日の政変を起こした。

問4　下線部(3)について述べた文として正しいものを、次の①～④の中から選びなさい。解答番号は、 32 。

① 右大臣の岩倉具視のほか、大久保利通や板垣退助などが加わっていた。

② 日本出発時には、山川菊栄らの留学生が同行した。

③　使節団の米欧での見聞は、以後の国内政治に影響を与えた。

④　使節団の外遊中、西郷隆盛が朝鮮に派遣されたことが原因で征韓論争を招いた。

問5　空欄(B)に入る日米関係に関する記述として正しいものを、次の①～④の中から選びなさい。解答番号は、 33 。

①　アメリカ大統領セオドア＝ローズヴェルトが日露講和を斡旋

②　アメリカ国務長官ジョン＝ヘイが中国の門戸開放・機会均等を日本などに提案

③　アメリカとの間で、日米行政協定が結ばれた

④　アメリカがシベリアへの共同出兵を提唱

問6　年表中のⅠの空白の時期の出来事について述べた文として**誤っているもの**を、次の①～④の中から選びなさい。すべて正しい場合は⑤をマークしなさい。解答番号は、 34 。

①　サンフランシスコで日本人学童入学拒否事件が起こった。

②　アメリカ政府は、南満州鉄道の中立化を列国に提唱した。

③　日米通商航海条約が改正され、日本は関税自主権を回復した。

④　アメリカで排日移民法が成立した。

問7　空欄(C)に入る語句と、その説明の組み合わせとして正しいものを、次の①～④の中から選びなさい。解答番号は、 35 。

①　桂・タフト協定ーアメリカが日本の韓国植民地化を承認

②　桂・タフト協定ーアメリカは日本が中国に特殊利益を持つことを承認

③　石井・ランシング協定ーアメリカが日本の韓国植民地化を承認

④　石井・ランシング協定ーアメリカは日本が中国に特殊利益を持つことを承認

問8　年表中のⅡの空白の時期の出来事について述べた次の文Ⅰ～Ⅲを、古いものから年代順に並べたものを、下の①～⑥の中から選びなさい。解答番号は、 36 。

Ⅰ　アメリカの提唱でワシントン会議が開催され、海軍軍縮条約が締結された。

Ⅱ　日米英3国で、補助艦の軍縮に関するロンドン海軍軍縮条約が締結された。

Ⅲ　アメリカ・フランスが主導し、日本も加わった不戦条約が締結された。

① Ⅰ→Ⅱ→Ⅲ　② Ⅰ→Ⅲ→Ⅱ　③ Ⅱ→Ⅰ→Ⅲ

④ Ⅱ→Ⅲ→Ⅰ　⑤ Ⅲ→Ⅰ→Ⅱ　⑥ Ⅲ→Ⅱ→Ⅰ

問9　下線部(4)について、アメリカがこの決定を行う直接の契機となった出来事に関して述べた文として正しいものを、次の①～④の中から選びなさい。解答番号は、37 。

① 近衛文麿首相が、「国民政府を対手とせず」と声明した。

② 日本が、ドイツ・イタリアと三国同盟を結んだ。

③ 日本軍が、フランス領インドシナ南部に進駐した。

④ 日本軍が、フィリピンを制圧した。

【5】 次の文A～Fの下線部(1)・(2)について正誤を判断し、次の指示に従って解答しなさい。　(配点15点)

(1)－正、(2)－正 ⟶ ①をマーク

(1)－正、(2)－誤 ⟶ ②をマーク

(1)－誤、(2)－正 ⟶ ③をマーク

(1)－誤、(2)－誤 ⟶ ④をマーク

A　縄文時代には、木の実採取や土器づくりは男性、狩猟や石器づくりは女性$_{(1)}$という性別による仕事の差があったと考えられている。弥生時代には、中国の歴史書に記録されているように、呪術的権威を背景として女性権力者が出現した。飛鳥時代から奈良時代にかけては、6人（8代）の女性天皇（大王）が出現する$_{(2)}$など、女性が大きな政治的役割を果たすことも多かった。　解答番号は、38 。

B　律令制下では、次の史料（田令）にあるように、女性には男性より少ない口分田が班給されることになっていた。

> 凡(およ)そ口分田給(たま)はむことは、男に二段。女は三分が二(1)を減せよ。

ただし、口分田は実際には戸ごとに計算して班給されたので、個人に支給されたわけではなかった。中央政府におさめる調や庸は女性にも課せられたものの(2)、雑徭などの労役や兵役は賦課されなかったためか、次第に男性を少なく女性を多く登録するなど記載を偽る戸籍が増えていった。　解答番号は、**39**。

C　中世の武家の女性の地位は比較的高かった。相続の際にも男性と同じく財産の分配を受けた例も多く、御成敗式目では子のいない女性が所領を養子に譲ることが認められていた(1)。しかし、鎌倉時代後期になると、武士のあいだでは、分割相続による所領の細分化などから窮乏化が進み、女性に与えられる所領は本人が一代限り支配し、その死後には惣領に戻す約束で相続する一期分が一般的になった(2)。

解答番号は、**40**。

D　江戸時代には女性の地位は低く、男尊女卑の社会であった。貝原益軒(1)の著作をもとにつくられた『女大学』などを教科書に用いた女子教育も行われたが、そこでは家にあっては父、嫁しては夫、夫死しては子に従うとする三行半(みくだりはん)(2)が説かれた。男性はささいな理由で離婚することができた一方、女性には離婚の自由はなかったが、上野国の満徳寺や相模国の東慶寺など縁切寺と呼ばれた寺院に駆け込んで一定期間在住すれば、離婚することができた。　解答番号は、**41**。

E　明治時代末期には、女性の小学校就学率が95％を超えるとともに、高等女学校への進学者も急増するなど教育が普及した。これを背景として、大正時代以降には下の写真1にみられる電話交換手(1)などの仕事を持つ女性が増加し、職業婦人と呼ばれた。一方、昭和時代初期にかけて東京や大阪などの盛り場では、下の写真2にみられるようなモガと呼ばれた女性たち(2)が出現するなど西欧化した風俗がみられた。

解答番号は、**42**。

写真1

写真2

F　日本国憲法の制定にともなって、刑法(1)改正が行われ、家中心の制度が廃止されて、男女同権の新しい家族制度が定められた。しかし、高度経済成長期には都市への人口集中や核家族化の中で、「男は仕事、女は家庭」という意識が広がり「専業主婦」が一般化した。1985年の労働基準法(2)制定以降、女性の就業、社会進出はすすんだといわれるが、女性の就業は非正規雇用が中心であるなど、多くの問題点が残されている。

解答番号は、[43]。

世界史

（60分）

【1】 次のA～Eの文章は、パリの歴史に関するものである。文章を読んで、あとの各問いに答えなさい。　（配点25点）

A

フランス共和国の首都パリが、初めて文献に登場するのは、カエサル(1)の著作であった。当時のパリは、ルテティアと呼ばれていた。カエサルによってローマの支配に組み入れられたパリは、ローマ風の都市に改造された。

ローマ帝国滅亡後のパリは、フランク王国の支配下に置かれた。フランク王国が東西フランクとイタリアの三つに分裂し、やがて西フランク（フランス）の王統が途絶える(2)と、パリを支配していたユーグ＝カペーが新たな王朝を開いた。

問1　下線部(1)に関し、カエサルについて述べた文として正しいものを、次の①～④の中から一つ選びなさい。解答番号は、 1 。

① ポンペイウス・クラッススと三頭政治を行った。
② 元老院や閥族派と協力し、独裁官への就任を辞退した。
③ プリンケプスを自称した。
④ プトレマイオス朝を滅ぼした。

問2　下線部(2)に関し、この時断絶した王朝として正しいものを、次の①～④の中から一つ選びなさい。解答番号は、 2 。

① ヴァロワ朝　② カロリング朝
③ ノルマン朝　④ プランタジネット朝

B

13世紀末、ギヨーム=ド=ナンギスという人物が、フランス王国の紋章に描かれている百合の三つの花びらを、当時のフランスの権威であった「教会」、「王権」(3)そして「大学」の象徴であると説いた。

パリ大学が、ローマ教皇によって認知されたのは、13世紀初頭のことである。パリ大学を舞台に、（4）を著したトマス=アクィナスなどの人物が活躍した。

問3 下線部(3)に関し、13世紀末から14世紀初頭にかけて対立したローマ教皇とフランス国王の組み合わせとして正しいものを、次の①～④の中から一つ選びなさい。解答番号は、**3**。

① インノケンティウス3世 ― フィリップ4世
② インノケンティウス3世 ― ルイ9世
③ ボニファティウス8世 ― フィリップ4世
④ ボニファティウス8世 ― ルイ9世

問4 文章中の空欄（4）に入る語句として正しいものを、次の①～④の中から一つ選びなさい。解答番号は、**4**。

① 『神の国』(『神国論』) ② 『神曲』
③ 『神学大全』 ④ 『神統記』

C

18世紀から19世紀にかけて、パリでは重要な条約が幾度か結ばれた。(5)また、パリは国際政治の主要な舞台であるとともに、文化の先進都市としても知られている。1851年に第1回万国博覧会（万博）が行われた都市はロンドンであったが、パリでもたびたび万博が開かれ、1855年以降、パリでの開催は、1900年までに5回を数えた。(6)

問5 下線部(5)に関し、次の文書について述べた次ページの記述ア～エのうち正しいものの組み合わせを、その下の①～④の中から一つ選びなさい。

解答番号は、 5 。

パリ条約（1763年）※一部抜粋

第4条　フランス国王陛下は、これまで主張してきたノヴァスコシアあるいはアカディアについてのすべての権利を放棄し、そのすべてとそれに付属するものがイギリス国王陛下に帰属することを保証する。さらに、フランス国王陛下はイギリス国王陛下に対して、カナダおよびそれに付属するもの、ケープブレトン島、セント・ローレンス湾とセント・ローレンス川のすべての島々……を、イギリス国王陛下とその政府に譲渡し、それを保証する。

第5条　フランス臣民は、ユトレヒト条約第13条に記されている通り、ニューファンドランド島沿岸の一部において漁業を行い、魚を干す権利を今後も享受する。

第7条　フランス国王陛下は、モービル川とモービル港、並びに彼がミシシッピ川の左岸において所有しているすべてについて、その全権利をイギリス国王陛下に譲渡し、それを保証するものとする。

第20条　スペイン国王陛下は……フロリダ並びにミシシッピ川の東ないし南東までの北アメリカ大陸においてスペインが所有しているすべてについて、その全権利をイギリス国王陛下に譲渡し、それを保証するものとする。

歴史学研究会編『世界史史料6』

ア　この文書は、ヨーロッパでの七年戦争と並行して北アメリカで戦われた植民地戦争の講和条約である。

イ　この文書によって、イギリスは、フランスから領土の割譲を受ける一方で、スペインからは領土の割譲を受けていない。

ウ　スペイン継承戦争の講和条約において認められていた、イギリスの領域の一部におけるフランスの漁業権は、この文書によって否定された。

エ　文書中の「ミシシッピ川の左岸」とは、ミシシッピ川の東側の地域のことを指している。

①　ア・ウ　　②　ア・エ　　③　イ・ウ　　④　イ・エ

問6　下線部(6)に関し、この間にパリで起こった次の出来事 a ～ c を年代順に正しく並べたものを、下の①～⑥の中から一つ選びなさい。解答番号は、[6]。

a　フランス革命100周年の年にエッフェル塔が完成した。
b　パリ=コミューンと呼ばれる労働者らによる自治政府が成立した。
c　クリミア戦争の講和条約が結ばれた。

① a → b → c　② a → c → b
③ b → a → c　④ b → c → a
⑤ c → a → b　⑥ c → b → a

D

第二次世界大戦が開戦した翌年である1940年6月、ドイツ軍がパリに侵入すると、軍人ペタンを首班とする政権が成立し、ドイツに降伏した。パリを含むフランス北部はドイツに占領され、ペタン政権は南部を支配した。(7)
1944年6月、連合軍がフランスに上陸し(8)、8月にはパリが解放され、ド=ゴールによる臨時政府が成立した。

問7　下線部(7)に関し、次の文章中の空欄[ア][イ]に入る語句の組み合わせとして正しいものを、下の①～④の中から一つ選びなさい。
解答番号は、[7]。

ペタン政権は、フランス中部のヴィシーに政府を移し、第三共和政を廃した。政府発行の硬貨に、ナチス=ドイツが重んじた価値観である「[ア]」の文字を刻むなど、親独色を強めたヴィシー政府は、ナチス=ドイツからの厳しい要求と[イ]と呼ばれる民衆の抵抗運動への対応に苦慮した。

① ア ― 勤労・家族・祖国　イ ― デタント
② ア ― 勤労・家族・祖国　イ ― レジスタンス
③ ア ― 自由・平等・友愛　イ ― デタント
④ ア ― 自由・平等・友愛　イ ― レジスタンス

問8　下線部(8)に関し、この上陸作戦と、作戦を指揮したアメリカの軍人アイゼンハワーについて述べた次の文aとbの正誤の組み合わせとして正しいものを、下の①～④の中から一つ選びなさい。解答番号は、[8]。

a　上陸作戦は、ノルマンディーで実行された。
b　アイゼンハワーは、大統領として北大西洋条約機構(NATO)結成を主導した。

① a－正　b－正　② a－正　b－誤
③ a－誤　b－正　④ a－誤　b－誤

E

第二次世界大戦後も、パリは重要な歴史の舞台となった。[(9)－a]首相のもとで経済復興を果たした[(9)－b]（西ドイツ）は、1954年にパリで結ばれた協定に基づいて、その主権が認められた。また、1968年にパリ大学の学生らが起こした学生運動を発端とする五月危機と呼ばれる事態は、アメリカのベトナム反戦運動など世界各地の運動に大きな影響を及ぼした。そのベトナム戦争(10)の休戦に向けたベトナム和平会談（1968～73年）が行われた地も、やはりパリであった。

問9　文章中の空欄[(9)－a][(9)－b]に入る語句の組み合わせとして正しいものを、次の①～④の中から一つ選びなさい。解答番号は、[9]。

① a－アデナウアー　b－ドイツ民主共和国
② a－アデナウアー　b－ドイツ連邦共和国
③ a－シューマン　b－ドイツ民主共和国
④ a－シューマン　b－ドイツ連邦共和国

問10　下線部(10)に関し、第二次世界大戦後のベトナムについて述べた文として正しいものを、次の①～④の中から一つ選びなさい。解答番号は、[10]。

① フランスは、黎朝最後の王を立ててベトナム国を発足させた。
② インドシナ戦争は、北緯38度線を暫定的軍事境界線として停戦した。
③ アメリカのケネディ大統領が、アメリカ軍を南ベトナムから撤退させた。
④ ベトナム軍のカンボジア侵攻を非難して、中国軍がベトナムに侵攻した。

【2】 次のA・Bの文章は、ユーラシアにおける人々の移動に関するものである。文章を読んで、あとの各問いに答えなさい。 (配点25点)

A

ローマ帝国の北方に住んでいたゲルマン人の中には、傭兵やコロヌス(1)としてローマ帝国に移住するものもあった。4世紀後半、東方から進出したフン人に圧迫されたゲルマン人が次々と移動(2)を開始し、ローマ帝国領内には複数のゲルマン人の王国が成立した。これらのゲルマン人諸国家が5世紀から8世紀にかけて相次いで滅亡する中で、着実に勢力を伸ばし、ガリアのほぼ全域を支配したのがフランク王国(3)である。

この王国が発展した要因として、被支配層であるローマ系住民が多く信仰する正統派キリスト教に改宗してローマ教会(4)と結びつき、ローマ文化を積極的に取り入れたことがあげられる。ガリアは、ライン・アルプス・ピレネー・大西洋に囲まれた地域で、すでに紀元前6世紀頃には［ (5) ］が住み着いていた。彼らの多くは、ローマ帝国の侵略とゲルマン人の移動によって同化されたが、グリムやペローの童話に異教の神々や妖精などが登場するように、ヨーロッパ人の文化に大きな影響を与えている。

問1 下線部(1)に関し、コロヌスについて述べた次の文aとbの正誤の組み合わせとして正しいものを、下の①〜④の中から一つ選びなさい。解答番号は、［11］。

a コロヌスから地代をとる制度は、ラティフンディア（ラティフンディウム）と呼ばれた。

b コンスタンティヌス帝の時に、コロヌスの移動の自由が禁止された。

① a－正　b－正　② a－正　b－誤
③ a－誤　b－正　④ a－誤　b－誤

問2 下線部(2)に関し、次の地図中の［ ア ］にゲルマン人国家を建国した人物と、ヴァンダル王国が建国された位置の組み合わせとして正しいものを、下の①〜④の中から一つ選びなさい。解答番号は、［12］。

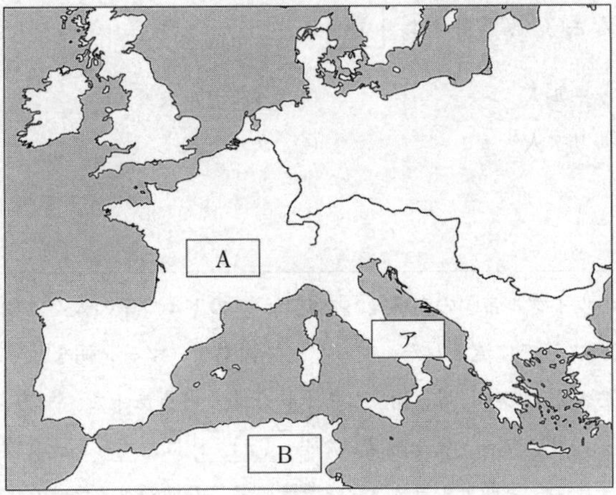

① アッティラ王　　　－　A
② アッティラ王　　　－　B
③ テオドリック大王　－　A
④ テオドリック大王　－　B

問３　下線部(3)に関し、メロヴィング朝時代の出来事について述べた文として正しいものを、次の①～④の中から一つ選びなさい。解答番号は、**13**。

① ランゴバルド王国に遠征してラヴェンナ地方を奪った。
② 東方から侵入したマジャール人を撃退した。
③ ピレネー山脈を越えて侵入してきたウマイヤ朝軍を撃退した。
④ イングランドからアルクインが招かれた。

問４　下線部(4)に関し、ローマ教会は修道院を核としてゲルマン諸族への布教を行った。6世紀にベネディクトゥスがイタリアに設立した修道院の場所として正しいものを、次の①～④の中から一つ選びなさい。解答番号は、**14**。

① モンテ=カシノ　　② クリュニー
③ アヴィニョン　　④ アーヘン

問５　文章中の空欄［（５）］に入る語句として正しいものを、次の①～④の中から一つ選びなさい。解答番号は、 **15** 。

① アヴァール人　② ベルベル人
③ エトルリア人　④ ケルト人

B

9世紀のウイグル帝国の崩壊後、中央アジアのトルコ系の人々は戦争捕虜や奴隷として西アジアに流入した。アッバース朝やサーマーン朝などで軍人奴隷として重用された者の中には、自立して王朝(6)を開く者もあった。一方、10世紀末にイラン系のサーマーン朝を滅ぼした （7） は、イスラーム教を受容したトルコ系王朝で、東西トルキスタンを支配してこの地のイスラーム化を進めた。イスラーム化したトルコ人を組織して11世紀前半に興ったセルジューク朝(8)は、アナトリア・シリアにまで進出し、今日のトルコ共和国の起源をつくった。

13世紀になると、モンゴル系の人々が西アジアに進出してきた。セルジューク朝滅亡後に中央アジアとイランを支配していたトルコ系王朝は、西進してきたチンギス=ハンにより倒された。チンギス=ハンの孫フラグは、モンゴル系・トルコ系遊牧民を率いてアッバース朝を滅ぼし、イランの地にイル=ハン国を建てた。大モンゴル国（モンゴル帝国）(9)の支配は中国北部からロシア・イランにまで及んだ。ユーラシアを東西につなぐ交通路が整備されると、人や物の移動や交流(10)が活発になった。

問6　下線部(6)に関し、トルコ系のマムルークが建設した王朝として正しいものを、次の①～④の中から一つ選びなさい。解答番号は、 **16** 。

① ブワイフ朝　② ムラービト朝
③ 後ウマイヤ朝　④ ガズナ朝

問7　文章中の空欄 （7） に入る語句として正しいものを、次の①～④の中から一つ選びなさい。解答番号は、 **17** 。

① 突厥　② カラハン朝
③ 西遼（カラ=キタイ）　④ ハルジー朝

問8　下線部(8)に関し、セルジューク朝について述べた文として正しいものを、次の①～④の中から一つ選びなさい。解答番号は、**18**。

①　創始者トゥグリル=ベクは、スルタンでありながらカリフを兼ねた。
②　学院（マドラサ）では、シーア派の教学の普及がはかられた。
③　ビザンツ帝国領を圧迫し、十字軍による遠征を招いた。
④　イクター制は、この王朝から始まった。

問9　下線部(9)に関し、大モンゴル国（モンゴル帝国）に関する次の出来事a～cを年代順に正しく並べたものを、下の①～⑥の中から一つ選びなさい。解答番号は、**19**。

a　チンギス=ハンが遠征を開始し、西夏を滅ぼした。
b　フビライの即位に反対して、ハイドゥの乱が起こった。
c　バトゥが西征を行い、ワールシュタットの戦いに勝利した。

①　a → b → c　　②　a → c → b
③　b → a → c　　④　b → c → a
⑤　c → a → b　　⑥　c → b → a

問10　下線部(10)に関し、14世紀に中国を訪れたモロッコ生まれの旅行家イブン=バットゥータは、泉州を「間違いなく世界最大の港である。私は約100隻の大型船を見た。小さいものは数え切れない。」と記した。次の地図中の泉州の位置と、海路で元を訪れたのちに大都の大司教に任ぜられたイタリア人の組み合わせとして正しいものを、下の①～④の中から一つ選びなさい。解答番号は、**20**。

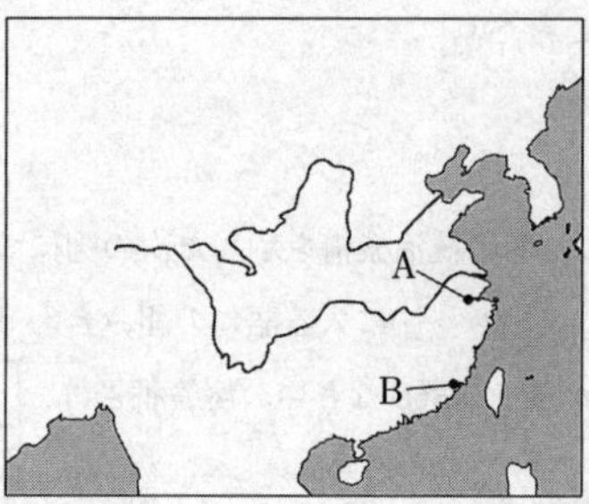

① A ー プラノ=カルピニ　② A ー モンテ=コルヴィノ
③ B ー プラノ=カルピニ　④ B ー モンテ=コルヴィノ

【3】 次のA・Bの文章は、中国の対外政策や領域拡大に関するものである。文章を読んで、あとの各問いに答えなさい。（配点25点）

A

14世紀(1)には、日本の九州地方の人々を中心とした海賊集団が朝鮮・中国の沿岸部を襲撃し、倭寇と呼ばれた。明(2)を建国した洪武帝は、中国商人の対外交易と渡航を禁止し交易は朝貢貿易のみを認めるという、海禁と呼ばれる厳しい管理貿易体制(3)を敷いた。

（4）－a で帝位に就いた永楽帝は、積極的な対外政策を展開し、南シナ海方面の朝貢貿易を拡大するために、宦官の鄭和が率いる大船団(5)を繰り返し派遣した。この結果、明への朝貢が相次いだが、経費の増大から、永楽帝の死後、明の対外政策は再び消極的となった。

明は、16世紀に海禁を緩め、ヨーロッパ人も貿易に参入してきた。（4）－b に拠点を築いたポルトガルなどが中国と活発な貿易を行う中で、16世紀半ば以降は民間貿易が主流となっていった。

問1　下線部(1)に関し、14世紀の東アジアで起こった出来事として**誤っているもの**を、次の①～④の中から一つ選びなさい。解答番号は、21。

① 足利尊氏が室町幕府を開いた。
② 壬辰・丁酉倭乱が起こった。
③ 紅巾の乱が起こった。
④ 高麗が滅亡した。

問2　下線部(2)に関し、明の統治機構を示した次の図について述べた下の文章中の空欄 ア ～ ウ に入る語句の組み合わせとして最も適切なものを、あとの①～⑧の中から一つ選びなさい。解答番号は、22。

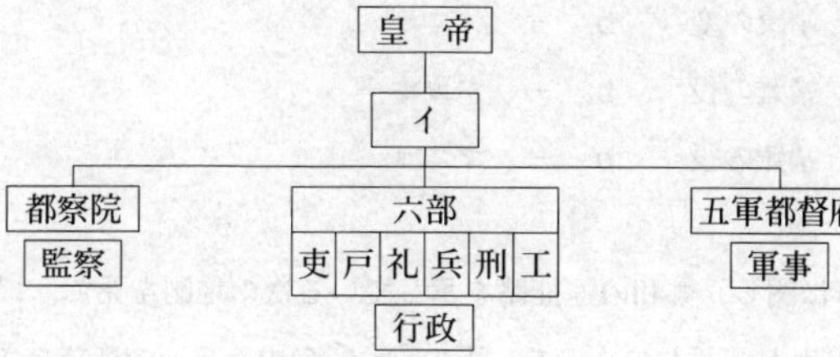

洪武帝は、皇帝への権力集中を図るため、[ア]を廃止して、六部を皇帝に直属させた。永楽帝の時代には、皇帝補佐のために[イ]が設置されたが、[イ]はやがて大きな実権を握るようになった。官僚を登用するために行われた科挙では、[ウ]が重視された。

① ア － 中書省　イ － 軍機処　ウ － 上下の秩序を重んじる朱子学
② ア － 中書省　イ － 軍機処　ウ － 古典を精密に読み解く考証学
③ ア － 中書省　イ － 内閣大学士　ウ － 上下の秩序を重んじる朱子学
④ ア － 中書省　イ － 内閣大学士　ウ － 古典を精密に読み解く考証学
⑤ ア － 尚書省　イ － 軍機処　ウ － 上下の秩序を重んじる朱子学
⑥ ア － 尚書省　イ － 軍機処　ウ － 古典を精密に読み解く考証学
⑦ ア － 尚書省　イ － 内閣大学士　ウ － 上下の秩序を重んじる朱子学
⑧ ア － 尚書省　イ － 内閣大学士　ウ － 古典を精密に読み解く考証学

問3　下線部(3)に関し、内陸でもとられた厳しい管理貿易体制に不満を持つ北方のモンゴルが、交易を求めて明への侵入を繰り返した。15世紀中頃、明軍を破って明の皇帝を捕らえたオイラト（瓦剌）の指導者として正しいものを、次の①～④の中から一つ選びなさい。解答番号は、**23**。

① アルタン=ハン　　② ガザン=ハン
③ エセン=ハン　　④ モンケ

問4　文章中の空欄[（4）－a][（4）－b]に入る語句の組み合わせとして正しいものを、次の①～④の中から一つ選びなさい。解答番号は、**24**。

① a － 靖康の変　b － マカオ

② a ― 靖康の変 b ― マニラ

③ a ― 靖難の役 b ― マカオ

④ a ― 靖難の役 b ― マニラ

問5 下線部(5)に関し、鄭和の遠征路を示している次の地図を見て、鄭和の遠征について述べた文として正しいものを、下の①～④の中から一つ選びなさい。
解答番号は、 25 。

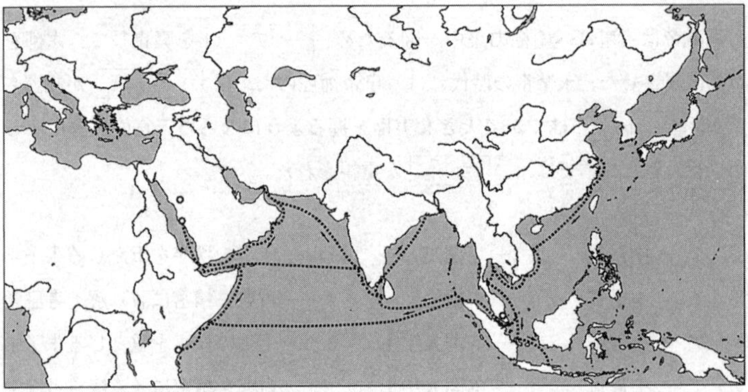

① マラッカ王国を訪れている。

② デリー=スルタン朝の都を訪れている。

③ 西アフリカ沿岸のマリンディまで達した。

④ アラビア半島のメディナにまで至っている。

B

明の滅亡後、明の武将(6)の手引きで北京を占領した清は、まもなく中国全土を支配下に置いた。18世紀後半に清朝の版図(7)は最大となるが、この領土は一部の地域を除いて現在の中国に受け継がれている。

当初、清朝も海禁政策を実施していたが(8)、康熙帝(9)の時代にこれを一旦解除し、沿岸部に税関を置いて民間貿易を認めた。ヨーロッパ商船も来航したが、1757年以降は、ヨーロッパ船の入港を （10）－a 一港に限定して、特許商人組合である （10）－b に貿易を管理させた。

問6　下線部(6)に関し、山海関の関門を守っていたが、清朝側についた武将として正しいものを、次の①～④の中から一つ選びなさい。解答番号は、［26］。

①　呉三桂　　②　李鴻章

③　左宗棠　　④　李自成

問7　下線部(7)に関し、次の文章中の空欄［ア］～［ウ］に入る語句の組み合わせとして正しいものを、次の①～⑧の中から一つ選びなさい。解答番号は、［27］。

次の地図中に示したAの地域では、［ア］。また、写真で示した建造物はAの地域にあった［イ］で、ダライ=ラマが居住していた。地図中Bの地域は［ウ］。

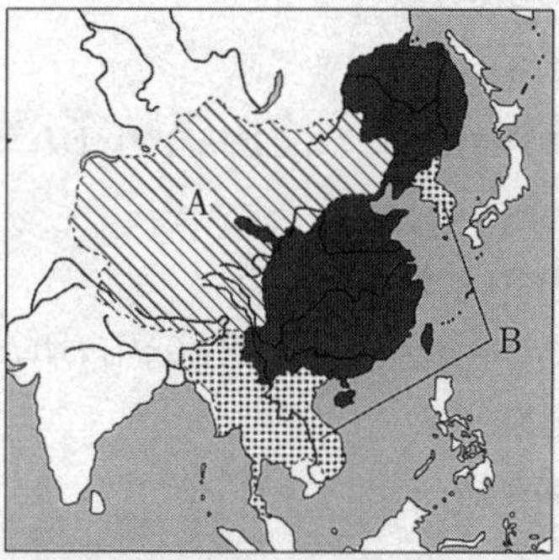

写真：アフロ

①　ア　－　現地の習慣や宗教を重視する間接統治が行われた

イ　－　トプカプ宮殿

ウ　－　清朝を撃退して独立を貫いた

② ア － 現地の習慣や宗教を重視する間接統治が行われた
イ － トプカプ宮殿
ウ － 清朝に朝貢を行った

③ ア － 現地の習慣や宗教を重視する間接統治が行われた
イ － ポタラ宮殿
ウ － 清朝を撃退して独立を貫いた

④ ア － 現地の習慣や宗教を重視する間接統治が行われた
イ － ポタラ宮殿
ウ － 清朝に朝貢を行った

⑤ ア － 理藩院の科挙官僚による直接統治が行われた
イ － トプカプ宮殿
ウ － 清朝を撃退して独立を貫いた

⑥ ア － 理藩院の科挙官僚による直接統治が行われた
イ － トプカプ宮殿
ウ － 清朝に朝貢を行った

⑦ ア － 理藩院の科挙官僚による直接統治が行われた
イ － ポタラ宮殿
ウ － 清朝を撃退して独立を貫いた

⑧ ア － 理藩院の科挙官僚による直接統治が行われた
イ － ポタラ宮殿
ウ － 清朝に朝貢を行った

問８　下線部(8)に関し、その理由について述べた次の文ａとｂの正誤の組み合わせとして正しいものを、下の①～④の中から一つ選びなさい。解答番号は、**28**。

ａ　交易を基盤とする、鄭氏一族の財源を断とうとした。
ｂ　台湾を貿易の拠点としていたオランダを警戒した。

① ａ － 正　ｂ － 正　② ａ － 正　ｂ － 誤
③ ａ － 誤　ｂ － 正　④ ａ － 誤　ｂ － 誤

問９　下線部(9)に関し、康熙帝とネルチンスク条約を結んだロシアの君主として正しいものを、次の①～④の中から一つ選びなさい。解答番号は、**29**。

① エカチェリーナ２世　② アレクサンドル１世
③ イヴァン４世（雷帝）　④ ピョートル１世（大帝）

問10　文章中の空欄 （10）－a （10）－b に入る語句の組み合わせとして正しいものを、次の①～④の中から一つ選びなさい。解答番号は、30。

① a － 杭州　b － 公所
② a － 杭州　b － 公行
③ a － 広州　b － 公所
④ a － 広州　b － 公行

【4】 中南米の歴史に関する次のＡ～Ｊの（ア）・（イ）の文を読んで、

（ア）・（イ）のいずれも正しいものには…………………①
（ア）が正しくて（イ）が間違っているものには………②
（ア）が間違っていて（イ）が正しいものには…………③
（ア）・（イ）のいずれも間違っているものには…………④

と答えなさい。（配点 25 点）

A　中南米の先住民　解答番号は、31。
（ア）：ヨーロッパ人から「インディオ（インディアン）」などと呼ばれた。
（イ）：アンデス地帯では、トウモロコシなどを栽培する文化が発展した。

B　中南米の遺跡　解答番号は、32。
（ア）：オルメカ文明の遺跡として、巨石人頭像などが残っている。
（イ）：インカ帝国の遺跡として、マチュ=ピチュなどが残っている。

C　中南米の古代文明の特色　解答番号は、33。
（ア）：鉄器が使用されたが、金や銀、青銅による金属器は使用されなかった。
（イ）：車輪や馬を盛んに利用した。

D　スペインに支援された航海　解答番号は、[34]。

(ア)：コロンブスが、サンサルバドル島に到達した。

(イ)：マゼラン（マガリャンイス）が、パナマ地峡を通過した。

E　スペインの植民地支配　解答番号は、[35]。

(ア)：スペインは、エンコミエンダ制で植民者に支配を委ねた。

(イ)：ラス=カサスが、先住民の救済に努力した。

F　ラテンアメリカ諸国の住民　解答番号は、[36]。

(ア)：植民地生まれの白人は、クリオーリョと呼ばれた。

(イ)：先住民と黒人の混血はメスティーソと呼ばれた。

G　ハイチの動き　解答番号は、[37]。

(ア)：トゥサン=ルヴェルチュールが独立運動を指導した。

(イ)：イギリス軍を破って、ハイチが独立した。

H　南米諸国の独立　解答番号は、[38]。

(ア)：シモン=ボリバルの指導により、アルゼンチンが独立した。

(イ)：ブラジルは、帝国として独立した。

I　19世紀後半の中南米とアメリカ合衆国　解答番号は、[39]。

(ア)：キューバの独立運動に乗じて、アメリカがスペインと開戦した。

(イ)：アメリカは、19世紀末に米州機構（OAS）を結成した。

J　キューバの社会主義化　解答番号は、[40]。

(ア)：第二次世界大戦後、バティスタがキューバ革命を起こした。

(イ)：中国の支援によって、ミサイル基地が建設された。

数　学

（60分）

大問	選択方法	解答番号
【1】〜【3】	**必須解答**	1 〜 15
【4】	**選択解答** ※大問【4】〜【6】のうち2問を選択し解答すること （【4】・【5】、【4】・【6】、【5】・【6】のいずれかの組合せで解答）	16 〜 20
【5】		21 〜 25
【6】		26 〜 30

必答問題

【1】 次の問題の □ に当てはまる答えを解答群から選び，その番号をマークしなさい。

解答番号は，1 〜 5 。（配点20点）

(1) $\alpha+\dfrac{1}{\alpha}=3$，$\beta+\dfrac{1}{\beta}=5$ のとき，

(i) $\alpha^2+\dfrac{1}{\alpha^2}=$ 1 である。

(ii) $\alpha^2\beta^2+\dfrac{\alpha^2}{\beta^2}+\dfrac{\beta^2}{\alpha^2}+\dfrac{1}{\alpha^2\beta^2}=$ 2 である。

(2) 自然数 m，n に関する2つの条件 p，q を

p : m と n はともに奇数である

q : $m+3n$ は偶数である

とする。条件 p，q について，p は q であるための 3 。

(3) 次の表は，A，B，C，D，Eの5人の生徒に，10点満点の数学の小テストを行った結果をまとめたものである。

	A	B	C	D	E
得点	a	9	3	1	b

小テストの得点の平均値は5点，分散は8である。ただし，a，b は正の整数で，$a<b$ とする。

このことから，$a+b=P$，$(a-5)^2+(b-5)^2=Q$ とすると，$(P,\ Q)=$ **4** であり，a，b の値を求めると，$(a,\ b)=$ **5** である。

1 の解答群

① 6　② 7　③ 8　④ 9　⑤ 10
⑥ 23　⑦ 24　⑧ 25　⑨ 26　⑩ 27

2 の解答群

① 161　② 168　③ 175　④ 182　⑤ 184
⑥ 189　⑦ 192　⑧ 200　⑨ 208　⑩ 216

3 の解答群

① 必要十分条件である
② 必要条件であるが，十分条件ではない
③ 十分条件であるが，必要条件ではない
④ 必要条件でも十分条件でもない

4 の解答群

① (7, 5)　② (7, 9)　③ (8, 4)　④ (8, 10)　⑤ (9, 5)
⑥ (9, 13)　⑦ (10, 2)　⑧ (10, 8)　⑨ (12, 4)　⑩ (12, 10)

5 の解答群

① (2, 5)　② (2, 6)　③ (2, 7)　④ (3, 4)　⑤ (3, 5)
⑥ (3, 6)　⑦ (3, 7)　⑧ (4, 6)　⑨ (4, 8)　⑩ (5, 7)

必答問題

【2】 2次関数 $f(x)=x^2-2ax-a^2+7a-5$ (a は定数) がある。$y=f(x)$ のグラフを C とする。

次の問題の □ に当てはまる答えを解答群から選び，その番号をマークしなさい。

解答番号は，[6] ～ [10]。(配点20点)

(1) グラフ C が点 $(1,\ 0)$ を通るとき，a の値は [6] である。

(2) グラフ C と x 軸が異なる2点A，Bで交わるような a の値の範囲は [7] である。また，このとき，AB=6となるような a の値は [8] である。

(3) グラフ C と x 軸の正の部分が異なる2点で交わるような a の値の範囲は [9] である。

(4) $a>0$ とする。$0 \leqq x \leqq 2$ を満たすすべての実数 x に対して，$f(x)>0$ が成り立つような a の値の範囲は [10] である。

[6] の解答群

① $-1,\ -4$　② $-1,\ 4$　③ $1,\ -4$　④ $1,\ 4$　⑤ $-1,\ -6$

⑥ $1,\ -6$　⑦ $-2,\ -3$　⑧ $-2,\ 3$　⑨ $2,\ -3$　⑩ $2,\ 3$

[7] の解答群

① $a<-\frac{5}{2},\ -1<a$　② $a \leqq -\frac{5}{2},\ -1 \leqq a$　③ $-\frac{5}{2}<a<-1$

④ $-\frac{5}{2} \leqq a \leqq -1$　⑤ $-\frac{5}{2}<a \leqq -1$　⑥ $a<1,\ \frac{5}{2}<a$　⑦ $a \leqq 1,\ \frac{5}{2} \leqq a$

⑧ $1<a<\frac{5}{2}$　⑨ $1 \leqq a \leqq \frac{5}{2}$　⑩ $1<a \leqq \frac{5}{2}$

8 の解答群

① $-4,\ \frac{1}{2}$　② $-4,\ -\frac{1}{2}$　③ $-\frac{1}{2},\ 4$　④ $\frac{1}{2},\ 4$　⑤ $\frac{-7\pm\sqrt{51}}{4}$

⑥ $\frac{-7\pm\sqrt{51}}{2}$　⑦ $\frac{7\pm\sqrt{33}}{4}$　⑧ $\frac{7\pm\sqrt{33}}{2}$　⑨ $\frac{7\pm\sqrt{51}}{4}$　⑩ $\frac{7\pm\sqrt{51}}{2}$

9 の解答群

① $-\frac{7-\sqrt{29}}{2}<a<-\frac{5}{2}$　② $1<a<\frac{7+\sqrt{29}}{2}$

③ $-\frac{7+\sqrt{29}}{2}<a<-\frac{5}{2},\ -1<a<-\frac{7-\sqrt{29}}{2}$

④ $-\frac{7+\sqrt{29}}{2}<a\leqq-\frac{5}{2},\ -1\leqq a<-\frac{7-\sqrt{29}}{2}$

⑤ $-\frac{7+\sqrt{29}}{2}\leqq a<-\frac{5}{2},\ -1<a\leqq-\frac{7-\sqrt{29}}{2}$

⑥ $-\frac{7+\sqrt{29}}{2}\leqq a\leqq-\frac{5}{2},\ -1\leqq a\leqq-\frac{7-\sqrt{29}}{2}$

⑦ $\frac{7-\sqrt{29}}{2}<a<1,\ \frac{5}{2}<a<\frac{7+\sqrt{29}}{2}$　⑧ $\frac{7-\sqrt{29}}{2}<a\leqq1,\ \frac{5}{2}\leqq a<\frac{7+\sqrt{29}}{2}$

⑨ $\frac{7-\sqrt{29}}{2}\leqq a<1,\ \frac{5}{2}<a\leqq\frac{7+\sqrt{29}}{2}$　⑩ $\frac{7-\sqrt{29}}{2}\leqq a\leqq1,\ \frac{5}{2}\leqq a\leqq\frac{7+\sqrt{29}}{2}$

10 の解答群

① $1<a<2$　② $1<a<\frac{5}{2}$　③ $\frac{3-\sqrt{5}}{2}<a<\frac{3+\sqrt{5}}{2}$

④ $1<a<\frac{3+\sqrt{5}}{2}$　⑤ $2<a<\frac{3+\sqrt{5}}{2}$　⑥ $0<a<1,\ 2<a$

⑦ $0<a<1,\ \frac{5}{2}<a$　⑧ $0<a<\frac{3-\sqrt{5}}{2},\ \frac{3+\sqrt{5}}{2}<a$

⑨ $0<a<1,\ \frac{3+\sqrt{5}}{2}<a$　⑩ $0<a<2,\ \frac{3+\sqrt{5}}{2}<a$

必答問題

【3】 平行四辺形ABCDにおいて，AB=5，AC=8，$\cos\angle BAC=\frac{1}{2}$ である。

次の問題の □ に当てはまる答えを解答群から選び，その番号をマークしなさい。

解答番号は，[11] ～ [15] 。(配点20点)

(1) BC= [11] であり，平行四辺形ABCDの面積は [12] である。また，$\sin\angle ACB=$ [13] である。

(2) 点Eを，$AE=4\sqrt{3}$，$\angle CAE=90^\circ$ の直角三角形ACEとなるように，直線ACに関して点Bと反対側にとり，辺ADと直線CEの交点をFとする。このとき，$\sin\angle EAF=$ [14] であり，AF= [15] である。

[11] の解答群

① 6　② $2\sqrt{10}$　③ $2\sqrt{11}$　④ $3\sqrt{5}$　⑤ $4\sqrt{3}$
⑥ 7　⑦ $5\sqrt{2}$　⑧ $2\sqrt{13}$　⑨ $2\sqrt{14}$　⑩ $2\sqrt{15}$

[12] の解答群

① 10　② $10\sqrt{2}$　③ $10\sqrt{3}$　④ 20　⑤ $15\sqrt{2}$
⑥ $10\sqrt{5}$　⑦ $15\sqrt{3}$　⑧ $20\sqrt{2}$　⑨ $20\sqrt{3}$　⑩ $20\sqrt{5}$

[13] の解答群

① $\frac{2}{7}$　② $\frac{5}{14}$　③ $\frac{3\sqrt{3}}{14}$　④ $\frac{3}{7}$　⑤ $\frac{\sqrt{3}}{4}$
⑥ $\frac{2\sqrt{3}}{7}$　⑦ $\frac{5\sqrt{3}}{14}$　⑧ $\frac{3\sqrt{3}}{7}$　⑨ $\frac{\sqrt{3}}{2}$　⑩ $\frac{4\sqrt{3}}{7}$

[14] の解答群

① $\frac{1}{7}$　② $\frac{1}{2}$　③ $\frac{\sqrt{22}}{7}$　④ $\frac{11}{14}$　⑤ $\frac{\sqrt{37}}{7}$

⑥ $\frac{\sqrt{13}}{4}$　⑦ $\frac{2\sqrt{10}}{7}$　⑧ $\frac{13}{14}$　⑨ $\frac{3\sqrt{19}}{14}$　⑩ $\frac{3\sqrt{5}}{7}$

15 の解答群

① 5　② $\frac{31}{6}$　③ $\frac{21}{4}$　④ $\frac{16}{3}$　⑤ $\frac{11}{2}$

⑥ $\frac{17}{3}$　⑦ $\frac{23}{4}$　⑧ $\frac{35}{6}$　⑨ 6　⑩ $\frac{37}{6}$

【4】～【6】は，いずれか2問を選択し，解答しなさい。

【4】 袋の中に，赤玉，白玉，青玉が3個ずつ合計9個入っている。最初に，Aが袋から玉を2個取り出し，取り出した玉を袋に戻さないで，続いて，Bが袋から玉を1個取り出す。AとBが取り出した3個の玉の色が2種類であるときはAの勝ち，それ以外のときはBの勝ちとする。

次の問題の □ に当てはまる答えを解答群から選び，その番号をマークしなさい。

解答番号は，**16** ～ **20** 。(配点20点)

(1) AとBが取り出した3個の玉がすべて赤玉である確率は **16** である。

(2) Aが白玉と青玉を取り出し，かつ，AとBが取り出した3個の玉の色が2種類である確率は **17** である。

また，AとBが取り出した3個の玉の色が3種類である確率は **18** である。

(3) Aが勝つ確率は **19** である。

また，Aが勝つとき，Aが取り出した玉が2個とも赤玉であった条件付き確率は **20** である。

16 の解答群

① $\frac{1}{84}$　② $\frac{1}{42}$　③ $\frac{1}{28}$　④ $\frac{1}{21}$　⑤ $\frac{5}{84}$

⑥ $\frac{1}{14}$　⑦ $\frac{1}{12}$　⑧ $\frac{2}{21}$　⑨ $\frac{3}{28}$　⑩ $\frac{5}{42}$

17 の解答群

① $\frac{1}{84}$　② $\frac{1}{42}$　③ $\frac{1}{28}$　④ $\frac{1}{21}$　⑤ $\frac{1}{14}$

⑥ $\frac{3}{28}$　⑦ $\frac{1}{7}$　⑧ $\frac{3}{14}$　⑨ $\frac{2}{7}$　⑩ $\frac{3}{7}$

18 の解答群

① $\frac{1}{14}$　② $\frac{3}{28}$　③ $\frac{1}{7}$　④ $\frac{5}{28}$　⑤ $\frac{3}{14}$

⑥ $\frac{1}{4}$　⑦ $\frac{2}{7}$　⑧ $\frac{9}{28}$　⑨ $\frac{5}{14}$　⑩ $\frac{11}{28}$

19 の解答群

① $\frac{5}{14}$　② $\frac{8}{21}$　③ $\frac{5}{12}$　④ $\frac{9}{16}$　⑤ $\frac{7}{12}$

⑥ $\frac{13}{21}$　⑦ $\frac{9}{14}$　⑧ $\frac{5}{7}$　⑨ $\frac{3}{4}$　⑩ $\frac{16}{21}$

20 の解答群

① $\frac{1}{21}$　② $\frac{1}{14}$　③ $\frac{1}{12}$　④ $\frac{2}{21}$　⑤ $\frac{1}{9}$

⑥ $\frac{1}{7}$　⑦ $\frac{1}{6}$　⑧ $\frac{3}{14}$　⑨ $\frac{2}{9}$　⑩ $\frac{2}{7}$

【4】〜【6】は，いずれか2問を選択し，解答しなさい。

【5】 △ABCにおいて，AB=5，BC=6，CA=4である。∠BACの二等分線と辺BCの交点をDとする。また，△ADCの外接円と辺ABの交点のうち，Aと異なる点をEとする。

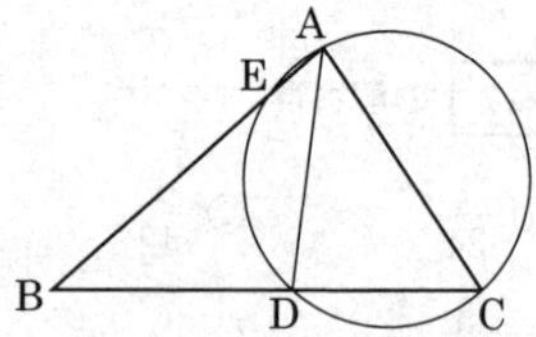

次の問題の $\boxed{}$ に当てはまる答えを解答群から選び，その番号をマークしなさい。

解答番号は，$\boxed{21}$ 〜 $\boxed{25}$ 。(配点20点)

(1) BD = $\boxed{21}$ であり，BE= $\boxed{22}$ である。

(2) △ABCの内心をIとするとき，$\dfrac{\mathrm{AI}}{\mathrm{ID}} = \boxed{23}$ である。

さらに，直線BIと線分DEの交点をFとするとき，$\dfrac{\mathrm{IF}}{\mathrm{FB}} = \boxed{24}$ であり，

△DFIの面積は，△ABCの面積の $\boxed{25}$ 倍である。

$\boxed{21}$ の解答群

① $\frac{16}{5}$ ② $\frac{13}{4}$ ③ $\frac{10}{3}$ ④ $\frac{17}{5}$ ⑤ $\frac{7}{2}$

⑥ $\frac{18}{5}$ ⑦ $\frac{11}{3}$ ⑧ $\frac{15}{4}$ ⑨ $\frac{19}{5}$ ⑩ 4

$\boxed{22}$ の解答群

① $\frac{7}{2}$ ② $\frac{11}{3}$ ③ $\frac{15}{4}$ ④ $\frac{19}{5}$ ⑤ 4

⑥ $\frac{21}{5}$ ⑦ $\frac{17}{4}$ ⑧ $\frac{13}{3}$ ⑨ $\frac{22}{5}$ ⑩ $\frac{9}{2}$

$\boxed{23}$ の解答群

① $\frac{6}{5}$ ② $\frac{5}{4}$ ③ $\frac{4}{3}$ ④ $\frac{7}{5}$ ⑤ $\frac{3}{2}$

⑥ $\frac{8}{5}$ ⑦ $\frac{5}{3}$ ⑧ $\frac{7}{4}$ ⑨ $\frac{9}{5}$ ⑩ 2

24 の解答群

① $\frac{1}{8}$　② $\frac{1}{9}$　③ $\frac{1}{10}$　④ $\frac{1}{11}$　⑤ $\frac{1}{12}$

⑥ $\frac{1}{13}$　⑦ $\frac{1}{14}$　⑧ $\frac{2}{9}$　⑨ $\frac{2}{11}$　⑩ $\frac{2}{13}$

25 の解答群

① $\frac{2}{99}$　② $\frac{1}{45}$　③ $\frac{1}{33}$　④ $\frac{1}{30}$　⑤ $\frac{1}{27}$

⑥ $\frac{1}{22}$　⑦ $\frac{1}{20}$　⑧ $\frac{3}{44}$　⑨ $\frac{3}{40}$　⑩ $\frac{5}{66}$

【4】～【6】は，いずれか2問を選択し，解答しなさい。

【6】 10進法で表された自然数 N がある。

次の問題の □ に当てはまる答えを解答群から選び，その番号をマークしなさい。

解答番号は， **26** ～ **30** 。(配点20点)

(1) 5進法で表すと4桁(けた)の数である N のうち，最大の数は **26** ，最小の数は **27** である。

(2) 5進法で表すと3桁の数であり，8進法で表すと3桁の数である N のうち，5進法で表されたときの各位の数の並びと8進法で表されたときの各位の数の並びが逆順になるような N は **28** である。

(3) N は5進法で表すと4桁の数であるとする。9の倍数であり，かつ，5進法で表したときの各位の数の和が4の倍数になるような N のうち，最大の数は **29** ，最小の数は **30** である。

26 の解答群

① 554　② 564　③ 574　④ 584　⑤ 594

⑥ 604　⑦ 614　⑧ 624　⑨ 634　⑩ 644

27 の解答群

① 105　② 115　③ 125　④ 135　⑤ 145

⑥ 155　⑦ 165　⑧ 175　⑨ 185　⑩ 195

28 の解答群

① 86　② 87　③ 88　④ 89　⑤ 90

⑥ 91　⑦ 92　⑧ 93　⑨ 94　⑩ 95

29 の解答群

① 585　② 586　③ 594　④ 595　⑤ 603

⑥ 604　⑦ 612　⑧ 613　⑨ 621　⑩ 622

30 の解答群

① 126　② 127　③ 135　④ 136　⑤ 144

⑥ 145　⑦ 153　⑧ 154　⑨ 162　⑩ 163

化　学

（60 分）

必要があれば、原子量は次の値を使いなさい。

H 1.0　C 12　N 14　O 16　Mg 24

Al 27　I 127

また、0 ℃、1.013×10^5 Pa（標準状態）における気体のモル体積は 22.4 L/mol とする。

【1】 次の問い（問1～8）に答えなさい。

解答番号は、 1 ～ 8 （配点 24 点）

問1　単体と混合物の組合せとして正しいものを、次の①～⑤から一つ選びなさい。 1

① 鉛と黒鉛

② 白金と水銀

③ エタノールと海水

④ 液体窒素と塩酸

⑤ 酢酸と石灰水

問2　イオン半径が大きい順に並んでいるものを、次の①～⑥から一つ選びなさい。 2

① $Mg^{2+} > Na^+ > F^-$

② $Mg^{2+} > F^- > Na^+$

③ $Na^+ > Mg^{2+} > F^-$

④ $Na^+ > F^- > Mg^{2+}$

⑤ $F^- > Mg^{2+} > Na^+$

⑥ $F^- > Na^+ > Mg^{2+}$

問3 Al、Au、Cu、Fe、Pt のうちで、展性・延性が最も大きい金属、および、密度が最も小さい金属の組合せを、次の①～⑥から一つ選びなさい。 **3**

	展性・延性が最大	密度が最小
①	Au	Fe
②	Au	Al
③	Cu	Fe
④	Cu	Al
⑤	Pt	Fe
⑥	Pt	Al

問4 次の記述中の ア と イ に当てはまる数字の組合せを、下の①～⑥から一つ選びなさい。 **4**

第2周期までの元素で、常温・常圧において単体が気体であるものは ア 種類ある。また、第4周期までの典型元素で、常温・常圧において単体が液体であるものは イ 種類ある。

	ア	イ
①	4	1
②	4	2
③	5	1
④	5	2
⑤	6	1
⑥	6	2

問5 次のa～cの固体について、結晶が特定の方向に割れやすい性質を示すものをすべて選択したものを、下の①～⑦から一つ選びなさい。 **5**

a 二酸化ケイ素　　b ダイヤモンド　　c 塩化ナトリウム

① aのみ　　② bのみ　　③ cのみ
④ aとb　　⑤ aとc　　⑥ bとc
⑦ aとbとc

問6 メタンと分子の形が同じであるものを、次の①～⑤から一つ選びなさい。 **6**

① 硫化水素　　② アンモニア　　③ 二酸化炭素
④ 水　　⑤ 四塩化炭素

問７　炎色反応について**誤りを含むもの**を、次の①～⑤から一つ選びなさい。 7

① 水溶液をつけた白金線は、ガスバーナーの外炎で加熱する。

② 1族・2族以外の金属元素で炎色反応を示すものはない。

③ Ca は炎色反応を示すが、Mg は炎色反応を示さない。

④ Na は黄色、Sr は深赤色の炎色反応をそれぞれ示す。

⑤ 花火のさまざまな炎の色は、炎色反応の活用例である。

問８　原子量・分子量・式量に関する記述について、下線を引いた部分が正しいものを、次の①～⑤から一つ選びなさい。 8

① 二酸化ケイ素に対して定義されるのは<u>分子量</u>である。

② 一酸化炭素に対して定義されるのは<u>式量</u>である。

③ マグネシウムの式量と原子量は<u>同じ値</u>である。

④ ネオンの分子量は原子量の<u>２倍</u>である。

⑤ 同素体である酸素とオゾンの分子量は<u>同じ値</u>である。

【2】 次の問い（問１～６）に答えなさい。

解答番号は、 9 ～ 14 （配点 20 点）

問１　炭素の放射性同位体 ^{14}C の半減期は 5700 年である。つまり 5700 年経過すると ^{14}C の半数が ^{14}N に変化し、更に 5700 年経過すると残りの ^{14}C の半数が ^{14}N に変化するので、^{14}C は最初の $\frac{1}{4}$ まで減少する。このことをグラフで示すと下図のようになる。

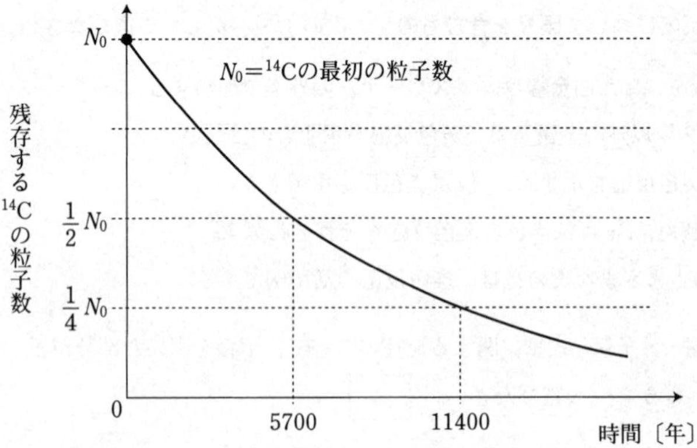

ある生物の遺骸について残存する ^{14}C の粒子数を測定したところ、22800 年が経過していることがわかった。このとき、

(残存する ^{14}C の粒子数)：(生成した ^{14}N の粒子数)

の比として最も適当なものを、次の①～⑧から一つ選びなさい。 **9**

①１：2　②１：3　③１：4　④１：7
⑤１：8　⑥１：15　⑦１：16　⑧１：32

問２　水素原子には ^{1}H と ^{2}H の２種類の同位体が存在し、その存在比は 10000：1、塩素原子には ^{35}Cl と ^{37}Cl の２種類の同位体が存在し、その存在比は 3：1 であるとき、塩化水素 HCl の分子量はいくらになるか。最も適当な数値を、次の①～⑦から一つ選びなさい。ただし、各同位体の相対質量は ^{1}H が 1.0 、^{2}H が 2.0 、^{35}Cl が 35.0 、^{37}Cl が 37.0 とする。 **10**

① 36.0　② 36.5　③ 37.0　④ 37.5
⑤ 38.0　⑥ 38.5　⑦ 39.0

問３　金属元素 M の単体 1.6 g を強熱して完全燃焼させると、酸化物が 1.8 g 生じた。酸化物の組成式が M_2O であるとき、金属元素 M の原子量はいくらか。最も適当な数値を、次の①～⑥から一つ選びなさい。 **11**

① 16　② 32　③ 36　④ 64　⑤ 72　⑥ 128

問４　窒素酸化物 NO、N_2O_x において、一定量の酸素と結合している窒素の質量比が 2：1 であるとき、x の値を、次の①～⑨から一つ選びなさい。 **12**

① 1　② 2　③ 3　④ 4　⑤ 5　⑥ 6

⑦ 7　　⑧ 8　　⑨ 9

問5　エタノール C_2H_5OH 2.3 g を完全燃焼させるのに必要な酸素の体積は、0 ℃、1.013×10^5 Pa で何 L か。最も適当な数値を、次の①～⑥から一つ選びなさい。

13 L

① 1.1　　② 2.2　　③ 3.4　　④ 3.9　　⑤ 4.9　　⑥ 5.6

問6　アルミニウムとマグネシウムの混合物 7.50 g を十分な量の塩酸と反応させると、0 ℃、1.013×10^5 Pa で 7.84 L の水素が発生した。このとき、混合物中のアルミニウムの質量パーセントはいくらか。最も適当な数値を、次の①～⑥から一つ選びなさい。 **14** %

① 24　　② 30　　③ 33　　④ 36　　⑤ 45　　⑥ 67

【3】　次の問い（問1～3）に答えなさい。

解答番号は、 **15** ～ **17** （配点 12 点）

問1　水溶液が酸性を示す酸性塩を、次の①～⑥から一つ選びなさい。 **15**

① CH_3COOK　　② $NaHCO_3$　　③ NH_4Cl

④ $NaHSO_4$　　⑤ NH_4NO_3　　⑥ $Ca_3(PO_4)_2$

問2　次の a、b の反応が右向きに進むとき、H_2O はブレンステッド・ローリーの定義において、酸または塩基のどちらのはたらきをしているか。その組合せとして正しいものを、下の①～⑥から一つ選びなさい。 **16**

a　$CH_3COOH + H_2O \rightleftarrows CH_3COO^- + H_3O^+$

b　$CO_3^{2-} + H_2O \rightleftarrows HCO_3^- + OH^-$

	反応 a	反応 b
①	酸	塩基
②	酸	どちらでもない
③	どちらでもない	酸
④	どちらでもない	塩基
⑤	塩基	酸
⑥	塩基	どちらでもない

2024年度　一般前期　化学

問3 次のa～cの水溶液について、pHの大きい方から順に並べたものを、下の①～⑥から一つ選びなさい。 17

a 0.20 mol/L の酢酸水溶液

b 0.10 mol/L の硫酸水溶液

c 0.30 mol/L の酢酸ナトリウム水溶液

① a ＞ b ＞ c　② a ＞ c ＞ b　③ b ＞ a ＞ c

④ b ＞ c ＞ a　⑤ c ＞ a ＞ b　⑥ c ＞ b ＞ a

【4】 希硫酸と水酸化ナトリウム水溶液の中和滴定に関する先生と生徒の対話を読んで、次の問い（問1～4）に答えなさい。なお、この実験では6つの実験班がそれぞれ別々に希硫酸と水酸化ナトリウム水溶液を調製したものとする。

解答番号は、 18 ～ 21 （配点16点）

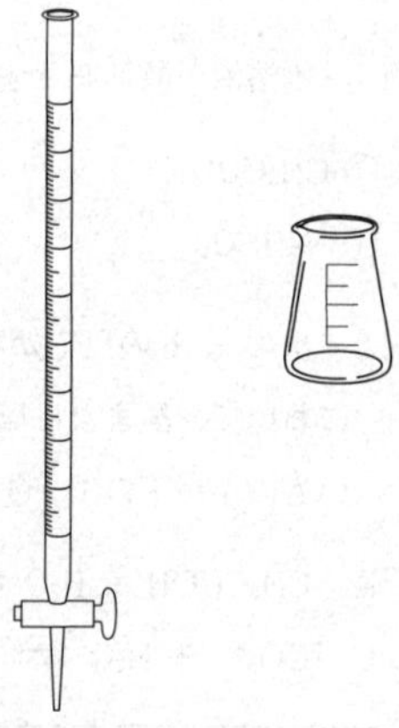

生徒：水酸化ナトリウム水溶液は器具a、器具bのどちらに入れて実験しても問題ないですよね？

先生：ところがそうでもないんだ。水酸化ナトリウム水溶液は器具 ア に入れた方が精度の良い測定ができるんだよ。

生徒：それはどうしてですか？

先生：水酸化ナトリウム水溶液は希硫酸と比べて空気中の イ と反応しやすいんだ。だから水酸化ナトリウム水溶液を器具 ア に入れた方が、空気との接触面積を減らして余計な反応を起こりにくくできるよ。

生徒：分かりました。その通りにして実験してみます。

（実験の結果、0.050 mol/L の希硫酸 10.0 mL と中和した水酸化ナトリウム水溶液が 6.7 mL であった。）

先生：器具aに入れた溶液の体積はどのように読み取りましたか？

生徒： ウ のように読み取りました。

先生：正しい読み取り方です。ところで、水酸化ナトリウム水溶液の滴下量の 6.7 mL は、どのようにして得た値ですか？

生徒：［エ］です。

先生：それなら妥当な水酸化ナトリウム水溶液の濃度が求められますね。

問1　会話を化学的に正しい内容とするために、空欄［ア］と［イ］に当てはまる記号や語句の組合せとして最も適当なものを、次の①～⑥から一つ選びなさい。［18］

	ア	イ
①	a	酸素
②	a	窒素
③	a	二酸化炭素
④	b	酸素
⑤	b	窒素
⑥	b	二酸化炭素

問2　会話を化学的に正しい内容とするために、空欄［ウ］と［エ］に当てはまる図や文を表す記号の組合せとして最も適当なものを、下の①～⑥から一つ選びなさい。［19］

A 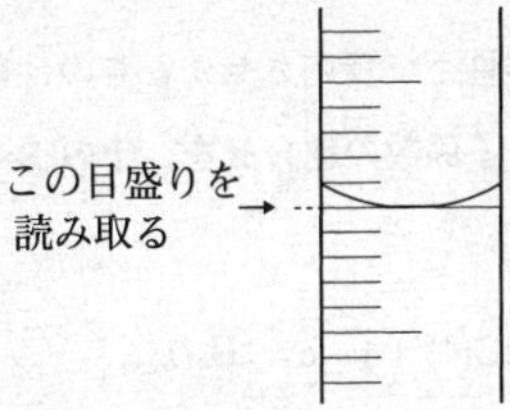

B 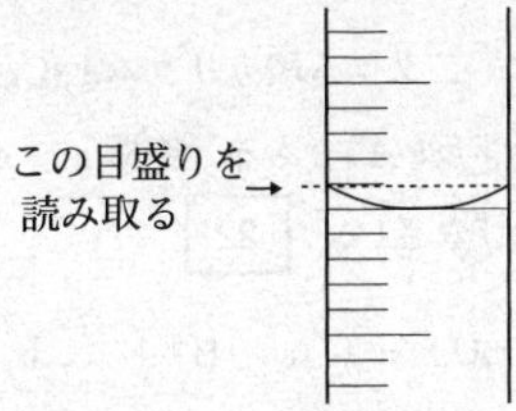

C　所属する班で連続して3回の滴定を行った際の、3回目の滴下量

D　所属する班で連続して3回の滴定を行った際の、3回の滴下量の平均値

E　6つの班で連続して3回の滴定を行った際の、合計18回の滴下量の平均値

	ウ	エ
①	A	C
②	A	D
③	A	E
④	B	C
⑤	B	D
⑥	B	E

問3 下線を引いた水酸化ナトリウム水溶液の濃度は何mol/Lか。最も適当な数値を、次の①～⑧から一つ選びなさい。 20 mol/L

① 0.033 ② 0.060 ③ 0.075 ④ 0.12
⑤ 0.15 ⑥ 0.18 ⑦ 0.21 ⑧ 0.24

問4 測定の精度をさらに高める目的で、器具a、器具bに入れる溶液を変更するとすれば、どのような変更がよいか。最も適当なものを、下の①～④から一つ選びなさい。 21

① 器具aに入れる溶液の濃度を小さくする。
② 器具aに入れる溶液の濃度を大きくする。
③ 器具bに入れる溶液の濃度を小さくする。
④ 器具bに入れる溶液の体積を小さくする。

【5】 次の問い（問1～3）に答えなさい。

解答番号は、 22 ～ 24 （配点12点）

問1 次式は、二クロム酸カリウム $K_2Cr_2O_7$ を硫酸酸性下で反応させたときの、電子を含むイオン反応式である。空欄a～cに当てはまる係数の組合せを、下の①～⑥から一つ選びなさい。 22

$$Cr_2O_7^{2-} + (\ a\ )H^+ + (\ b\ )e^- \longrightarrow 2Cr^{3+} + (\ c\ )H_2O$$

	a	b	c
①	12	6	7
②	12	7	8
③	14	6	7
④	14	7	8
⑤	16	6	7
⑥	16	7	8

問2 分子・イオンの変化において、酸化数が最も大きく変化している原子を含むものを、次の①～⑤から一つ選びなさい。 23

① $S \longrightarrow SO_3$ ② $MnO_4^- \longrightarrow Mn^{2+}$ ③ $HClO_4 \longrightarrow Cl_2$

④ $CH_4 \longrightarrow CO_2$　　⑤ $NH_3 \longrightarrow NO_2$

問3　次のa～cのうち、単体の鉄Feと反応する水溶液をすべて選択したものを、下の①～⑦から一つ選びなさい。 24

a　希塩酸　　b　硝酸銀水溶液　　c　硫酸亜鉛水溶液

① aのみ　② bのみ　③ cのみ　④ aとb

⑤ aとc　⑥ bとc　⑦ aとbとc

【6】 次の問い（問1～4）に答えなさい。

解答番号は、 25 ～ 28 (配点16点)

過酸化水素H_2O_2は、硫酸酸性下で酸化剤としてはたらき、ヨウ化カリウム水溶液との反応ではヨウ素I_2が生成する。そのときの反応式は、式(i)の通りである。

$$H_2O_2 + H_2SO_4 + 2KI \longrightarrow I_2 + 2H_2O + K_2SO_4 \quad \cdots(i)$$

問1　ある濃度の過酸化水素水10.0 mLに、0.250 mol/Lの希硫酸40.0 mLを加えて硫酸酸性とした後、過剰量のヨウ化カリウムを加えて過酸化水素をすべて反応させたところ、ヨウ素が1.27 g生成した。反応は完全に起こったものとすると、この過酸化水素水の濃度は何mol/Lか。最も適当な数値を、次の①～⑦から一つ選びなさい。 25 mol/L

① 0.100　② 0.200　③ 0.250　④ 0.300

⑤ 0.500　⑥ 0.600　⑦ 1.00

問2　問1で生成したヨウ素の質量は、反応後の溶液にある指示薬を加え、還元剤としてチオ硫酸ナトリウム水溶液を用いて滴定することで、求めることができる。加えた指示薬と溶液の色の変化の組合せとして正しいものを、次の①～⑥から一つ選びなさい。 26

	加えた指示薬	色の変化
①	フェノールフタレイン溶液	無色から赤色
②	フェノールフタレイン溶液	赤色から無色
③	メチルオレンジ溶液	黄色から赤色
④	メチルオレンジ溶液	赤色から黄色
⑤	デンプン溶液	無色から青紫色
⑥	デンプン溶液	青紫色から無色

問３ 過酸化水素は、次の反応により分解する。

$$2H_2O_2 \longrightarrow 2H_2O + O_2$$

この反応について正しい記述をすべて選択したものを、下の①～⑦から一つ選びなさい。 27

a 水は、過酸化水素が酸化されることにより生じる。

b 酸素は、過酸化水素が還元されることにより生じる。

c 反応式中の酸素原子の酸化数は、３種類である。

① a のみ　② b のみ　③ c のみ　④ a と b
⑤ a と c　⑥ b と c　⑦ a と b と c

問４ 塩素酸カリウム $KClO_3$ を加熱すると、過酸化水素と同様に分解反応が起こる。この反応について文献で調べると、次のことが分かった。

・気体Ａとイオン結合性の物質Ｂが生成する。
・発生する気体Ａは乾燥大気中に21％程度含まれている。
・生成物中の酸素原子の酸化数は１種類である。

この分解反応の反応式として最も適当なものを、次の①～⑥から一つ選びなさい。 28

① $KClO_3 \longrightarrow KCl + O_3$

② $KClO_3 \longrightarrow KClO + O_2$

③ $2KClO_3 \longrightarrow 2KClO_2 + O_2$

④ $2KClO_3 \longrightarrow 2KCl + 3O_2$

⑤ $3KClO_3 \longrightarrow 3KClO_2 + O_3$

⑥ $3KClO_3 \longrightarrow 3KClO + 2O_3$

生 物

(60分)

【1】 エネルギーと代謝、細胞の特徴に関する次の文章を読み、後の問い（問1～5）に答えなさい。

解答番号は、1 ～ 4 (配点 4 点)
5 (配点 2 点)
6 · 7 (配点 8 点)
8 · 9 (配点 6 点)

生物体内では、いろいろな化学反応が行われており、これを代謝という。代謝にはエネルギーの出入りが伴っており、多くの場合、エネルギーのやり取りはエネルギーの通貨とも呼ばれるATPを仲立ちにして行われる。ATPは、糖であるリボース、（ ア ）の一種であるアデニン、リン酸が、（ イ ）の順に結合したヌクレオチドである。リボースは、（ ウ ）のヌクレオチドを構成する糖でもある。ATPは、ADPとリン酸に分解されるときにエネルギーを放出する。1分子のADPには、高エネルギーリン酸結合が（ エ ）か所存在する。異化の過程で取り出されたエネルギーは、ATPのエネルギーに変えられる。逆に同化の過程には、ATPのエネルギーが用いられる。(1)光合成においては、ATPの合成と分解の両方の反応がみられる。

生物体の基本単位は細胞である。(2)原核生物と真核生物では、細胞構造に大きな違いがみられるが、一方で、両者の細胞は共通の(3)構造やはたらきももっている。

問1 文章中の（ア）～（エ）に入る語句や数値として最も適当なものを、下記の解答群から選びなさい。

（ア） 1 （イ） 2 （ウ） 3 （エ） 4

（ア）の解答群

① デオキシリボース ② 塩基 ③ グルコース
④ グリコーゲン ⑤ 酸

（イ）の解答群

① リボース、アデニン、リン酸３個

② リボース、リン酸３個、アデニン

③ アデニン、リボース、リン酸３個

④ リボース、アデニン、リン酸２個

⑤ リボース、リン酸２個、アデニン

⑥ アデニン、リボース、リン酸２個

（ウ）の解答群

① HIV　② DDT　③ DNA

④ RNA　⑤ AIDS

（エ）の解答群

① 1　② 2　③ 3　④ 4　⑤ 5　⑥ 6

問２ 下線部⑴に関して、光合成におけるATPの合成と分解についての次の文中の（オ）、（カ）に入る語と化学式の組合せとして最も適当なものを、下記の①～⑨から選びなさい。 **5**

光合成では、（　オ　）エネルギーを用いてATPが合成され、ATPのもつエネルギーは（　カ　）に移される。

	（オ）	（カ）
①	化学	O_2
②	化学	CO_2
③	化学	$C_6H_{12}O_6$
④	光	O_2
⑤	光	CO_2
⑥	光	$C_6H_{12}O_6$
⑦	熱	O_2
⑧	熱	CO_2
⑨	熱	$C_6H_{12}O_6$

問3　ヒトのATPの消費量と必要な有機物の摂取量に関する次の文章中の（キ）、（ク）に入る数値として最も近いものを、下記の①〜⑩から選びなさい。なお、1 ng＝0.000001 mgである。　（キ） 6 　（ク） 7

ヒトでは、1日に細胞1個当たり0.83 ngのATPが消費されていて、ヒトのからだの細胞数を60兆個とすると、ヒトにおいて1日に消費されるATP量は約（　キ　）gである。また、グルコース180 gが呼吸で分解されると約19000 gのATPが合成されることから、1日のATP消費量をグルコースの呼吸による分解のみでまかなった場合、分解されるグルコース量は約（　ク　）gである。実際には、グルコースだけではなく、脂肪やタンパク質も呼吸で分解されてATPが合成される。

①　200　②　300　③　500　④　2000　⑤　3000
⑥　5000　⑦　20000　⑧　30000　⑨　40000　⑩　50000

問4　下線部(2)に関して、次のa〜dのうち、原核生物に該当するものを過不足なく含むものを、下記の①〜⑩から選びなさい。　8

a　乳酸菌
b　オオカナダモ
c　イシクラゲ
d　ウイルス

①　a、b　②　a、c　③　a、d　④　b、c
⑤　b、d　⑥　c、d　⑦　a、b、c　⑧　a、b、d
⑨　a、c、d　⑩　b、c、d

問5　下線部(3)に関して、次の構造a〜cのうち、緑色植物の葉のさく状組織の細胞とシアノバクテリアに共通して存在するものを過不足なく含むものを、下記の①〜⑦から選びなさい。ただし、該当するものがない場合は⑧をマークしなさい。　9

a　細胞質基質
b　細胞壁
c　葉緑体

① a　② b　③ c　④ a、b
⑤ a、c　⑥ b、c　⑦ a、b、c

【2】 遺伝情報の分配に関する次の文章を読み、後の問い（問1～6）に答えなさい。

解答番号は、10 ・ 11 （配点 2 点）
12 （配点 2 点）
13 （配点 1 点）
14 ～ 18 （配点15点）

生物の細胞には、種によって決まった量のDNAが含まれる。体細胞分裂では、分裂を行う分裂期（M期）とそれ以外の間期からなる細胞周期がみられる。図1のように、細胞周期において、間期はG_1期、S期、G_2期に分けられ、分裂期は前期、中期、後期、終期に分けられる。細胞周期のうちで、DNAの合成（複製）が行われるのは（　ア　）である。また、細胞周期からはずれて分化した細胞は（　イ　）の状態にある。DNA合成が行われる（　ア　）に、DNA合成の材料物質であるチミジンを標識して与えると、DNAに標識が取り込まれる。

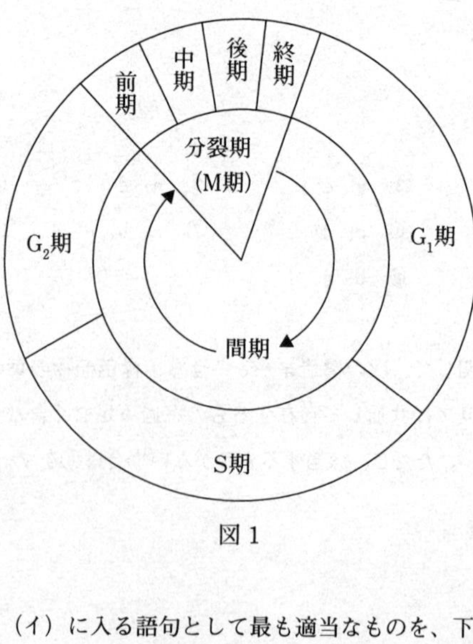

図1

問1 文章中の（ア）、（イ）に入る語句として最も適当なものを、下記の①～⑩から選

びなさい。　　（ア）10　　（イ）11

① G_0期　② G_1期　③ S期　④ G_2期　⑤ 前期
⑥ 中期　⑦ 後期　⑧ 終期　⑨ 飽和　⑩ 線溶

問2　図2のA、Bは、いずれも体細胞分裂のM期の細胞の様子を示したものである。これらの細胞の時期の組合せとして最も適当なものを、下記の①～⑨から選びなさい。　12

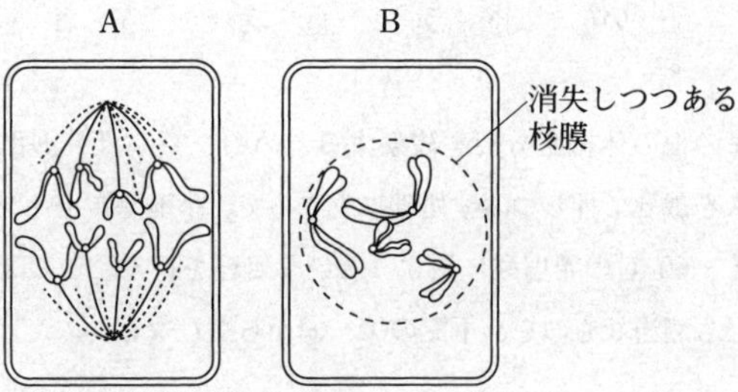

図2

	Aの細胞	Bの細胞
①	前期	中期
②	前期	後期
③	前期	終期
④	中期	前期
⑤	中期	後期
⑥	中期	終期
⑦	後期	前期
⑧	後期	中期
⑨	後期	終期

問3　図3は、タマネギの根端の模式図である。体細胞分裂を光学顕微鏡で観察するための部位として最も適当なものを、下記の①～⑥から選びなさい。　13

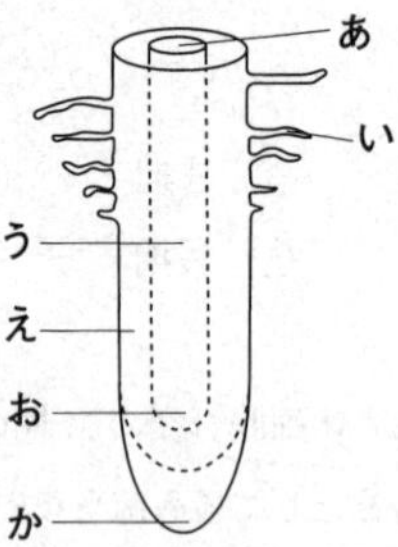

図3

①　あ　②　い　③　う　④　え　⑤　お　⑥　か

問4　タマネギの根の体細胞分裂を観察するためのプレパラート作製では、試料にカバーガラスを載せて押しつぶす処理に先立って、酢酸オルセイン溶液に浸す、45%酢酸に浸す、60 ℃の希塩酸に浸す、という処理を行う。この3種類の液に浸す順序として最も適当なものを、下記の①～⑥から選びなさい。　14

①　酢酸オルセイン溶液　→　45%酢酸　→　60 ℃希塩酸
②　酢酸オルセイン溶液　→　60 ℃希塩酸　→　45%酢酸
③　45%酢酸　→　酢酸オルセイン溶液　→　60 ℃希塩酸
④　45%酢酸　→　60 ℃希塩酸　→　酢酸オルセイン溶液
⑤　60 ℃希塩酸　→　酢酸オルセイン溶液　→　45%酢酸
⑥　60 ℃希塩酸　→　45%酢酸　→　酢酸オルセイン溶液

問5　どの細胞も細胞周期の長さが等しく、個々の細胞の細胞分裂のタイミングがばらばらである培養細胞の集団がある。この培養細胞集団において、細胞数は40時間で4倍になった。この培養細胞集団に、短時間標識チミジンを与え、すぐに培養液から標識チミジンを取り除いた。この処理によって、全体の25%の細胞の核に標識が取り込まれた。さらに培養を続けて4時間経過すると、M期の細胞に標識がみられ始めた。また、この期間に観察されたM期の細胞の数の割合は、常に10%であった。この培養細胞集団の(i)細胞周期の長さ、(ii) G_1 期の長さ、(iii) G_2 期の長さとして最も適当なものを、下記の①～⑩から選びなさい。

(i)　15　(ii)　16　(iii)　17

①　2時間　②　3時間　③　4時間　④　5時間

⑤　6 時間　⑥　9 時間　⑦　10 時間　⑧　12 時間
⑨　16 時間　⑩　20 時間

問 6　ある動物の精子の核当たりの DNA 量（相対値：以下同様）は 3.3 であった。この動物のさまざまな細胞の核当たりの DNA 量に関する次の記述 a ～ c のうち、正しい記述を過不足なく含むものを、下記の①～⑦から選びなさい。ただし、該当するものがない場合は⑧をマークしなさい。 [18]

a　この動物の肝臓の細胞の核当たりの DNA 量は 6.6 である。

b　この動物の骨髄の細胞の中には、細胞の核当たりの DNA 量が 13.2 の細胞が存在する。

c　この動物の卵の核当たりの DNA 量は 3.3 である。

①　a　②　b　③　c　④　a、b
⑤　a、c　⑥　b、c　⑦　a、b、c

【3】　生物の体内環境に関する次の文章を読み、後の問い（問 1 ～ 4）に答えなさい。

解答番号は、[19] ～ [22]（配点 4 点）
[23]（配点 2 点）
[24]・[25]（配点 6 点）
[26]・[27]（配点 8 点）

ヒトの体液のうち、血液は液体成分と有形成分からなる。血液の液体成分である（　ア　）の構成成分のうち、水に次いで多いのはタンパク質である。また、血球のうち白血球の数は血液 1 mm^3 当たり（　イ　）個程度である。

ヒトの血管系は閉鎖血管系で、心臓から送り出された血液は動脈を通り、毛細血管から静脈を経て、心臓に戻る。血管のうち、血管壁に筋肉層が発達しており、かつ弁がないのは（　ウ　）である。

心臓は、中枢神経からの刺激がなくても、右心房にある（　エ　）が興奮することによって、独自に拍動する性質をもつ。また、<u>心臓の拍動は体内環境を維持するために調節されている</u>。

問1 文章中の（ア）～（エ）に入る語や数値として最も適当なものを、下記の解答群から選びなさい。 （ア） 19 （イ） 20 （ウ） 21 （エ） 22

（ア）の解答群

① 組織液 ② リンパ液 ③ 胆汁 ④ 血しょう ⑤ 原尿

（イ）の解答群

① 4000～9000 ② 2万～3万

③ 20万～40万 ④ 400万～500万

（ウ）の解答群

① 動脈 ② 静脈 ③ 毛細血管

（エ）の解答群

① 神経分泌細胞 ② 甲状腺 ③ 副腎

④ 洞房結節 ⑤ 立毛筋 ⑥ NK細胞

問2 下線部に関して、次の記述a～cのうち、心臓の拍動についての正しい記述を過不足なく含むものを、下記の①～⑦から選びなさい。ただし、該当するものがない場合は⑧をマークしなさい。 23

a 心臓の拍動は、交感神経によって促進される。

b 寒冷時には、心臓の拍動が抑制される。

c 副腎髄質から分泌されるチロキシンは、心臓の拍動を促進する。

① a ② b ③ c ④ a、b

⑤ a、c ⑥ b、c ⑦ a、b、c

問3 図1は、ヒトの心臓の断面の模式図である。図2は、安静時の健康なヒトの心臓の1回の収縮における、左心室の内圧と左心室の容積の変化を示した模式図で、左心室の内圧と左心室の容積は、図2中に示された矢印の方向に変化する。図1と図2に関して、次の文章中の（オ）～（キ）に入る記号や数値として最も適当なものを、下記の解答群から選びなさい。（オ） 24 （カ） 25 （キ） 26

図1のAの弁が閉じるのは、図2の（　オ　）のときであり、図1のBの弁が開くのは、図2の（　カ　）のときである。また、このヒトの心臓の収縮が1サイクルに0.85秒かかるとすると、このヒトの心臓から1分間に送り出される血液量は、約（　キ　）Lである。

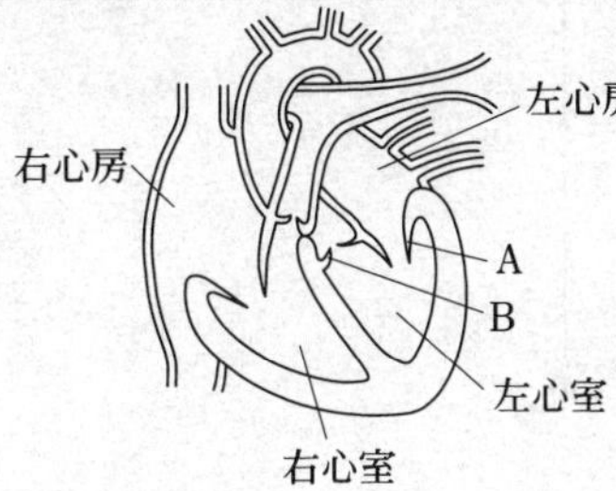

図1

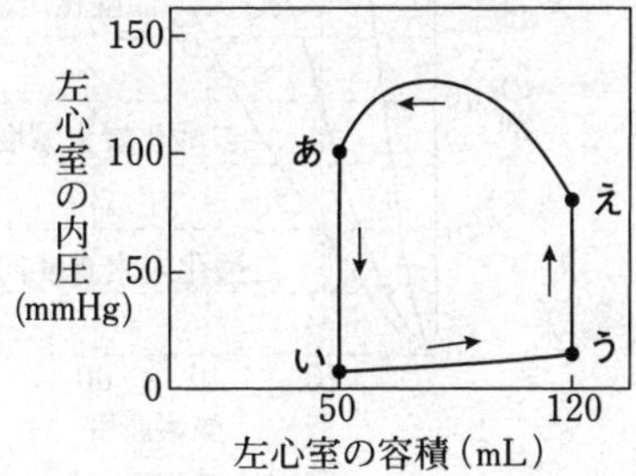

図2

(オ)、(カ) の解答群

① あ　② い　③ う　④ え

(キ) の解答群

① 1　② 2　③ 3　④ 4　⑤ 5　⑥ 6

問4　図3は、ある健康なヒトの3通りの二酸化炭素濃度（相対値：以下同様）におけるヘモグロビンの酸素解離曲線である。表1は、このヒトの肺胞と体組織での酸素濃度（相対値：以下同様）と二酸化炭素濃度を示している。このヒトの血液1Lが組織に供給する酸素の量として最も近いものを、下記の①～⑧から選びなさい。なお、血液中のヘモグロビンは1L中に150gあり、1gのヘモグロビンは、最大1.4mLの酸素と結合するものとする。また、血液が肺から体組織に移動する間に、酸素ヘモグロビンが酸素を解離することはなかったものとする。　27

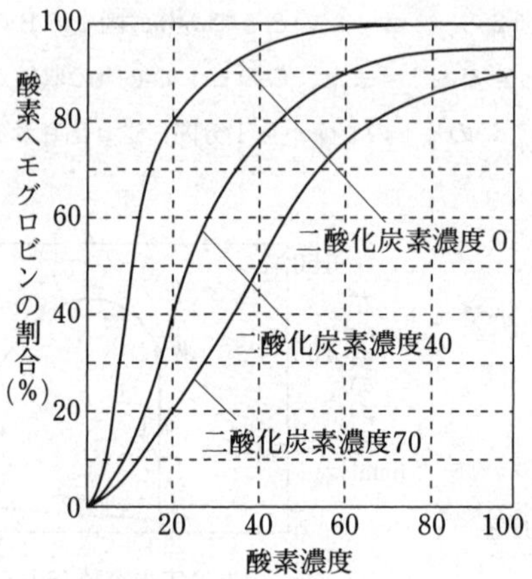

図 3

表 1

	肺胞	体組織
酸素濃度	100	40
二酸化炭素濃度	40	70

① 9.5 mL　② 10.5 mL　③ 67.5 mL　④ 71.0 mL
⑤ 94.5 mL　⑥ 105 mL　⑦ 200 mL　⑧ 210 mL

【4】 日本の植生の遷移に関する次の文章を読み、後の問い（問 1 ～ 5 ）に答えなさい。

解答番号は、 28 ～ 30 （配点 3 点）
31 ・ 32 （配点 4 点）
33 ～ 35 （配点 9 点）
36 （配点 4 点）

火山の噴火で流出した溶岩が冷えてできた裸地から始まる遷移を一次遷移という。多くの場合では、最初、コケ植物や（ ア ）が共生する生物である地衣類が生育する。やがて土壌の形成が進むとともに、草原、低木林、（ イ ）の順に遷移が進む。植生の遷移とともに土壌も発達し、遷移の後期の発達した土壌では、地表面から「（ ウ ）、岩石（母岩）」の順に層状構造となっている。植生の変化に応じて地表の光の強さなどの非生物的環境の条件が変化し、このような現象は（ エ ）と呼ばれる。樹木のうちで、遷移の比較的初期に現れる種類を先駆樹種、遷移の後期に現れる種類を極相樹種という。先駆樹種は、極相樹種と比べて、多数の小さな種子をつくるものが多い。また、ヤシャブシのように、根に共生させた細菌のはたらきによって、大気中の（ オ ）を栄養分として取り込む植物もある。

歴史上何度も噴火を繰り返している日本のある火山地域において、溶岩が噴出した年代が異なる 5 つの場所の森林（A ～ E）で、同じ大きさの方形区を設け、そのなかに生えている樹木の地面から 1.2 m の高さの幹の直径と本数を調べた。図 1 はその結果を示している。

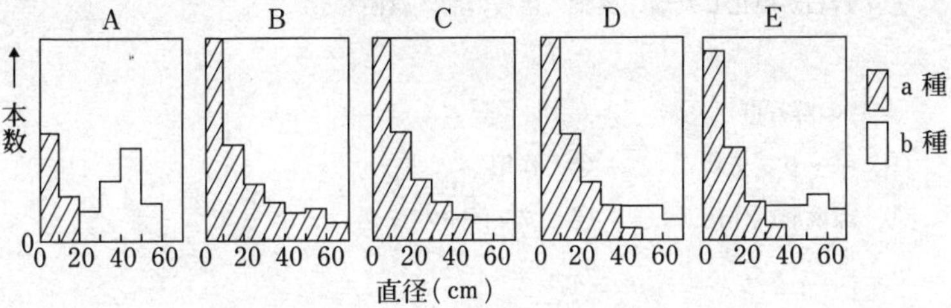

図 1

問 1　文章中の（ア）～（オ）に入る語句として最も適当なものを、下記の解答群から選びなさい。

（ア） **28**　（イ） **29**　（ウ） **30**　（エ） **31**　（オ） **32**

（ア）の解答群

① 細菌と緑藻類やシアノバクテリア

② 菌類と緑藻類やシアノバクテリア

③ 細菌と菌類

④ 細菌とウイルス

⑤ 緑藻類とウイルス

（イ）の解答群

① 混交林、陰樹林、陽樹林

② 混交林、陽樹林、陰樹林

③ 陰樹林、混交林、陽樹林

④ 陰樹林、陽樹林、混交林

⑤ 陽樹林、混交林、陰樹林

⑥ 陽樹林、陰樹林、混交林

（ウ）の解答群

① 落葉・落枝の層、岩石が風化した層、腐植層

② 落葉・落枝の層、腐植層、岩石が風化した層

③ 腐植層、岩石が風化した層、落葉・落枝の層

④ 腐植層、落葉・落枝の層、岩石が風化した層

⑤ 岩石が風化した層、腐植層、落葉・落枝の層

⑥ 岩石が風化した層、落葉・落枝の層、腐植層

(エ) の解答群

① ギャップ更新　② 作用

③ 環境形成作用　④ フィードバック

(オ) の解答群

① 酸素　② 二酸化炭素　③ 窒素

④ 硝酸　⑤ 温室効果ガス　⑥ メタン

問２ 図１のＡ～Ｅの森林を遷移の進行順に並べたものとして最も適当なものを、下記の①～⑧から選びなさい。 **33**

① A→B→C→D→E　② A→C→D→E→B

③ A→D→E→C→B　④ A→E→D→C→B

⑤ B→C→D→E→A　⑥ B→D→E→C→A

⑦ B→E→A→D→C　⑧ B→E→D→C→A

問３ 図１のａ種とｂ種の組合せとして最も適当なものを、下記の①～⑥から選びなさい。 **34**

	ａ種	ｂ種
①	スダジイ	アカマツ
②	ダケカンバ	アラカシ
③	シラカンバ	ブナ
④	ヘゴ	ミズナラ
⑤	ユーカリ	エゾマツ
⑥	ヤシャブシ	トドマツ

問4　図2は、遷移の後期に優占する樹木の幼木の光の強さと光合成速度の関係を示している。遷移の初期に優占する樹木の幼木の光の強さと光合成速度の関係を示した図として最も適当なものを、下記の①～⑥から選びなさい。なお、①～⑥の図において、図2の曲線は破線で示してある。　35

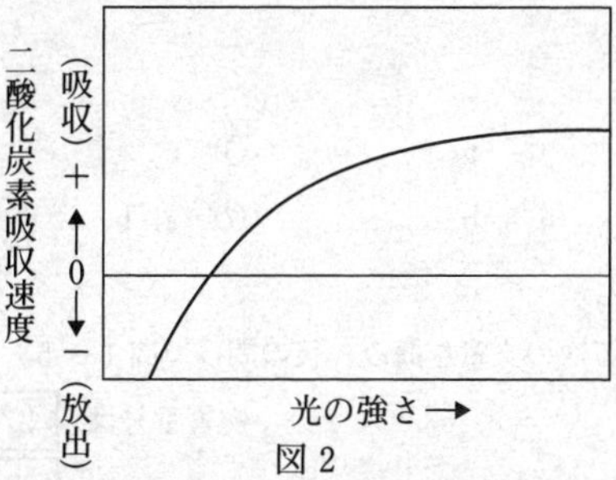

図2

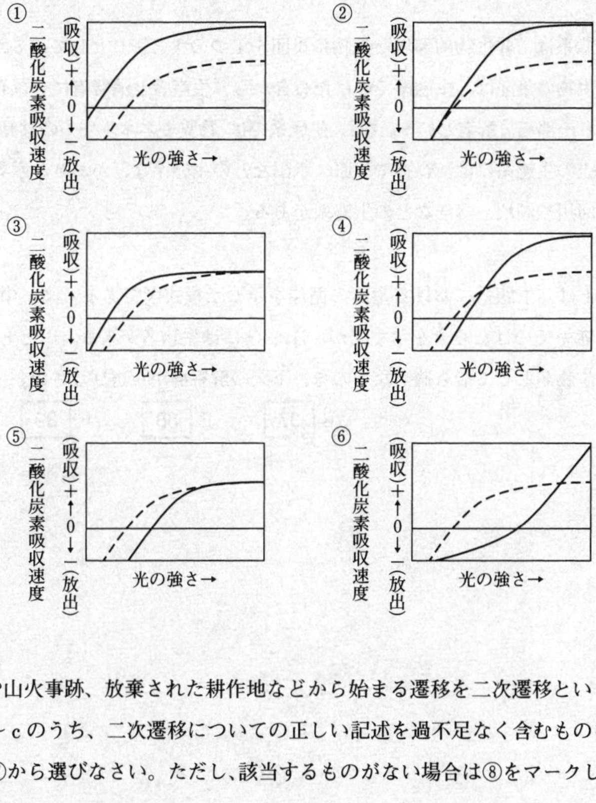

問5　伐採や山火事跡、放棄された耕作地などから始まる遷移を二次遷移という。次の記述a～cのうち、二次遷移についての正しい記述を過不足なく含むものを、下記の①～⑦から選びなさい。ただし、該当するものがない場合は⑧をマークしなさい。

36

a　二次遷移は、土壌中の種子や植物の根から遷移が始まることが多い。

b　二次遷移の進行速度は、一次遷移と比べて遅い。

c　里山にみられる雑木林は、二次遷移の途中の陽樹林が人手によって維持されたものである。

①　a　②　b　③　c　④　a、b

⑤　a、c　⑥　b、c　⑦　a、b、c

【5】　生態系に関する次の文章を読み、後の問い（問1～5）に答えなさい。

解答番号は、**37** ～ **40**（配点 8 点）

41 ～ **44**（配点 12 点）

生態系は、非生物的環境と生物の集団を1つのまとまりとしてとらえたものである。生物の集団は、生態系でのはたらきから、生産者と消費者に分けられ、消費者のうち一部を分解者という。なお、生態系では、物質やエネルギーの移動がみられる。

陸上の生態系には、森林や草原、水田などの生態系などがあり、水界の生態系にも、河川や湖沼、海洋などの生態系がある。

問1　図1は、生態系における窒素の循環を示した模式図である。図1中のA～Cには生態系でのはたらきを示す語が、D～Gには生物名が入る。BとE～Gに入る語や生物名として最も適当なものを、下記の解答群から選びなさい。

B **37**　E **38**　F **39**　G **40**

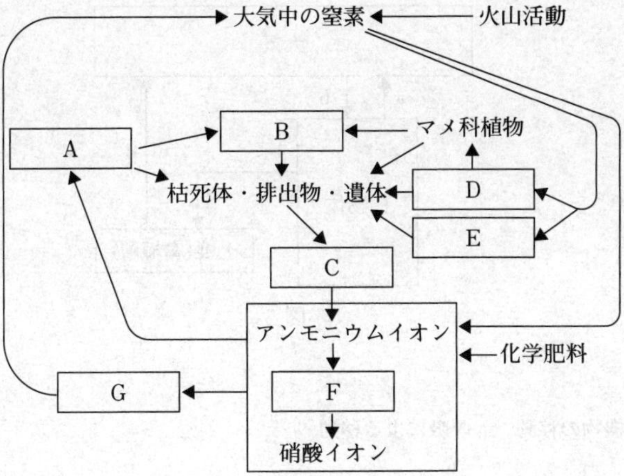

図1

Bの解答群

① 生産者　② 消費者　③ 分解者

E～Gの解答群

① 根粒菌　② 脱窒素細菌　③ 大腸菌

④ 乳酸菌　⑤ 硝化菌　⑥ 酵母

⑦ アゾトバクター　⑧ ゲンゲ

問2　図2は、ある森林における炭素の循環を示した模式図である。この森林では、地上性の動物（消費者）の占める割合は小さいので省略してある。図2中の矢印a～dのうち、有機物の移動と呼吸による移動をそれぞれ過不足なく含むものの組合せを、下記の①～⑨から選びなさい。 **41**

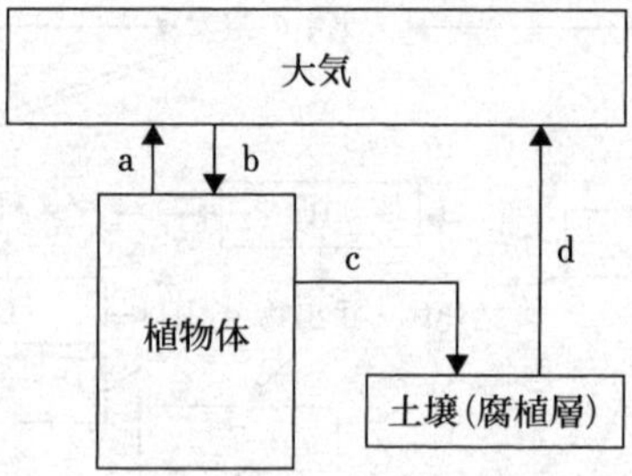

図 2

	有機物の移動	呼吸による移動
①	b	a
②	b	c
③	b	a、d
④	c	a
⑤	c	a、b
⑥	c	a、d
⑦	c、d	a
⑧	c、d	b
⑨	c、d	a、b

問３　次の記述ａ～ｃのうち、生態系におけるエネルギーの移動についての正しい記述を過不足なく含むものを、下記の①～⑦から選びなさい。ただし、該当するものがない場合は⑧をマークしなさい。 42

a　生物は、熱エネルギーを化学エネルギーに変えることができる。

b　呼吸では、有機物の分解に伴って放出されるエネルギーの一部が、熱エネルギーとなる。

c　生物が利用するエネルギーのほとんどは、太陽の光エネルギーに由来する。

①　a　　②　b　　③　c　　④　a、b

⑤　a、c　　⑥　b、c　　⑦　a、b、c

問4　次の記述a～cのうち、天然林（天然の森林）と比較した農耕地の生態系の特徴についての正しい記述を過不足なく含むものを、下記の①～⑦から選びなさい。ただし、該当するものがない場合は⑧をマークしなさい。　43

a　農耕地では、多くの天然林と比べて生産者の種類が少ない。

b　人間が施肥を行い植物体を収穫するような農耕地の生態系では、窒素やリンなどの栄養塩類はほとんど循環せず、収穫とともにもち去られる。

c　農耕地では、生産者と消費者の生物量のピラミッドが逆転している。

①　a　②　b　③　c　④　a、b
⑤　a、c　⑥　b、c　⑦　a、b、c

問5　河川や湖沼などの水界では、さまざまな動物や植物が生息しており、それらはいくつかのグループに分けることができる。生物名とその属するグループの名称の組合せとして**間違っているもの**を、下記の①～⑤から選びなさい。ただし、該当するものがない場合は⑥をマークしなさい。　44

	生物名	グループの名称
①	ヒシ	浮葉植物
②	クロモ	沈水植物
③	ホテイアオイ	浮水植物
④	ヨシ	抽水植物
⑤	ミジンコ	植物プランクトン

② 地上的な物質と宇宙的な概念とをつなぎ、建築の世界に新しい視点を持ち込む考え方である。
③ 物質に時間という概念を流し込み、建築する行為そのものの永続性を実現する考え方である。
④ 時間に対する緊張感を維持させ、建築として完成する前の物質に価値を与える考え方である。
⑤ 建築の製作現場に流れる時間を重視することで、実作者が手ごたえをつかめる考え方である。

問10 本文の内容に合致するものを、次の中から選びなさい。
解答番号は、28。 （配点5点）

① ダダイスムはキュビスムとフォーヴィスムの後に起こった芸術運動で、バウハウスにおける領域の破壊を支えた。
② 反構成主義と反主知主義という相反する思想が優位性を競い合ったことが、二〇世紀の芸術に混乱をもたらした。
③ フェノロサは、ドイツの哲学者フリードリッヒ・シェリングやゲーテの言葉を引用して、薬師寺東塔を高く評価した。
④ カンディンスキーは、修正が不可能な銅板は、木版や石版と異なり時間と結びつかない「死んだ」素材だと論じた。
⑤ 第一次世界大戦後、政治における革命の勝者が芸術の世界でも勝者となり、権力者による優れた絵画が多く生まれた。

解答番号は、 26 。（配点6点）

① 時間という制約から人間の意識を解放する「修正」という行為を紹介したカンディンスキーの文章を読んで、二次元や四次元という固定観念そのものを破壊されてしまったこと。

② 版画の「修正」を時間軸上の加算行為であると論じたカンディンスキーの記述によって、版画という脇役の芸術形式においても宇宙という大きな対象を描くことができるとわかったこと。

③ すでに完成した芸術作品に「修正」を加えて価値を高めることを推奨するカンディンスキーの画期的な主張に触れて、平面芸術の小部門であった版画のすばらしさに気づかされたこと。

④ 過去に制作された芸術に手を加える「修正」に焦点をあてたカンディンスキーの記述によって、版画という二次元の芸術において時間という四次元への広がりが提示されたこと。

⑤ 時間という「修正」のきかない概念に対し、版画という二次元の物質を当てはめたカンディンスキーの論によって、芸術表現はなんの制限もなく自由であると示されたこと。

問9 傍線部(5)「時間の中に物質があり、物質の中に時間がある」という考え方について、筆者はどのように述べているか。その説明として最も適当なものを、次の中から選びなさい。

解答番号は、 27 。（配点4点）

① 創造することで時間に介入する実作者のあり方を補強し、建築の芸術性を守る考え方である。

問7 傍線部(3)「音楽と建築の親近性を指摘したのは、カンディンスキーがはじめてではない」とあるが、カンディンスキー以外の「音楽と建築の親近性」の指摘の例について、筆者はどのような考えを述べているか。その説明として最も適当なものを、次の中から選びなさい。

解答番号は、25。(配点6点)

① カンディンスキー以外も「建築」を「音楽」にたとえて両者の近しさを示しているように見えるが、音楽の流動性と建築の固定性という違いを強調するものとなっており、カンディンスキーの主張とは異なる。

② カンディンスキー以外も「建築」と「音楽」を比較して両者の共通点を示しているように見えるが、音楽と建築の間に流れる時間の無意味さを示すものになっており、カンディンスキーの主張とは対照的である。

③ カンディンスキー以外も「建築」を「音楽」より下位に置いて両者の芸術的差異を示しているように見えるが、音楽や建築が流動的であることの証明ともなっており、カンディンスキーの主張を補強している。

④ カンディンスキー以外も「建築」と「音楽」を共通の概念で説明して両者を区別していないように見えるが、音楽は芸術だが建築はそうではないという思想が表れており、カンディンスキーの主張に通じている。

⑤ カンディンスキー以外も「建築」を「音楽」に見立てて両者の類似点を表現しているように見えるが、音楽が消えた後も建築は残るという本質を暴露するものとなっており、カンディンスキーの主張を否定している。

問8 傍線部(4)「読者は驚愕する」とあるが、どのようなことに対して驚愕するというのか。その説明として最も適当なものを、次の中から選びなさい。

彼らにとって版画は死んだ作品ではなく、作者と共に時間の中を生き続けるのである。

①　ア　②　イ　③　ウ　④　エ　⑤　オ

問6　傍線部(2)「『点・線・面』の半分で、彼は従来の縦割りされた世界を自由に横断し、論は天を駆ける馬のごとく、領域を破壊する」とあるが、これはどういうことか。その説明として最も適当なものを、次の中から選びなさい。
解答番号は、**24**。（配点4点）

① 『点・線・面』の半分は主知主義だが、もう半分はニヒリズムを切り捨てた新たな構成主義のあり方を論じているということ。
② 『点・線・面』の半分は構成主義だが、もう半分は芸術における分類を再編し直し、新しい定義づけをしているということ。
③ 『点・線・面』の半分は構成主義だが、もう半分は点・線・面という分類の相対性を認めて自己否定に走っているということ。
④ 『点・線・面』の半分は主知主義だが、もう半分は反構成主義の考え方を徹底的に否定する論を展開しているということ。
⑤ 『点・線・面』の半分は構成主義だが、もう半分は固定的な芸術のジャンルを解体する新しい視点を提示しているということ。

問4　空欄 A ・ B に入る言葉として最も適当なものを、次の中からそれぞれ選びなさい。
解答番号は、A 21 、B 22 。（配点6点）

A 21
① 刹那的
② 領域的
③ 相対的
④ 流動的
⑤ 抽象的

B 22
① 機能的な見方
② 通俗的な錯覚
③ 歴史的な誤解
④ 理性的な判断
⑤ 主観的な分類

問5　次の文は本文の一部である。どこに入れるのが最も適当か。本文中の ア ～ オ の中から選びなさい。
解答番号は、 23 。（配点4点）

問2 傍線部(1)「アートは二つの革命を体験した」と同じ修辞技法を用いている文として最も適当なものを、次の中から選びなさい。

解答番号は、19。（配点3点）

① 昨夜は家族そろって鍋を食べた。
② 猛烈な台風がこの地方を襲撃する。
③ 雪の重みで木の枝がポキンと折れた。
④ あの人には牡丹のような美しさがある。
⑤ 主任は、周囲から職場の頭脳と言われている。

問3 傍線部X「不毛」の本文中における意味として最も適当なものを、次の中から選びなさい。

解答番号は、20。（配点3点）

X 不毛 20
① 物事がはっきりとしないこと
② 欠けているところがあること
③ 計画が実現せずに終わること
④ つり合いがとれていないこと
⑤ 進歩や成果が得られないこと

(a) キョム 16

① キョトウカイダン
② グンユウカッキョ
③ キョレイハイシ
④ イッキョリョウトク
⑤ キョヨウハンイ

(b) サンドウ 17

① 力尽きてコウサンする。
② 講演会にキョウサンする。
③ 幾多のシンサンをなめる。
④ 先祖代々ヨウサンを営む。
⑤ 大企業のサンカに入る。

(c) ショウカン 18

① 道路が本州をジュウカンする。
② 寒さで動作がカンマンになる。
③ 医者が転地をカンコクする。
④ 円をドルにカンサンする。
⑤ 学習意欲をカンキする。

（注1）キュビスム――立体主義。二十世紀初頭に、画家のピカソやブラックによってパリで推進された絵画運動。ルネサンス以来の写実主義に対し、複数の視点から見た対象を平面上に再構成しようとした。

（注2）フォーヴィスム――野獣主義。二十世紀初頭にフランスを中心に起こった絵画運動。原色を主体とした色彩の対比、大胆な筆致、単純化された構図を特色とする。代表的な画家にマティス、デュフィなどがいる。

（注3）構成――複数の要素を、一つのまとまりのあるものに組み立てること。構成主義は一九二〇年前後にロシアで起こった前衛的な芸術運動。絵画や彫刻においては、幾何学的な線や面によって作品を構成することに造形の本質を求めた。

（注4）主知主義――感情や意志よりも、知性や理性の働きを重んじる立場。

（注5）ニヒリスティック――あらゆる物事に価値を認めず、信じるものをもたない様子。

（注6）カンディンスキー――ロシアの画家。『点・線・面』は、カンディンスキーの講義をまとめたもの。

（注7）バウハウス――一九一九年にドイツで設立された芸術学校。建築、絵画、工芸など近代デザイン全般を総合的に把握しようとした。

問1　傍線部(a)〜(c)と同じ漢字を含む語を、次の中からそれぞれ選びなさい。　（配点6点）

解答番号は、(a) **16** 、(b) **17** 、(c) **18** 。

具体的には、時間軸を挿入することで、銅版、木版、石版（リトグラフ）の本質的違いを、カンディンスキーは明らかにした。

イ 銅版画は基本的に修正不可能であり、木版画では修正は制約の中で可能であり、石版画においては、石に傷をつけずに、その上に塗られる水と油の反発を利用することで、修正は制約なく無限で自由であると、彼は物質（金属、木、石、水、油）と時間との関係性を記述した。実作者カンディンスキーだからこそ、物質と時間とを縫い合わせることができたのである。

多くの美術評論家は、できあがった「死んだ」作品を見て、その中の構成を論じたり、そこに描かれた「対象」や「時間」を論じる。**ウ** たとえば、この絵の中には秋の夕暮れが描かれているというように。しかし実作者にとって、時間とはそこに描かれた対象ではなく、作品を創造すること自体が、時間に対する緊張感溢（あふ）れる介入なのである。

言い換えれば、実作者は、創作という生のプロセスの中を生きる。カンディンスキーは実作者だからこそ、版画という小さな二次元の作品を使って、作者が、時間に対して様々に介入する様子を記述できたのである。**エ**

製作のプロセスに目を向けた途端に、時間という意外なものがショウカン(c)された。すなわち版画製作という現場に目を向けた途端に、物質というきわめて泥臭い地上的なものが、時間という形のない宇宙的なものと結びついたのである。銅版、木版、石版という三つのメディアは、金属、木、石という物質と深く関わっており、それぞれの物質は、それぞれ特別な手続きを経て、時間と関わっていくことが明かされる。**オ**

(5)時間の中に物質があり、物質の中に時間があることをわれわれは知らされる。時間の中の物質、物質の中の時間というアイデアは、建築デザインに対して、従来存在しなかった画期的な視点を開くという手ごたえを僕は感じた。時間という概念が、今までとは全く別の形で、建築の世界に登場してくる予感があった。

（隈研吾『点・線・面』より）

主張した。

(3)音楽と建築の親近性を指摘したのは、カンディンスキーがはじめてではない。最も早い例は、ドイツ観念論を代表する哲学者フリードリッヒ・シェリング（一七七五―一八五四）による「建築は空間における音楽」であるという定義であり、ゲーテ（一七四九―一八三二）は「建築は無言のサウンド・アートと呼んだらいい」とコメントして、サウンド・アートという意味深長な言葉を残した。

日本ではフェノロサ（一八五三―一九〇八）が、薬師寺東塔を「凍れる音楽」と評した。フェノロサは、日本美術をはじめて評価した西欧人の一人として知られるが、彼の父親はスペインの音楽家であり、フリゲート艦の船上ピアニストとして渡米しているので、フェノロサは音楽と近い場所にいた。しかし彼ら先人達の美しい言葉は、建築と音楽の親近性を指摘しているようでありながら、実は、音楽は時間とともに流れ、消え去るものであり、それに反して、建築は凍らされたもの、すなわち流れ去らぬように固定されたものであるとして、両者の対照性を強調してしまうように、僕には聞こえる。

一方、カンディンスキーは、建築は少しも固定されてはおらず、流動的、現象的存在であり、音楽と建築の間に基本的な差はないと考えた。芸術の諸領域を横断する点・線・面という共通概念の発見が、カンディンスキーによる領域破壊の引き金となった。点・線・面という道具は、そのようにして、様々な領域の壁を壊すために役立つのである。

カンディンスキーの領域破壊的分析はさらに、版画における修正という問題へと発展していく。修正とは、過去に作ったものを修（なお）すことである。すなわち時間軸上の加算行為である。カンディンスキーは修正という行為に焦点をあてることで、版画という平面芸術に対し、時間という要素を挿入することに成功した。時間は、四つ目の次元といわれるが、カンディンスキーは二次元の芸術とされる版画に対して、四次元、すなわち時間軸を重ねたのである。平面芸術の小部門であり、脇役であったはずの版画が、彼によって突然、時間の流れる大きな世界、宇宙の中へと解放されて、(4)読者は驚愕（きょうがく）する。　ア

な対応であった。だから、ダダイスムは、日用品やクラフツマンシップ（職人の技能）に愛着を示し、アートに対して下位と見られがちな、ダンスや映像などの応用芸術に関心を示した。僕がカンディンスキー[注6]の『点・線・面』の半分を占める構成主義に対して違和感を覚え、同時代のダダイスムに共感を覚えるのは、ダダイスムの視点の、地上性と即物性に(b)サンドウするからである。

一方で、カンディンスキーを読み返すと、構成主義、主知主義を超える、新鮮な指摘も数多くあった。たとえば点・線・面という分類自体が相対的であり、決して絶対的な区分ではないという指摘である。点であると思っていたものが、ある時突然に、線や面として出現するという指摘であり、面であるはずのものが、別の瞬間には点として出現しうるという指摘である。

さらに建築、絵画、音楽という分類自体が［A］であると、カンディンスキーは指摘する。(2)それらは相互に埋め込まれた関係にあり、芸術にジャンルは存在しないと、カンディンスキーは宣言したのである。『点・線・面』の半分で、彼は従来の縦割りされた世界を自由に横断し、論は天を駆ける馬のごとく、領域を破壊する。

そして、領域破壊の聖地といわれた先端的教育機関バウハウス[注7]はダダイスムとも深い関連があった。バウハウスで指導的役割を果たした建築家テオ・ファン・ドゥースブルフ（一八八三―一九三一）はダダイスムに深く関わり、「僕は新しい精神という毒をまき散らす」と機能主義の本山バウハウスには不似合いな、偽悪的ポーズを示した。バウハウスが一九一九年に産声をあげたドイツのヴァイマールは、ダダイスム運動がスイスのチューリッヒでスタートした後に本拠地とした、ダダイスムの中心地でもあり、そこでダダイスト達は、酒と無調音楽におぼれながら日々を過ごしたのである。ダダイスムの存在が近くにあったそのおかげで、バウハウスは領域を破壊する自由を獲得したともいえる。

絵画は空間に関する芸術であり、音楽は時間に関する芸術だという思い込みは、全く［B］であり、どちらにも点（音符）・線・面というヴォキャブラリーを適用することで、そこから得られる経験を同列に科学的に分析できると、カンディンスキーは

2024年度　一般前期　国語

二　次の文章を読んで、後の問いに答えなさい。

二〇世紀初頭、(1)アートは二つの革命を体験したといわれる。ひとつは形態の革命であるキュビスム(注1)であり、もうひとつは色彩の革命であるフォーヴィスム(注2)であった。

二つの革命によって、過去のアートのすべてのルールは破壊され、アーティストは完全な自由を獲得したはずであった。しかしキュビスムの革命の後、その主導者であるピカソ（一八八一―一九七三）とブラック（一八八二―一九六三）は、具象にとどまり、抽象に向かわなかった。具体的な対象物を描くという制約を外した途端に、どのような混乱とX不毛が訪れるかを、ピカソもブラックも察知していたからである。

すべての革命の直後に、構成(注3)という名の主知主義的傲慢(注4)が登場する。アートにおける革命でも、政治における革命でも、革命の勝者である新エリートは構成という名の主知主義的傲慢に陥る。新エリートは、メタ（上位）レベルに立つ特権的な主体による構成=計画で、世界を支配しようとする。政治、経済において、主知主義は計画と呼ばれる。ソ連は計画経済の実験場であった。すなわち計画の混乱と不毛の実験場であった。

一方、構成や計画と呼ばれる「上からの」方法の不毛を察知して、ピカソやブラックは具象にとどまった。構成主義誕生と同時期に、アートの世界でダダイスムという運動が起きた。従来、ダダは第一次世界大戦によってもたらされた(a)キョム的心情を根底とする、既成の常識に対する批判的、破壊的運動だと捉えられ、一種のニヒリスティック(注5)な芸術運動と見做（みな）されてきた。

しかし、その本質は反主知主義であり、反構成主義であった。特権的な主体が全体を俯瞰（ふかん）して、主知主義的に下位の部分を構成し計画する行為への批判として、ダダイスムは偶然性を重視した。偶然性の尊重とは、少しも破壊的ではなく、むしろ、自由に流れ続ける時間への敬意であった。ニヒリズムというよりはむしろ、地上的な視点に基づく、目前の物質と時間に対する誠実

⑤　事実上の孤立状態を打破するため、非武装の平和主義を撤廃し、他国と同様の防衛力を高めるべきかという議論。

問10　本文の内容に合致するものを、次の中から選びなさい。（配点6点）
解答番号は、[15]。

①　戦争への慎重な姿勢は、規模や被害、費用によって決定づけられる、政策手段としての効用によって揺れ動く。
②　憲法九条による非武装は世界平和をうたうものであり、日本が好戦的な国家であったために制約として設けられた。
③　日本における平和主義は、対外政策の理念ではなく、非武装に対しての国内の言論を統制するものである。
④　日本での平和論や「現実主義」は、教条的な観念であるため、民主主義化というリアリズムには結びつかない。
⑤　武力による平和維持は現実的だが、その手段に過度に依存すると戦争が拡大するというパラドックスがある。

よる環境や文明の破壊が進む危険性があるから。

② 政策手段としての軍事力は国際関係の安定において無益とは言えないために、協議によって解決できる場合でも戦争行為を働いてしまう可能性があるから。

③ 国際問題を解決するためには軍事力による威嚇を行うことが最も効率がよいことが証明されており、対話の重要性が希薄になっている現状があるから。

④ 軍事力の行使はあくまで最終手段という共通認識が広く教訓となっている一方で、いち早く戦争を始めた国が利益を独占する可能性が高いという現実があるから。

⑤ 現代世界では軍事力の果たす役割を認めるかどうかが議論の中心になっており、平和の実現が議論されていないため、国家間での摩擦が起きやすい状況にあるから。

問9 傍線部(4)「日本国内で行われる国際政治の議論」とはどういうものか。その説明として最も適当なものを、次の中から選びなさい。

解答番号は、**14**。 (配点5点)

① 日米安保条約によってアメリカへの反論が許されない状況を打破するために、武力行使を行うべきかという議論。

② 憲法九条では非武装がうたわれているが、日米安保条約による実質的な武装状態が違憲ではないかという議論。

③ 日本国憲法の背景を鑑みて憲法の解釈を変更し、周辺国の攻撃に対抗しうる防衛対策を講じるべきかという議論。

④ 武力によって保障された平和の維持を認めるべきか、あくまで非武装による平和を希求するべきかという議論。

⑤　最も国益にかなう条件下での戦争を容認するために、戦争で許される行動に秩序をもたらして、被害を減らそうとする考え方であるから。

問7　傍線部(2)「第一次湾岸戦争」とあるが、この時、どのような構図で議論が行われていたか。その説明として最も適当なものを、次の中から選びなさい。

解答番号は、12。　(配点5点)

①　平和への希望を捨てがたい理想主義者と、中東情勢の民主化を求める現実主義者の協調という構図。
②　恒久的な平和を追求する理想主義者と、秩序維持のための戦争を求める現実主義者の対立という構図。
③　政府への厳しい批判を行う理想主義者と、国際的問題の解決を目指す現実主義者の協調という構図。
④　民主主義や人権保障を掲げる理想主義者と、戦争を警戒する国際政治の現実主義者の対立という構図。
⑤　平和のために戦争を求める理想主義者と、国益の拡大を図ろうとする現実主義者の対立という構図。

問8　傍線部(3)「原理原則による戦争の否定ではなく、リアリズムに基づく平和の条件の考察が必要だと考える理由がここにある」とあるが、その「理由」とはなにか。その説明として最も適当なものを、次の中から選びなさい。

解答番号は、13。　(配点6点)

①　国際関係における軍事力の果たす役割は強大なものであり、多くの国家が武力行使に頼ってしまうことで戦争被害に

① アメリカの発展を支える意見
② 日本の現実から目を背ける行為
③ 世界情勢を鑑みた現実的な思想
④ 日米関係の安定を損なう行動
⑤ 恒久的平和を訴え続ける姿勢

問6 傍線部⑴「リアリズムとは、決して無限に戦争を肯定する考え方ではない」とあるが、なぜそう言えるのか。その説明として最も適当なものを、次の中から選びなさい。（配点6点）
解答番号は、**11**。

① 国際政治における戦争という現実を認識し、それに頼らない秩序の形成と維持を構築して、各国間の国益の増進を図る考え方であるから。
② 国際政治における無益な戦争の撲滅を目指し、戦争行為に対する厳しい制約を設けて、戦争被害の減少を図ろうとする考え方であるから。
③ 宗教という人間にとり超越的な理想を否定し、戦争行為による破壊を行って、世界に論理的な秩序をもたらそうとする考え方であるから。
④ 戦争による国家間の利益の拡大よりも、現実的な協議による平和的協調を土台とし、世界の恒久的平和の実現を目指す考え方であるから。

① 非常識に
② 不誠実に
③ 不用意に
④ 無邪気に
⑤ 無自覚に

問4　空欄 B に入る言葉として最も適当なものを、次の中から選びなさい。
解答番号は、 9 。　（配点3点）

① 繰り返していえば
② 前言をひるがえすが
③ 端的にいうならば
④ 奇麗ごとになるが
⑤ 反論するならば

問5　空欄 C に入る言葉として最も適当なものを、次の中から選びなさい。
解答番号は、 10 。　（配点3点）

問2　傍線部X「教条主義」・Y「レッテルを貼られる」の本文中における意味として最も適当なものを、次の中からそれぞれ選びなさい。

解答番号は、X 6 、Y 7 。（配点6点）

X　教条主義　6

① 宗教上の教義に基づくかたよった考え
② 原則にのっとって人々を洗脳しようとする姿勢
③ 理想をとなえる教義に反発しようとする姿勢
④ 歴史的情勢に従って教義を変えようとする態度
⑤ 原則にとらわれた融通のきかない態度

Y　レッテルを貼られる　7

① ぬれぎぬを着せられる
② 断定的評価をつけられる
③ 罵詈雑言（ばりぞうごん）を浴びせられる
④ 不名誉な称号をこうむる
⑤ 的外れな中傷を受ける

問3　空欄 A に入る言葉として最も適当なものを、次の中から選びなさい。

解答番号は、 8 。（配点3点）

(c) ジメイ 3

① ジダンで和解が成立する。
② 高名な演奏家にシジする。
③ 長年会社をギュウジっている。
④ 温泉宿へトウジに出かける。
⑤ 泰然ジジャクとした態度で臨む。

(d) タオす 4

① あの人にはトウテイ及ばない。
② 裏切り者とバトウされる。
③ お互いのケントウをたたえる。
④ 山岳地帯をトウハする。
⑤ 親子のカットウに苦しむ。

(e) サイダン 5

① レイサイ企業を経営する。
② テイサイをとりつくろう。
③ 展覧会をカイサイする。
④ 大きな岩をフンサイする。
⑤ 戦いのサイハイをとる。

（注5）ワシントン――アメリカ合衆国の首都。ホワイトハウスなど多くの連邦機関が置かれている。

問1　傍線部(a)～(e)と同じ漢字を含む語を、次の中からそれぞれ選びなさい。（配点10点）
解答番号は、(a) 1 、(b) 2 、(c) 3 、(d) 4 、(e) 5 。

(a)　コウソク　1
①　急コウバイの坂をのぼる。
②　大臣をコウテツする。
③　組織がコウチョクする。
④　勝ち負けにコウデイする。
⑤　権力コウソウに明け暮れる。

(b)　モサク　2
①　冬の山里はサクバクとしている。
②　強者が弱者からサクシュする。
③　試行サクゴの末に完成する。
④　予算サクゲンを命じられる。
⑤　サクリャクをめぐらせる。

外に日本政府のとるべき選択はない。要するに、それだけの議論である。そして、その議論に従わない者は、反米的とか非現実的とかいったレッテルを貼られることになった。（Y）

同じころ、アメリカ国内において、ブッシュ政権の対外政策に対する詳細な批判が、外交政策評議会などを舞台にして行われていた。たとえば、イラクへの攻撃を優先した結果として、北朝鮮による核の脅威がかえって高まってしまったというグレアム・アリソン(注3)の批判、あるいは単独行動主義をとることで米欧関係に修復しがたい亀裂をつくってしまったというチャールズ・カプチャン(注4)の議論などに見られる主張は、もちろん非武装を掲げるような理想主義とは無縁であるが、ワシントン(注5)の政策をそのまま常に肯定するような「現実主義」とも違うものだった。超越的な原理を掲げて現実をサイダンする(e)平和論からも、また状況の如何(いかん)を問わず日米協力という結論だけが事前に決まっている「現実主義」からも、このような分析が出てくることはないだろう。

現実無視と現実追随の両方に分裂してしまえば、政策の吟味などが生まれるはずもない。国際政治の抱えるもっとも基本的なパラドックスは、武力以外の手段によって平和を実現することがごく困難であり、しかも武力を過信すれば平和どころか戦争ばかりが広がってしまう、ということである。平和を祈るだけでも戦争に頼るだけでも、この問題に答えることはできない。

（藤原帰一「なぜ、平和のリアリズムか」より。出題の都合上、一部中略した箇所がある）

（注1）パウエル統合参謀本部議長――アメリカの軍人。湾岸戦争の指揮を執った。
（注2）ブッシュ――アメリカ第四三代大統領ジョージ・W・ブッシュ。二〇〇三年のイラク攻撃を行った。第一次湾岸戦争勃発時は父のジョージ・ブッシュが大統領だった。
（注3）グレアム・アリソン――アメリカの政治学者。
（注4）チャールズ・カプチャン――アメリカの国際政治学者。

非武装という理念に終始するものであったから、国際紛争をどのように解決するのか、どのような主体がどのような手段を用いることが適切なのか、などといった具体的な政策指針がそこから生まれてくるはずもなかった。

　こうして、理想主義者の唱える平和と、「現実主義者」の唱える日米同盟という、すぐれて戦後日本に固有の議論の配置が生まれる。ここでいう「現実主義者」とは、日米同盟に頼れば日本の安全が確保されるという判断をとる人々という意味であって、先に述べたリアリストとはまるで異なる観念である。

　米軍の威力があまりに突出していたために、秩序維持における米軍の役割を疑う必要はなくなってしまった。問題は日米関係の安定を保ち、それを不安定に追いやるような国内の急進的世論をどう抑え込むかであって、アメリカ政府のとる行動に一喜一憂する必要などはない。先の戦争ではアメリカと戦うという愚かな決定をしたが、戦後の日本はアメリカとともに行動するのだから無謀な戦争に走る心配はない。仮に無謀な戦争であったとしても、負けることはない。勝ち馬についている限り日本は安全だ、ということになる。「現実主義者」が目を向けるのはアメリカという「現実」だけであって、そのアメリカ政府のとる政策を吟味することは［C］に過ぎなかった。

　誤解を恐れずにいえば、戦後日本の平和論も、「現実主義者」の日米同盟擁護も、自らにとってはわかりきった原則を掲げる教条的な観念であり、軍事力の有効性をその場その場で検証するようなリアリズムとはおよそ無縁のものであった。そして、平和論が信用を落としたときに生まれたのは、紛争をそのものとして検討する態度ではなく、対米関係の優位のみに頼る「現実主義」と、軍事力の有効性を過信する（X）新たな教条主義にほかならなかった。

　たとえば、二〇〇三年三月の米英軍によるイラク攻撃をめぐって日本で行われた議論を振り返るとき、イラクのフセイン政権を(d)タオすことが現在の国際政治にとってどれほど必要なのか、どれほど意味があるのか、などという検討が驚くほど少ないことに気づく。アメリカ政府がイラクへの攻撃を準備しており、そして日本の安全を米軍に頼っている以上、アメリカに協力する以

B、私は国際関係において軍事力の果たす役割はなお大きいと考える。軍事力によって相手を威嚇することで侵略行為を予防する必要もあるだろう。国際関係の安定を実現するに当たって軍事力は有害無益だと言い切る自信は、私にはない。

だが同時に私は、政策の手段としての軍事力はあくまで最後の手段であり、戦争によって状況を打開するという選択に対しては常に慎重な判断が必要であるとも考える。そして現代世界の抱える課題とは、およそ軍事力の果たす役割を認めるかどうかではなく、軍事力の効用を過大視し、軍事力に頼ることなく状況を打開できる場合であっても戦争に訴えてしまう危険だろう。(3)原理原則による戦争の否定ではなく、リアリズムに基づく平和の条件の考察が必要だと考える理由がここにある。

このような国際関係におけるリアリズムは、(4)日本国内で行われる国際政治の議論とはずいぶんかけ離れたものだ。日本国憲法では戦力放棄を規定しながら、現実には日米安保条約による安全に頼ってきたために、国際政治に関する議論は、武力に頼らない平和を(b)モサクするのか、それとも武力による平和を選ぶのかという、およそ抽象的で一般的な次元に終始することになったからである。

戦後の日本政府は、ほぼ一貫して、日米同盟を基軸とする安全保障政策を追求してきた。そのなかでもし「憲法九条」に意味があったとすれば、それは「防衛力」を行使する範囲に「歯止め」をかけるというものであり、非武装による平和が現実の政治課題として議論されてきたとはとてもいえない。そもそも憲法九条は、非武装による平和を世界に掲げるなどといったユートピアを目指すものではなく、軍国主義国として海外に侵略を行った日本を武装解除し、非軍事化するという目的から生まれたものだった。それは好戦国家日本だからこそ必要な制約だったのであり、世界の先例となるような使命を負っていたわけではない。

そして、「平和」という課題が現実から離れた原則論として議論され、現実の平和が日米同盟によって供給される限り、この論争の勝ち負けはほとんど(c)ジメイだった。「平和主義」は対外政策の指針ではなく、むしろ対外関係へのコミットメントを一般に制限するような、事実上の孤立主義として機能することとなる。ここで唱えられる「平和」とは現実の国際紛争の解決ではなく、

優先するなどという原則を見るとき、リアリズムの下の平和とは決してただの戦争状態ではないことがわかるだろう。もちろんそこでは国際政治の主体は国家に限られ、各国政府のとる決定を(a)コウソクするような権威も権力もない。だが、戦争の正義などにおぼれるような希望的観測もそこにはない。永遠平和にも戦争の正義にも期待せず、あくまで慎重な外交政策をつくる基礎として、リアリズムを考えることができるだろう。

どこまで戦争に慎重となるのか、その条件は戦争のもたらす被害によって揺れ動いた。三十年戦争、ナポレオン戦争、第一次・第二次大戦のように大規模な破壊を招いた戦争の後では、戦争への規制を伴う秩序の形成が行われた。だが、オーストリア継承戦争、クリミア戦争、あるいは普仏戦争のように、相対的に少ない被害とともに戦争が終われば、それだけ戦争に訴える誘惑も増すことになる。軍事的にいえば、短期間で戦勝を得る電撃戦の可能性が増大すれば戦争の効用は高まり、戦争が長期化する可能性の高い防衛優位の状況の下では、政策手段としての戦争の効用も低下した。

このように戦争の認識を歴史的に整理すれば、現代戦争をめぐる危機がはっきりするだろう。戦争に負ける可能性も、また大きな被害を受ける可能性も遠のいてしまえば、戦争について慎重なリアリストの声よりも、戦争の効用や正義を叫ぶ声の方が説得力を持ってしまう。

(2)第一次湾岸戦争においてイラク攻撃に最後まで慎重だったのは、パウエル(注1)統合参謀本部議長（当時）であり、また現在のブッシュ(注2)政権によるイラク攻撃に厳しい批判を加えたのは、その父親の政権で安全保障担当補佐官を務めたスコウクロフトだった。理想的な平和主義者とはほど遠いパウエルやスコウクロフトが戦争に反対し、政府当局はイラク民主化とか中東民主化などといった、およそリアリズムとはほど遠い理想を掲げて戦争準備を続ける。ここに見られる構図は、かつて冷戦期に繰り返されたような、理想主義者の唱える永遠平和と、現実主義者の求める戦争というものとはおよそ逆に、国際政治のリアリストが戦争を警戒し、民主主義や人権保障を高く掲げる人々が戦争を求めるという構図である。理想のための戦争だ。

▲二月八日実施分▼

（六〇分）

一 次の文章を読んで、後の問いに答えなさい。

私は、国際政治におけるリアリズムは、いまなお、有効性の否定できない概念であると考える。国家より上位に立つ実効的支配が存在しないという国際政治の基本的な特徴は現在でも変わってはいないし、まして国家の防衛を委ねることのできるような国際組織など存在しない。そして、国境を越えた交易や人の行き来がどれほど拡大しようとも、武力に頼らない国防を実現できる保証はない。国際政治の安定を考えるうえで、各国の間の抑止、威嚇、「力の均衡」を無視することができない限り、政策の手段としての武力の必要性を排除して考えることはできない。

このようにいえば、[A]戦争を肯定する立場のように聞こえるかも知れない。だが、(1)リアリズムとは、決して無限に戦争を肯定する考え方ではない。それどころか、戦争が国際政治における現実にほかならないからこそ、その現実を冷静に見つめながら、なお戦争に訴えることなく秩序を保ち、国益を増進する方法を考えるのがリアリズムの真髄だったといってよい。

三十年戦争後における政策手段としての戦争の肯定は、宗教戦争を否定し、国際政治の世界から超越的な規範を排除するという意味があった。ナポレオン戦争後のウィーン体制は、欧州協調という原則の下で、外交を司（つかさど）るものの協議によって平和を維持する試みであった。宗教戦争を否定し、戦争で許される行動に制約を加え、さらに外交による利益の拡大を戦争による利得に

問8 本文の内容に合致するものを、次の中から選びなさい。

解答番号は、28。　（配点6点）

① 人が旅において出会う、都市や建物や樹木や原野といったものは、その人間の感性によって一つの風景として結合される。

② 資本主義的営利関心と自然の美しさを守ろうとする心がせめぎあいながら結合していくなかで、統一体としての風景が現象する。

③ クラーゲスは、風景をたんなる自然の断片の集合体ではない、人間や動物と同等の生情をもった生きた全体として位置づけている。

④ 富士山は、欧州のアルプスのような並外れた高さはないものの、風土的状況による神聖性ゆえに、日本人の心の風景となり得た。

⑤ 風景に出会うということは、実は、その土地の文化や歴史、さらにそこで生きてきた人間の心性に出会うということなのである。

③ 私たちは深層心理において、日本の美の象徴としての富士の風景を心のよりどころとし、それに癒やされているということ。

④ 私たちは、日本人としての自己のもつさまざまな思いを投影させていくなかで、富士の美を過剰に評価してしまうということ。

⑤ 私たちは、富士という風景を醸成してきた過去の芸術作品を思い起こし、目の前の風景にそれを重ね合わせているということ。

問7 傍線部(5)「同じような感情」とあるが、ここでの「感情」とはどういうものか。その説明として最も適当なものを、次の中から選びなさい。

解答番号は、**27**。　（配点4点）

① 富士に対して、日本の四季が移り変わりゆく細やかな風情を見出す感情。

② 富士に対して、近辺の自然に抱く物足りなさの埋め合わせをしようとする感情。

③ 富士に対して、日本的な救済や日常からの解放感を読みとろうとする感情。

④ 富士に対して、多少なりとも崇高や超脱、さらには清潔を求めようとする感情。

⑤ 富士に対して、親しみ深いがもう少し高い山であってほしいと願う感情。

問5　傍線部(3)「いま一つ本質的に重要なこと」とあるが、それはどういうことか。その説明として最も適当なものを、次の中から選びなさい。

解答番号は、 25 。　（配点5点）

① 風景とは、一つの生きた全体として、ある種の味わいや風情をもつものであるということ。
② 風景は、クラーゲスの「表現学」の中心概念である生情を具現化したものであるということ。
③ 風景が生きた現象となるためには、それを発見する人間の存在が不可欠であるということ。
④ 風景は人間や動物と同じように、感情や欲望をもつ一つの生きた現象であるということ。
⑤ 風景は、感情をもつがごとく流動的で、現れたり消えたりするものであるということ。

問6　傍線部(4)「富士と対話している」とあるが、それはどういうことか。その説明として最も適当なものを、次の中から選びなさい。

解答番号は、 26 。　（配点5点）

① 私たちは無意識のうちに、富士を見ることでさまざまなものを受け取り、その風景と自身の深層心理を重ねているということ。
② 私たちは、実は単なる自然的物質に過ぎない富士という対象を、日本の美の理念を体現したものとして見てしまうということ。

問3　傍線部(1)「風景のリズム」とあるが、それはどういうものか。その説明として最も適当なものを、次の中から選びなさい。
解答番号は、[23]。　(配点5点)

① 内的構造性を有する風景の基盤となっている、そこで生活している人びとの感性や価値観。
② 生きた全体としての風景がもっている、そこを訪れ、それに触れた人に与える風情や感動。
③ 人間の生を綜合したものとしての風景が醸し出す、歴史的・文化的構造の奥深い味わい。
④ 調和した統一性をもつ風景を支えている、そこにある自然物や建造物がもつ内的関連性。
⑤ 風土的生の結合としての風景が有する、そこに生育する自然物同士がもつ関連性や調和性。

問4　傍線部(2)「風景の本質」とあるが、それはどういうものか。その説明として最も適当なものを、次の中から選びなさい。
解答番号は、[24]。　(配点5点)

① 資本主義的営利関心を極力排除し、そこを訪れた人びとの心に美的感動を与えてくれるもの。
② 一つの統一体として調和がとれ、それに出会った人の心に何ものかを訴えかけてくるもの。
③ 日本の風物と人為的建造物によって構成され、「風情」と「情景」によって表されるもの。
④ 歴史的・文化的人間の生と風土的生の調和によって、そこに日本的情緒や風情を生むもの。
⑤ 自然物を建造物との調和がとれるように配置することで、そこに全体性が現象してきたもの。

(b) ココウ　18

① エイコセイスイ
② コグンフントウ
③ オンコチシン
④ コダイモウソウ
⑤ ガンコイッテツ

(c) ソウボウ　19

① 古代のチソウを調査する。
② 行事の成果をソウカツする。
③ 未来は若者のソウケンにかかる。
④ 事件のシンソウを究明する。
⑤ 昔の出来事をソウキする。

問2 空欄 A ～ C に入る最も適当な語を、次の中からそれぞれ選びなさい。
解答番号は、A 20 、B 21 、C 22 。　（配点9点）

A 20　① 手法　② 眼目　③ 足跡　④ 頭目　⑤ 首肯
B 21　① 共存共栄　② 頂天立地　③ 付和雷同　④ 適者生存　⑤ 千変万化
C 22　① 相対的　② 普遍的　③ 象徴的　④ 絶対的　⑤ 観念的

ことにもなるだろう。風景はこのように意味をもった一つの現象なのである。

これは、私たちがヨーロッパを旅する時にも与えられる体験の構造である。その旅は、風景印象の旅なのであり、風景において文化と風土と人間の(c)ソウボウに出会う旅なのである。

（内田芳明『風景の現象学』より）

（注1）クラーゲス――一八七二～一九五六年。ドイツの哲学者・心理学者。

（注2）メルロ＝ポンティ――一九〇八～一九六一年。フランスの哲学者。

問1　傍線部(a)～(c)と同じ漢字を含む語を、次の中からそれぞれ選びなさい。

解答番号は、(a) 17 、(b) 18 、(c) 19 。（配点6点）

(a)　シュウチ　17

① シュウトウな計画を立てる。
② 古い作法をトウシュウする。
③ 仕事でホウシュウを得る。
④ 二人でシュウゲンを挙げる。
⑤ あしきインシュウを打破する。

ずれの場合を仮定しても、富士のイメージ、富士の現在の風景はまったく形成されなかったであろう。雪の乏しい東海地方に、本州のほぼ中央に、しかも孤立して、それでいて雪をいただくいちばん高い山として、立ち昇る朝日に面して、富士が美しい姿で立っている、ということ、つまり日本の地理的・風土的環境世界のなかでの富士の地理的・風土的状況こそが、この場合、「富士の風景」を日本人の心の表現たらしめている決定的に重要な契機なのである。

やわらかい線をもった低い山々の入り込んだ自然のなかに生きてきた日本人は、四季の移り変わりの細やかな風情のなかに［B］する風景を見てきた。しかし、そこに満ち足りない日本人のいま一つの心が、いくらかは崇高・超脱・(b)ココウを求めている心をもち、清潔を求める心情があって、そういう心情が富士の風景のなかに日本的な救済や解放の感じを読みとっていないとはかぎらない。現代の画家が燃える富士として真赤に塗りつぶすとしても、(5)同じような感情の裏がえしの表現がそこにある。

私は、あと二〇〇〇メートルも富士が高ければ、どんなにいいかしら、としばしば思うことがある。しかし富士が六〇〇〇メートル台の高い山だったら、富士は日本人の心の風景とはならなかったであろう。日本の富士は清潔で高くなくてはならないが、それでいて富士の頂上も富士の裏側もいつも見えてくるような、手のとどきうるような親しみ深い富士でなければならないのである。それはヨーロッパのアルプスの［C］な崇高性・神聖性・超日常性とは、まったく生情を異にした、日本人の風景の富士なのである。

それでいて富士の生情は、ある奥深さをもち、いつも新しく私たちの前に現象する。だから、富士のこの生情と深く交わることのできる画家は、富士に対面して富士を描きながら、富士になれっこになることはないのであり、したがっていつまでも富士を描き切った、という実感にはなかなか到達できないのである。富士はつねに驚くべき新しい変容をもって画家を圧倒しつづけるからなのである。つまり富士の風景は画家にとってつねに新しい出来事となるのだ。

そして外国人が富士を見て、そこに一つの風景を感じとるとするならば、彼は、一つの特殊な風土的・歴史的人間とも出会う

風土は風景成立の土壌であり構成要素である。そしてその生きた現象の語りかけてくるものを受けとる人間があってこそ、風景は成立する。他方において人間は、深層心理において、無意識のなかで、その風景のなかに願望や希望や理想や喜びや悲しみの面影を発見し、それに共感している。すなわち、風景が人間に語りかけてくる面と、人間が風景に語りかける面と、この二つの生の流れの交流のなかで、一つの風景が成立するのである。

たとえば、私たちが富士山を見るとしよう。その時その富士山は、もはやたんなる自然的物質、たんなる自然の山ではないし、自然の一断片ではない。そうではなくして、私たちはつねに風景のなかにある富士を見ているのだ。富士において一つの風景を見る、といってもよい。たんなる自然の山としての富士は死んだ山でしかない。風景としての富士だけが現実に生きた富士なのである。私たちは富士の風景において富士の生情に出会うのだ。このように富士が生情をもっているからこそ、私たちは富士と出会い、富士を発見して驚き、富士と生命的交流を体験するのであり、つまりは(4)富士と対話しているわけなのである。

この交流において富士の風景は日本人の心の表現ともなってきた。多くの画家たちが富士に魅せられ、富士を画いてきたのも自然なことである。そして一人の画家が、たとえば広重や大観が、富士を描くとき、そこには、日本人のこの風土のなかに生きてきた人間としての、さまざまな思いや感情や願望や理想や愛好が、深層心理として働き、その対象のなかにこめられる。それは雲の上に高くそびえ立つ富士の高さへの願望であったり、あの何の障害もなく美しく流れる長いやわらかい傾斜の線への愛好や、あたかも万年雪をもつかのごとく雪をもつ上層部への感動や、山頂部分のあの(a)シュウチのバランスをもった形の構想など、これら日本人の深層心理にある理念心象が、いろいろと変容しつつも基本的に現れる。

その富士は、雪に乏しい東海地方の日本のほぼ中央の、しかも太平洋岸に面して、いちばん高い山として存在している。このことが、日本人の富士風景観にとってきわめて本質的なことなのである。富士山が青森県もしくは東北地方にあったり、ましてや北海道にあったり、あるいは山陰や九州、四国などにあったり、また日本アルプスのなかにまじってあったり、そのようない

利関心のつくり出す建造物が、むき出しに風景を破壊する、ということは人のよく知っていることなのである。傷つけられた風景を見て人が痛みや悲しみを感得するのは、人が風景を生きものと感じているからである。

いま風景の心、などという言い方をしたのであるが、これがここでの［A］なのだ。風景とは、たんなる死んだ物象としての自然の断片の機械的集合体とは何か違ったものである。日本語は風景のこの本質をよくとらえている。風景の間に「情」を入れてみよう。すると「風情」と「情景」の二語が、風景から派生してくる。実に「風景」とは、「風情」をもった「情景」にほかならない。つまり「風景」という二語の間に「情」がかくされているわけである。これ以上にみごとに(2)風景の本質を語るのはむずかしいほどだ。風景は情をもっているのだ。

これで十分に風景の本質はとらえられているのであるが、私はさらにこの「情」を、[注1]クラーゲスの「表現学」（現象学）の中心概念である「生情」(das Wesen)といいかえてみよう。クラーゲスにおいてはもともと人間と動物の表現学の中心概念であったものを、私は風景に適用してみることにする。すると、風景とは一つの生情をもつ、ということになる。風景とは生情をもっているところの一つの生きた現象なのである。

しかし、さらにいま(3)一つ本質的に重要なことが、そこから生じてくる。風景が生情をもって現象するということは、風景が「世界内存在」[注2]（メルロ＝ポンティ）の出来事になる、ということである。風景は、それを発見する人間と出会う時、すなわち「世界内存在」において、生きた現象となるのだ。たとえば人が海岸で水平線を見て、そこに風景を感ずるとしよう。するとこの風景は、空と海を分ける線や、雲や青い空、海の色や、そして見る人の心の状態や、さまざまのものの綜合として一つの出来事、一つの存在であることは明白である。もしも人が、その水平線の実在を確認しようとして、その水平線に向かって進むなら、水平線は姿を消してしまうだろう。

一方では風景は、自然的・風土的世界の、それ自身長い歴史をもつ、個々の出来事の一つの生きた綜合として現れる。自然・

③ 通常「手」を通してとらえている対象の内部を、視覚によって感じ取る可能性をヘルダーは否定していない。

④ ふれることができるものの「内部にはいりこむ」ときには、視覚や聴覚がそれを阻害してしまうことすらある。

⑤ ヘルダーの「さわる」と「ふれる」の差異に関する議論および触覚の定義が、筆者に大きな気づきを与えた。

二 **次の文章を読んで、後の問いに答えなさい。**

人が旅において都市や建物や樹木や原野に出会うとすれば、それらの事物は、すでに一つの諸関連と構造をもった生きた全体、一つの生きた個性体であるはずである。その生きた一つの全体とは、風景にほかならない。人が旅において出会うのは一つの風景なのであり、ある風景のなかの事物に出会うのである。そしてこの風景こそは、歴史的・文化的人間の生と自然的・風土的生との一つの綜合(そうごう)、一つの結合として現象するものなのである。

ただたんに、部分としての家や建物だけとか、雲、山、川だけでは風景とはならない。ちょうど人間にとって眼、鼻、耳、額、髪などのどの部分も、それだけでは顔、つまり生きた全体をつくらないが、一つの全体としての顔を形成した時に、初めて生きた個性ある風貌が現象するように、自然物や人為的建造物などが、一つの内的・生命的構造関連をもつ生きた全体となるところに、風景が現象する。風景のこの内的生命関連は「風景のリズム」と言うことができる。もしも一つの美しい自然的風景があって、そこに人為的建造物が入り込むとして、それが風景のリズムを破壊せずに、調和した一つの統一をつくり出しているとしたら、人為的建造物をつくる人の心に、したがってつくられた作品としての建物のなかに、(1)風景の心、風景のリズムが生きて作用しているということ、このことを認めざるをえないであろう。その反対の場合も明白である。風景の心を無視した資本主義的営

解答番号は、15。　（配点6点）

① 筆者はヘルダーが、「距離ゼロ」という伝統的な触覚観では、対象である物質の表面で意識が止まっており、本質に到達できないことを批判している、ととらえている。
② 筆者はヘルダーが、「生命」や「魂」を宿している生き物にふれることで、その対象の感情や意思のようなものにふれられることを気づかせてくれた、ととらえている。
③ 筆者はヘルダーが、通常さわれないものである彫刻を議論の根拠に据えながら、さわることが可能なものについての触覚の定義を打ち立てた、ととらえている。
④ 筆者はヘルダーが、触覚は視覚や聴覚のように空間的・時間的な感覚ではなく、一つの対象に一心に意識を向ける感覚であることを示している、ととらえている。
⑤ 筆者はヘルダーが、触覚を表面ではなくその対象に没入するベクトルのようなものと想定し、作品の構造にまでアプローチできると主張している、ととらえている。

問9 本文の内容に合致するものを、次の中から選びなさい。

解答番号は、16。　（配点6点）

① ヘルダーの触覚観は、その対象について外側からアプローチするという点で視覚や聴覚とは対照的である。
② 思考実験に頼らざるを得ない点でヘルダーの触覚論が厳密性を欠いていることは、ヘルダー自身も認識している。

② 触覚の対象となる諸物質の性質上明らかに不可能な、「内部的にはいりこむもの」などという定義がなされている点。
③ 視覚や聴覚の定義の正しさを実証する例は複数挙げることができるのに、触覚では思考実験に頼らざるを得ない点。
④ 三つの感覚の中で触覚だけを従来の伝統的なとらえ方と対立するよう定義した、ヘルダーの意図が不可解である点。
⑤ 現実の触覚のあり方からすると、空間や時間の相互関係をとらえる視覚や聴覚に比べて定義の理解がやや難しい点。

問7 傍線部(2)「まっこうから対立する見方」とあるが、なぜ「まっこうから対立する」と筆者はいうのか。その理由として最も適当なものを、次の中から選びなさい。
解答番号は、 14 。（配点5点）

① 伝統的な触覚観では、触覚は視覚と同様に表面をとらえる感覚であるから。
② 触覚を担う手という部位は、本来思考実験の道具にしかすぎないから。
③ 内部を感じるために破壊をともなうことは、芸術作品と共存しえないから。
④ そもそも「内部」に入り込まなければならない理由が曖昧だから。
⑤ 思考実験においては、これまで目に見えるものだけを対象としてきたから。

問8 傍線部(3)「ヘルダーの『内部をとらえる感覚』としての触覚のあり方」とあるが、このことについての筆者のとらえ方として最も適当なものを、次の中から選びなさい。

問4　空欄 a ・ b に入る最も適当な語を、次の中からそれぞれ選びなさい。
解答番号は、a 10 、b 11 。（配点6点）

a 10 ①　調和的　②　互換的　③　断片的　④　生態的　⑤　構造的

b 11 ①　画期的　②　示唆的　③　直感的　④　演繹（えんえき）的　⑤　合理的

問5　本文中の空欄 ア ～ オ のうち、次の一文を入れる箇所として最も適当なものを、次の中から選びなさい。
解答番号は、12 。（配点5点）

あくまで根本に触覚があることは変わりません。

①　ア　②　イ　③　ウ　④　エ　⑤　オ

問6　傍線部(1)「問題は触覚です」とあるが、ヘルダーによる触覚の定義はどのような点が「問題」なのか。その説明として最も適当なものを、次の中から選びなさい。
解答番号は、13 。（配点5点）

①　視覚や聴覚の定義が具体的な芸術に裏付けられるのに、触覚の定義にはそれに当たるものがなく、理解が難しい点。

X 無味乾燥な 6

① おもしろみのない
② 配慮のない
③ こだわりのない
④ 忌憚（きたん）のない
⑤ 当たり障りのない

Y さながら 7

① それ以上に
② その代わりに
③ それほどでなく
④ そのままに
⑤ それだけで

問3 空欄 A ・ B に入る最も適当な語を、次の中からそれぞれ選びなさい。
解答番号は、A 8 、B 9 。　（配点6点）

A 8 ① ただし　② よって　③ もしくは　④ しかるに　⑤ ついで

B 9 ① かつ　② あるいは　③ よしんば　④ おそらく　⑤ すなわち

(d) ジフ　4

① 新しい土地にフニンする。
② フジョを受けて生活する。
③ 高速道路をフセツする。
④ フショウ者を手当てする。
⑤ 問題の解決にフシンする。

(e) ショウドウ　5

① 企業がフショウジを匿(かく)す。
② カンショウ地帯を設ける。
③ ショウジを張りかえる。
④ 大きなダイショウを払う。
⑤ ショウソウ感に駆られる。

問2　傍線部X「無味乾燥な」・Y「さながら」の本文中における意味として最も適当なものを、次の中からそれぞれ選びなさい。

解答番号は、X 6 、Y 7 。　（配点6点）

(a) ナらす　1
① メイサイ柄の服を着る。
② 深いカンメイを受ける。
③ 地震で山がメイドウする。
④ 故人のメイフクを祈る。
⑤ 隣国とメイヤクを結ぶ。

(b) シャヘイ　2
① 容器をミッペイする。
② 内乱をヘイテイする。
③ 企業がガッペイする。
④ 心身共にヒヘイする。
⑤ 悪事をインペイする。

(c) メイカイ　3
① 江戸幕府がガカイする。
② 両親はダンカイの世代だ。
③ 腕のけがカイユする。
④ カイモク見当がつかない。
⑤ ヤッカイな立場に立つ。

あるように思います。**オ**私たちは人の体にふれるとき、確かにその内部にあるものを、その奥にあって動いている流れを感じ取っています。

（伊藤亜紗『手の倫理』より）

（注1）ヘルダー――一七四四～一八〇三年。ドイツの思想家、文学者。
（注2）アポロ――ローマ神話の太陽神。
（注3）ディドロ――一七一三～一七八四年。フランスの哲学者。
（注4）先に確認した……通ずる点――筆者は本文に先立つ部分で、ものの硬さや温度を知りたいときのさわり方の違いを例に挙げ、「さわる対象に客観的な性質があるのではなくて、さわるという身体運動の産物として、対象についてのある情報が引き出されてくる」と説明している。
（注5）ロマン主義――人間の個性や感情、民族文化の伝統などを重視する思潮。

問1　傍線部(a)～(e)と同じ漢字を含む語を、次の中からそれぞれ選びなさい。
解答番号は、(a) **1** 、(b) **2** 、(c) **3** 、(d) **4** 、(e) **5** 。

（配点10点）

にもひそむ魂が、われわれ自身の内部に働いていることを、目を用いずに感得し、それから手でさわってみることだ。これこそ、声高に語る自然のことばであり、あらゆる国民、そればかりか、目が見えない人にも耳の聞こえない人にも聞きとれることばなのだ。

自然が作り出したものの内部にある、生命や魂のたえず動いてやまない流れ。この「自然のことば」を聞くことが触覚の役割であり、それを形にするのが彫刻という表現であるとヘルダーは言います。視覚は表面にしか止まることができないのに対し、触覚はさらにその奥に行くことができる。触覚は「距離ゼロ」どころか、「距離マイナス」なのです。生き物の体は、視覚にとっては見通せない不透明なものですが、内部の流れを感じることのできる触覚にとっては、むしろ透明なのです。［イ］

もちろん、彫刻の鑑賞は通常は視覚によって行われ、像にさわることは特別な機会でない限り禁止されています。ヘルダーもそのことを前提に議論を進めています。曰く、彫刻愛好家は低く腰をかがめて像のまわりをうろつき、「視覚を触覚と化す」つまり「あたかも暗がりのなかで手さぐりをするかのように見」ようとする、と。さわることは叶（かな）いませんが、視覚を触覚のように用いつつ、彫刻家が手を通してとらえようとしたものを、つかもうとする。［ウ］

このように、ヘルダーの触覚論は、触覚を「距離ゼロ」の表面を越えてその奥、「距離マイナス」の「対象の内部をとらえる感覚」とみなすという点で、非常に［b］なものです。「表面ではなく奥」というベクトルは、「ふれる」という触覚のあり方が、「他の対象との区別や比較」ではなく、「その一つの対象への没入」に向かうものであることを示しています。［エ］

もっとも、「生命」や「魂」といった言葉づかいは、現代の私たちからすると曖昧なものに感じられるかもしれません。ヘルダーがこのような言葉を用いる背後には、当然、一八世紀末のロマン主義（注5）の影響があるでしょう。

しかし、この点を差し引いたとしても、(3)ヘルダーの「内部をとらえる感覚」としての触覚のあり方は、十分理解可能なもので

つけたところ。ヘルダーは、さわる手に対しては対象がみずから語り出す、と言います。「行動する肢体の形はつねに語っている、『おれはここにいるぞ。おれは活動しているんだぞ』と」。

「おれは活動しているんだぞ」と語る体。ここで重要なのは、さわる手に対しては（1）対象がみずから語り出すということ、そしてこの語りにおいて、（2）動きのレベルで対象がとらえられていることです。

（1）は、先に確認した(注4)「触感はさわり方しだい」という触覚の特徴に通ずる点です。どのようにさわるかによって、対象は異なる性質を見せる。こちらのさわるというアクションに応答するかのように、対象が、それまで見えていなかった性質について語り出す。ヘルダーは、さわり方の違いについては論じていませんが、さわる手の動きと対象の語りの相関については「内面的共感」という言葉で語っています。「内面的共感、B、人間的自我のいっさいを姿のなかへすみずみまでさわりながら移していく触覚、これのみが美の教師であり、美を生み出す方法なのである」。

（2）については、先の思考実験のくだりで、必ずしも文字通りの運動ではなく、何かをしようとする(e)ショウドウや感情の気配、あるいは数学でいうベクトルのようなものが想定されていたことが興味深い点です。「勢い」のようなもの、まだ具体的な四肢の運動や表情としては現れていないけれど、そこにつながる予感の部分までをもとらえるのが手だと、ヘルダーは言うのです。

この（1）（2）の二つをまとめて、ヘルダーは「生命」あるいは「魂」という言い方をします。外から見たときに目が奪われるプロポーションや色ではなく、内部にあるもの、奥にある「たえず動いてやまない流れ」を手はとらえるのです。「彫刻は内へ内へとはいりこんで仕事をする。存在し永続せよとばかり、生命をおび、魂にあふれた仕事である」。ヘルダーはさらに続けます。

人はただ、存在し、感知しさえすればいいのである。ひたすら人間であることだ、どのような性格、どのような姿勢や情念

わって文字通り石の内部に入ることはできませんし、逆に水のように入り込むように思えるものの場合には「内部」という表現がしっくりきません。ヘルダーが触覚と結びつけて論じる彫刻に関しても、もし本当に内部を知ろうとしたならば、像を破壊することになってしまいます。

触覚の力を説明するにあたって、ヘルダーは読者にひとつの思考実験をしてみるように促します。想定されているのは、彫刻家が彫像を作ろうとしている場面。［A］、この思考実験は、手の感覚を通して想像することが条件になっています。なぜなら、それこそが彫刻家のやり方だからです。ヘルダーは言います。「われわれは、ある形、ある肢体がすぐれた意味を示すべき場合にはいつでも、それが当然他者にたいしても何ほどか現れ出ることを見いだす。それはいわば、自分自身を呈示し、それもまず第一に、特に、さわる手に呈示する」。以下がその内容です。

アポロ(注2)が怒りをおぼえて、あゆみ出したとしてみたまえ。たちまち、彼の身体のさまざまな部分がむくむくとあらわれ出て、自己の目的に向かうあゆみと高貴なジフ(d)心とを暗示する。鼻は荒々しい息づかいをして、あたりを払うばかり。胸は、美しい鎧(よろい)さながら(Y)、堂々ともりあがり、ひどく長い太腿(ふともも)が勇ましく踏み出す。ほかの肢体は、いわばつつましげに引きこもるが、これらの部分は行動の主役ではないからだ。ある姿が、口を開いて、求め、乞い、願い、嘆願するとする。するとその口は、思わず知らずおとなしく前に突き出され、口もとに、息吹(いぶ)き、祈り、欲求、願望、接吻(せっぷん)の気配がただよう。耳が聞いているときは、この、彼の暗示的動作が耳にまでおよぶ。

身体諸部分の［a］な関係、というだけなら芸術論としてそれほど珍しいものではありません。ヘルダーに大きな影響をあたえたディドロ(注3)も、絵画について同じようなことを語っています。ヘルダーの面白いのは、やはりそれを視覚ではなく触覚と結び

いる。それを把握するのが視覚です。

視覚に対応する芸術は言うまでもなく絵画です。絵画とは、平面の上に描かれた色面の空間的関係を読む芸術、と言うことができます。ヘルダーより後の時代ですが、最初期の抽象画家マレーヴィッチのノートを見ると、四角形や線といったシンプルな幾何学図形を、さまざまな順番、さまざまな傾きで配置する膨大な実験が見られます。空間的な並びしだいで、無数の意味が生まれてくることが分かります。(X 無味乾燥な言い方をしてしまえば)

次は聴覚。聴覚は時間的な関係をとらえる感覚です。これに対応する芸術はもちろん音楽です。同じ音の集合でも、それをどのような順番で(a)ナらすかによってまったく異なるメロディが生まれます。もっとも、メロディが理解できるためには、消え去った音は完全に消えてなくなるのではなく、人間の意識に残り続けている必要があります。

目の見えない人の中でも聴覚ベースで生きている人と話していると、世界のとらえ方がとても時間的だなと感じることがあります。例えばある全盲の男性は、柵の横を通ると「音的なしましま感」を感じると言います。柵の棒がないところを通るときは周囲の環境音がそのまま聞こえてきますが、逆に棒があるところでは環境音が(b)シャヘイされて聞こえにくくなる。つまり音のオン・オフがあるのだそうです。その人は「時間微分」という言い方をしていましたが、歩くなかで起こる聞こえの時間的な変化こそが、彼らにとっては情報になります。目が見えると柵は空間的な構造としてとらえていますが、目が見えない場合には柵は時間的な構造なのです。

(1)問題は触覚です。視覚と聴覚の(c)メイカイな定義に比べると、ヘルダーの触覚の定義はいささか不可解です。曰(いわ)く、「触覚とは内部的にはいりこむものである」と。これはいったいどういう意味でしょうか。

不可解さの原因は、ヘルダーが触覚を「内部」と結びつけていることです。これは「距離ゼロ」という伝統的な触覚観とは、(2)まっこうから対立する見方です。［ア］言うまでもなく、手はその対象について外側からしかアプローチできません。石をさ

国語

▲二月七日実施分▼

（六〇分）

一　次の文章を読んで、後の問いに答えなさい。

ヘルダー(注1)はまず、視覚、聴覚、触覚のそれぞれを次のように定義します。

視覚＝対象を「横に並んでいるもの」（nebeneinander）として捉える感覚
聴覚＝対象を「時間的に前後するもの」（nacheinander）として捉える感覚
触覚＝対象に「内部的にはいりこむもの」（ineinander）として捉える感覚

まず視覚について。視覚が対象を「横に並んでいるもの」としてとらえる、というのは分かりやすいでしょう。同じ一つの空間に、異なる対象が同時に存在することはできません。複数のものが異なる位置を占め、それらの間にある空間的関係が生じて

解答編

英語

◀2月6日実施分▶

1　解答

1—①　2—②　3—②　4—②　5—③　6—②
7—④

解説

1. grasp「～を把握する」は comprehend「～を理解する」に書き換え可能。

2. evidence「証拠」で proof と同義。

3. exact「正確な」= precise

4. cover up ～「～を隠蔽する」で conceal「～を隠す」と同義。

5. sufficient「十分な」= enough

6. donate「～を寄付する」は contribute にも同じ意味がある。

7. concept「概念」= idea

2　解答

8—①　9—③　10—②　11—③　12—②　13—③
14—②　15—③　16—①　17—①　18—①　19—①

解説

8. pass away「亡くなる」

9. hit「打つ」などの接触系の動詞は，on で接触部を導く。

10. be inspired by ～「～に触発される」

11. with a broom「ほうきで」とあるので，sweep「掃く」が正解。

12. 空欄の後が of であることに着目する。be capable of ～で「～する能力がある」の意。

13. on the spot「現場に」

14. S V O as C の構文。本問では，the food at Joan's restaurant がO，authentic と healthy がCに該当する。describe *A* as ～ で「*A* を～と描写する」の意。

15. initially「最初は」を入れると文意が通る。

16. By the time が導く節が過去の一点を表しているため，それよりも前に完了してしまったことは過去完了で表す。

17. If 節が過去を表現している過去完了形（had *done*）だが，主節は現在を表している時制のため，仮定法過去（would *do*）を使う。「（あのとき）救助隊がいたら，今頃彼女は生きているだろうに」という意味。

18. 文脈的に alter「～を訂正する」が正解。

19. such *A* as V「Vするような *A*（名詞）」

3 解答

(1)20—⑥　**21**—⑤　**(2)22**—④　**23**—⑧
(3)24—①　**25**—②　**(4)26**—④　**27**—①

解説

(1) (Her failure) in the audition is likely to have something to do with her character(.)

be likely to *do*「～しそうだ」 have something to do with ～「～と何らかの関係がある」

(2) We went to a golf club whose owner is a celebrity in Japan(.)

a golf club を関係代名詞節 whose owner … in Japan が修飾している。

(3) (Mary) came home to find the front door of her apartment unlocked(.)

この to find は結果を表す to 不定詞で，came home to find ～ は「帰宅したら～だとわかった」という意。また，find O C の形で「OがCだとわかる」となる。

(4) I'm curious to see what the weather will be like (this summer.)

what *A* is like「*A* がどのようなものか」を基に考えるとよい。今後の天気についての話なので，未来時制で what the weather will be like (this summer) とする。be curious to *do*「（しきりに）～したがる，～したい」

4 解答　28—④　29—③　30—②　31—②

解説

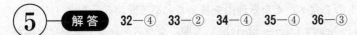

28. Bが空欄の直後に「上野公園が東京で最も人気のある場所の一つ」と言っているので，花見をする場所を聞いている④が正解。

29. Bが空欄の直前に「彼は入院しているのか？」と聞いており，かつAが空欄の直後に「病院へ行って少し元気づけよう」と言っていることから，Aはスティーブが入院していると思っていることがわかる。

30. まずAは名乗ったうえで，ジョーンズさんに会いに来たことを伝えている。Bの発言を受けて，Aが「はい，でも少し早いです」と答えるという流れ。②「面会のお約束はありますか？」が正解。

31. Bの1つめの発言で「それ（＝Aが育った家）は取り壊されたの？」と尋ね，Aが「10年ぐらい前にね。公園もなくなっちゃった」と答えている。②「じゃあ，そこの全部がなくなったんだね」が正解。

5 解答　32—④　33—②　34—④　35—④　36—③

解説

《キラウエア火山の噴火》

32. 第1段の冒頭は，キラウエア火山が噴火を開始したという内容になっている。それから1カ月経たずして起きたできごとを記す箇所において，空欄直前の stopped に続く内容としては，④ releasing「～を放出すること」が適当であるとわかる。

33. 直前の単語 residential に合うものを考える。residential communities「住宅地域」が適当。

34. 主語 It と述語 erupted の間に入るものを考える。副詞 last は「この前，前回」の意。

35. 空欄直前の spewing lava は，two volcanoes「2つの火山」の状態を表している。2つの火山とは Kilauea とその隣にある Mauna Loa のこと。それらの火山が「並んで」溶岩を噴出しているという意味になる④ side by side が正解。

36. Kilauea の警戒レベルを上げるのに適当なものとして考えられるのは，

マグマが動いている③ signs「兆候」である。

6 解答　37—①　38—④　39—③　40—②　41—②

解説

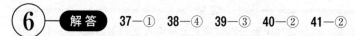

《プラスチック廃棄物がスリランカの象に与える影響》

37. 第2段最終2文（“Polythene, food wrappers, … he said.）参照。通常の食べ物は見つかっていない。

38. 象の減少に関係しないものを選ぶ。第3段参照。④象が崇拝されていることは個体の減少とは関係がない。個体減少の原因として，同段第3文（They are increasingly …）に選択肢①の内容が，同段第4文（Many venture closer …）に②と③の内容が記されている。

39. おなかをすかせた象がごみ埋立地でやることは，ごみ（のなかの食べ物）を「探し出す」ことであると考えられる。seek *A* out / seek out *A*「(苦労して) *A* を探し出す」

40. 象がものを食べなくなる理由を答える。第3段第5・6文（Hungry elephants … heavy frames upright.）参照。プラスチックや鋭利な物体が象の消化器官を傷つけることが書かれている。

41. 第4段第2・3文（It also said … fully implemented.）参照。電気フェンスの設置は完全には実行されていないことがわかるので，誤文は②である。

◀２月７日実施分▶

1 解答

1 —③　2 —④　3 —①　4 —③　5 —②　6 —④
7 —③

解説

1． continual には「頻繁な」という意味もあり，frequent と書き換え可能。

2． gadget「(小型で巧みな作りの) 道具，装置」で utensil「家庭用品，道具」と書き換え可能。

3． compile「～を編集する」で arrange「～を整理する」と書き換え可能。

4． reaction「反応」= response

5． contain「～を含む」で hold「～を保持する」と同義。

6． firm「堅固な」で unshaken「揺るぎない」と書き換え可能。

7． chore「毎日の仕事」で task「仕事」と書き換え可能。

2 解答

8 —③　9 —②　10—②　11—①　12—②　13—②
14—③　15—③　16—②　17—②　18—①　19—②

解説

8． change into ～「～に変わる」

9． beside *oneself*「我を忘れて，取り乱して」

10． 従業員が解雇された理由として当てはまるものは，仕事を neglect したからである。neglect「(仕事・義務など) を怠る」

11． become able to *do*「～できるようになる」

12． eloquent「雄弁な」 so ～ that …「とても～なので…」

13． be worth *doing*「～する価値がある」

14． may well *do*「～するのももっともだ」

15． remember to *do*「忘れずに～する」 remember *doing* だと「～したことを覚えている」になるので注意。

16． when が導く節が副詞節になっているので，未来のことを表すのに現在形を選ぶ。

17. as if S V「まるで〜かのように」

18. What is the use of *doing* で「〜することは何の役に立つのか，〜しても何の役にも立たない」という意味。①が正解。

19. 関係代名詞のあとにI expectedが挿入された形。wouldにつながる主格を選ぶ。人を先行詞とし，非制限用法がある② whoが正解。

3 解答

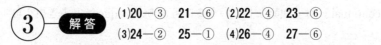

(1)20―③　**21**―⑥　**(2)22**―④　**23**―⑥
(3)24―②　**25**―①　**(4)26**―④　**27**―⑥

解説

(1) Tourists visiting Hokkaido are moved by the great nature they see (there.)

分詞句 visiting Hokkaido が Tourists を後置修飾している。be moved by 〜「〜に感動する」

(2) Making travel plans is almost as much fun as the travel itself(.)

「〜と同じくらい…」は，〈as＋形容詞/副詞の原級＋as 〜〉や〈as＋形容詞＋名詞＋as 〜〉で表す。「ほとんど同じくらい…」の場合は，almost をつけて，almost as … as 〜とする。本問では，「面白い」に当たる fun が名詞なので，almost as much fun as 〜の形をとる。

(3) (Don't) leave the lights on because electricity prices are going (up.)

leave *A* C「*A* をCの状態にしておく」 本問の on は，電気などが「ついている」状態を表す副詞。

(4) (It is) probable that we will be made to work with AI(.)

It is probable that S V で「おそらくSはVするだろう，SがVする可能性は高い」の意。be made to *do*「〜させられる」

4 解答

28―④　**29**―②　**30**―③　**31**―③

解説

28. Aの発言に「賃料は安いし近所は静かだし住居スペースも多い」と高評価の表現のみが出てくるので，④の「素晴らしいアパートに聞こえるね」が正解。

29. Aが「本当に疲れたよ」と言っており，Bも空欄の直後に「本当に忙しい一週間だった」と言っていることから，同意を示す②が正解。

30. Aが「朝からはるばるここまで来てくれてありがとう」と礼を言い，Bが「この時間に町まで運転する方がかなり速い」と応じていることから，③の「問題ないよ」が正解。

31. 真夜中過ぎだと声をかけるAの1つめの発言に，Bが「本当？　時間が経つのが全くわからなかったよ」と言う。空欄の後，Bが「ユーチューブを見ているところだ」と答えていることから，AはBに何をしているのか尋ねたと考えられる。③が正解。work on ～「～に取り組む」

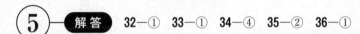

5　解答　32―①　33―①　34―④　35―②　36―①

解説

《シンガポールのエネルギー貯蔵システム》

32. 第1段は，エネルギー安全保障について書かれているので，amid the global energy crisis「世界的エネルギー危機の真っ只中で」とすると文脈に合う。

33. a maximum storage capacity「最大貯蔵量」とすると文意が通る。

34. 直後の内容から，太陽光発電の不安定さの軽減目的で，「余剰電力」を貯蔵すると考えられるため，④ surplus「余剰の」が正解。

35. 第1・2段の内容から，電力貯蔵のために必要なのは② batteries「バッテリー」だと考えられる。

36. 直後に energy storage target「エネルギー貯蔵目標」とあるので，それを「達成する」achieve が正解。

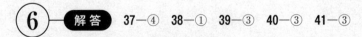

6　解答　37―④　38―①　39―③　40―③　41―③

解説

《Nobumi Miyake の半生》

37. 第3段第3文（After becoming independent …）参照。④は順番が逆である。

38. 第3段第2文（He devised a technique …）参照。devise は「～を

考案する」という意味。

39. 第4段第1文（After demand for …）参照。コロナパンデミックでブライダル業界が大打撃を受けたあと，「国内市場・海外市場の両方で」独自の着物を作ろうと努力した，とある。

40. 第6段第1文（As kimono production …）参照。着物の数多い製造工程で用いられる技術を習得する必要があったのは，「若い職人の深刻な人手不足」が原因。

41. 第6段第2文（His second son, …）参照。二番目の息子がトレーニングを受けていることから，空欄には③ inherit「～を引き継ぐ」が入るとわかる。

日本史

1　解答　《古代の文化》

1—①　2—②　3—④　4—③　5—④　6—⑦　7—⑥　8—①
9—③　10—⑤

2　解答　《鎌倉時代の社会・経済》

11—⑤　12—②　13—③　14—②　15—①　16—④　17—②　18—③
19—④

3　解答　《織田信長・豊臣秀吉・徳川家康》

20—④　21—③　22—③　23—⑤　24—②　25—④　26—①　27—①
28—②

4　解答　《開国から太平洋戦争までの日米関係》

29—③　30—①　31—②　32—③　33—①　34—④　35—④　36—②
37—③

5　解答　《原始から現代までのジェンダー》

38—③　39—④　40—①　41—②　42—③　43—④

世界史

1 解答 《パリの歴史》

1—① 2—② 3—③ 4—③ 5—② 6—⑥ 7—② 8—②
9—② 10—④

2 解答 《ユーラシアにおける人々の移動》

11—③ 12—④ 13—③ 14—① 15—④ 16—④ 17—② 18—③
19—② 20—④

3 解答 《中国の対外政策と領域拡大》

21—② 22—③ 23—③ 24—③ 25—① 26—① 27—④ 28—②
29—④ 30—④

4 解答 《中南米の歴史》

31—① 32—① 33—④ 34—② 35—① 36—② 37—② 38—③
39—② 40—④

数　学

1　解答　《小問 3 問》

1 —② 2 —① 3 —③ 4 —⑨ 5 —⑩

2　解答　《2 次関数のグラフ，2 次不等式》

6 —④ 7 —⑥ 8 —③ 9 —⑦ 10—④

3　解答　《正弦定理・余弦定理，平行四辺形の面積》

11—⑥ 12—⑨ 13—⑦ 14—④ 15—④

4　解答　《条件付き確率》

16—① 17—⑦ 18—⑧ 19—⑦ 20—⑤

5　解答　《角の二等分線，メネラウス・チェバの定理，面積比》

21—③ 22—⑤ 23—⑤ 24—③ 25—①

6　解答　《n 進法》

26—⑧ 27—③ 28—⑥ 29—⑦ 30—⑤

化　学

1　解答　《小問集合》

1—④　2—⑥　3—②　4—⑤　5—③　6—⑤　7—②　8—③

2　解答　《半減期，同位体の存在比，組成式・分子式の決定，化学反応の量的関係》

9—⑥　10—②　11—④　12—④　13—③　14—④

3　解答　《塩の水溶液の液性，ブレンステッドの酸・塩基の定義，pH》

15—④　16—⑤　17—⑤

4　解答　《希硫酸と水酸化ナトリウム水溶液の中和滴定》

18—③　19—②　20—⑤　21—①

5　解答　《電子を含むイオン反応式，酸化数の計算，金属のイオン化傾向》

22—③　23—④　24—④

6　解答　《過酸化水素の反応，塩素酸カリウムの分解反応》

25—⑤　26—⑥　27—③　28—④

生　物

1 解答 《エネルギーと代謝，細胞》

1—②　2—③　3—④　4—①　5—⑥　6—⑩　7—③　8—②
9—④

2 解答 《体細胞分裂，遺伝情報の分配》

10—③　11—①　12—⑦　13—⑤　14—④　15—⑩　16—⑥　17—③
18—⑦

3 解答 《血液の成分，心臓》

19—④　20—①　21—①　22—④　23—①　24—③　25—④　26—⑤
27—⑤

4 解答 《遷　移》

28—②　29—⑤　30—②　31—③　32—③　33—④　34—①　35—④
36—⑤

5 解答 《生態系の物質循環》

37—②　38—⑦　39—⑤　40—②　41—⑥　42—⑥　43—④　44—⑤

ている。

であり、「彼ら」にはあたらない。「彼ら」とはここでは版画の作者を指しており、直前に版画の作者についての記述がある箇所を選ぶ。「(版画が)作者と共に時間の中を生き続ける」とは、作品の創造における生のプロセスを指している。

問6　二つ前の段落に「『点・線・面』の半分を占める構成主義」とあり、前段落には「点・線・面という分類自体が…絶対的な区分ではない」と述べられている。傍線部直前にも「芸術にジャンルは存在しないと、カンディンスキーは宣言した」とあることから判断する。

問7　次段落で「音楽は時間とともに流れ、消え去るものであり、…建築は…流れ去らぬように固定されたものであるとして、両者の対照性を強調してしまうように、僕には聞こえる」と述べられている。「対照性」を聞き取ったとは「異なる」ものとして認識したということ。

問8　直前の内容に着目すると、カンディンスキーが版画における修正について〈過去に作ったものに対する時間軸上の加算行為〉ととらえ、〈二次元の芸術に四次元の時間軸を重ね、版画を時間の流れる大きな世界、宇宙の中へと解放した〉ということに読者が驚愕したとわかる。

問9　直前の段落に「物質という…地上的なものが、時間という形のない宇宙的なものと結びついた」とあり、直後には「時間の中の物質、物質の中の時間というアイデアは、建築デザインに対して、従来存在しなかった画期的な視点を開くという手ごたえを僕は感じた」と述べている。

問10　①は本文前半（第一～九段落）から読み取れる。②は「相反する思想が優位性を競い合った」が、③は「…ゲーテの言葉を引用して」が、④は「『死んだ』素材だと論じた」が、⑤は「権力者による優れた絵画が多く生まれた」がそれぞれ合致しない。

二

出典　隈研吾『点・線・面』〈方法序説〉（岩波書店）

解答

問1　(a)—③　(b)—②　(c)—⑤
問2　②
問3　⑤
問4　A—④　B—②
問5　④
問6　⑤
問7　①
問8　④
問9　②
問10　①

解説

問2　修辞技法についての問いであるので、比喩や擬人法などに注意する。傍線部の「アートは二つの革命を体験した」は、「アート」を人になぞらえた擬人法を用いた表現であることがわかる。同様に擬人法を用いた文を探すと、②の「台風が…襲撃する」があてはまる。

問4　Aは、前の段落の「絶対的な区分ではない」、直後の「相互に埋め込まれた関係」に着目しつつ、分類という行為が偶然的、可変的であることから考える。Bは、直前の「思い込み」とは〝〈事実かどうかはともかく〉確かなことだと信じ込むこと〟を指すことから、〈真偽はともかくありがちな思い込み〉を表す語句を選ぶ。

問5　まず挿入文の「彼ら」に着目する。ウを含む段落によると「美術評論家」は「『死んだ』作品を見て…論じる」の

れていることから判断する。筆者は「国際政治におけるリアリズム」において軍事力は軽視できないものと繰り返し強調している。

問5 「現実主義者」とは前段落によると「日米同盟に頼れば日本の安全が確保されるという判断をとる人々」である。この点を踏まえて空欄のある段落前半の「米軍の役割を疑う必要はなくなってしまった」「問題は…不安定に追いやるような…世論をどう抑え込むか」「アメリカ政府のとる行動に一喜一憂する必要などはない」から判断する。また、空欄に続く「に過ぎなかった」に着目すれば、プラスの意味の語は入らない。

問6 次の文に「戦争が国際政治における現実にほかならないからこそ…なお戦争に訴えることなく秩序を保ち、国益を増進する方法を考えるのがリアリズムの真髄」とあるように、戦争はあくまでも手段であって目的ではないことを踏まえて判断する。①はこの一文の内容をまとめたものとなっている。

問7 「どのような構図」と問われていることから、段落最後の「国際政治のリアリストが戦争を警戒し、民主主義や人権保障を高く掲げる人々が戦争を求めるという構図」に着目して判断する。問いの立て方や問いの言い回しには注意して、本文の該当箇所を検討する。

問8 傍線部の「理由がここにある」の「ここ」とは何かを考えると、直前の「軍事力の効用を過大視し、軍事力に頼ることなく状況を打開できる場合であっても戦争に訴えてしまう危険」が「ここ」にあたる。傍線部に含まれている指示語が何を指すのか常に確認しよう。

問9 直後の「武力に頼らない平和を模索するのか、それとも武力による平和を選ぶのかという、およそ抽象的で一般的な次元」に着目する。④の「あくまで非武装による平和を希求する」とは「武力に頼らない平和を模索」にあたる。

問10 ①は「規模や被害、費用によって決定づけられる」が、②は「憲法九条による非武装は世界平和をうたうもの」が、③は「非武装に対しての国内の言論を統制する」が、④は「民主主義化というリアリズム」がそれぞれ合致しない。⑤は本文最後の段落から読み取れる。

▲二月八日実施分▼

一

出典　藤原帰一「なぜ、平和のリアリズムか――『平和のリアリズム』序」（酒井哲哉編『平和国家のアイデンティティ』岩波書店）

解答

問1　(a)―④　(b)―①　(c)―⑤　(d)―②　(e)―②
問2　X―⑤　Y―②
問3　③
問4　①
問5　④
問6　①
問7　④
問8　②
問9　④
問10　⑤

解説

問3　本来戦争は否定されるべきであるのに、「政策の手段としての武力の必要性を排除して考えることはできない」と述べているため、〝安易に〟戦争を肯定しているように聞こえるかもしれない、ということである。〝安易に〟に近い意味合いの語を入れるのが適当である。

問4　本文はじめの「政策の手段としての武力の必要性を排除して考えることはできない」と、同じような内容が述べら

問5　直後の「風景が生情をもって現象するということは、風景が『世界内存在』…の出来事になる、ということ」「風景は、それを発見する人間と出会う時…生きた現象となる」から判断する。風景が生まれるためにはそれを発見する人間と出会うことが必要で、つまり人間の存在が不可欠だということ。

問6　次段落の、「画家が…富士を描くとき…さまざまな思いや…愛好が、深層心理として働き、その対象のなかにこめられる」に着目する。②は「日本の美の理念を体現」が、③は「日本の美の象徴として」が、④は「富士の美を過剰に評価」が、⑤は「過去の芸術作品を思い起こし」がそれぞれ適当でない。

問7　「同じような感情」とは直前の一文の「そういう心情」と同じということなので、「そういう」の指示内容である「そこに満ち足りない…清潔を求める心情」を押さえた④を選ぶ。

問8　⑤は本文最後の二段落に合致する。①は「その人間の感性によって一つの風景として結合」が、②は「資本主義的営利関心と自然の美しさを守ろうとする心がせめぎあいながら結合」が、③は「クラーゲスは、風景を…位置づけている」が、④は「風土的状況による神聖性ゆえに」がそれぞれ合致しない。

二

出典　内田芳明『風景の現象学――ヨーロッパの旅から』〈終章　風景の現象学と歴史の現象学〉（中公新書）

解答

問1　(a)―①　(b)―②　(c)―④
問2　A―②　B―⑤　C―④
問3　④
問4　②
問5　③
問6　①
問7　④
問8　⑤

解説

問2　Aは文脈から〝論のポイント、肝心なところ〟といった意味の語が入る。Bは直前の「移り変わりの細やかな風情」から判断する。Cは「手のとどきうるような親しみ深い（富士）」と対極のものとして、崇高性・神聖性・超日常性を強調する語を選ぶ。

問3　前の文の「風景のこの内的生命関連は『風景のリズム』と言うことができる」に着目する。「この内的生命関連」とは、さらに前の文で風景を現象させる自然物や人為的建造物などが個別の存在としてではなく、一つの内的・生命的構造関連をもつ生きた全体として綜合、結合したものと説明されている。

問4　第一段落に「風景こそは…一つの綜合、一つの結合」、傍線部の前後に風景とは「『風情』をもった『情景』」「情をもっている」と述べられている。この「情」については、三つ後の段落で「風景が人間に語りかけてくる…交流」と説明されている。②が適当。④は「日本的情緒」に限定している点で誤り。

続語を考える。

問4　aは身体の諸部分が関係しあうということから適当な語を選ぶ。各部分がそれぞれ働きつつ全体が機能していることに注意する。bは「距離ゼロ」の表面ではなくその奥へというベクトル、つまり「その一つの対象への没入」を示しているということから考える。

問5　「あくまで根本に触覚があることは変わりません」とは、触覚と他のものとの関係が説明された箇所の直後に述べられたことばであると考え、ア〜オの前後を検討すると、ウの直前の「視覚を触覚のように用いつつ」の文脈が挿入文につながることがわかる。

問6　ヘルダーによる「触覚とは内部的にはいりこむものである」という定義が、「視覚と聴覚の明快な定義」（視覚＝空間的、聴覚＝時間的）に比べると「不可解」であるため「問題」だと述べている。

問7　ヘルダーの「触覚とは内部的にはいりこむもの」という定義と「距離ゼロ」という伝統的な触覚観が、まっこうから対立するということ。この視点と合致するものを選ぶ。

問8　傍線部の二つ前の段落に着目すると、ヘルダーは触覚を「『距離ゼロ』の表面を越えてその奥、『距離マイナス』の『対象の内部をとらえる感覚』」とみなしており、その「表面ではなく奥」というベクトルが「その一つの対象への没入」に向かうものである、と筆者は捉えている。ただし、⑤は「作品の構造にまでアプローチ」が誤り。「生命」「魂」を感知しようとするものであるので、④が正解。

問9　③は本文最後の数段落から読み取れる。①は「外側からアプローチするという点で視覚や聴覚とは対照的」が、②は「ヘルダー自身も認識している」が、④は「視覚や聴覚がそれを阻害してしまう」が、⑤は「『さわる』と『ふれる』の差異に関する議論」がそれぞれ合致しない。

国語

▲二月七日実施分▼

一

出典　伊藤亜紗『手の倫理』〈第2章　触覚〉（講談社選書メチエ）

解答

問1　(a)―③　(b)―⑤　(c)―③　(d)―④　(e)―②

問2　X―①　Y―④

問3　A―①　B―⑤

問4　a―①　b―②

問5　③

問6　⑤

問7　①

問8　④

問9　③

解説

問3　Aは直前の内容に対しそのあとで条件を補足していることに着目して、適当な語を考える。Bは直前の「内面的共感」という語がわかりづらいためその内容を直後で詳しく説明を加えている。このことに着目して、換言・説明の接

//////////////////// · memo · ////////////////////

//////////////////// ・memo・ ////////////////////

/////////////////////// · memo · ///////////////////////

////////////////////// · memo · //////////////////////

////////////////////// · memo · //////////////////////

· memo ·

/////////////////// · memo · ///////////////////

2023年度

問題と解答

■学校推薦型選抜（一般公募）

問題編

▶試験科目

<table>
<tr><th>学部・学科</th><th colspan="4">適性検査</th></tr>
<tr><td rowspan="2">管理栄養，看護</td><td colspan="2">コミュニケーション英語Ⅰ・Ⅱ（リスニングを除く），国語総合（古文・漢文を除く）</td><td>左記から1科目</td><td rowspan="2">2科目</td></tr>
<tr><td colspan="2">「数学Ⅰ・A」，化学基礎，生物基礎</td><td>左記から1科目</td></tr>
<tr><td rowspan="2">ヒューマンケア，メディア造形（ファッション造形）</td><td colspan="2">コミュニケーション英語Ⅰ・Ⅱ（リスニングを除く）</td><td>必須</td><td rowspan="2">2科目</td></tr>
<tr><td colspan="2">国語総合（古文・漢文を除く）</td><td>必須</td></tr>
<tr><td rowspan="2">メディア造形（映像メディア）</td><td rowspan="2">どちらか選択</td><td>イメージ表現〈実技〉（省略）</td><td>必須</td><td>1科目*</td></tr>
<tr><td>コミュニケーション英語Ⅰ・Ⅱ（リスニングを除く），「数学Ⅰ・A」，国語総合（古文・漢文を除く）</td><td>左記から2科目</td><td>2科目</td></tr>
<tr><td rowspan="3">メディア造形（デザイン）</td><td rowspan="3">**どちらか選択</td><td>鉛筆デッサン〈実技〉（省略）</td><td>必須</td><td rowspan="2">2科目</td></tr>
<tr><td>コミュニケーション英語Ⅰ・Ⅱ（リスニングを除く），「数学Ⅰ・A」，国語総合（古文・漢文を除く）</td><td>左記から1科目</td></tr>
<tr><td>コミュニケーション英語Ⅰ・Ⅱ（リスニングを除く），「数学Ⅰ・A」，国語総合（古文・漢文を除く）</td><td>左記から2科目</td><td>2科目</td></tr>
</table>

▶備　考

合否判定は，上記適性検査と，調査書，面接評価による総合判定。

＊イメージ表現選択者は１科目のみ。

＊＊【鉛筆デッサンと学科目１科目】または【学科目２科目】のどちらかを選択。

英語

（50分）

【1】 次の単語(1)～(3)の下線部の発音が他の3つと異なるものをそれぞれ①～④の中から選びなさい。

解答番号は、(1) [1] ～(3) [3] 。　　　　（配点6点）

(1) ① earn　② heart　③ learn　④ yearn　[1]

(2) ① fantastic　② gather　③ small　④ thank　[2]

(3) ① course　② designate　③ oversee　④ purse　[3]

【2】 次の英文(1)～(5)の下線部の語、または語句と意味が最も近いものをそれぞれ①～④の中から選びなさい。

解答番号は、(1) [4] ～(5) [8] 。　　　　（配点10点）

(1) The number of tourists, notably from Korea, has decreased due to the pandemic.　[4]

① accordingly　② nearly　③ potentially　④ primarily

(2) After reading the article, I came up with a solution for the problems.　[5]

① headed for　② consisted of　③ put up　④ thought of

(3) She had a valuable experience when she studied abroad.　[6]

① a costly　② an extravagant
③ a precious　④ a scarce

(4) The subway construction is <u>underway</u> in my town. [7]

① blocked　② delayed　③ ongoing　④ on time

(5) He <u>reviewed</u> the reports submitted by students. [8]

① combined　② evaluated　③ illustrated　④ spread

【3】 次の英文(1)～(11)の [ ] の中に入る最も適当な語、または語句をそれぞれ①～④の中から選びなさい。
解答番号は、(1) [9] ～(11) [19] 。　(配点 33 点)

(1) When we were young, we [9] play after school all the time.

① used　② might　③ should　④ would

(2) I was on a diet and lost 10 kilos [10] a week.

① at　② by　③ until　④ within

(3) He was pale with [11] .

① energy　② exhaustion　③ recovery　④ strength

(4) Those are animals that [12] the forest.

① inhabit　② live　③ pretend　④ rise

(5) World War II broke [13] in 1939.

① of　② off　③ out　④ upon

(6) They don't seem [14] of the importance of a new discovery.

① being aware ② having been aware

③ to being aware ④ to have been aware

(7) The teacher told the students, "Read the book [15] I referred in my class."

① to that ② to which ③ what ④ which

(8) The child spent a year in the hospital, but he is [16] the better for it.

① by far ② even ③ much ④ none

(9) It [17] snowy, Mary stayed home last night.

① been ② being ③ is ④ was

(10) [18] you won 1 million dollars, what would you buy?

① Have ② Hope ③ Suppose ④ Were

(11) I have become [19] with famous people.

① acquainted ② acquainting ③ being acquainted ④ to acquaint

【4】 次の(1)・(2)の日本文に相当する英文になるように、[ ] の中に入る最も適当な語、または語句をそれぞれ①～⑧の中から選びなさい。解答は、[20] ～ [23] についてのみ答えなさい。ただし文頭にくる場合は大文字で始まるものとする。

解答番号は、(1) [20] ・ [21] 、(2) [22] ・ [23] 。 (配点8点)

(1) 日本人は英語を話すとなると、臆病になる傾向がある。

[ ] [ ] [20] [ ] [ ] [21] [ ] [ ] English.

① speaking ② Japanese ③ nervous ④ a tendency
⑤ when ⑥ be ⑦ have ⑧ to

(2) マイクは、すぐにテストのスコアが間違っていることに気づいた。

It [ ] [22] [ ] [ ] [23] [ ] [ ] [ ] .

① noticed that ② Mike ③ inaccurate ④ his test score
⑤ before ⑥ was not ⑦ was ⑧ long

【5】 次の(1)・(2)の会話文の [ ] の中に入る最も適当なものをそれぞれ①～④の中から選びなさい。

解答番号は、(1) [24] ・(2) [25] 。 (配点8点)

(1) A : I'd like to order 50 more files of these documents. Could you make them in two hours?

B : Well, two hours is very short, but [24]

① I don't know well about them.
② I'll be there in a minute.
③ I'll see what I can do.
④ I've already done that.

(2) A : I'll have to work overtime. Can you eat dinner by yourself tonight?

B : What shall I do?

A : [25] Just pop it into the microwave for five or six minutes.

① It's all ready.

② Please consult a recipe book.

③ You can drop by at the supermarket.

④ You'll find the chopsticks in the cupboard.

【6】 次の文章の(1)～(5)の[　]の中に入る最も適当な語をそれぞれ①～④の中から選びなさい。

解答番号は、(1) [26] ～(5) [30] 。　　　　(配点15点)

Global warming is believed to have triggered late autumn (1) [26] and early cherry blossoms in the west Japan prefecture of Wakayama, according to the local meteorological observatory.

In 2020, the Wakayama Local Meteorological Observatory (2) [27] that the official "autumn leaves day" based on its sample maple tree was Dec. 14, even though the day usually fell in November half a century ago. The day is declared when the (3) [28] of leaves on the sample tree are observed to have (4) [29] red. The observatory official also said that the cherry blossom season has been starting earlier year by year, and it is suspected that global warming is affecting those seasonal changes.

The sample maple tree is at Momijidani Garden on the grounds of Wakayama Castle in the city of Wakayama, and the local observatory has been (5) [30] it since 1953.

(The Mainichi, January 24, 2021)

(1) ① daylight　　② equinox　　[26]

③ foliage　　④ temperature

(2) ① concealed　② determined　27
③ postponed　④ subscribed

(3) ① majesty　② majority　28
③ seniority　④ superiority

(4) ① caught　② held　③ picked　④ turned　29

(5) ① insisting　② monitoring　③ omitting　④ scrolling　30

【7】 次の文章を読み、(1)～(5)の答えとして最も適当なものをそれぞれ①～④の中から選びなさい。
解答番号は、(1) 31 ～(5) 35 。　(配点 20 点)

As part of goals to begin long-term stays on the moon's surface in the late 2030s, a government-led project to promote the development of technology to cultivate and supply food outside Earth is set to take off.

The government envisages*1 a system to maximize use of organic waste on the moon base as raw material and efficiently produce highly nutritious food. The technology is expected to help in the Artemis U.S. missions*2 to send people to the moon, which Japan is also participating in, thereby heightening Japan's international reputation in food resources.

The Ministry of Agriculture, Forestry and Fisheries is calling for applications until the end of September from joint venture groups to outsource the project to. The entrusted period would be five years ending in fiscal 2025. In fiscal 2021, a maximum budget of 310 million yen is expected to be allocated for the project.

Currently, space food is made and processed on Earth to be taken into space, but an individual connected to the project said, "It's estimated that per kilogram, it costs somewhere around the 100-million-yen level to take the food to the moon some 380,000 kilometers from Earth."

If people spend years on the moon, it will create enormous transportation costs making it necessary for food to be produced on-site. As a result, the goal is to create a food supply system that can sustainably secure practically all required nutrients by reusing waste, including organic waste, even in the airlocked environment of a moon base.

What is envisaged specifically is highly efficient productive technology and other breakthroughs that can efficiently cultivate food including lab-grown meat made from extracted cells of animals including pigs and cows, as well as highly nutritious and high-yield foods including rice, soy beans and other produce in a plant factory setup.

The Japan Aerospace Exploration Agency plans to **34** a base on the moon in the first half of the 2030s, and have four people spend around 500 days on it between 2035 and 2040. Therefore, it is necessary to address food issues by that time.

(The Mainichi, September 24, 2021)

*1envisage(s)：～を構想する

*2the Artemis U.S. missions：アメリカ政府による有人宇宙飛行(月面着陸)計画であるアルテミスプログラムの一連のミッション

(1) Which leads the project to develop technology for food production in space? **31**

① The Artemis U.S. mission.

② The existing moon base.

③ The Japanese government.

④ The U.S. government.

(2) Why is it necessary to produce food on-site for a long-term stay in space? 32

① Cultivating food in space will create huge costs.

② Conveying food from Earth will cost tremendously.

③ Transporting food on the moon's surface will be possible.

④ Using organic waste as raw material on the moon will be possible.

(3) Which is a FALSE statement about the project? 33

① Some venture groups will join through outsourcing.

② The goal is to create a food supply system that can secure all required nutrients by reusing waste.

③ The goal is to develop efficient food cultivation in an environment without air.

④ It is expected that the technology can produce efficiently lab-grown meat made from cells in a factory on the moon.

(4) What is the appropriate word to fill in the blank? 34

① approve

② consume

③ dispose

④ establish

(5) What is the most suitable title for this article? 35

① The Advanced Technology for Making Japanese Food in Space

② Japanese Technology for Future Food Production in Space

③ Transporting Food to the Moon in Japanese Space Vehicles

④ Future Technology for Highly Efficient Food Production on Earth

数学

（50 分）

大問	選択方法	解答番号
【1】 ∫ 【3】	**必須解答**	1 ～ 12
【4】	**選択解答** ※大問【4】～【6】のうち2問を選択し解答すること （【4】・【5】、【4】・【6】、【5】・【6】のいずれかの組合せで解答）	13 ～ 16
【5】		17 ～ 20
【6】		21 ～ 24

必答問題

【1】 次の問題の □ に当てはまる答えを解答群から選び，その番号をマークしなさい。

解答番号は，1 ～ 4 。（配点 20 点）

(1) a を自然数とする。不等式 $\left|x-\dfrac{5}{2}\right| \leqq a$ を満たす整数 x の個数を N とする。

(i) $a=3$ のとき，$N=$ 1 である。

(ii) a が 1，2，3，……と増加するとき，N が初めて 20 より大きくなるのは，$a=$ 2 のときである。

(2)　全体集合 U を　$U=\left\{n \middle| n \text{ は } 5<\sqrt{n}<9 \text{ を満たす自然数}\right\}$ とする。

その部分集合 P, Q を　$P=\left\{n \middle| n \text{ は 3 の倍数}\right\}$, $Q=\left\{n \middle| n \text{ は 4 の倍数}\right\}$ とし，

集合 P の補集合を $\overline{P}$, 集合 Q の補集合を $\overline{Q}$ で表す。このとき，$\overline{P}\cap\overline{Q}$ の要素の個数は **3** 個である。

(3)　右の図は，生徒 40 人のハンドボール投げの飛距離のデータを，ヒストグラムで表したものである。

ヒストグラムの各階級の区間は，左側の数値を含み，右側の数値を含まない。

また，階級(a)〜(e)を次のように定める。

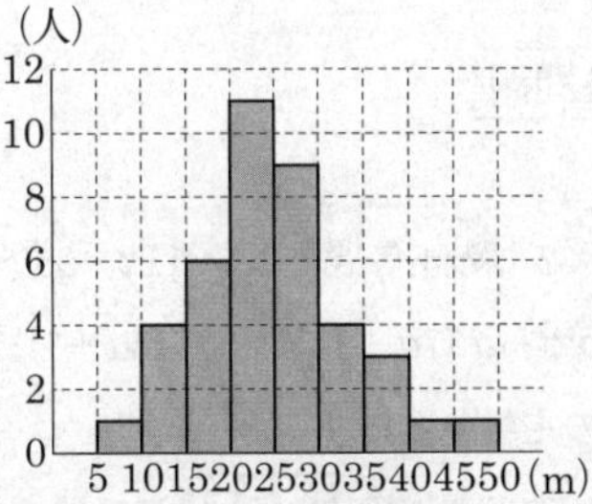

(a) 15m 以上 20m 未満　(b) 20m 以上 25m 未満　(c) 25m 以上 30m 未満
(d) 30m 以上 35m 未満　(e) 35m 以上 40m 未満

40 人のデータの中央値が含まれる階級と第 3 四分位数が含まれる階級の組合せとして正しいものは **4** である。

1 の解答群

① 1　② 2　③ 3　④ 4　⑤ 5
⑥ 6　⑦ 7　⑧ 8　⑨ 9　⑩ 10

2 の解答群

① 5　② 6　③ 7　④ 8　⑤ 9
⑥ 10　⑦ 11　⑧ 12　⑨ 13　⑩ 14

3 の解答群

① 19　② 23　③ 27　④ 28　⑤ 29
⑥ 32　⑦ 37　⑧ 41　⑨ 45　⑩ 51

4 の解答群

	①	②	③	④	⑤	⑥	⑦	⑧	⑨	⑩
中央値	(a)	(a)	(a)	(a)	(b)	(b)	(b)	(c)	(c)	(d)
第 3 四分位数	(b)	(c)	(d)	(e)	(c)	(d)	(e)	(d)	(e)	(e)

必答問題

【2】 2 つの不等式　$6x^2-11x-35>0$　……Ⓐ,

$ax^2-a(7a+1)x+3a^2(4a+1)<0$　……Ⓑ　がある。ただし，a は 0 でない実数の定数である。

次の問題の [　] に当てはまる答えを解答群から選び，その番号をマークしなさい。

解答番号は，[5] ～ [8] 。(配点 20 点)

⑴　不等式Ⓐの解は [5] である。

⑵　不等式Ⓑの左辺を因数分解すると [6] である。また，$a<-1$ のとき，不等式Ⓑの解は [7] である。

⑶　不等式ⒶとⒷをともに満たす実数 x が存在するような a の値の範囲は [8] である。

5 の解答群

① $-\frac{7}{6}<x<5$　② $-\frac{7}{2}<x<\frac{5}{3}$　③ $-\frac{5}{3}<x<\frac{7}{2}$

④ $-\frac{7}{3}<x<\frac{5}{2}$　⑤ $-\frac{5}{2}<x<\frac{7}{3}$　⑥ $x<-\frac{7}{6}$, $5<x$

⑦ $x<-\frac{7}{2}$, $\frac{5}{3}<x$　⑧ $x<-\frac{5}{3}$, $\frac{7}{2}<x$　⑨ $x<-\frac{7}{3}$, $\frac{5}{2}<x$

⑩ $x<-\frac{5}{2}$, $\frac{7}{3}<x$

6 の解答群

① $(x-3a^2)(ax-4a-1)$　② $(x+3a^2)(ax+4a+1)$

③ $a(x-3a)(x-4a-1)$　④ $a(x-3a)(x-4a+1)$

⑤ $a(x-3a)(x+4a-1)$　⑥ $a(x-3a)(x+4a+1)$

⑦ $a(x+3a)(x-4a-1)$　⑧ $a(x+3a)(x-4a+1)$

⑨ $a(x+3a)(x+4a-1)$　⑩ $a(x+3a)(x+4a+1)$

7 の解答群

① $4a+1<x<3a^2$　② $-3a<x<-4a-1$

③ $-4a-1<x<-3a$　④ $3a<x<4a+1$

⑤ $4a+1<x<3a$　⑥ $x<4a+1$, $3a^2<x$

⑦ $x<-3a$, $-4a-1<x$　⑧ $x<-4a-1$, $-3a<x$

⑨ $x<3a$, $4a+1<x$　⑩ $x<4a+1$, $3a<x$

8 の解答群

① $a<-1$, $\frac{1}{6}<a$　② $a<-1$, $\frac{5}{8}<a$　③ $a<-1$, $\frac{7}{6}<a$　④ $a<0$, $\frac{1}{6}<a$

⑤ $a<0$, $\frac{5}{8}<a$　⑥ $a<0$, $\frac{7}{6}<a$　⑦ $a>\frac{1}{6}$　⑧ $a>\frac{5}{9}$

⑨ $a>\frac{5}{8}$　⑩ $a>\frac{7}{6}$

必答問題

【3】　右の図のように，

$\angle ACB = \angle DCE = 90°$ である2つの直角三角形ABCとDECがあり，

$\triangle ABC \equiv \triangle DEC$，$BC=3$，$AC=3\sqrt{2}$ である。点Eが辺AB上にあり，辺ACとDEの交点をFとする。

次の問題の □ に当てはまる答えを解答群から選び，その番号をマークしなさい。

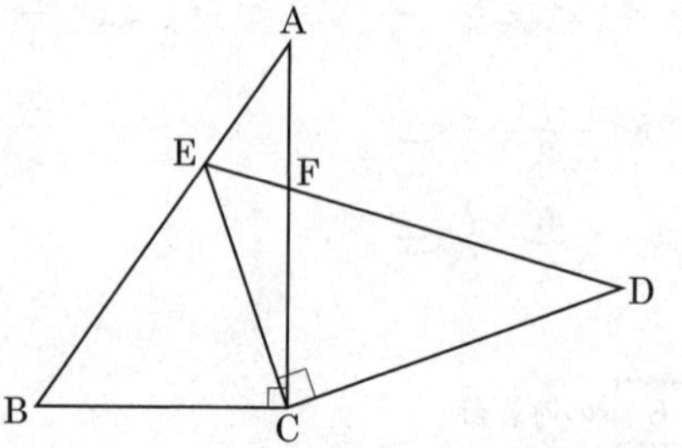

解答番号は，9 ～ 12 。(配点20点)

(1)　$\cos\angle ABC =$ 9 ，$\cos\angle BCE =$ 10 である。

(2)　$CF = x$ とするとき，$\triangle CEF$ の面積を x を用いて表すと 11 であり，
$x =$ 12 である。

9 ， 10 の解答群

① $\frac{1}{3}$　② $\frac{\sqrt{2}}{3}$　③ $\frac{\sqrt{3}}{3}$　④ $\frac{2}{3}$　⑤ $\frac{\sqrt{2}}{2}$

⑥ $\frac{\sqrt{5}}{3}$　⑦ $\frac{\sqrt{6}}{3}$　⑧ $\frac{\sqrt{3}}{2}$　⑨ $\frac{\sqrt{7}}{3}$　⑩ $\frac{2\sqrt{2}}{3}$

11 の解答群

① $\frac{1}{6}x$　② $\frac{1}{4}x$　③ $\frac{1}{3}x$　④ $\frac{1}{2}x$　⑤ $\frac{2}{3}x$

⑥ $\frac{3}{4}x$　⑦ x　⑧ $\frac{4}{3}x$　⑨ $\frac{3}{2}x$　⑩ $2x$

12 の解答群

① $\dfrac{\sqrt{2}}{5}$　② $\dfrac{2\sqrt{2}}{5}$　③ $\dfrac{3\sqrt{2}}{5}$　④ $\dfrac{4\sqrt{2}}{5}$　⑤ $\sqrt{2}$

⑥ $\dfrac{6\sqrt{2}}{5}$　⑦ $\dfrac{7\sqrt{2}}{5}$　⑧ $\dfrac{8\sqrt{2}}{5}$　⑨ $\dfrac{9\sqrt{2}}{5}$　⑩ $2\sqrt{2}$

【4】～【6】は，いずれか2問を選択し，解答しなさい。

【4】 赤玉，白玉，青玉，黄玉の4個の玉をA，B，Cの3個の箱に入れる。
ただし，玉が1個も入らない箱ができてもよいものとし，その箱を空き箱とする。

次の問題の □ に当てはまる答えを解答群から選び，その番号をマークしなさい。

解答番号は， **13** ～ **16** 。(配点20点)

(1) 3個の箱に4個の玉を入れる方法は，全部で **13** 通りある。

(2) Aは空き箱，BとCは空き箱でないように4個の玉を入れる方法は，全部で **14** 通りある。

(3) A，Bのうち1箱のみが空き箱であるように4個の玉を入れる方法は，全部で **15** 通りある。

(4) 空き箱が1箱もないように4個の玉を入れる方法は，全部で **16** 通りある。

13 の解答群

① 4　② 10　③ 24　④ 27　⑤ 64

⑥ 81　⑦ 108　⑧ 192　⑨ 243　⑩ 256

14 の解答群

① 6　② 8　③ 14　④ 16　⑤ 24
⑥ 28　⑦ 32　⑧ 42　⑨ 48　⑩ 64

15 の解答群

① 7　② 8　③ 15　④ 16　⑤ 23
⑥ 24　⑦ 30　⑧ 32　⑨ 47　⑩ 48

16 の解答群

① 15　② 31　③ 32　④ 33　⑤ 34
⑥ 35　⑦ 36　⑧ 37　⑨ 39　⑩ 66

【4】～【6】は，いずれか2問を選択し，解答しなさい。

【5】 AB＝AC＝15の二等辺三角形ABCがあり，重心をG，直線AGと辺BCの交点をMとする。また，∠ABCの二等分線と線分AMの交点をPとすると，点Pは線分GMの中点になった。

次の問題の □ に当てはまる答えを解答群から選び，その番号をマークしなさい。

解答番号は，**17** ～ **20** 。(配点20点)

(1) $\dfrac{\mathrm{AP}}{\mathrm{PM}}=$ **17** であるから，BM＝ **18** である。

(2) 点Pを中心とし，辺BCに接する円と直線BGの交点のうち，Gでない点をQとするとき，BQ＝ **19** である。

また，このとき，△AQGの面積は **20** である。

17 の解答群

① $\frac{4}{3}$　② $\frac{3}{2}$　③ $\frac{5}{3}$　④ $\frac{5}{2}$　⑤ 3

⑥ $\frac{7}{2}$　⑦ 4　⑧ 5　⑨ 6　⑩ 7

18 の解答群

① $\frac{15}{7}$　② $\frac{5}{2}$　③ 3　④ $\frac{15}{4}$　⑤ $\frac{30}{7}$

⑥ 5　⑦ 6　⑧ 9　⑨ 10　⑩ $\frac{45}{4}$

19 の解答群

① $\frac{\sqrt{33}}{11}$　② $\frac{2\sqrt{33}}{11}$　③ $\frac{3\sqrt{33}}{11}$　④ $\frac{4\sqrt{33}}{11}$　⑤ $\frac{5\sqrt{33}}{11}$

⑥ $\frac{6\sqrt{33}}{11}$　⑦ $\frac{7\sqrt{33}}{11}$　⑧ $\frac{8\sqrt{33}}{11}$　⑨ $\frac{9\sqrt{33}}{11}$　⑩ $\frac{10\sqrt{33}}{11}$

20 の解答群

① $\frac{\sqrt{6}}{11}$　② $\frac{8\sqrt{6}}{11}$　③ $\frac{16\sqrt{6}}{11}$　④ $\frac{24\sqrt{6}}{11}$　⑤ $\frac{32\sqrt{6}}{11}$

⑥ $\frac{40\sqrt{6}}{11}$　⑦ $\frac{48\sqrt{6}}{11}$　⑧ $\frac{56\sqrt{6}}{11}$　⑨ $\frac{64\sqrt{6}}{11}$　⑩ $\frac{72\sqrt{6}}{11}$

【4】〜【6】は，いずれか2問を選択し，解答しなさい。

【6】 整数 N は 15 で割ると 4 余る。

次の問題の □ に当てはまる答えを解答群から選び，その番号をマークしなさい。

解答番号は，21 〜 24 。(配点 20 点)

(1) N^2を 15 で割ると余りは 21 である。また，N^{11}を 15 で割ると余りは 22 である。

(2) 整数 N は 13 で割ると 3 余る。このとき，すべての N を整数 k を用いて表すと，23 である。このうち，N が 4 桁の自然数であるとき，すべての N について一の位の数の総和は 24 である。

21 ，22 の解答群

① 1　② 2　③ 3　④ 4　⑤ 5
⑥ 6　⑦ 7　⑧ 8　⑨ 9　⑩ 10

23 の解答群

① $195k+81$　② $195k+82$　③ $195k+83$　④ $195k+92$
⑤ $195k+93$　⑥ $195k+94$　⑦ $195k+95$　⑧ $195k+107$
⑨ $195k+108$　⑩ $195k+109$

24 の解答群

① 184　② 192　③ 200　④ 273　⑤ 286
⑥ 299　⑦ 312　⑧ 396　⑨ 414　⑩ 432

■化学■

(50分)

必要があれば、原子量および定数は次の値を使いなさい。

H 1.0　　C 12　　N 14　　O 16

アボガドロ定数　6.0×10^{23}/mol

　また、0 ℃、1.013×10^5 Pa (標準状態) における気体のモル体積は 22.4 L/mol とする。

【1】 次の問い (問1～6) に答えなさい。

解答番号は、 1 ～ 6 (配点21点)

問1　互いに同素体である物質の組合せを、次の①～⑥から一つ選びなさい。 1

① 水素と重水素　　② 塩素と臭素　　③ 斜方硫黄と単斜硫黄

④ 水と水蒸気　　⑤ 金と白金　　⑥ 一酸化炭素と二酸化炭素

問2　物質の分離に関する記述 (ア) ～ (エ) について、**誤りを含む記述をすべて選んだもの**を、下の①～⑩から一つ選びなさい。 2

(ア)　ろ紙などに物質が吸着される強さの違いを利用した物質の分離方法をクロマトグラフィーという。

(イ)　液体から気体への変化のしやすさが異なることを利用した物質の分離方法を昇華法という。

(ウ)　溶媒に対する溶解度の違いを利用して、特定の溶質を取り出す物質の分離方法を抽出という。

(エ)　複数の液体を含む混合物から、沸点の差を利用して物質を分離する方法を分留という。

① アのみ　② イのみ　③ ウのみ
④ エのみ　⑤ アとイ　⑥ アとウ
⑦ アとエ　⑧ イとウ　⑨ イとエ
⑩ ウとエ

問3　次の図は、ある気体分子の温度の違いによる速さの分布を表したものである。これに関する記述（ア）～（エ）について、**誤りを含む記述をすべて選んだものを**、下の①～⑩から一つ選びなさい。 3

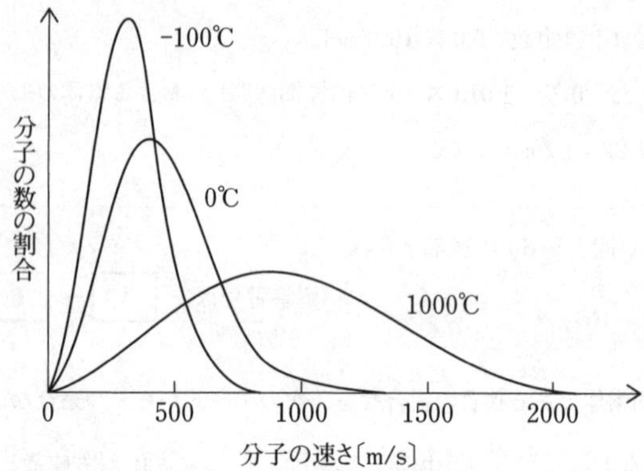

（ア）　温度が高いほど、速さの大きい分子の数の割合が増える。
（イ）　0℃では、分子の速さが1500 m/s 以上の分子はほとんど存在しない。
（ウ）　1000℃では、分子の速さが500 m/s 以下の分子はほとんど存在しない。
（エ）　分子がもつ運動エネルギーの平均値が最も大きいのは、−100℃のときである。

① アのみ　② イのみ　③ ウのみ
④ エのみ　⑤ アとイ　⑥ アとウ
⑦ アとエ　⑧ イとウ　⑨ イとエ
⑩ ウとエ

問4　右の図は、二つの原子AとBからなる分子ABを電子式で表したものである。ただし、AとBは同じ原子であってもよい。分子ABとして最も適当なものを、次の①～⑥から一つ選びなさい。 4

① Cl_2　　② I_2　　③ N_2

④ HF　　⑤ O_2　　⑥ HCl

問5　次の（ア）～（ウ）の物質について、極性分子をすべて選んだものを、下の①～⑥から一つ選びなさい。 5

（ア）メタン　（イ）アンモニア　（ウ）塩化水素

① アのみ　　② イのみ　　③ ウのみ

④ アとイ　　⑤ アとウ　　⑥ イとウ

問6　次の表は原子または単原子イオンがもつ陽子、電子、中性子の数を表している。これらのうち、質量数が最も小さい陽イオンを、次の①～⑥から一つ選びなさい。 6

	陽子の数	電子の数	中性子の数
①	6	6	7
②	9	10	10
③	11	10	12
④	16	18	18
⑤	19	19	22
⑥	20	18	20

【2】　次の問い(問1～5)に答えなさい。

解答番号は、 7 ～ 11 (配点20点)

問1　ゲーリュサックが提唱した「気体反応の法則」に関する記述として最も適当なものを、次の①～④から一つ選びなさい。 7

① 同温･同圧では､水素1L中の水素分子の数と酸素1L中の酸素分子の数は等しい。

② 窒素と酸素の化合物である一酸化窒素と二酸化窒素において、それぞれ一定の質量の窒素と化合する酸素の質量は、一酸化窒素：二酸化窒素＝1：2と簡単な整数比となる。

③ 水素2.0gと酸素16gが反応すると水18gができる。

④ 水素と酸素が反応して水蒸気ができるとき、同温・同圧において、それぞれの気体の体積の比は、水素：酸素：水蒸気＝2：1：2と簡単な整数比となる。

問2　0.20molのエタノールC_2H_5OHに含まれる炭素原子は何個か。最も適当な数値を、次の①～⑨から一つ選びなさい。 8 個

① 1.2×10^{22}	② 2.4×10^{22}	③ 6.0×10^{22}
④ 1.2×10^{23}	⑤ 2.4×10^{23}	⑥ 6.0×10^{23}
⑦ 1.2×10^{24}	⑧ 2.4×10^{24}	⑨ 6.0×10^{24}

問3　質量パーセント濃度が58.5%の濃硝酸HNO_3の密度は1.4 g/cm^{3}である。この濃硝酸のモル濃度は何mol/Lか。最も適当な数値を、次の①～⑧から一つ選びなさい。 9 mol/L

① 0.013	② 3.8	③ 6.6
④ 9.3	⑤ 13	⑥ 19
⑦ 38	⑧ 66	

問4　次の化学反応式は、アセチレンC_2H_2とメタンCH_4の完全燃焼についてそれぞれ表している。

$$2C_2H_2 + 5O_2 \longrightarrow 4CO_2 + 2H_2O$$

$$CH_4 + 2O_2 \longrightarrow CO_2 + 2H_2O$$

いま、アセチレンとメタンの混合気体に十分な酸素を加えて点火して完全燃焼させたところ、標準状態で二酸化炭素が33.6 L、水が16.2 g生成した。アセチレンとメタンの混合気体の体積は、標準状態で何Lか。最も適当な数値を、次の①～⑨から一つ選びなさい。 **10** L

① 2.24　② 4.48　③ 6.72
④ 8.96　⑤ 11.2　⑥ 12.3
⑦ 16.8　⑧ 17.9　⑨ 24.6

問5　銀Agには、^{107}Agと^{109}Agの同位体が存在する。Agの原子量が107.87であるとき、^{107}Agの存在割合は何%か。最も適当な数値を、次の①～⑨から一つ選びなさい。ただし、^{107}Agと^{109}Agの相対質量はそれぞれ106.90と108.90とする。 **11** %

① 48　② 50　③ 52
④ 54　⑤ 56　⑥ 58
⑦ 60　⑧ 62　⑨ 64

【3】 次の問い(問1～3)に答えなさい。

解答番号は、 **12** ～ **14** (配点15点)

問1　次の(ア)～(エ)の反応において、下線を引いた物質がブレンステッド・ローリーの定義による酸としてはたらいているものをすべて選んだものを、下の①～⑩から一つ選びなさい。 **12**

(ア)　$\underline{H_3O^+} + OH^- \rightleftarrows 2H_2O$

(イ)　$\underline{NH_3} + H_2O \rightleftarrows NH_4^+ + OH^-$

(ウ)　$\underline{HCl} + H_2O \longrightarrow Cl^- + H_3O^+$

(エ)　$HCO_3^- + \underline{H_2O} \rightleftarrows CO_3^{2-} + H_3O^+$

① アのみ　② イのみ　③ ウのみ
④ エのみ　⑤ アとイ　⑥ アとウ
⑦ アとエ　⑧ イとウ　⑨ イとエ
⑩ ウとエ

問2　次の（ア）～（ウ）の水溶液を、pHが大きい方から順に並べたものはどれか。最も適当なものを、下の①～⑥から一つ選びなさい。ただし、水溶液の温度はすべて25℃とし、強酸・強塩基の電離度は1とする。 13

（ア）　水素イオン濃度が 1.0×10^{-12} mol/L のアンモニア水

（イ）　pHが3の塩酸を水で100倍に希釈した水溶液

（ウ）　10％の塩化ナトリウム水溶液

① ア＞イ＞ウ　② ア＞ウ＞イ　③ イ＞ア＞ウ

④ イ＞ウ＞ア　⑤ ウ＞ア＞イ　⑥ ウ＞イ＞ア

問3　次の文章中の X ～ Z に当てはまる語句の組合せを、下の①～⑧から一つ選びなさい。 14

酢酸ナトリウム水溶液に塩酸を加えると、酢酸が発生し水溶液から食酢のようなにおいがする。このように X の差によって起こる弱酸の塩と強酸との反応を、弱酸の Y という。弱酸の Y の例の一つに、「 Z 」現象がある。

	X	Y	Z
①	電離度	遊離	石灰石に塩酸を加えると気体が発生する
②	電離度	遊離	重曹を加熱すると気体が発生する
③	電離度	電離	石灰石に塩酸を加えると気体が発生する
④	電離度	電離	重曹を加熱すると気体が発生する
⑤	価数	遊離	石灰石に塩酸を加えると気体が発生する
⑥	価数	遊離	重曹を加熱すると気体が発生する
⑦	価数	電離	石灰石に塩酸を加えると気体が発生する
⑧	価数	電離	重曹を加熱すると気体が発生する

【4】 次の問い (問 1 ～ 3) に答えなさい。

解答番号は、 15 ～ 17 (配点 15 点)

ある量の二酸化炭素の体積を求めるため、次の実験を行った。

0.0400 mol/L の水酸化バリウム水溶液 250 mL に、ある量の二酸化炭素をすべて吸収させると、炭酸バリウム $BaCO_3$ が沈殿した。このときの反応は以下のように表される。

$$Ba(OH)_2 + CO_2 \longrightarrow BaCO_3 + H_2O$$

生じた炭酸バリウムの白色沈殿をろ過し、残った水溶液から 25.0 mL をとり、指示薬を 1、2 滴加えた。この溶液を 0.0500 mol/L の塩酸で滴定したところ、24.0 mL 加えたところで中和が終了した。このときの反応は以下のように表される。

$$Ba(OH)_2 + 2HCl \longrightarrow BaCl_2 + 2H_2O$$

問 1　下線部の操作に関する記述 (ア) ～ (ウ) について、**誤りを含む記述をすべて選んだもの**を、下の①～⑦から一つ選びなさい。 15

(ア)　指示薬としてメチルオレンジを用いると、水溶液が黄色から赤色に変化したところで中和の終了を知ることができる。

(イ)　指示薬としてフェノールフタレインを用いると、水溶液が無色から赤色に変化したところで中和の終了を知ることができる。

(ウ)　指示薬として、メチルオレンジ、フェノールフタレインのうち、どちらを用いても中和の終了を知ることができる。

① アのみ　② イのみ　③ ウのみ
④ アとイ　⑤ アとウ　⑥ イとウ
⑦ アとイとウ

問 2　中和が終了した時点の水溶液に存在するイオンのうち、最も数が多いものを、次の①～⑤から一つ選びなさい。 16

① 水素イオン　② 水酸化物イオン　③ 塩化物イオン
④ バリウムイオン　⑤ 炭酸イオン

問3　水酸化バリウム水溶液に吸収された二酸化炭素は標準状態で何Lか。最も適当な数値を、次の①～⑥から一つ選びなさい。ただし、二酸化炭素の吸収や沈殿の生成によって水溶液の体積に変化はないものとする。 17 L

① 0.0134　② 0.0269　③ 0.0896
④ 0.134　⑤ 0.197　⑥ 0.224

【5】 次の問い（問1～3）に答えなさい。

解答番号は、 18 ～ 20 （配点11点）

問1　次の（ア）～（エ）の電池について、二次電池をすべて選んだものを、下の①～⑩から一つ選びなさい。 18

（ア）　アルカリマンガン乾電池
（イ）　リチウムイオン電池
（ウ）　鉛蓄電池
（エ）　ダニエル電池

① アのみ　② イのみ　③ ウのみ
④ エのみ　⑤ アとイ　⑥ アとウ
⑦ アとエ　⑧ イとウ　⑨ イとエ
⑩ ウとエ

問2　次の（ア）～（ウ）の変化について、酸化還元反応をすべて選んだものを、下の①～⑦から一つ選びなさい。 19

（ア）　鉄板を雨ざらしにすると、表面に赤さびが生じた。
（イ）　炭素に酸素を加えて点火すると、二酸化炭素が生じた。
（ウ）　アンモニアに塩化水素を加えると、塩化アンモニウムが生じた。

① アのみ　② イのみ　③ ウのみ
④ アとイ　⑤ アとウ　⑥ イとウ
⑦ アとイとウ

問3　金属のイオン化傾向に関する記述（ア）～（ウ）について、A～Cに当てはまる金属の組合せを、下の①～⑧から一つ選びなさい。 **20**

（ア）　Aは高温の水蒸気と反応し、酸化物となった。

（イ）　AとBの金属板を電解質溶液に浸し、導線でつなぐと、電流はBからAに流れた。

（ウ）　B、Cを濃硝酸に入れると、Bは気体を発生しながら溶け、Cは変化がなかった。

	A	B	C
①	Pb	Al	Ag
②	Pb	Al	Pt
③	Pb	Cu	Ag
④	Pb	Cu	Pt
⑤	Zn	Al	Ag
⑥	Zn	Al	Pt
⑦	Zn	Cu	Ag
⑧	Zn	Cu	Pt

【6】　次の問い（問1～4）に答えなさい。

解答番号は、 **21** ～ **25** （配点18点）

酸化還元反応は、酸化剤と還元剤のはたらきによって起こる。

二クロム酸カリウムと硫酸鉄（Ⅱ）の酸化還元反応を、酸化剤と還元剤の観点から考えてみよう。

二クロム酸イオンは<u>酸性にした水溶液中</u>で次式のように変化し、酸化剤としてはたらく。

$$Cr_2O_7^{2-} + 14H^+ + (\ \ X\ \ )e^- \longrightarrow 2Cr^{3+} + 7H_2O \quad \cdots(\mathrm{i})$$

同時に、鉄（Ⅱ）イオンは次式のように変化し、還元剤としてはたらく。

$$Fe^{2+} \longrightarrow Fe^{3+} + (\ \ Y\ \ )e^- \quad \cdots(\mathrm{ii})$$

酸化還元反応では、酸化剤と還元剤の間でやりとりされる電子の数が等しいことから、酸化剤と還元剤の量的関係を導くことができる。

問1 イオン反応式(i)、(ii)中の係数(X)、(Y)に当てはまる数を、次の①～⑧からそれぞれ選びなさい。ただし、係数が1のときは省略せずに「1」と表すものとする。X: 21 Y: 22

① 1　② 2　③ 3
④ 4　⑤ 5　⑥ 6
⑦ 7　⑧ 8

問2 次の文章中の ア ～ ウ に当てはまる語句の組合せを、下の①～⑥から一つ選びなさい。 23

水溶液を酸性条件にするには、一般的に ア を用いる。これは、 イ を用いると自身が酸化され、 ウ を用いると自身が酸化剤としてはたらくためである。

	ア	イ	ウ
①	塩酸	硝酸	硫酸
②	塩酸	硫酸	硝酸
③	硝酸	塩酸	硫酸
④	硝酸	硫酸	塩酸
⑤	硫酸	塩酸	硝酸
⑥	硫酸	硝酸	塩酸

問3 イオン反応式(i)において、クロム原子の酸化数の変化として最も適当なものを、次の①～⑧から一つ選びなさい。 24

① 6減少　② 3減少　③ 2減少
④ 1減少　⑤ 1増加　⑥ 2増加
⑦ 3増加　⑧ 6増加

問4 酸性にした0.020 mol/Lの二クロム酸カリウム水溶液12 mLと過不足なく反応する0.040 mol/Lの硫酸鉄(II)水溶液は何mLか。最も適当な数値を、次の①～⑥から一つ選びなさい。 25 mL

① 1.0　② 4.0　③ 6.0
④ 24　⑤ 36　⑥ 144

生物

(50分)

【1】 エネルギーと代謝に関する次の文を読み、後の問い（問1～5）に答えなさい。

解答番号は、1 ～ 4 （配点4点）
5 ～ 8 （配点16点）

生物の共通点として、代謝を行うことが挙げられる。生物の種類によって代謝に違いがみられるが、代謝に伴うエネルギーの受け渡しにＡＴＰを用いることは共通している。

ＡＴＰは、（　ア　）に、塩基の一種である（　イ　）と3個のリン酸が結合した化合物である。1分子のＡＴＰには高エネルギーリン酸結合が（　ウ　）か所存在し、この結合が切れるときに放出されるエネルギーが生命活動に用いられる。

また、触媒として酵素を用いていることも共通点の一つである。酵素は（　エ　）を主成分とし、代謝における化学反応を促進している。

細胞内に存在する酵素カタラーゼの性質を調べるため、以下の【実験】を行った。

【実験】

手順1．2本の試験管（A、B）に3％の過酸化水素水を5mLずつ入れ、30℃で保温する。

手順2．試験管Aに酸化マンガン(Ⅳ)を加える。

手順3．試験管Bにニワトリの肝臓片を加える。

手順4．試験管A、Bの気泡の発生を観察する。

【結果】試験管Aと試験管Bはともに気泡が盛んに発生した。

問1　文中の（ア）～(エ) に入る語句や数値として最も適当なものを、それぞれの選択肢から選びなさい。　（ア） 1 　（イ） 2 　（ウ） 3 　（エ） 4

(ア)、(イ)の選択肢

① アデニン　② アミラーゼ　③ ウラシル
④ デオキシリボース　⑤ リボース

(ウ)の選択肢

① 1　② 2　③ 3　④ 4　⑤ 5

(エ)の選択肢

① 核酸　② 脂質　③ 炭水化物　④ タンパク質　⑤ ビタミン

問2　次の記述a～eのうち、代謝に関わる細胞小器官とATPについての記述として**間違っているもの**を過不足なく含むものを、下記の①～⑩から選びなさい。 5

a　ミトコンドリアは内部にDNAを含んでいる。
b　ミトコンドリアではATPを合成する反応が起こる。
c　葉緑体は内部に核を含んでいる。
d　葉緑体ではATPを分解する反応が起こる。
e　ATP1分子がもつエネルギーは、ADP1分子がもつエネルギーとリン酸1分子がもつエネルギーの総和と等しい。

① a、b　② a、c　③ a、d　④ a、e
⑤ b、c　⑥ b、d　⑦ b、e　⑧ c、d
⑨ c、e　⑩ d、e

問3　エネルギーの単位には、J（ジュール）やkJ（キロジュール）が使われ、1kJ＝1000 Jである。下線部について、ある哺乳類の体内で1日に分解されるATPを50kgとし、ATP1gが分解されるときに放出されるエネルギーを80 Jとする。このときATPの分解によって供給されるエネルギーはどれほどか。最も適当なものを、下記の①～⑦から選びなさい。 6

① 4000 J　② 625000 J　③ 2000000 J
④ 4000 kJ　⑤ 5000 kJ　⑥ 625000 kJ　⑦ 4000000 kJ

問 4　次の記述 a ～ d のうち、【実験】において発生した気体についての正しい記述を過不足なく含むものを、下記の①～⑩から選びなさい。　7

a　光合成で発生する気体である。

b　呼吸で発生する気体である。

c　大気中において体積の約 78％を占める気体である。

d　発生した気体を試験管に集め、火のついた線香を近づけるとポンと音を立てて燃える。

① a　② b　③ c　④ d
⑤ a、b　⑥ a、c　⑦ a、d　⑧ b、c
⑨ b、d　⑩ c、d

問 5　【実験】において、気泡が発生しなくなった後に、試験管 A と試験管 B に 3 ％の過酸化水素水を 2 mL 追加すると、再び気泡が発生した。このことからわかることを過不足なく含むものを、下記の①～⑧から選びなさい。ただし、該当するものがない場合は⑨をマークしなさい。　8

a　過酸化水素は、酸化マンガン(Ⅳ)およびカタラーゼを分解する過程で消費されない。

b　過酸化水素は、酸化マンガン(Ⅳ)およびカタラーゼを分解する過程で合成される。

c　酸化マンガン(Ⅳ)およびカタラーゼは、過酸化水素を分解する過程で消費されない。

d　酸化マンガン(Ⅳ)およびカタラーゼは、過酸化水素を分解する過程で合成される。

① a　② b　③ c　④ d
⑤ a、c　⑥ a、d　⑦ b、c　⑧ b、d

【2】 遺伝子とその発現に関する次の文を読み、後の問い（問1～5）に答えなさい。

解答番号は、 9 ～ 12 （配点4点）
13 ～ 16 （配点16点）

（　ア　）は、マウスに感染させると肺炎を発病させる肺炎（双）球菌において形質転換という現象が起こること（1928年）と、この現象がＤＮＡによるものであることを明らかにした（1944年）。

バクテリオファージ（T_2ファージ）は、タンパク質とＤＮＡからなる単純な構造をもつウイルスである。（　イ　）は、バクテリオファージが大腸菌にＤＮＡのみを挿入して増殖することから、遺伝子の本体がＤＮＡであることを明らかにした（1952年）。

（　ウ　）はＸ線回折により、ＤＮＡがらせん構造であることを推定した（1952年）。

（　エ　）はＤＮＡの二重らせんモデルを提唱した（1953年）。

問1　文中の（ア）～（エ）に入る人名の組合せとして最も適当なものを、下記の①～⑩から選びなさい。　（ア） 9 　（イ） 10 　（ウ） 11 　（エ） 12

① ウィルキンスとフランクリン　② ウィルキンスとワトソン
③ グリフィスとエイブリーら　④ シュライデンとシュワン
⑤ ハーシーとグリフィス　⑥ ハーシーとチェイス
⑦ ワトソンとクリック　⑧ フランクリンとクリック
⑨ シャルガフとミーシャー　⑩ シャルガフとウィルキンス

問2　ヒトのすい臓の細胞では、インスリン遺伝子の発現によってホルモンであるインスリンが合成される。次の記述ａ～ｄのうち、インスリン遺伝子についての正しい記述を過不足なく含むものを、下記の①～⑩から選びなさい。 13

a　脳の神経細胞にはインスリン遺伝子が存在している。
b　筋肉の細胞にはインスリン遺伝子が存在していない。
c　肝臓の細胞ではインスリン遺伝子が発現している。
d　赤血球になる細胞ではインスリン遺伝子が発現していない。

①　a　②　b　③　c　④　d　⑤　a、b
⑥　a、c　⑦　a、d　⑧　b、c　⑨　b、d　⑩　c、d

問3　次の記述a～cのうち、遺伝子とその発現についての正しい記述を過不足なく含むものを、下記の①～⑦から選びなさい。ただし、該当するものがない場合は⑧をマークしなさい。　14

a　転写によって合成されるRNAの塩基には、アデニン、チミン、グアニン、シトシンのほかにウラシルが存在する。

b　2本鎖DNAの両側の鎖をもとに転写によって2本のRNAが合成され、そのうちの1本をもとに翻訳が起こる。

c　タンパク質は、原核細胞でも真核細胞でもDNA→RNA→タンパク質の順に遺伝情報が伝えられて合成される。

①　a　②　b　③　c　④　a、b
⑤　a、c　⑥　b、c　⑦　a、b、c

問4　翻訳では、mRNAの3つの塩基の並びから1つのアミノ酸が指定され、アミノ酸どうしは鎖状に多数連結してポリペプチドという構造が合成される。タンパク質はポリペプチドからできている。mRNAの塩基の並びと指定されるアミノ酸の関係は、次のような【実験1】～【実験4】によって解明された。ただしGはグアニン、Uはウラシルを示す。

【実験1】　GGGGGG…（Gの繰り返し）の塩基配列をもつ人工mRNAからは、1種類のポリペプチドが合成された。

【実験2】　UGUGUGUG…（UGの繰り返し）の塩基配列をもつ人工mRNAからは、1種類のポリペプチドが合成された。

【実験3】　UUGUUG…（UUGの繰り返し）の塩基配列をもつ人工mRNAからは、3種類のポリペプチドが合成された。

【実験4】　GGUGGU…（GGUの繰り返し）の塩基配列をもつ人工mRNAからは、3種類のポリペプチドが合成された。

図1は、【実験1】〜【実験4】で合成されたポリペプチドを模式的に表したもので、○、■、△などの記号はそれぞれ異なるアミノ酸を表しているが、同じ記号であれば実験によらず同一のアミノ酸を表す。

<table>
<tr><td>【実験1】
○○○○○○○○○○○○○○○○○</td><td>【実験2】
■△■△■△■△■△■△■△■△</td></tr>
<tr><td>【実験3】
■■■■■■■■■■■■■■■■■
△△△△△△△△△△△△△△△△△
◆◆◆◆◆◆◆◆◆◆◆◆◆◆◆◆◆</td><td>【実験4】
○○○○○○○○○○○○○○○○
■■■■■■■■■■■■■■■■
☆☆☆☆☆☆☆☆☆☆☆☆☆☆☆☆</td></tr>
</table>

図1

【実験1】の結果からは、GGGが指定するアミノ酸が○であることがわかる。次の記述a〜fのうち、【実験2】〜【実験4】の結果からわかることを過不足なく含むものを、下記の①〜⑥から選びなさい。ただし、該当するものがない場合は⑦をマークしなさい。　**15**

a　GGUは☆を指定する。　　　b　GUGは■を指定する。
c　GUUは◆を指定する。　　　d　UGGは○を指定する。
e　UGUは△を指定する。　　　f　UUGは■を指定する。

①　a、d　　②　a、e　　③　b、e
④　b、f　　⑤　c、d　　⑥　c、f

問5　ある生物のもつゲノムの総塩基数は3.6×10^7個であった。このゲノムDNAのすべての領域がタンパク質に翻訳される遺伝情報をもっており、1つのタンパク質は300個のアミノ酸からなるとする。このとき、合成されるタンパク質は最大で何種類になるか。最も適当なものを、下記の①〜⑥から選びなさい。　**16**

①　15000種類　　②　20000種類　　③　30000種類
④　40000種類　　⑤　60000種類　　⑥　120000種類

【3】　生物の体内環境に関する次の文を読み、後の問い（問１～５）に答えなさい。

解答番号は、17 ～ 19（配点６点）
20・21（配点６点）
22・23（配点８点）

ヒトは、摂取した食物を消化酵素により分解したのち吸収する。たとえば、デンプンの分解に最初にはたらく酵素は（　ア　）である。その後、分解によって生じたグルコースは主に（　イ　）で吸収される。グルコースが細胞の呼吸に用いられて消費されたり、食事によって摂取されたりしても、血糖濃度は内分泌系や自律神経系によって一定の範囲内になるように調節されている。なお、健康なヒトの空腹時の血糖濃度は、血液 100 mL 当たり（　ウ　）mg に保たれている。

問１　文中の（ア）～（ウ）に入る語句や数値として最も適当なものを、それぞれの選択肢から選びなさい。　（ア）17　（イ）18　（ウ）19

(ア)の選択肢

① アミラーゼ　② ケラチン　③ ディフェンシン
④ ペプシン　⑤ リゾチーム　⑥ リパーゼ

(イ)の選択肢

① 胃　② 肝臓　③ 筋肉
④ 小腸　⑤ 大腸　⑥ だ液腺

(ウ)の選択肢

① 0.07 ～ 0.11　② 0.7 ～ 1.1　③ 7 ～ 11
④ 70 ～ 110　⑤ 700 ～ 1100

問２　図１は、ヒトの主な内分泌腺の位置を示したものである。血糖濃度の上昇にはたらくホルモンの名称と、図１における分泌部位の位置の組合せとして最も適当なものを、下記の①～⑨から選びなさい。　20

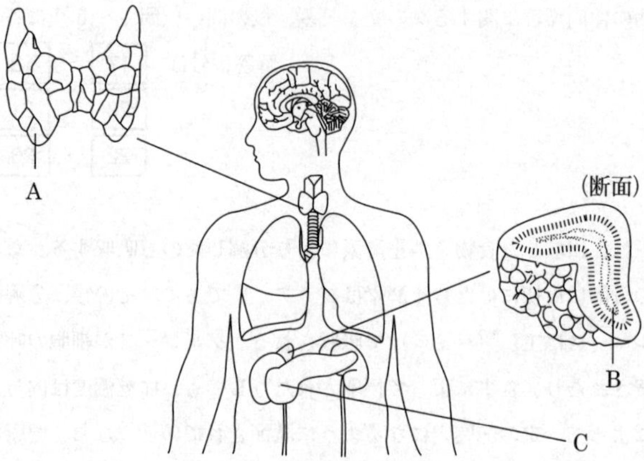

図1

ホルモンの名称	分泌部位
① アドレナリン	A
② アドレナリン	B
③ アドレナリン	C
④ パラトルモン	A
⑤ パラトルモン	B
⑥ パラトルモン	C
⑦ バソプレシン	A
⑧ バソプレシン	B
⑨ バソプレシン	C

問3　問2の血糖濃度の上昇にはたらくホルモンの分泌部位の名称として最も適当なものを、下記の①〜⑧から選びなさい。 **21**

① 甲状腺　② 副甲状腺　③ 副腎髄質　④ 副腎皮質
⑤ 腎臓　⑥ すい臓　⑦ 脳下垂体後葉　⑧ 肝臓

問4　ヒトの血糖濃度の調節にはたらくホルモンの1つにグルカゴンがある。グルカゴンについて述べた次の文中の（エ）〜（カ）に入る語句や文の組合せとして最も適当なものを、下記の①〜⑧から選びなさい。 **22**

（　エ　）が血糖濃度の低下を感知すると、（　オ　）によってすい臓のランゲルハンス島A細胞が刺激される。その結果、グルカゴンの分泌が促進される。グルカゴンは（　カ　）作用をもち、血糖濃度を上昇させる。

	（エ）	（オ）	（カ）
①	間脳視床下部	交感神経	タンパク質からグルコースを合成する
②	間脳視床下部	交感神経	グリコーゲンの分解を促進する
③	間脳視床下部	副交感神経	タンパク質からグルコースを合成する
④	間脳視床下部	副交感神経	グリコーゲンの分解を促進する
⑤	脳下垂体	交感神経	タンパク質からグルコースを合成する
⑥	脳下垂体	交感神経	グリコーゲンの分解を促進する
⑦	脳下垂体	副交感神経	タンパク質からグルコースを合成する
⑧	脳下垂体	副交感神経	グリコーゲンの分解を促進する

問5　図2のA～Cは、健康なヒト、Ⅰ型（1型）糖尿病患者、Ⅱ型（2型）糖尿病患者の食事前後の血糖濃度と血中インスリン濃度のグラフのいずれかである。次の記述a～cのうち、これらのグラフについての正しい記述を過不足なく含むものを、下記の①～⑦から選びなさい。ただし、該当するものがない場合は⑧をマークしなさい。　**23**

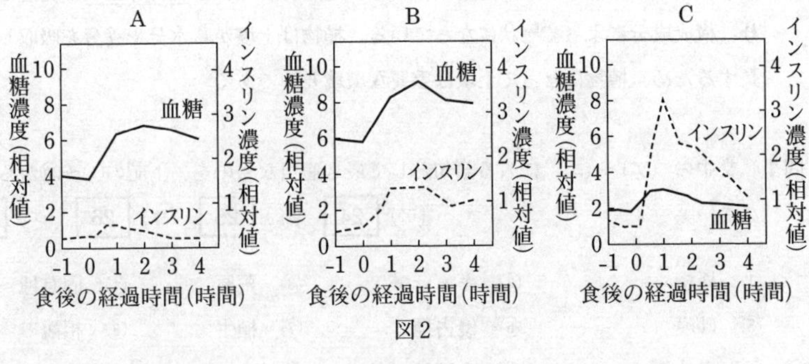

図2

a　Aのヒトの体内では、インスリンは正常に分泌されているが、標的細胞がインスリンを受容できなくなっている。

b　Bのヒトの体内では、自己免疫疾患によりインスリンを分泌する細胞が破壊されていると考えられる。

c　Cは、Ⅰ型糖尿病患者のグラフである。

① a　② b　③ c　④ a、b
⑤ a、c　⑥ b、c　⑦ a、b、c

【4】 植物の集まりとその多様性に関する次の文を読み、後の問い（問1～6）に答えなさい。

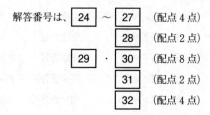

解答番号は、 24 ～ 27 （配点4点）
28 （配点2点）
29 ・ 30 （配点8点）
31 （配点2点）
32 （配点4点）

ある地域に生育する植物の集まりを（　ア　）という。植物はそれぞれの環境に適応した形態をもち、（　ア　）は外観の様相である（　イ　）により、森林や草原、（　ウ　）に大別される。（　ア　）を構成する植物のなかで、背丈が高くて占有している面積が最も大きい種は（　エ　）と呼ばれ、（　ア　）を特徴づける。

森林の内部には(1)垂直方向の層状構造がみられ、多くの場合、熱帯や温帯の森林の方が亜寒帯の森林よりも発達した構造となる。また、(2)森林の土壌は発達しており、構成成分によって層状になっている。植物は土壌から水分や養分を吸収して成長するため、植物にとって土壌は重要な環境要因である。

問1　文中の（ア）～（エ）に入る語句として最も適当なものを、下記の①～⑩から選びなさい。　（ア） 24 （イ） 25 （ウ） 26 （エ） 27

① 極相　② ギャップ　③ 荒原　④ 固有種
⑤ 砂漠　⑥ 優占種　⑦ 植生　⑧ 相観
⑨ バイオーム　⑩ 先駆種（パイオニア種）

問2　下線部(1)に関して、森林でみられる垂直方向の層状構造を何というか。最も適当なものを、下記の①～⑧から選びなさい。 28

① 団粒構造　② 階層構造　③ 垂直分布　④ 水平分布
⑤ 生態ピラミッド　⑥ 生活形　⑦ 生産層　⑧ 分解層

問3　次の記述a～cのうち、森林でみられる垂直方向の層状構造についての正しい記述を過不足なく含むものを、下記の①～⑦から選びなさい。ただし、該当するものがない場合は⑧をマークしなさい。 29

a　発達した森林では、上から亜高木層、高木層、低木層、草本層、さらに場合によっては地表層がみられる。

b　照葉樹林における光の強さは、高木層を通り抜けて次の層に達する頃には、林冠の約50%にまで減少する。

c　落葉樹林における林床の光環境は、冬の方が夏より明るい。

① a　② b　③ c　④ a、b
⑤ a、c　⑥ b、c　⑦ a、b、c

問4　日本の本州中部の照葉樹林において、高木層を形成する樹種の組合せとして最も適当なものを、下記の①～⑧から選びなさい。 30

① トドマツやエゾマツ　② ブナやミズナラ
③ スダジイやアラカシ　④ アオキやベニシダ
⑤ ススキやイタドリ　⑥ シャクナゲやハイマツ
⑦ オオシラビソやコメツガ　⑧ ゲッケイジュやオリーブ

問5　下線部(2)に関して、森林の土壌の層を岩石（母岩）から上に向かって順に並べたものとして最も適当なものを、下記の①～⑥から選びなさい。 31

① （岩石） → 風化した岩石の層 → 腐植土層 → 落葉・落枝の層
② （岩石） → 風化した岩石の層 → 落葉・落枝の層 → 腐植土層
③ （岩石） → 腐植土層 → 風化した岩石の層 → 落葉・落枝の層
④ （岩石） → 腐植土層 → 落葉・落枝の層 → 風化した岩石の層
⑤ （岩石） → 落葉・落枝の層 → 風化した岩石の層 → 腐植土層
⑥ （岩石） → 落葉・落枝の層 → 腐植土層 → 風化した岩石の層

問6　伊豆諸島の三宅島は火山活動が活発な島である。三宅島において、溶岩流が流出した地点で30年経過した後の植物を観察してみると、地下部が発達しているものが多くみられた。この特徴は、この地点のどのような環境に適応した結果であると考えられるか。次の記述a～dのうち、正しい記述を過不足なく含むものを、下記の①～⑩から選びなさい。　32

a　地表付近の砂やれきの保水力が高い。

b　地表付近の土壌に無機塩類が極めて少ない。

c　地表に直射日光が当たらない。

d　地表付近に土壌が少なく、地表面が乾燥しがちである。

①　a　　②　b　　③　c　　④　d　　⑤　a、b
⑥　a、c　　⑦　a、d　　⑧　b、c　　⑨　b、d　　⑩　c、d

【5】　生態系に関する次の文を読み、後の問い（問1～5）に答えなさい。

解答番号は、33 ～ 35 (配点3点)
36 ～ 38 (配点9点)
39 ・ 40 (配点8点)

生態系は、ある地域に生息する生物と、それらを取り巻く非生物的環境をひとまとまりとしてとらえたものである。生態系を構成する非生物的環境と生物、また生物と生物は互いに影響を及ぼしあっている。

生態系を構成している生物は、大きく生産者と消費者に分けられる。生産者である植物は光合成を行うことで有機物を合成し、有機物は食物連鎖を通して消費者に取り込まれ、その生活に利用される。図1は、ある生態系における各栄養段階の有機物の収支を模式的に表したものである。図1中の（　）内の数値は、単位土地面積当たりの生産者の年間総生産量（年間同化量）に相当するエネルギー量を100としたときの、各栄養段階の年間同化量の相対値である。

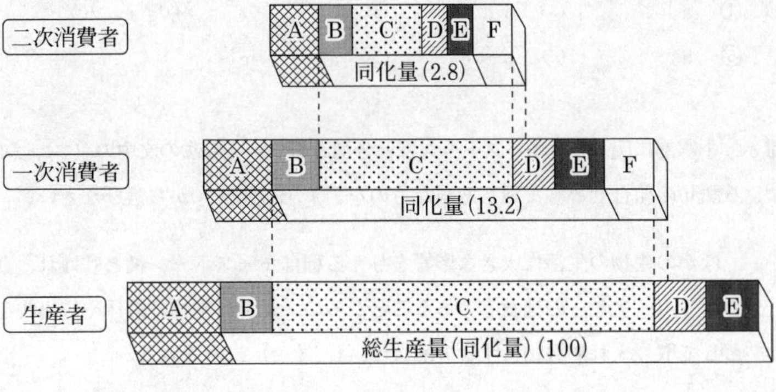

図1

問1　図1に関して、Eは呼吸量に相当するエネルギー量を示している。また、Bは一定期間経過後にはAの一部となる。A、B、Dに相当するエネルギー量と、二次消費者の例として最も適当なものを、それぞれの選択肢から選びなさい。

A **33**　B **34**　D **35**　二次消費者 **36**

A、B、Dの選択肢

①　成長量　②　死亡・枯死量　③　生産量
④　最初の現存量　⑤　被食量　⑥　不消化排出量
⑦　摂食量　⑧　純生産量

二次消費者の選択肢

①　イタチ　②　イネ　③　ミミズ　④　バッタ
⑤　ウサギ　⑥　コンブ　⑦　シアノバクテリア

問2　次の記述a～cのうち、生態系についての正しい記述を過不足なく含むものを、下記の①～⑦から選びなさい。ただし、該当するものがない場合は⑧をマークしなさい。 **37**

a　非生物的環境の要素例として、土壌中の腐植が挙げられる。
b　環境形成作用の例として、ステップでは樹木が生育できないことが挙げられる。
c　作用の例として、ビーバーによるダムの建設が挙げられる。

① a　② b　③ c　④ a、b
⑤ a、c　⑥ b、c　⑦ a、b、c

問3　下線部に関して、キーストーン種と分解者についての次の文中の（ア）、（イ）に入る語句の組合せとして最も適当なものを、下記の①～④から選びなさい。 38

ほかの生物の生活に大きな影響を与える種はキーストーン種と呼ばれ、食物網における（　ア　）の捕食者であることが多い。また、生物の遺体や排出物を有機物として取り入れ無機物にする分解者は、（　イ　）に含まれる。

	（ア）	（イ）
①	下位	生産者
②	下位	消費者
③	上位	生産者
④	上位	消費者

問4　栄養段階と個体数および生物量に関する次の文中の（ウ）、（エ）に入る文や語句の組合せとして最も適当なものを、下記の①～④から選びなさい。 39

生物の個体数を栄養段階ごとに調べたとき、栄養段階が上位のものほど個体数が少なくなることが多い。しかし、（　ウ　）ときは、その関係が逆転する。

また、生物量を栄養段階ごとに調べたとき、栄養段階が上位のものほど生物量は（　エ　）ことが多い。

	（ウ）	（エ）
①	放牧中のウシが、牧草を食べている	多くなる
②	放牧中のウシが、牧草を食べている	少なくなる
③	多数の昆虫が、ある１本の樹木の葉を食べている	多くなる
④	多数の昆虫が、ある１本の樹木の葉を食べている	少なくなる

問5　ある栄養段階の年間同化量をその一つ前の栄養段階の年間同化量で割った値をエネルギー効率と呼ぶ。次の記述a～dのうち、図1に示される生態系のエネルギー効率についての正しい記述を過不足なく含むものを、下記の①～⑦から選びなさい。ただし、該当するものがない場合は⑧をマークしなさい。 **40**

a　一次消費者のエネルギー効率は約21%で、二次消費者よりもエネルギー効率は高い。

b　一次消費者の同化量は二次消費者の同化量の約4.7倍なので、エネルギー効率も同様に約4.7倍となる。

c　二次消費者のエネルギー効率は約21%で、一次消費者よりもエネルギー効率は高い。

d　二次消費者のエネルギー効率は約2.8%で、一次消費者よりもエネルギー効率は低い。

① a　② b　③ c　④ d
⑤ a、b　⑥ a、d　⑦ b、d

③ 自己実現、多様性、自己固有性という概念により、自由を享受することが人間の本来果たすべき義務だととらえられること。
④ 近代哲学が提起した自我のイメージを引き継いだ実存哲学が、自由であることの価値を積極的に評価してきたということ。
⑤ 実存哲学が自由を起点として人間の生きる意味を建て直す必要に迫られたことから、自由は義務になってしまったということ。

問8 本文の内容に**合致しないもの**を、次の中から選びなさい。
解答番号は、**26**。 （配点6点）

① 人間が自由に生きるということは、自分の人生を自分で決めて生きていくことを意味する。
② 自己固有性という概念は、主体的な人にとっては一つの自我理想になりうると考えられる。
③ 現代社会では多様性に積極的価値が認められていて、誰もが自分を表現することができる。
④ 民主主義と資本主義という巨大なシステムを支えてきたのは、人間の自由の自覚であった。
⑤ 実存哲学は、個人が物語と一体化し全体性の一部になって生きることに価値を見いだした。

問6　傍線部(3)「自由な社会で自由を享受することに疲れ始めている」とあるが、このときの人間の心情の説明として**不適当な**ものを、次の中から選びなさい。

解答番号は、[24]。　(配点7点)

① 自分の人生の責任が自分にあるという自覚から、充実した生を送る人と比較して、そうなれない自分に疲弊を感じる。
② 自己実現を果たした人々についての情報が全体化することで、自己実現に至っていない自分に対して憐憫(れんびん)を感じる。
③ 多様性が過度に強調されることで、他者との差異を確立できない自分が世界から置いてけぼりを食った気分になる。
④ 自分が何をやりたいのか方向性が分からず、強い憧れもないため、本当の自分という観念を重苦しいものに感じる。
⑤ 自由でいたいと思いつつ、自由を自己実現の糧にできないことに疲れ、自由に対する責任を負わせる社会が嫌になる。

問7　傍線部(4)「義務としての自由という逆説」とあるが、それはどういうことか。その説明として最も適当なものを、次の中から選びなさい。

解答番号は、[25]。　(配点5点)

① 自由を絶対的なものではないと考えると、権利であるはずの自由がその責任を引き受けねばならない重荷になるということ。
② 最も本質的な問題は、自由の概念が相対主義に結びつくというイメージを付着させたポストモダン思想にあるということ。

問4　傍線部(1)「このことは自由な社会に生きていることを傍証してもいる」とあるが、それはどういうことか。その説明として最も適当なものを、次の中から選びなさい。

解答番号は、22。　　　　(配点5点)

① 自由が成熟している社会の中で焦燥感にかられることは、人々が自由を希求することを証明しているということ。
② 自由の意識が不安に変質していること自体が、社会が自由であることの間接的な証拠になっているということ。
③ 自由の保障に対して人々が共通の感覚を持つことが、その社会の成員であることを暗に証明しているということ。
④ 人々が抱く自由の感覚とその発展という歴史が、自由についての人々の意識を明確に証明しているということ。
⑤ 人類が身命を賭して自由を手に入れたことは、民主主義と資本主義が成熟している証拠になっているということ。

問5　傍線部(2)「エーリッヒ・フロムは、つぎのことを予言していた」とあるが、「エーリッヒ・フロム」が「予言していた」ことはどのようなものか。その説明として最も適当なものを、次の中から選びなさい。

解答番号は、23。　　　　(配点6点)

① 自由になればなるほど弱まっていく人間の心の安定感。
② 自由や個人的自我の統一性に破壊される人間同士の絆。
③ 自由を破壊する安定感に抵抗を覚える人間の共通感覚。
④ 自由が成熟していく社会の裏側で進む人間の心の反応。
⑤ 自由を持て余すことにより触発される人間社会の変化。

(d) カクリ　17

① 才能がカクセイ遺伝する。
② 顔のリンカクから描いていく。
③ ハカクの待遇を受ける。
④ カクイツテキな方法を改める。
⑤ 油断してフカクをとった。

問2　空欄 ア ・ イ に入る最も適当な語を、次の中から選びなさい。ただし、同じ語を二度使ってはならない。

解答番号は、ア 18 、イ 19 。　（配点6点）

① それゆえ　② とりわけ　③ しかし　④ また
⑤ もしくは　⑥ ならびに　⑦ ただし　⑧ すなわち

問3　空欄 A ・ B に入る最も適当な語を、次の中からそれぞれ選びなさい。

解答番号は、A 20 、B 21 。　（配点6点）

A 20　① 可視化　② 分極化　③ 具象化　④ 合理化　⑤ 複雑化
B 21　① 安逸な　② 頑固な　③ 不遜な　④ 凡庸な　⑤ 浮薄な

(a)　オウコウ　14
① 患者の自宅にオウシンする。
② 食欲がオウセイである。
③ 証拠品をオウシュウする。
④ 脱線してオウテンする。
⑤ 地元チームをオウエンする。

(b)　ユウカイ　15
① ギユウ兵を募る。
② ユウチョウに構える。
③ 銀行からユウシを受ける。
④ 病状をユウリョする。
⑤ シユウを決する。

(c)　タイダ　16
① 落ち葉でタイヒを作る。
② 職務タイマンを注意される。
③ 文明がタイカする。
④ 他人にシュウタイをさらす。
⑤ 国家のアンタイを願う。

在不安や絶望）を超克して、自己の本来的な可能性を追求するためには、主体的な意志と決断が不可欠である。自らの力によって生の意味をつかむことのできる者だけが、真に自由でありうる。実存哲学はこのように考えたのである。

（岩内章太郎『〈普遍性〉をつくる哲学――「幸福」と「自由」をいかに守るか――』より）

（注1）エーリッヒ・フロム――一九〇〇～一九八〇年。ドイツ生まれの精神分析学者・社会学者。
（注2）命法――定言命法。いつ、どこでも人間に普遍的に当てはまり、常に「～すべし」と無条件に命じる命令。
（注3）ポストモダン――一九八〇年代以降に現れた脱近代主義。
（注4）平野啓一郎――一九七五年～。日本の小説家。
（注5）分人――対人関係ごとに生じる様々な自分のこと。平野啓一郎は、一人の人間の中にはいくつもの人格（分人）があり、その複数の集合体が一人の人間である、という分人主義を唱えた。

問1　傍線部(a)～(d)と同じ漢字を含む語を、次の中からそれぞれ選びなさい。（配点8点）
解答番号は、(a) 14 、(b) 15 、(c) 16 、(d) 17 。

すぎる。あるいは、こうも言えるかもしれない。ポストモダン以後の時代に生まれた者にとって、「自己固有性」はすでに肌感覚に合わなくなっている、と。むしろ、平野啓一郎のいう「分人」(dividual) の方が、私たちの自己イメージにはフィットしているように思われる。「他者を必要としない『本当の自分』というのは、人間をカクリする檻である」。

これらが、自由であることに疲労を覚える人間の心情である。しかしながら、私の見るところ、最も本質的な問題は、自由の概念が相対主義に結びついていることである。自己実現、多様性、自己固有性のキーワードは、じつはそれ自体が直接、自由であることの疲労を生みはしない。自由が相対主義的に解釈されて、これを一人で処理しようとするとき、そこに義務としての自由という逆説が現われるのだ。

というのも、そのとき自由は、生誕と同時に〈私〉に背負わされた重荷にほかならず、自由であることの責任を自分自身で引き受けるほかないからである。その結果、他者との断絶や社会からの疎外を感じる。ついでに言っておけば、私は自由に付着する相対主義のイメージを、ポストモダン思想の負の遺産と考えている。

とはいえ、これは哲学全体の問題でもある。とりわけ、近代哲学が提起した自我のイメージを引き継いだ実存哲学は、自由であることの価値を積極的に語ってきたが、その語りは社会の一般性から離れた特別な実存意識だけを評価し、自由の資格を例外的な実存者にのみ与えてきたのではないだろうか。

たしかに、実存と自由が結びつくのにはそれなりの理由がある。近代社会が新しく獲得した自由の精神が世界の超越項（宗教や共同体の物語）を徐々に解体し始めたとき、実存哲学は、まさに自由を起点にして、人間の生きる意味を建て直す必要に迫られたのである。さらに言えば、他者とは共有できない何かを心に抱え込んでしまうとき、〈私〉はどう生きるか（実存）が深刻な問いになるので、自由の極北が社会の一般性から外れてしまうということも、分からなくもない。

そうして、自由は自己意識、自己価値、自己固有性の概念と重ねられることになる。超越性が失われた時代のニヒリズム（存

を自己実現の糧にしていける人たちである。

メディアやSNSを通じて、一生懸命頑張っている人、充実した生を送っている人、新しい分野で成功した人の情報はつねに入ってくる。情報が全体化することで、「地元で一番」では満足できなくなり、インターネットで検索すれば、自分と同じ年齢なのにすごい人がいくらでも見つかる時代になった。ここで、そうはなれない自分に疲れるのである。生まれたときに自由のチケットを一方的に渡してきて、それを死ぬまでに使い切ることを要求する社会が嫌になるのだ。

つぎに、自由と多様性。自由は多様性を保障する。現代社会では感受性や考え方の違いに積極的な価値が認められており、生の内実はさまざまに形作られる。それだけではなく、誰もが自分を表現することができるように、サイバースペースでは、自己表現のためのプラットフォームが無数に整備されている。(ついでに言っておけば、「いいね!」と承認する機能もついている。)表現の自由は多様性を A するのである。(お洒落(しゃれ)なインスタグラム。)

ところが、多様性が過度に強調されると、これは裏返って命法(注2)になる。あなたは自分なりの感受性や考え方を形成して、それを表現しなければならなくなるのだ。それは、多くの場合、他者との競合になるだろう。多様性は差異によって作られていくが、他者との差異を確立できない B 人間は、生き方の多様性から置いてけぼりにされた気がする。世界から取り残された気がする(SNS疲れ)。

最後に、自由と自己固有性。自由には「本当の自分」という観念がつきまとう。前提になるのは、自分が何をやりたいのかを知ることができて、意志と決断によって方向性を決められる主体的人間像である。逆に言えば、欲望の状況をうまくつかめない人間には、そもそも自由になるための根本条件が欠けている、ということにならないだろうか。

ヴィジョンのはっきりした強い憧れを持つ者にとって、自己固有性は一つの自我理想になりうるのかもしれない。 イ 、何をしたいのかがよく分からず、欲望が不活性になっている状態(=メランコリー)にとって、自己固有性という概念は端的に重

他人や自然との原初的な一体性からぬけでるという意味で、人間が自由となればなるほど、そしてまたかれがますます「個人」となればなるほど、人間に残された道は、愛や生産的な仕事の自発性のなかで外界と結ばれるか、でなければ、自由や個人的自我の統一性を破壊するような絆（きずな）によって一種の安定感を求めるか、どちらかだということである。

自由が展開するにつれて、人はますます個人として生きていかざるをえなくなり、愛や仕事によって外界と結ばれるか、あるいは、自由を破壊する安定感、［ア］、全体への従属という安心感を求めることになる。フロムは自由の進展の裏側にある心的機制を描いてみせたのだ。

フロムの二者択一はさまざまに言い換えられるだろう。自由への欲望を持つ自我に明確な形を与えることで自我を安定させるのか、反対に、自我をより大きな全体性へと(b)ユウカイさせることで安心感を獲得するのか。〈私〉の自己同一性と自己価値について他者からの承認を獲得するのか、それとも、大きな物語と一体化しつつ全体性の一部として生きるのか。一言でいえば、自由を享受できる人間と、自由を持て余す人間が出てくる、ということである。

私たちは、どういうわけか、(3)自由な社会で自由を享受することに疲れ始めている。不自由は苦しいが、自由も苦しい。自由でありたいのだが、自由すぎるのも辛（つら）いのだ。このことの原因を具体的に描写してみよう。

まず、自由と自己実現。自由に生きることは、自分の人生を自分で決めて生きていくことを意味する。ところが、そこで選択した生き方の責任は自分にしかないのだから、たとえ不幸な人生になったとしても、それは自らの能力や努力が不足しているせいだ、ということになる。

世界にはアクティヴに行動する有能な人びとがいるだろう。彼らは(c)タイダを撥（は）ね退（の）けて、自己実現を追い求める。主任の次は課長、課長の次は部長、部長の次は役員。自らに与えられた自由を行使することで、可能な限りその能力を拡張していき、自由

① 半世紀たっても変わらない東京の混雑は、同じ「インフラ観光」であっても、昔と今では大きな変化が起こっている。
② オフィスビルのような日常的な場所や殺風景な場所にこそ、ふだん見ることのできない東京の面白さが隠れている。
③ 東京の群衆にとって日常的な渋谷のスクランブル交差点も、カメラを向けた人にとっては特別な場所になっている。
④ 船からの水上経験は、陸上からはとらえられない水運都市としての隠れた東京の魅力を私たちに教えてくれている。
⑤ 渋谷のスクランブル交差点は、今では外国人観光客に人気のある観光スポットとして世界中にその名を馳(は)せている。

二　次の文章を読んで、後の問いに答えなさい。

自由の意識は、自由が成熟していく社会の内側で、行き場のない不安や焦燥感に変質している。もちろん、(1)このことは自由な社会に生きていることを傍証してもいる。社会の成員である限り一定の自由が保障されるのは当然で、この権利は不当に侵害されてはならない。こうした共通感覚を多くの人が持つにちがいない。私たちは、万人に自由が保障されていない社会で差別や暴力が(a)オウコウしたこと、そして、人類が身命を賭して自由を手に入れたことを知っているし、民主主義と資本主義という巨大なシステムを支えてきたのが、自由の自覚とその普遍的展開であったことも疑えない。

しかし、そうであるからこそ、人間は自由であることに疲労を覚えてもいる。一九四一年の時点で、(2)エーリッヒ・フロム(注1)は、つぎのことを予言していた。

① 不特定多数の見る側と見られる側の群衆のあいだに差異はなく、わけることができない状況だということ。
② ふたつの群衆はどちらもメディアをとおして初めて存在できる、空間に拡散している存在だということ。
③ 見られる側はひとつの場所にいるわけではなく、見る側と同様に特定できない空間にいるということ。
④ 高度な機能を備えたパーソナルメディアが一般化し、フィールドワークを行う人々が増えたということ。
⑤ 観察する側とされる側との一方的な関係が責められ、科学的でないと見直されるようになったということ。

問7 傍線部(3)「ある程度納得がゆく」とあるが、それはなぜか。その理由として最も適当なものを、次の中から選びなさい。

解答番号は、 12 。 (配点7点)

① 人類学や社会学で使われた「フィールド」が、メディアの変化によってその自明性に疑問符がつきつけられたから。
② 高度に情報化した今日の都市においては、すべての人々や空間が「フィールド」になる条件を備えているから。
③ 自覚なきアートとも呼べる交差点を渡る群衆自体が、既存の枠組みに収まらない「フィールド」になっているから。
④ ディレクターの存在しない単なる交差点の群衆の映像に、一種の群舞を思わせるリズム感が存在しているから。
⑤ 歩行者が衝突せずに交差点を渡りきるという光景ですら、メディアの使用によって「フィールド」になりうるから。

問8 本文の内容に**合致しないもの**を、次の中から選びなさい。

解答番号は、 13 。 (配点8点)

問4　空欄 ア ・ イ に入る最も適当な語を、次の中から選びなさい。ただし、同じ語を二度使ってはならない。

解答番号は、ア 8 、イ 9 。（配点6点）

① そして　② たとえば　③ しかも　④ つまり

⑤ ところで　⑥ それゆえ　⑦ だが　⑧ たしかに

問5　傍線部(1)「水の流れが日常とは別の地図を描きだす」とあるが、それはどういうことか。その説明として最も適当なものを、次の中から選びなさい。

解答番号は、 10 。（配点6点）

① 新しい水上経験によって、観光客と同じ目線で未知の東京の姿が持つ美しさを堪能することができるということ。

② 新たに船着き場が設置された建物によって、水運都市としての東京の価値を高めることができるということ。

③ 船に乗って東京を見ることで、道路地図では見ることができない風景の記憶を目にすることができるということ。

④ 川から都市を眺めることによって、殺風景とも言える東京においても絶景を楽しむことができるということ。

⑤ 観光客とは逆のルートを辿ることで、慣れ親しんでいる東京とは別の、静かな顔を見ることができるということ。

問6　傍線部(2)「ふたつの群衆は、実はひとつである」とあるが、それはどういうことか。その説明として最も適当なものを、次の中から選びなさい。

解答番号は、 11 。（配点7点）

(d) トウライ　4
① オントウな処分を希望する。
② 有為な人材をトウヨウする。
③ 注文の電話がサットウする。
④ 与謝野晶子にケイトウする。
⑤ 問題についてトウロンする。

問2　次の文は本文の一部である。どこに入れるのが最も適当か。本文中の Ⅰ ～ Ⅴ の中から選びなさい。
解答番号は、5。　(配点3点)

それは消費世界の情報や記号が取り除かれた、建築の無垢(むく)とも言うべき光景で、わたしを感動させたのだった。

① Ⅰ　② Ⅱ　③ Ⅲ　④ Ⅳ　⑤ Ⅴ

問3　空欄 A ・ B に入る最も適当な語を、次の中からそれぞれ選びなさい。
解答番号は、A 6 、B 7 。　(配点6点)

A 6 ① 近代的　② 荒唐無稽　③ 幾何学的　④ 無味乾燥　⑤ 機能的
B 7 ① 追従　② 追随　③ 追跡　④ 追求　⑤ 追究

(a) カイジ　1
① 事故のジダン交渉をする。
② 人相がコクジしている。
③ ジジ問題に言及する。
④ 現状イジに努める。
⑤ 謝礼をコジする。

(b) ケイフ　2
① ケイソウ中の事件を調べる。
② ムケイ文化財に指定される。
③ 防災のケイハツ活動を行う。
④ 自分のケイレキをいつわる。
⑤ 自然のセイタイケイを守る。

(c) ヒハン　3
① 大臣がヒメンされた。
② 条約が本日ヒジュンされた。
③ 山中のヒキョウを探検する。
④ ヒルイのない業績をたてる。
⑤ ヒギシャを聴取する。

渡りきるという光景に感嘆しているのだ。上方から眺めると一種のマスゲームのようにさえ見える。路面ぎりぎりにカメラを据えて、群衆の足元だけをとらえた映像には、一種の群舞を思わせるリズム感があるが、交差点の信号以外に、これといったディレクターはいない。一種のパフォーマンスと見ているのだろう。

それを人は自覚なきアートと呼ぶかもしれない。群衆による群衆の、群衆のためのアート。だがそれは東京の群衆にとっては日常的な、特に意識することもない現象である。むしろできれば避けたいと思っている「非―場所」だ。そこに非日常的な何かを感じとり、それがいったいどのようにして可能になるのかをこの目で見たいと思い、カメラを向けた人々にとって、そこは特別な「場所」となるわけである。

（港千尋『風景論 ―― 変貌する地球と日本の記憶』より）

（注1）暗渠めぐり ―― 川や水路を覆った場所を歩くこと。
（注2）ハチ公 ―― 渋谷駅前にある「忠犬ハチ公」の銅像。
（注3）109 ―― 渋谷にある商業施設。
（注4）フィールドワーク ―― 野外など現地での実態に即した調査・研究。野外調査。

問1　傍線部(a)～(d)と同じ漢字を含む語を、次の中からそれぞれ選びなさい。
解答番号は、(a) 1 、(b) 2 、(c) 3 、(d) 4 。

（配点8点）

「群衆」をなしている。

不特定多数の群衆を不特定多数の群衆が見ている。前者は現実の空間に存在する群衆だが、後者のほうは現実には存在するがひとつの場所にいるわけではない。あくまでメディアをとおして、「地球上」という以外には特定しようのない空間に拡散している、匿名の観客だ。そのメディアの特徴をひとことで言うならば、前者と後者のあいだに差異がないという点につきるだろう。

誰もが撮り、誰もが見る。(2)ふたつの群衆は、実はひとつである。たとえばこの交差点で起きていることを、フィールドワーク(注4)としてとらえてみよう。この言葉が人類学や社会学で使われはじめたときには、何がフィールドでそれを誰が観察し記録するのかは明らかだった。その自明性に疑問符がつきつけられ、観察する側とされる側との一方的な関係がヒハン(c)されるにしたがって、これらの科学では関係そのものが見直されることになったが、それは同時にメディアの変化を伴うものでもあった。

高度な機能を備えたパーソナルメディアが一般化した状況では、そう簡単に観察する側とされる側にわけることはできない。人はスクランブル交差点を渡っていればただの歩行者だが、その気になれば手元のスマホでこれを撮影し、まさに驚くべき群衆行動を記録し、これを公開することもできる。交差点の観光客がやっていることは、それである。言い換えれば、どんな場所でも「フィールド」になる。そんな状況がトウライ(d)している。

フィールドは日本語で「野」、中国語では「田野」である。スクランブル交差点は情報メディアが複雑に絡まった状態の「野」に近い。そして高度に情報化した今日の都市は、すべての空間が、同様の「野」になる条件を備えていると言ったほうがいいだろう。それは既存の枠組みのなかには収まりきらないような、もっと広い「野」である。渋谷駅前の観光客たちが注視しているのが何なのかを考えると、(3)ある程度納得がゆく。

わたしはスクランブル交差点に滞在しながら、手元のスマホで投稿された動画を検索してみた。いくつか見るだけで、なぜそこが観光客の人気スポットなのかが分かる。彼らは信号が青に変わった途端に四方から歩き出した歩行者が、衝突することなく

バックに記念撮影をしている一群がいる。横断歩道のど真ん中で立ち止まりカメラを回したり、交差点内を用もなく往復している姿さえ見える。繁華街を訪れているというよりは、確かに「交差点を見に来た」としかいえないような行動である。彼らは「スクランブル交差点を渡る群衆」を見に来ているのである。

日本の鉄道駅の利用者数は世界的に見て、桁違いの数字で知られている。乗降者数の世界ランキングでは、他の［B］を許さない。特に新宿、池袋、渋谷、東京などの山手線（やまのて）の駅は常に上位にランクされ、これらの駅の一日平均の利用者数は、単位が百万人になる。複数の私鉄が乗り入れる新宿では三〇〇万を超えるというから、単純に数字だけからすれば、どんな観光地も及ばないだろう。

これらの駅では高度成長期には朝晩のラッシュアワーを体験するツアーさえあったという。いまもあるのかもしれないが、観光地としてはそれなりの(b)ケイフがあるということになる。これはリニューアルされた東京駅構内を見物するのとはわけが違う、一種の「インフラ観光」である。

［イ］半世紀たっても東京の混雑はあまりにひどい、ということでもあるのだが、昔と今とではそこに大きな変化が伴っている。スクランブル交差点の周囲を見渡すと、建物の上から撮影している人が目につく。井の頭線への通路や商業施設の上階にも、一眼レフカメラで撮影している姿が多い。比較的時間をかけて撮影しているのは、ほとんどみな動画で撮影しているからである。変化、というのはそこにある。

動画の多くは、インターネット上のさまざまなサイトに送られ、誰でも見られるように提供される。記録内容がシェアされることを前提として撮影する、記録する端からアップロードしてゆく、あるいは記録中のライブ映像として共有することもごく普通だろう。スマートフォンの爆発的な普及によって出現した、パーソナルメディアの利用法である。話題になった映像は、瞬時に共有される数を増やしてゆき、瞬く間に世界中で閲覧されてゆく。その数は全体で、おそらく駅の利用者数に匹敵するような

もちろん浮世絵が描いたような、名所図会を期待してはいけない。水路に沿ってビルがびっしりと建ち並び、町と川とのあいだに高い壁をつくっている。ふだんなら殺風景と言うところだが、そこに独特の美しさを感じたのは、なぜだろう。ほとんどのビルは道路側が表玄関である。水辺は建物の裏側になるから、装飾も看板もほとんど見当たらない。ネオンや巨大スクリーンが施しているどぎつく喧(やかま)しい化粧とは無縁の、都市の静かな顔が淡々と続いてゆく。それぞれのビルの微妙な色彩が水に映る。

［Ⅲ］

日本橋の周辺も含め、高速道路が暗い天井を作ってしまっているせいで、水辺の風景にわたしたちは無関心だが、ボートから眺めると東京にはまだまだ水運都市としての魅力が隠されていることがわかる。その魅力を引き出すには、「水上経験」に勝るものはない。数は少ないが、新たに船着き場が設置された建物にはどこか華やぎがある。それが場所の価値を高めることにつながるかもしれない。［Ⅳ］

道路から数メートルに過ぎないのに、喧騒(けんそう)が遠く感じられる。町と人を水面に映しながら、船はゆく。水上経験は、風景にひととの詩学を与えてくれるのである。［Ⅴ］

国道マラソンと暗渠(あんきょ)(注1)めぐりには、共通点がある。どちらも都市景観としては、けして美しいわけではない。海沿いの道、箱根や隅田川の一部を除けば、むしろ殺風景な場所や［A］なオフィスビルのほうが多い。［ア］そうした場所に人が集まるところに、都市インフラの面白さがある。たとえば東京で外国人観光客にもっとも人気のある場所のひとつに、渋谷の駅前交差点がある。アキハバラと並んで、Shibuya Crossingはいまや世界的に通じる地名である。国際会議のゲストとしてアメリカとイタリアからスピーカーが来た際に、わたしも彼らの視点で渋谷のスクランブル交差点へ向かい、しばらく佇(たたず)んでみた。

交差点はいつもと変わらぬ混雑で、よそ見をしていると人にぶつかりそうだ。センター街側に渡ったところで、交差点全体を見回してみる。一目で観光客とわかる人たちが、ビデオカメラやスマホで交差点を撮影している。「ハチ公(注2)」側から「109(注3)」を

国語

（五〇分）

一　次の文章を読んで、後の問いに答えなさい。

　よく晴れた日曜日、日本橋から船に乗る。幸い風がないので暖かく、水上を行くには絶好の日和である、と書けば江戸の話かと思われるかもしれないが、そうではない。都市に新しい「水上経験」を創出することを目的に活動をつづける、その名も「ボートピープルアソシエイション」が、日本橋のアートギャラリーとの共同企画で開いた、写真ワークショップに参加したのである。乗船する前はなんとなく隅田川の観光巡りを想像していたのだが、およそ二時間にわたるクルーズは予想とはまったく異なる、ほとんど未知の東京を(a)カイジするものだった。［Ｉ］

「東海道五十三次」の出発点には二〇一一年四月に船着き場が設置され、東京スカイツリーを水上から眺めようという外国の観光客にも人気となっているが、わたしたちが辿(たど)ったのは逆に大手町周辺から神田川を経て、隅田川から品川をめざすというルートだった。撮影も楽しかったが、参加者全員、慣れ親しんでいる都市が見せる別の貌(かお)に驚いたのだ。

　理由はいくつもあるが、ひとつは(1)水の流れが日常とは別の地図を描きだすことだろう。たとえば「神田島」という意外な呼び方を初めて聞いたが、確かに水路に囲まれているという意味では「島」である。湾岸に残る古い倉庫群には水運都市の歴史が垣(かい)間(ま)見える。道路地図からは見えない風景の記憶が、じわりと浮かびあがる。［Ⅱ］

解答編

英語

1 解答 1－② 2－③ 3－②

2 解答 4－④ 5－④ 6－③ 7－③ 8－②

解説 4．notably「著しく，特に」＝primarily

5．come up with ～「～を思いつく」＝think of ～

6．valuable「価値のある，貴重な」＝precious

7．underway「進行中で」＝ongoing

8．review「～（論文など）を審査する」＝evaluate

3 解答 9－④ 10－④ 11－② 12－① 13－③ 14－④ 15－② 16－④ 17－② 18－③ 19－①

解説 9．「私たちが小さかった頃，放課後はずっと遊んでいたものだった」 過去の習慣を表す would「～したものだった」

10.「私はダイエットをして 1 週間以内で 10 キロ減量した」 within「～（期間）以内で」

11.「彼は疲労で顔色が悪い」 pale「顔色が悪い」 with exhaustion「疲労で」

12.「これらは森に生息している動物たちだ」 inhabit「～に住んでいる，生息している」 live「住む」は自動詞のため前置詞 in が必要である。

13.「第二次世界大戦は 1939 年に勃発した」 break out「（戦争などが）勃発する」

14.「彼らは新しい発見の重要性に気づいていなかったように思われる」 seem to have been ～「～であったように思われる」

15.「先生は生徒に言った『私が授業で触れた本を読みなさい』」 先行詞は the book のため関係詞は which または that，さらに refer to「～に触れる，言及する」と前置詞 to が必要になるので，② to which となる。前置詞と関係詞 that は一緒に使えないので① to that は不適。

16.「その子供は1年間病院で過ごしたが，少しもよくなっていない」 none the＋比較級「少しも～でない」

17.「雪が降っていたので，メアリーは昨夜家にいた」 接続詞がないので分詞構文と考え，動詞を現在分詞～ing にする。

18.「もし100万ドル勝ち取ったら，何が買いたい？」 suppose S V「もし～だとしたら」

19.「私は有名な人たちと知り合いになった」 become acquainted with ～「～と知り合いになる」

4 解答 (1)20―④ 21―③ (2)22―⑧ 23―①

解説 (1)Japanese have a tendency to be nervous when speaking (English.) have a tendency to *do*「～する傾向がある」

(2)(It) was not long before Mike noticed that his test score was inaccurate(.) It is not long before S V「まもなくSがVする」

5 解答 24―③ 25―①

解説 24.「2時間で仕上げてくれませんか」というAの発言に対し，Bは「2時間は短すぎます，でも」と逆接の but があるので，③「何かできるか考えてみます」が適切である。

25. 空欄直後に「電子レンジに入れて5，6分温めるだけよ」という発言があるので，①「すべて用意できているよ」が適切である。

6 解答 26―③ 27―② 28―② 29―④ 30―②

解説 ≪温暖化で遅れる秋と早まる春≫

26. foliage「（木全体の）葉」 autumn から紅葉とわかる。

27.「サンプルのカエデの木に基づく『紅葉日』を 12 月 14 日と判断した」determine「～と判断する」

28. majority「大部分」

29. turn red「赤くなる」 turn＋色で「～色になる」。

30. monitor「～を監視する」 主語が observatory「観測所，天文台」であることから推測できる。

7 解答 31―③ 32―② 33―③ 34―④ 35―②

解説 ≪月での食料生産≫

31. 第 1 段の後半に「政府主導のプロジェクトが始まる」とあり，さらに第 2 段第 2 文（The technology is …）に「この技術は日本も参加している月に人を送るというアメリカのアルテミス計画に役立つ」とあるので，④アメリカ政府ではなく，③日本政府とわかる。

32. 第 4 段の 2 行目以降の一個人の発言（“It's estimated that …）に「地球から 38 万キロ離れた月に食べ物を持っていくのに 1 キログラムあたり約 1 億円のレベルの費用がかかると推定されている」とあるので，②「地球から食べ物を運ぶのに莫大な費用がかかるだろう」が適切。

33. ③「空気のない環境で，効率よく食料を栽培することが目標である」第 5 段第 2 文（As a result, …）に「月面基地のエアロック環境下でも…必要な栄養素を持続的に確保できる食料供給システムの実現を目標とする」とあり，「空気がない状態」には言及していないので誤り。

34. 空欄の後ろに「2030 年代前半に月に基地」とあるので，④「～を設置する」と推測できる。

35. 日本政府による，宇宙での食料生産やその技術の話であるので，②「宇宙における将来の食料生産のための日本の技術」がふさわしい。

数学

1 解答 ≪絶対値を含む 1 次不等式，集合の要素の個数，四分位数≫

1 —⑥　2 —⑦　3 —③　4 —⑤

2 解答 ≪2 次不等式≫

5 —⑧　6 —③　7 —⑩　8 —⑤

3 解答 ≪余弦定理，三角形の面積≫

9 —③　10—①　11—④　12—⑨

4 解答 ≪重複順列≫

13—⑥　14—③　15—⑦　16—⑦

5 解答 ≪角の二等分線，方べきの定理，三角形の面積≫

17—⑧　18—③　19—③　20—⑦

6 解答 ≪剰余，不定方程式≫

21—①　22—④　23—⑥　24—⑥

化学

1　解答　≪小問集合≫

1－③　2－②　3－⑩　4－③　5－⑥　6－③

2　解答　≪気体反応の法則，物質量，濃度，化学反応式と量的関係，同位体の存在比≫

7－④　8－⑤　9－⑤　10－⑧　11－③

3　解答　≪酸・塩基の定義，pH，弱酸の遊離≫

12－⑥　13－②　14－①

4　解答　≪二酸化炭素の逆滴定≫

15－②　16－③　17－③

5　解答　≪電池，酸化還元反応，金属のイオン化傾向≫

18－⑧　19－④　20－⑧

6　解答　≪二クロム酸カリウムと硫酸鉄(Ⅱ)の酸化還元反応≫

21－⑥　22－①　23－⑤　24－②　25－⑤

生物

1 解答 ≪エネルギーと代謝≫

1－⑤ 2－① 3－② 4－④ 5－⑨ 6－④ 7－① 8－③

2 解答 ≪遺伝子の発現≫

9－③ 10－⑥ 11－① 12－⑦ 13－⑦ 14－③ 15－③ 16－②

3 解答 ≪ホルモンの種類とはたらき≫

17－① 18－④ 19－④ 20－② 21－③ 22－② 23－⑧

4 解答 ≪植生の種類と構造≫

24－⑦ 25－⑧ 26－③ 27－⑥ 28－② 29－③ 30－③ 31－①
32－⑨

5 解答 ≪生態系の物質収支≫

33－④ 34－① 35－② 36－① 37－① 38－④ 39－④ 40－③

ポイントである。「逆説」とは、一見矛盾しているようだが一面の真理を表している説のことであり、ここでは「義務」と「自由」という対比的な概念が結び付けられている。これを「権利であるはずの自由が……重荷になる」と説明した①が正解。傍線部の後に、「自由であることの責任を自分自身で引き受けるほかないからである」とあることとも合致する。

問8　⑤の「物語と一体化し全体性の一部になって生きる」とは自由を破壊し全体へ従属することであるが、実存哲学は真の自由を追求するものなので合致しない。

問4　②
問5　④
問6　②
問7　①
問8　⑤

解説

問2　アの直前の「自由を破壊する安定感」と直後の「全体への従属という安心感」は文脈上は同じような内容を含んでいて言い換えと言えるので、言い換えを示す接続語を選ぶ。イの直前では「自己固有性は一つの自我理想」と述べているが、直後には「自己固有性という概念は端的に重すぎる」とあって反対の内容となっているので、逆接の接続語がふさわしい。

問3　Aの直後に「インスタグラム」とあるように、SNSを通じて自己表現が自由にできることが述べられている、つまり多様性が表現の自由によって目に見える形で認識できることがわかる。Bの直前に「他者との差異を確立できない」とあり、直後に「生き方の多様性から置いてけぼりにされた」とあることから、他者と差異がなく目立たないことだとわかり、「平凡な」「凡庸な」といった言葉がふさわしい。

問4　「自由の意識」が「行き場のない不安や焦燥感に変質している」とあるが、自由の変質が感じられるのも自由な社会に身を置いているからこそだと言えるということ。

問5　エーリッヒ・フロムの予言とは直後の引用文であり、それはその次の段落の最後で「自由の進展の裏側にある心的機制」とまとめられている。

問6　傍線部の後、七段落にわたって自由を享受することの疲れが説明されている。ここでは自由を苦しく重いものとしてとらえ、疲れを感じ自由の責任を負わせる社会が嫌になると述べているが、自分への憐憫は書かれていない。

問7　傍線部の直前に、「自由が相対主義的に解釈されて」とあるので、まずは、自由が絶対主義的なものでないことが

る」と言い「都市インフラの面白さ」と言っていることから逆接の接続語を選ぶ。イは直前までの内容を「半世紀たっても東京の混雑はあまりにひどい」でまとめていることに着目する。

問5　傍線部の「日常とは別の」とは〝普段目にしない〟とか〝非日常の〟といった意味で、③と⑤に絞られるが、⑤の「観光客とは逆のルートを辿ることで」は誤り。

問6　「ふたつの群衆」とは動画に撮影しそれを見るという行為を介した「観察する群衆」と「観察される群衆」を指すが、その気になれば「観察される側」が動画を撮影し、記録、公開する「観察する側」にも簡単に転じることができるということ。

問7　「納得がゆく」の内容は、「渋谷駅前の観光客たちが注視しているのが何なのか」であり、「何なのか」については、次の段落に「四方から歩き出した歩行者が、衝突することなく渡りきるという光景」と示されている。筆者がこの現象に納得する理由は最終段落に書かれており、最終文に「そこに非日常的な何かを感じとり……特別な『場所』となる」とある。以上に合致するのは⑤である。

問8　②では「日常的な場所や殺風景な場所にこそ……東京の面白さが隠れている」とあるが、該当する本文第七段落では「そうした場所（＝殺風景な場所やオフィスビル）に人が集まるところに、都市インフラの面白さがある」と述べられていて、殺風景なのに人が集まることが面白いと言っているのであって、②の言うような場所の面白さではない。

二

出典　岩内章太郎『〈普遍性〉をつくる哲学―「幸福」と「自由」をいかに守るか』＜終章　もう一度、自由を選ぶ＞（ＮＨＫブックス）

解答

問1　(a)―④　(b)―③　(c)―②　(d)―①

問2　ア―⑧　イ―③

問3　A―①　B―④

国語

一

出典 港千尋『風景論―変貌する地球と日本の記憶』〈第4章 メディアと都市の人類学〉(中央公論新社)

解答

問1 (a)―① (b)―⑤ (c)―② (d)―③
問2 ③
問3 A―④ B―②
問4 ア―⑦ イ―④
問5 ③
問6 ①
問7 ⑤
問8 ②

解説 問2 挿入文の「それ」に着目し、「情報や記号が取り除かれた、建築の無垢とも言うべき光景」を指す箇所を探すと、Ⅲの直前の「装飾も看板もほとんど見当たらない」「どぎつく喧しい化粧とは無縁の、都市の静かな顔」だとわかる。また、その前の「独特の美しさを感じた」が「感動」にあたる。

問3 Aは空欄直前の「殺風景」と同義かそれに近い意味の語を選ぶ。Bは前後の内容から「他の追随を許さない」(＝他に並ぶ者がないほど飛び抜けている)という慣用表現を思いつく。

問4 アは直前に「けして美しいわけではない」とか「むしろ殺風景」とあるのに、直後で「そうした場所に人が集ま

■一般選抜前期・プラス共通テスト

問題編

▶試験科目・配点

学部・学科	方式		教科	科目	配点
管理栄養	前期	2科目型	選択	「コミュニケーション英語Ⅰ・Ⅱ・英語表現Ⅰ（リスニングを除く）」，「国語総合（古文・漢文を除く）・現代文B」から1科目選択	100点
			選択	「数学Ⅰ・A」，化学基礎，生物基礎から1科目選択	100点
		3科目型	外国語	コミュニケーション英語Ⅰ・Ⅱ・英語表現Ⅰ（リスニングを除く）	100点
			国語	国語総合（古文・漢文を除く）・現代文B	100点
			選択	「数学Ⅰ・A」，化学基礎，生物基礎から1科目選択	100点
	プラス共通テスト		共通テスト	共通テスト利用科目*から高得点1科目を利用	100点
			選択	「数学Ⅰ・A」，化学基礎，生物基礎から1科目選択	100点
ヒューマンケア	前期	2科目型	選択	「コミュニケーション英語Ⅰ・Ⅱ・英語表現Ⅰ（リスニングを除く）」，日本史B，世界史B，生物基礎，「国語総合（古文・漢文を除く）・現代文B」から2科目選択（ただし，英語・国語は1科目以上必須）	各100点
		3科目型	外国語	コミュニケーション英語Ⅰ・Ⅱ・英語表現Ⅰ（リスニングを除く）	100点
			国語	国語総合（古文・漢文を除く）・現代文B	100点
			選択	日本史B，世界史B，生物基礎から1科目選択	100点

		プラス共通テスト		共通テスト	共通テスト利用科目*から高得点1科目を利用	100点
				選択	「コミュニケーション英語Ⅰ・Ⅱ・英語表現Ⅰ（リスニングを除く）」,「国語総合（古文・漢文を除く）・現代文B」から高得点1科目を利用	100点
メディア造形	映像メディア	前期		選択	「コミュニケーション英語Ⅰ・Ⅱ・英語表現Ⅰ（リスニングを除く）」,「数学Ⅰ・A」,「国語総合（古文・漢文を除く）・現代文B」から2科目選択	各100点
		プラス共通テスト		共通テスト	共通テスト利用科目*から高得点1科目を利用	200点
				選択	「コミュニケーション英語Ⅰ・Ⅱ・英語表現Ⅰ（リスニングを除く）」,「数学Ⅰ・A」,「国語総合（古文・漢文を除く）・現代文B」から2科目選択	各100点
	デザイン	前期	デッサン型	選択	「コミュニケーション英語Ⅰ・Ⅱ・英語表現Ⅰ（リスニングを除く）」,「国語総合（古文・漢文を除く）・現代文B」から1科目選択	100点
				実技	鉛筆デッサン（省略）	200点
			一般科目型	選択	「コミュニケーション英語Ⅰ・Ⅱ・英語表現Ⅰ（リスニングを除く）」,「数学Ⅰ・A」,「国語総合（古文・漢文を除く）・現代文B」から2科目選択	各100点
		プラス共通テスト	デッサン型	共通テスト	共通テスト利用科目*から高得点1科目を利用	200点
				実技	鉛筆デッサン（省略）	200点
			一般科目型	共通テスト	共通テスト利用科目*から高得点1科目を利用	200点
				選択	「コミュニケーション英語Ⅰ・Ⅱ・英語表現Ⅰ（リスニングを除く）」,「数学Ⅰ・A」,「国語総合（古文・漢文を除く）・現代文B」から2科目選択	各100点
		前期		外国語	コミュニケーション英語Ⅰ・Ⅱ・英語表現Ⅰ（リスニングを除く）	100点
				国語	国語総合（古文・漢文を除く）・現代文B	100点

	ファッション造形	プラス共通テスト		共通テスト	共通テスト利用科目*から高得点1科目を利用	200点
				外国語	コミュニケーション英語Ⅰ・Ⅱ・英語表現Ⅰ（リスニングを除く）	100点
				国語	国語総合（古文・漢文を除く）・現代文B	100点
看護		前期	2科目型	選択	「コミュニケーション英語Ⅰ・Ⅱ・英語表現Ⅰ（リスニングを除く）」,「国語総合（古文・漢文を除く）・現代文B」から1科目選択	100点
				選択	「数学Ⅰ・A」, 化学基礎, 生物基礎から1科目選択	100点
			3科目型	外国語	コミュニケーション英語Ⅰ・Ⅱ・英語表現Ⅰ（リスニングを除く）	100点
				国語	国語総合（古文・漢文を除く）・現代文B	100点
				選択	「数学Ⅰ・A」, 化学基礎, 生物基礎から1科目選択	100点
		プラス共通テスト		共通テスト	共通テスト利用科目*から高得点2科目を利用	各100点
				選択	「コミュニケーション英語Ⅰ・Ⅱ・英語表現Ⅰ（リスニングを除く）」,「国語総合（古文・漢文を除く）・現代文B」から高得点1科目を利用	100点

▶備　考

- 試験日自由選択制。
- メディア造形学部デザイン学科は「デッサン型」「一般科目型」よりいずれか選択。
- 「数学A」は「場合の数と確率」「整数の性質」「図形の性質」の3項目のうち2項目以上を履修した者に対応した出題とし，3項目が出題され，2項目を選択解答できる。

＊「プラス共通テスト」の大学入学共通テスト利用科目

【管理栄養学部】

外 国 語　「英語」（注1）

国　　語　「国語（近代以降の文章）」（注2）

【ヒューマンケア学部】

地理歴史　「日本史B」,「世界史B」,「地理B」

数　　学　「数学Ⅰ・A」,「数学Ⅱ・B」

理　　科　「化学基礎」,「化学」,「生物基礎」,「生物」（注3）

【メディア造形学部】（注4）

外 国 語　「英語」

地理歴史　「日本史A」,「日本史B」,「世界史A」,「世界史B」,「地理A」,「地理B」

公　　民　「現代社会」,「倫理」,「政治・経済」,「倫理，政治・経済」

数　　学　「数学Ⅰ」,「数学Ⅰ・A」,「数学Ⅱ」,「数学Ⅱ・B」,「簿記・会計」,「情報関係基礎」

理　　科　「物理基礎」,「物理」,「化学基礎」,「化学」,「生物基礎」,「生物」,「地学基礎」,「地学」（注3）

国　　語　「国語（近代以降の文章）」（注2）

※一般選抜前期試験科目との重複は可。

【看護学部】

外 国 語　「英語」（注1）

数　　学　「数学Ⅰ・A」,「数学Ⅱ・B」

理　　科　「物理基礎」,「物理」,「化学基礎」,「化学」,「生物基礎」,「生物」（注3）

国　　語　「国語（近代以降の文章）」（注2）

※数学または理科から1科目以上必須。数学の各科目同士の組み合わせは不可。
　一般選抜前期試験科目との重複は可。

（注1）　200点を100点に換算する。

（注2）　古文・漢文を除いた100点からの得点とする。

（注3）　基礎を付した科目は2科目で1科目分（100点）として扱う。

（注4）　メディア造形学部は，外国語200点，その他の科目200点（100点を200点に換算する）。

英語

◀2月6日実施分▶

(60 分)

【1】 次の単語(1)～(4)の下線部の発音が他の3つと異なるものをそれぞれ①～④の中から選びなさい。
解答番号は、(1) [1] ～(4) [4] 。 (配点 8 点)

(1) ① b<u>a</u>ld ② f<u>a</u>lse ③ n<u>au</u>ghty ④ sh<u>ou</u>lder [1]

(2) ① end<u>ed</u> ② miss<u>ed</u> ③ omitt<u>ed</u> ④ want<u>ed</u> [2]

(3) ① f<u>oo</u>d ② h<u>oo</u>k ③ sh<u>oe</u> ④ s<u>ou</u>p [3]

(4) ① a<u>th</u>lete ② au<u>th</u>or ③ ma<u>th</u> ④ rhy<u>th</u>m [4]

【2】 次の英文(1)～(5)の下線部の語、または語句と意味が最も近いものをそれぞれ①～④の中から選びなさい。

解答番号は、(1) 5 ～(5) 9 。　　(配点10点)

(1) He <u>asserted</u> that he had nothing to do with the crime.　5

① affirmed　② doubted　③ ensured　④ wondered

(2) The students tried to <u>do away with</u> the school uniform.　6

① abolish　② disagree　③ disregard　④ rebel

(3) It is important to <u>suppress</u> anger when necessary.　7

① come out　② hold back　③ make up　④ turn away

(4) Her response is always <u>swift</u> to any problems.　8

① boring　② dull　③ fast　④ great

(5) I could smell the <u>aroma</u> of fresh-brewed coffee.　9

① color　② scent　③ taste　④ view

【3】 次の英文(1)～(14)の [ ] の中に入る最も適当な語、または語句をそれぞれ①～④の中から選びなさい。

解答番号は、(1) [10] ～(14) [23] 。　(配点28点)

(1) My home town is about 20 kilometers [10] the south of Tokyo.

① at　② in　③ of　④ to

(2) Please turn [11] the report by next week.

① in　② off　③ on　④ up

(3) You can use "Ms." to [12] a woman when you don't know her marital status.

① address　② attend　③ say　④ tell

(4) I watch [13] 10 movies in a month and my friends think it is too much.

① no less than　② no much more

③ not more　④ not less

(5) To stay healthy, you need to have [14] view about everything.

① a narrow　② a gradual

③ an optimistic　④ a temporary

(6) Traveling overseas has been [15] popular with young people lately.

① frequently　② growingly

③ productively　④ vaguely

(7) Mary [16] about the result of the interview.

① improved　② inclined　③ initiated　④ inquired

(8) Can you see the woman and the dog [17] are walking on the street?

① that　② what　③ which　④ whom

(9) The number of people commuting by car will remain the same [18] the price of gas rises unexpectedly.

① as soon as　② despite　③ whether　④ unless

(10) The wife wants to have her husband [19] all the housework.

① do　② does　③ will do　④ done

(11) [20] you have any questions about the content, let me know.

① Could　② Might　③ Should　④ Would

(12) He is not so much a singer [21] a comedian.

① as　② as well　③ better than　④ than

(13) The manager expressed opposition to [22] of the new computer software.

① introduce　② the introduce

③ the introduction　④ introductory

(14) All things [23] , he is the best candidate for the president.

① consider　② considered　③ considering　④ to consider

【4】 次の(1)～(3)の日本文に相当する英文になるように、[ ]の中に入る最も適当な語、または語句をそれぞれ①～⑧の中から選びなさい。解答は、[24]～[29]についてのみ答えなさい。ただし文頭にくる場合は大文字で始まるものとする。
解答番号は、(1) [24]・[25]～(3) [28]・[29]。　(配点 12 点)

(1) そのプランを諦める以外に方法は残されていない。

There is [ ] [ ] [24] [ ] [25] [ ] [ ] [ ].

① alternative　② to　③ left　④ give
⑤ but　⑥ up　⑦ the plan　⑧ no

(2) 駐車場にあるほとんどの車が、雪で覆われていた。

[ ] [26] [ ] [ ] [27] [ ] [ ] [ ].

① all the　② with　③ snow
④ cars in　⑤ were　⑥ covered
⑦ the parking lot　⑧ almost

(3) その会社は、角を曲がったらすぐにみえるでしょう。

The company [ ] [28] [ ] [ ] [ ] [29] [ ] [ ].

① come　② you　③ the corner　④ into
⑤ the moment　⑥ will　⑦ the view　⑧ turn

【5】 次の(1)～(3)の会話文の [　　] の中に入る最も適当な文をそれぞれ①～④の中から選びなさい。

解答番号は、(1) [30] ～(3) [32] 。　　　　　　　　　　　　　　　　　(配点12点)

(1) A : I've noticed Japanese people are quite fashion-conscious.

B : That's right. They tend to dress rather formally, don't they?

A : [30]

① I always feel underdressed.

② I like all kinds of fashion.

③ I never do it consciously.

④ I completely overlooked it.

(2) A : By any chance, are you free for dinner tonight?

B : Why? [31]

A : I heard the new sushi restaurant is just terrific.

① How do we get there?

② How long are you free?

③ What do you get for free?

④ What do you have in mind?

(3) A : I would like to buy an electric vehicle but they are too expensive.

B : How about hybrid cars? They are also eco-friendly and are less expensive, aren't they?

A : Thank you for your suggestion. [32]

① Both of them are not good for the future.

② I have to make another promise.

③ I know you are still wondering where to go by car.

④ I'll think about that a little more.

【6】 次の文章の(1)～(5)の[ ]の中に入る最も適当な語をそれぞれ①～④の中から選びなさい。
解答番号は、(1) [33] ～(5) [37] 。　　(配点10点)

Seven supermarkets in the Japanese capital are growing some of their herbs and vegetables in little LED-lit vertical farms in-store to cut energy used for shipping, greenhouse gas emissions and food waste.

"Vertical farms" are indoor vegetable farms, where the produce is grown in racks lit by LEDs and fed by nutrients dissolved in water, and without any agricultural (1) [33] . The small versions that began being installed in the seven supermarkets are the work of the Japanese subsidiary of Infarm, a Dutch company that runs vertical farms mostly in Europe and North America.

Now, the stores grow their own (2) [34] greens like coriander and Italian basil from (3) [35] shipped from a production center in Tokyo. They are (4) [36] and sold after about three weeks, at prices that stay stable because the growing process is unaffected by unseasonable weather, (5) [37] or natural catastrophes.

(The Mainichi, February 2, 2022)

(1) ① cereals　② chemicals　③ commerce　④ crops　[33]

(2) ① greasy　② leafy　③ virtual　④ soiled　[34]

(3) ① branches　② eggplants　③ nests　④ seedlings　[35]

(4) ① harvested　② ingested　③ tricked　④ wasted　[36]

(5) ① bugs　② meats　③ roots　④ strings　[37]

【7】 次の文章を読み、(1)～(5)の答えとして最も適当なものをそれぞれ①～④の中から選びなさい。

解答番号は、(1) [38] ～(5) [42] 。 (配点20点)

Japanese eye experts have compiled a statement calling for caution over the use of blue-light-blocking glasses for children, saying that there is no basis to recommend such glasses for children; rather they could harm their growth.

The statement was compiled by six groups including the Japanese Ophthalmological Society*1 and the Japan Ophthalmologists Association*2.

Blue light, which is a visible ray with a short wavelength, is not only emitted from liquid crystal displays (LCDs) on digital devices such as computers and smartphones, but is also found in sunlight. Major optical stores are selling blue light filtering glasses for children. The statement read, "It has been pointed out that exposure to digital devices' light until late at night could cause sleep disorders," and, "It's possible that blocking blue light from the evening has a certain level of effect."

At the same time, the written opinion concluded that "there is no basis to recommend that children use them," citing six studies by domestic and foreign groups including the American Academy of Ophthalmology*3, whose research findings included:

— The amount of blue light emitted from LCDs is less than what is found in natural light from cloudy skies or what comes through windows, and there is no need to fear it unnecessarily because it is not at a level that can cause damage to the retina*4.

— For children, the risk of near-sightedness advancing will rise if they are not exposed to enough sunlight. The possibility cannot be denied that using blue light blocking glasses does more harm than being exposed to blue light.

Children in Japan will soon have more opportunities to use digital devices as the Ministry of Education, Culture, Sports, Science and Technology is advancing its "GIGA School Program," which aims to supply one device such as a tablet computer per student. These tools are also utilized in learning as an increasing number of lessons are [41] online amid the coronavirus pandemic. To protect children's eyes, the Japan Ophthalmologists Association is urging that young students take measures including keeping their displays at least 30 centimeters away from their eyes and resting their eyes by looking at somewhere in the distance for more than 20 seconds at least once every 30 minutes.

(The Mainichi, April 28, 2021)

*1 the Japanese Ophthalmological Society：日本眼科学会

*2 the Japan Ophthalmologists Association：日本眼科医会

*3 the American Academy of Ophthalmology：アメリカ眼科学会

*4 retina：網膜

(1) Which is NOT a feature of blue light? [38]

① Humans cannot see it.

② The ray of it has a short wavelength.

③ Digital devices emit it.

④ It is also detected in sunlight.

(2) According to the passage, what is potentially caused by using digital devices until late at night? [39]

① Dizziness.

② Headaches.

③ Sleep disorders.

④ Sore eyes.

(3) Which is NOT compatible with the findings by domestic and foreign research groups including the American Academy of Ophthalmology? 40

① The amount of blue light emitted from LCDs is less than what is found in natural light.

② Without exposure to enough sunlight the risk of near-sightedness will increase for children.

③ Exposure to blue light does not always damage to children's eyes.

④ The use of blue light blocking glasses is absolutely beneficial to children.

(4) What is the appropriate word to fill in the blank? 41

① conducted

② folded

③ infected

④ objected

(5) Which is recommended to protect children's eyes? 42

① To look far away more than 20 seconds at least once every 30 minutes.

② To see something in the distance less than 20 seconds every 30 minutes.

③ To hold a smartphone in their hands 30 millimeters away from their eyes.

④ To use a tablet computer 30 centimeters in length.

◀2月7日実施分▶

(60 分)

【1】 次の単語(1)～(4)の下線部の発音が他の3つと異なるものをそれぞれ①～④の中から選びなさい。

解答番号は、(1) [1] ～(4) [4] 。　　　　　　　　　　　　(配点8点)

(1) ① alive　② hive　③ lid　④ wild　[1]

(2) ① crab　② crumble　③ lumber　④ numb　[2]

(3) ① board　② boast　③ roast　④ loan　[3]

(4) ① castle　② rattle　③ title　④ turtle　[4]

【2】 次の英文(1)～(5)の下線部の語、または語句と意味が最も近いものをそれぞれ①～④の中から選びなさい。

解答番号は、(1) 5 ～(5) 9 。　(配点10点)

(1) John is <u>proficient</u> in both English and Chinese. 5

① admirable　② allergic　③ skillful　④ tactic

(2) I <u>took up</u> playing baseball when I was a high school student. 6

① began　② enjoyed　③ quit　④ studied

(3) We can't <u>rule out</u> the possibility of a terrorist attack. 7

① come out　② erase　③ make up　④ turn

(4) His <u>yearning</u> for his home country grew stronger as the years went by. 8

① benefit　② longing　③ loneliness　④ question

(5) She has an <u>affluent</u> lifestyle. 9

① affordable　② risky　③ miserable　④ prosperous

【3】 次の英文(1)～(14)の [　] の中に入る最も適当な語、または語句をそれぞれ①～④の中から選びなさい。

解答番号は、(1) [10] ～(14) [23] 。　(配点 28 点)

(1) She called [10] help using her smartphone.

① at　② for　③ in　④ of

(2) I [11] the work that my lazy friend didn't do.

① came off　② came up

③ set about　④ set for

(3) My cousin always says something that gets on my [12] .

① ears　② hand　③ nerves　④ stomach

(4) Because the apartment was expensive, Charlie decided to live in the [13] near the campus.

① alley　② boundary　③ dormitory　④ hatch

(5) I have a headache and need to [14] my temperature.

① feel　② get　③ pick　④ take

(6) This material is [15] to the heat and its shape changes with the heat.

① bumpy　② harmful　③ solid　④ vulnerable

(7) She is such a [16] person that she is popular among everyone in the school.

① considerable　② considerate

③ continual　④ continuous

(8) The skater's performance was [17] satisfactory and we all got disappointed.

① besides　② except for　③ far away　④ far from

(9) They got to the hotel [18] the owner had restored the rooms last year.

① how　② who　③ where　④ which

(10) I will accept your proposal, [19] that you make a necessary change.

① even　② lest　③ provided　④ till

(11) He devoted his life to [20] needy people.

① have helped　② having been help

③ help　④ helping

(12) If only I [21] allowed to keep a pet in my apartment.

① am　② should be　③ were　④ would

(13) I [22] abroad before I went to Canada last month.

① had never been　② had never done

③ have never been　④ have never gone

(14) [23] ever have I been so moved by a movie.

① Hardly　② Less　③ Much　④ Though

【4】 次の(1)～(3)の日本文に相当する英文になるように、[　　]の中に入る最も適当な語、または語句をそれぞれ①～⑧の中から選びなさい。解答は、[24]～[29]についてのみ答えなさい。

解答番号は、(1) [24]・[25] ～(3) [28]・[29]。　(配点 12 点)

(1) 目標の一つは、生徒に外国語の実際的な使い方の習得を促すことだ。

One of the goals [　　] [　　] [24] [　　] [　　] [25] [　　] [　　].

① to　② to master　③ the practical use
④ get　⑤ students　⑥ foreign languages
⑦ is　⑧ of

(2) 私は、日本の人口が今の半分になることを望む。

I hope Japan [　　] [　　] [26] [　　] [27] [　　] [　　] [　　] now.

① have　② has　③ half　④ people
⑤ as many　⑥ as　⑦ will　⑧ it

(3) 私は両親の言う事に、もっと注意を払っていればよかった。

I [　　] [28] [　　] [　　] [　　] [29] [　　] [　　].

① should　② my parents　③ said
④ have　⑤ more attention　⑥ what
⑦ paid　⑧ to

【5】 次の(1)～(3)の会話文の ☐ の中に入る最も適当な文をそれぞれ①～④の中から選びなさい。

解答番号は、(1) 30 ～(3) 32 。　　(配点 12 点)

(1) A : I'm too tired to cook tonight.

B : Why don't we have a pizza delivered again?

A : If you don't mind, 30

① I'd prefer something different for a change.

② I don't want to do anything to help them.

③ I'm going to change my order right now.

④ it's my first trial to have one delivered.

(2) A : We decided to hire you. When is the earliest you can begin working?

B : Anytime is fine.

A : Okay. Then, 31

① we'll check when it is convenient for you.

② we'll contact you within a week.

③ we'll decline the contract with you.

④ we'll find out who is going to attend the lecture.

(3) A : Excuse me. 32

B : I beg your pardon?

A : What time is it now? My watch is still set on New York time.

① How long does it take from New York to Tokyo?

② How many times have you been to Tokyo?

③ What is the local time?

④ What time is the lunch?

【6】 次の文章の(1)～(5)の [ ] の中に入る最も適当な語をそれぞれ①～④の中から選びなさい。
解答番号は、(1) [33] ～(5) [37] 。 (配点10点)

Starbucks and Amazon are teaming up on a grab-and-go store format. The Seattle-based companies will open their first Starbucks Pickup with Amazon Go location in New York. At least two more New York stores are planned for next year.

The stores offer the (1) [33] Starbucks menu as well as prepared salads, sandwiches and snacks from Amazon Go. There is also a lounge area with tables and workspaces. Customers can order drinks and food using Starbucks' app or shop in the Amazon Go section, which automatically tallies items (2) [34] to the cart so customers don't have to wait in line to check out.

The effort is part of a larger (3) [35] in store formats for Starbucks. Last year, the company announced it was accelerating a plan to close 400 (4) [36] stores and replace them with smaller pickup locations or stores (5) [37] on drive-thru service. Even before the pandemic, Starbucks said 80% of its U.S. customer transactions were on-the-go orders.

(The Mainichi, November 19, 2021)

(1) ① full ② hungry ③ severe ④ useless [33]

(2) ① added ② deleted ③ elevated ④ offended [34]

(3) ① price ② privacy ③ sale ④ shift [35]

(4) ① overlooking ② overrunning
③ underperforming ④ understanding [36]

出典追記：Associated Press

(5) ① abstracted ② deformed
③ focused ④ starved 37

【7】 次の文章を読み、(1)～(5)の答えとして最も適当なものをそれぞれ①～④の中から選びなさい。
解答番号は、(1) 38 ～(5) 42 。 (配点20点)

In an effort to reduce plastic waste, which can lead to marine pollution, and to regenerate untended*1 forests, which can lead to mudslides, a printing industry cooperative has developed drinking straws made of bamboo paper.

While straws made of hollow bamboo branches already existed, this is the first time in Japan that a straw made 100% from Japanese bamboo paper has been developed, according to Masakatsu Iwashige, Co-op director of Unicolor, headquartered in the Kagoshima Prefecture city of Hioki in southwestern Japan.

Bamboo paper is made of bamboo chips instead of other kinds of wood chips that are used to make regular paper. Kagoshima Prefecture has the country's largest area of bamboo forests, at approximately 18,000 hectares as of the 2018 fiscal year. Due to the country's aging population, the number of people going into the forests to dig up bamboo shoots for eating has been declining, and the owners of much of the forests are unknown, which has led to the bamboo forests becoming overgrown and degraded. When untended, bamboo can grow at an extremely rapid rate, eroding the mountainsides where Japanese cedar and other trees would have otherwise grown, causing mudslides and other disasters.

In an effort to increase the consumption of bamboo, Unicolor has been working on developing products using bamboo paper made at the Sendai factory of Chuetsu Pulp & Paper Co. in the prefectural city of

Satsumasendai since 2009. It has already come up with notepads and boxes for shochu, a Japanese distilled spirit. Based on such experience, Unicolor began developing bamboo paper straws in 2019.

The straw is brown, with a length of 19.5 centimeters and a diameter of 5 millimeters. Because bamboo fiber is shorter than that of coniferous*2 trees, a major challenge was making the straw durable. With the cooperation of a domestic manufacturer, the straw's strength was increased by making it into a trilaminar*3 structure. The straw was then made water-repellent*4. Tests were conducted to come up with a safe but highly adhesive glue, and after a year, the straw was completed. Unicolor is now in the process of getting the product patented.

Using a subsidy*5 from the Kagoshima Prefectural Government, Unicolor manufactured around 30,000 straws. There is a theory that *moso* bamboo was first brought into Japan some 280 years ago to Sengan-en garden belonging to the Shimazu clan in the city of Kagoshima. A food truck [42] by Sengan-en within Kagoshima Prefecture is also supposed to use the bamboo paper straws.

(The Mainichi, August 20, 2020)

*1 untended：世話されていない、放置された

*2 coniferous：針葉樹の

*3 trilaminar：三層の、三層から成る

*4 water-repellent：はっ水処理をした、水をはじくように加工した

*5 subsidy：助成金、補助金

(1) Which is the main reason that Unicolor has developed drinking straws made of bamboo paper? [38]

① Straws made of hollow bamboo branches already existed.

② Kagoshima Prefecture has the country's largest area of bamboo forests.

③ Leaving the untended bamboo forests can cause mudslides and other disasters.

④ Bamboo can grow rapidly and let Japanese cedar and other trees erode the mountainsides.

(2) Which has NOT led to the bamboo forests becoming overgrown and degraded? [39]

① Japan has an aging society currently.

② The number of elderly people who go into the forests is increasing.

③ The number of people who dig up bamboo shoots has been declining.

④ There are many forests whose owners are unknown.

(3) Which is NOT a feature of the bamboo paper straw? [40]

① It is made of paper manufactured by Chuetsu Pulp & Paper Co.

② It is brown, less than 20 centimeters in length and 5 millimeters in diameter.

③ It is made of bamboo paper and absorbs water.

④ A safe but highly sticky glue is used to make it.

(4) Which is a FALSE statement according to this article? [41]

① This is the first time for Unicolor to make a product made of bamboo paper.

② One of the most difficult tasks was making the straw strong.

③ Unicolor is applying for a patent on the straw made of bamboo paper.

④ The Kagoshima Prefectural Government provided financial aid to Unicolor.

(5) What is the appropriate word to fill in the blank? 42

① disturbed

② mannered

③ operated

④ remained

日本史

（60分）

【1】 次の問いに答えなさい。　　（配点20点）

問1　原始・古代の墳墓・風習などに関する次の文A～Eの空欄に入る語句を、それぞれの語群の①～④の中から選びなさい。

A　縄文時代の人々は、自然物や自然現象に霊威を認めるアニミズムと呼ばれる信仰を持ち、呪術によって災いを避けようとした。こうした呪術的風習を示すものに土偶や石棒などがあるが、この地(1)に所在する代表的な縄文文化遺跡の三内丸山遺跡からもそれらが発掘されている。集落の墓地に葬られた死者には、（　A　）のあとがみられ、呪術的風習に関係しているのではないかとみられている。

解答番号は、1 。

〈語群〉 ①　盟神探湯　②　抜歯　③　祓　④　火葬

B　弥生時代には水稲農耕の普及にともない、農耕に関する祭祀がさかんに行われるようになった。祭祀には青銅製祭器が用いられ、下の写真のような青銅器は（　B　）地方に多く見られるなど、その分布には特徴があることが従来から知られていた。そうしたなかでこの地(2)にある遺跡から358本の中細形銅剣が一度に発掘されて注目を集めたが、さらにすぐ近くの別の遺跡から、下の写真の種類の青銅器が39個まとめて発見され、従来の常識を覆すものとして話題となった。

解答番号は、2 。

〈語群〉 ①　九州　　②　中国
　　　　③　近畿　　④　東海

写真：アフロ

C　古墳時代にも人々の生活は収穫状況に左右されたため、春に豊作を祈る（　C　）など農耕に関する祭祀がさかんに行われた。また、自然物に神が宿ると考えて祭祀の対象とすることも次第に広がった。発見された遺跡・遺物の出土状況からこの地(3)では古墳時代から平安時代にかけて日本列島・朝鮮半島間における海上交通の安全を祈る国家的な祭祀が大々的に行われていたと推測されるように、現在の神社につながる聖地も生まれていった。　　解答番号は、 3 。

〈語群〉 ①　祈年の祭　　②　祇園祭　　③　新嘗の祭　　④　大嘗祭

D　奈良時代には、仏教の力で国家の安定をはかる鎮護国家の思想が重視され、この地(4)に大仏が造立されたことからわかるように仏教の保護･統制がさかんに行われた。仏教が重視される中で在来の神々と仏の融合をはかる神仏習合の風潮がみられるようになり、平安時代中期には神はもとは仏で、衆生を救うために神の姿となってこの世に現れたものであるとする（　D　）が唱えられるようになった。

解答番号は、 4 。

〈語群〉 ①　本地垂迹説　　②　神本仏迹説
　　　　③　末法思想　　　④　文章経国思想

E　平安時代には、貴族の間で（　E　）が重視され、その影響で物忌・方違など日常生活に吉凶にもとづくさまざまな制約が設けられた。また、怨霊となり現世に災いをもたらすようになったと信じられた人物を恐れてまつる御霊信仰が広まった。その対象となった人物の多くは政治的敗者であり、藤原時平の讒言によってこの地(5)に左遷され亡くなった菅原道真をまつる京都の北野天満宮など、慰霊のための神社もつくられた。　解答番号は、[5]。

〈語群〉①　明経道　②　紀伝道　③　修験道　④　陰陽道

問2　問1の文A～Eの下線部(1)～(5)の「この地」に該当する場所を、次の地図中の①～⑩の中から選びなさい。解答番号は、(1) [6]、(2) [7]、(3) [8]、(4) [9]、(5) [10]。

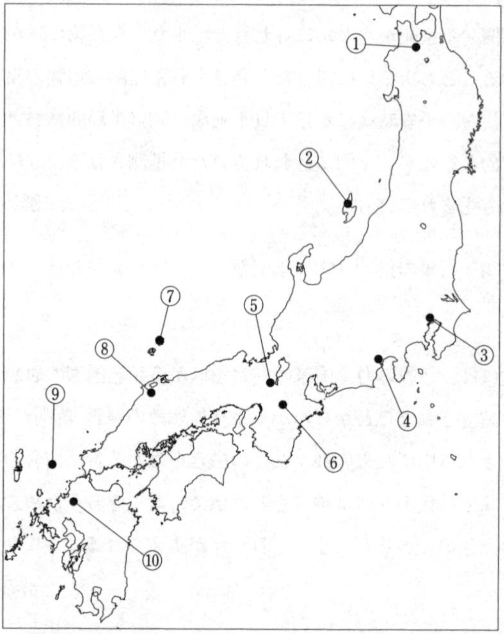

【2】 次の文A・Bを読んで、後の問いに答えなさい。　（配点22点）

A　室町時代を足利氏が将軍であった時代とみなすなら、初期の南北朝時代(1)、後期の戦国時代を含めて、およそ230年の長さになる。そのうち、幕府や将軍の権威・権力が保たれていた時期は3代将軍足利義満による南北朝の合体から応仁の乱勃発までの70数年間(2)といえるかもしれない。この時期、九州や東国(3)以外の守護は在京して幕政に参加することが慣例であったが、将軍のもとで幕政の中心となったのは（　A　）であった。（　A　）は侍所・政所などの中央諸機関を統轄し、守護に対する将軍の命令を伝達した。また、侍所の長官(4)も要職であり、京都内外の警備や裁判にあたった。幕府の財源としては直轄領である（　B　）からの収入のほか、金融業を営む土倉・酒屋への課税、交通の要所に置いた関所で徴収する関銭・津料などがあった。

問1　下線部(1)について、南北朝の対立関係やこの時期の動乱などに関して述べた文として正しいものを、次の①〜④の中から選びなさい。解答番号は、11。

① 皇統としては、南朝は持明院統、北朝は大覚寺統の系統であった。
② 北朝は大和国の吉野などを拠点とし、南朝は京都を拠点とした。
③ 動乱の初期には、新田義貞や北畠親房が戦死するなど南朝側が劣勢であった。
④ 北朝を支えた足利政権の内紛もあって、動乱が長期化した。

問2　下線部(2)の時期の出来事に関して述べた次の文Ⅰ〜Ⅲについて、古いものから年代順に並べたものを、下の①〜⑥の中から選びなさい。解答番号は、12。

Ⅰ　幕府に反抗的であった鎌倉公方の足利持氏が滅ぼされた。
Ⅱ　有力守護であった大内義弘が滅ぼされた。
Ⅲ　有力守護であった赤松満祐が将軍を殺害した。

① Ⅰ→Ⅱ→Ⅲ　② Ⅰ→Ⅲ→Ⅱ　③ Ⅱ→Ⅰ→Ⅲ
④ Ⅱ→Ⅲ→Ⅰ　⑤ Ⅲ→Ⅰ→Ⅱ　⑥ Ⅲ→Ⅱ→Ⅰ

問3　下線部(3)について、室町時代の九州や東国に関して述べた次の文X・Yと、それに該当する語句a〜dの組み合わせとして正しいものを、下の①〜④の中から選びなさい。解答番号は、13。

X　日明貿易の拠点として繁栄した。

Y　東国を支配した鎌倉公方の補佐役である関東管領を世襲した。

a　長崎　　b　博多　　c　上杉氏　　d　北条氏

①　X－a　Y－c　　②　X－a　Y－d
③　X－b　Y－c　　④　X－b　Y－d

問4　空欄(A)・(B)に入る語句の組み合わせとして正しいものを、次の①～④の中から選びなさい。解答番号は、14。

①　A－管領　B－関東御領　　②　A－管領　B－御料所
③　A－執権　B－関東御領　　④　A－執権　B－御料所

問5　下線部(4)について、室町時代の侍所の長官の呼称と、この役職に就任した守護家の組み合わせとして正しいものを、次の①～⑥の中から選びなさい。解答番号は、15。

①　執事－斯波氏　　②　執事－山名氏
③　所司－斯波氏　　④　所司－山名氏
⑤　別当－赤松氏　　⑥　別当－京極氏

B　室町幕府は周辺諸国と外交関係を結んだ。1368年に元を北に追って建国された明は、初め九州の（　C　）に使者を派遣し、「日本国王」に冊封するとともに倭寇(5)の禁圧と朝貢を求めた。一方、足利義満は数回にわたって明に使いを送ったものの、当時は「国王」ではないとされ国交を開くことはできなかった。南北朝の合体後、日本国内で公武の支配者としての地位を固めた義満は改めて明に使者を送った(6)。この後、日明間の貿易が開始された。

朝鮮半島に建国された朝鮮とも義満の時期に国交が開かれ、対馬の（　D　）を仲介者としてさかんに貿易が行われた(7)。また、やや遅れて成立した琉球王国とも国交が開かれ、使者が往来するとともに貿易も行われた。

問 6　空欄(C)・(D)に入る語句の組み合わせとして正しいものを、次の①～④の中から選びなさい。解答番号は、**16**。

①　C－懐良親王　　D－宗氏　　②　C－懐良親王　　D－尚氏

③　C－護良親王　　D－宗氏　　④　C－護良親王　　D－尚氏

問 7　下線部(5)について述べた文として**誤っているもの**を、次の①～④の中から選びなさい。すべて正しい場合は⑤をマークしなさい。解答番号は、**17**。

①　14 世紀の倭寇の活動地域は、主に朝鮮半島・中国北部の沿岸であった。

②　14 世紀の倭寇は、対馬・壱岐などの住民を中心とする海賊集団であったとみられる。

③　16 世紀にさかんになった倭寇には、中国人の密貿易者も多く加わっていたとみられる。

④　16 世紀末に豊臣秀吉が海賊取締令を出したことによって、倭寇の活動は下火となった。

問 8　下線部(6)について、足利義満の遣使にかかわる次の史料や、この時の遣使に関して述べた文として**誤っているもの**を、下の①～④の中から選びなさい。すべて正しい場合は⑤をマークしなさい。解答番号は、**18**。

> 日本准三后某、書を大明皇帝陛下に上る。日本国開闢以来、聘問を上邦に通ぜざること無し。某、幸にも国鈞を秉り海内に虞れ無し。特に往古の規法に遵ひて、肥富をして（　ア　）に相副へしめ、好を通じて方物を献ず。金千両、馬十匹、薄様千帖、扇百本、屏風三双、鎧一領、筒丸一領、劔十腰、刀一柄、硯筥一合、同文台一箇。海島に漂寄の者の幾許人を捜尋し、これを還す。某誠惶誠恐頓首頓首謹言。
>
> （　イ　）八年五月十三日
>
> （『善隣国宝記』）

①　空欄(ア)には祖阿が入る。

②　空欄(イ)には明徳が入る。

③　史料から、義満が献上した品々のなかには、日本で産出する鉱物資源が含まれていたことがわかる。

④　史料から、義満は日本に漂着した中国人を送還したことがわかる。

問9　下線部(7)について、日朝貿易に関して述べた文として正しいものを、次の①～④の中から選びなさい。解答番号は、19。

①　朝鮮は木浦など3港（三浦）に、使節の接待などのために倭館を置いた。

②　三浦には貿易に関係する日本人の居住が許された。

③　三浦の乱のあと、貿易は以前に増してさかんになった。

④　日本は南海産の生糸や銅などを輸入した。

【3】　次の年表を見て、後の問いに答えなさい。　（配点21点）

年	主な出来事
1607	林羅山(1)、徳川家康に仕える
1642	熊沢蕃山(2)、中江藤樹に学ぶ
1657	徳川光圀、『大日本史』編纂開始
1662	伊藤仁斎(3)、古義堂設立
1671	山崎闇斎、（　A　）を説く
1674	関孝和、『（　B　）』刊行
1691	湯島聖堂完成
1697	（　C　）、『農業全書』刊行
1709	貝原益軒、『（　D　）』刊行
1712	新井白石の『読史余論』(4)成立
1724	町人の出資で懐徳堂(5)設立
1740	将軍徳川吉宗、青木昆陽・野呂元丈にオランダ語習得を命ず(6)
1790	（　E　）、『古事記伝』刊行開始（～1822）

1797	聖堂学問所を昌平坂学問所と改称
1817	広瀬淡窓、咸宜園(7)開設
1820	山片蟠桃、『(　F　)』成立
1838	緒方洪庵、適々斎塾開設

問1　下線部(1)について述べた文として正しいものを、次の①～④の中から選びなさい。解答番号は、20。

① 朱子学を学び、木下順庵の門人となった。
② 生類憐みの令などを起草した。
③ 紫衣事件で幕府に抗議し、処罰された。
④ 編年体の史書である『本朝通鑑』を編纂した。

問2　下線部(2)・(3)の人物の属する儒学の学派の組み合わせとして正しいものを、次の①～④の中から選びなさい。解答番号は、21。

① (2)－陽明学派　(3)－古学派　② (2)－陽明学派　(3)－折衷学派
③ (2)－朱子学派　(3)－古学派　④ (2)－朱子学派　(3)－折衷学派

問3　空欄(A)に入る語句として正しいものを、次の①～④の中から選びなさい。解答番号は、22。

① 唯一神道　② 垂加神道　③ 復古神道　④ 伊勢神道

問4　空欄(B)に入る語句と、その説明の組み合わせとして正しいものを、次の①～④の中から選びなさい。解答番号は、23。

① 塵劫記　－和算の入門書として広く普及した。
② 塵劫記　－筆算による代数式とその計算法を示した。
③ 発微算法－和算の入門書として広く普及した。
④ 発微算法－筆算による代数式とその計算法を示した。

問５　空欄(C)・(D)に入る語句の組み合わせとして正しいものを、次の①～④の中から選びなさい。解答番号は、**24**。

①　C－大蔵永常　　D－大和本草　　②　C－大蔵永常　　D－庶物類纂

③　C－宮崎安貞　　D－大和本草　　④　C－宮崎安貞　　D－庶物類纂

問６　下線部(4)の一部である次の史料中の空欄(Ⅰ)～(Ⅳ)に入る語句の組み合わせとして正しいものを、下の①～⑥の中から選びなさい。解答番号は、**25**。

> 本朝天下の大勢、九変して武家の代となり、武家の代また五変して当代におよぶ総論の事。
>
> 神皇正統記に、光孝より上つかたは一向上古也。万の例を勘ふるも、仁和より下つかたをぞ申める。五十六代（　Ⅰ　）幼主にて、外祖良房摂政す。是、外戚専権の始〈一変〉。基経外舅の親によりて陽成を廃し光孝を建しかば、天下の権藤氏に帰す。そののち関白を置き或は置ざる代ありしかど、藤氏の権おのづから日々盛也〈二変〉。六十三代冷泉より……後冷泉凡八代百三年の間は外戚権を専にす〈三変〉。後三条・（　Ⅱ　）両朝は政天子に出ず〈四変〉。堀河……安徳、(後白河三十余年) 凡九代九十七年の間は、政上皇に出ず〈五変〉。……
>
> 武家は源頼朝幕府を開て、父子三代天下兵馬の権を司どれり。凡三十三年〈一変〉。平義時、承久の乱後天下の権を執る。そののち七代凡百十二年、（　Ⅲ　）が代に至て滅ぶ〈二変〉。……後醍醐中興ののち、源尊氏反して天子蒙塵、尊氏、光明院を北朝の主となして、みづから幕府を開く。子孫相継て十二代におよぶ。凡二百三十八年〈三変〉。……足利殿の末、織田家勃興して将軍を廃し、天子を挾みて天下に令せんと謀りしかど、事未だ成らずして凡十年がほど其臣（　Ⅳ　）に弑せらる。豊臣家、其故智を用ひ、みづから関白となりて天下の権を恣にせしこと、凡十五年〈四変〉。そののち終に当代の世となる〈五変〉。

①　Ⅰ－清和　　Ⅱ－白河　　Ⅲ－時宗　　Ⅳ－光秀

②　Ⅰ－清和　　Ⅱ－醍醐　　Ⅲ－高時　　Ⅳ－秀吉

③　Ⅰ－清和　　Ⅱ－白河　　Ⅲ－高時　　Ⅳ－光秀

④　Ⅰ－文武　Ⅱ－醍醐　Ⅲ－時宗　Ⅳ－秀吉

⑤　Ⅰ－文武　Ⅱ－白河　Ⅲ－時宗　Ⅳ－光秀

⑥　Ⅰ－文武　Ⅱ－醍醐　Ⅲ－高時　Ⅳ－秀吉

問7　下線部(5)・(7)の塾の所在地と、その地図上の位置ア～エの組み合わせとして正しいものを、下の①～④の中から選びなさい。解答番号は、26。

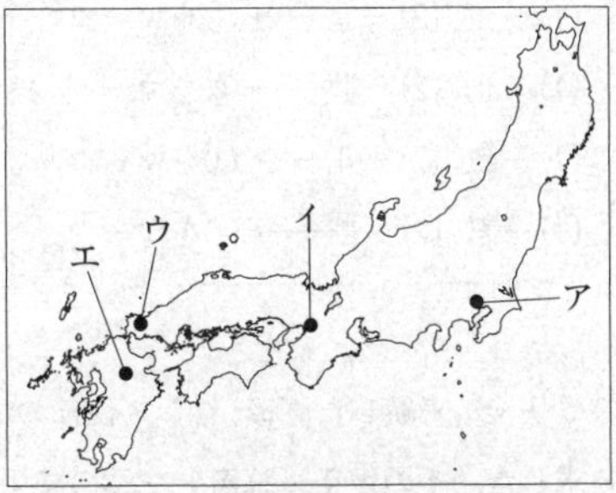

①　(5)－ア　(7)－ウ　②　(5)－ア　(7)－エ

③　(5)－イ　(7)－ウ　④　(5)－イ　(7)－エ

問8　下線部(6)をきっかけに蘭学が本格的におこったが、以後の蘭学にかかわる出来事に関して述べた次の文Ⅰ～Ⅲについて、古いものから年代順に並べたものを、下の①～⑥の中から選びなさい。解答番号は、27。

Ⅰ　前野良沢・杉田玄白らが訳述した『解体新書』が刊行された。

Ⅱ　オランダ商館医として来日したシーボルトが、鳴滝塾を開設した。

Ⅲ　幕府によって、蘭学者に蘭書の翻訳をさせる蛮書和解御用が設置された。

①　Ⅰ→Ⅱ→Ⅲ　②　Ⅰ→Ⅲ→Ⅱ　③　Ⅱ→Ⅰ→Ⅲ

④　Ⅱ→Ⅲ→Ⅰ　⑤　Ⅲ→Ⅰ→Ⅱ　⑥　Ⅲ→Ⅱ→Ⅰ

問9　空欄（E）・（F）に入る語句の組み合わせとして正しいものを、次の①～④の中から選びなさい。解答番号は、28。

①　E－本居宣長　　F－夢の代　　②　E－本居宣長　　F－自然真営道
③　E－塙保己一　　F－夢の代　　④　E－塙保己一　　F－自然真営道

【4】　次の文A～Fの下線部(1)・(2)について正誤を判断し、次の指示に従って解答しなさい。　　(配点15点)

(1)－正、(2)－正 ⟶ ①をマーク
(1)－正、(2)－誤 ⟶ ②をマーク
(1)－誤、(2)－正 ⟶ ③をマーク
(1)－誤、(2)－誤 ⟶ ④をマーク

A　1853年、アメリカのペリーが来航した直後、ロシア使節の<u>プチャーチン</u>(1)も来航し、開国と国境の画定を要求した。その翌年、幕府と交渉の結果、日露和親条約が結ばれた。この条約で、国境については<u>次の地図中のエ</u>(2)と定められ、以南は日本領、以北はロシア領とすることなどが約定された。　　解答番号は、29。

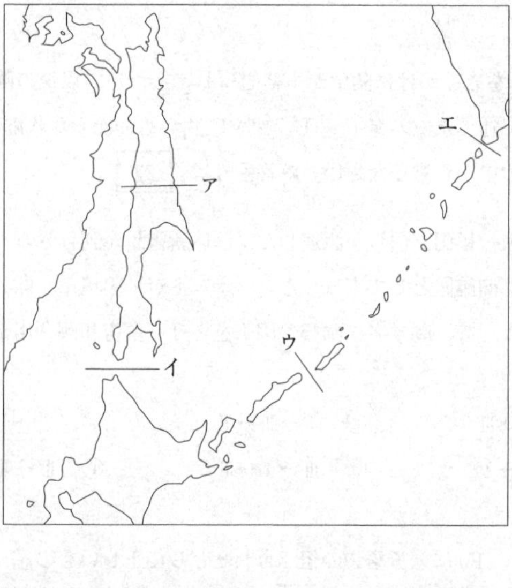

B　明治政府はロシアとの間で国境交渉を行い、1875年に樺太・千島交換条約を締結し、<u>上の地図中のア・ウ</u>(1)を国境と定めた。その後、ロシアとの関係は比較的安定

していたが、来日中のロシア皇太子が警備の巡査によって傷つけられる大津事件(2)が起こった。　　　　解答番号は、 30 。

C　日清戦争後にロシアがフランス・イタリア(1)とともに行った三国干渉は、ロシアに対する国民感情を悪化させた。北清事変を契機にロシアが満州を事実上占領すると、日本はこれを韓国における権益の危機とみなし、桂・タフト協定(2)を結んでロシアに対抗し満州からの撤退を迫ったが、交渉は決裂し日露戦争が始まった。戦局は日本優勢のうちにすすんだが、日本は武器・兵力・資金などが限界に達し、アメリカに仲介を依頼し、講和した。　　　　解答番号は、 31 。

D　第一次世界大戦が起こると、日本は 連合国（協商国）側(1)で参戦した。しかし、ロシア革命が起こり、社会主義政権が生まれると、日本は他の欧米諸国とともに革命への干渉戦争を起こし、一時は沿海州などを占領した。結局、革命への干渉は失敗に終わり、各国が社会主義政権を承認するなかで、日本も日ソ基本条約(2)を結んでソ連との国交を開いた。　　　　解答番号は、 32 。

E　満州事変で満州を事実上支配下におさめた日本にとって、国境を接しており、かつ社会主義国家であるソ連は警戒すべき存在であった。同様にソ連を警戒するドイツ・イタリア(1)とは防共協定を結んだが、第二次世界大戦開戦直前にドイツとソ連が不可侵条約を結んだことは、満州・モンゴル国境の張鼓峰(2)でソ連軍に敗北していた日本に衝撃を与えた。その後、日本はソ連との間で中立条約を締結したが、その2か月後にはドイツがソ連に侵攻し独ソ間で戦争が始まった。解答番号は、 33 。

F　第二次世界大戦後、資本主義陣営と社会主義陣営の冷戦が進展する中で、アメリカ主導で講和条約であるサンフランシスコ平和条約が結ばれたが、条約内容に反対したソ連は調印しなかった。この条約では朝鮮の独立(1)などが定められていた。その後、鳩山一郎内閣(2)が日ソ共同宣言に調印して国交を正常化し、日本は国際連合に加盟したが、日ソの間にはいわゆる北方領土問題が残ったため、平和条約の締結はもちこされた。　　　　解答番号は、 34 。

【5】 次の文A～Cを読んで、後の問いに答えなさい。　(配点22点)

A　日本で最初に鋳造された貨幣は、(　A　) の時期の富本銭だとされる。その後、元明天皇の時期には和同開珎が鋳造され、以後平安時代中期の (　B　) まで本朝十二銭と総称される貨幣が発行されたが、それらは京・畿内以外ではあまり流通しなかった。しかし、平安時代末期から鎌倉時代にかけて日宋貿易を通じて宋銭が輸入されると、全国的に貨幣の使用が広がり、年貢の銭納も行われるようになった。蒙古襲来後にも中国銭の輸入は続き、室町時代にも勘合貿易(1)を通じて明銭が輸入されたが、粗悪な私鋳銭も流通するようになった。室町時代後期には商取引の際に撰銭がさかんに行われるようになり、その対応として撰銭令(2)が発せられた。

問1　空欄(A)・(B)に入る語句の組み合わせとして正しいものを、次の①～④の中から選びなさい。解答番号は、35。

① A－天智天皇　B－乾元大宝　② A－天智天皇　B－洪武通宝
③ A－天武天皇　B－乾元大宝　④ A－天武天皇　B－洪武通宝

問2　下線部(1)について述べた文として**誤っているもの**を、次の①～④の中から選びなさい。すべて正しい場合は⑤をマークしなさい。解答番号は、36。

① 遣明船は日本国王が発行した勘合を持参し、現地の港などで査証を受ける必要があった。
② 遣明船の派遣は将軍足利義持によって中止されたが、将軍足利義教の時に復活された。
③ 朝貢形式で行われた貿易で現地での費用の大半は明側が負担したため、日本側の利益は大きかった。
④ 戦国時代には、貿易の主導権をめぐって細川氏と大内氏が争い、寧波の乱が起こった。

問3　下線部(2)について、この法令に関して述べた文として**誤っているもの**を、次の①～④の中から選びなさい。すべて正しい場合は⑤をマークしなさい。解答番号は、37。

① この法令を出したのは、戦国大名や幕府であった。

② 悪銭と良銭（精銭）の混入比率を決めたり、一定の悪銭の流通を禁止した。

③ 当時流通した通貨には、永楽通宝、洪武通宝、宣徳通宝などがあった。

④ 当時の悪銭には、私鋳銭（鐚銭（びた））や焼銭（やけ）、破銭などがあった。

B 中世末以来、銅銭の輸入が減少するなかで、金・銀が高額貨幣として使用されるようになった。また、貫高制から石高制への移行(3)の背景には、銭貨の減少があったとも考えられている。江戸幕府は、金・銀・銭の三貨体制を整えたが、特に寛永通宝の大量発行によって銭貨不足は解消され、輸入銭や私鋳銭は姿を消していった。全国共通の通貨の流通は商品経済の発展を助長し海上交通の発達(4)もあって、全国的な商品流通網が形成されていった。三貨の交換比率は公定された(5)が実際には交換比率は変動したため、都市には両替や秤量を行う両替商が発達した。

問4　下線部(3)について、豊臣秀吉による太閤検地によって、貫高制から石高制へ移行した。太閤検地に関する次の先生と生徒の会話文中の空欄（Ⅰ)・(Ⅱ）に入る値の組み合わせとして最も適当なものを、①～④の中から選びなさい。解答番号は、38 。

文禄三年拾月三日　摂津国芥川郡天河村御検地帳

地種	面積	石高	名請人
上田	8畝	1石1斗2升	四郎兵衛
上畠	3畝6歩	3斗8升4合	同人
上田	1反2畝25歩	1石7斗9升7合	孫兵衛
上田	1反25歩	1石5斗1升7合	かふりの弥五郎
上田	1反	1石4斗	彦左衛門

（以下略）　※数字は洋数字に直してある。

先生：この表は1594年に行われた検地の結果を示した検地帳の一部を表にしたものです。

生徒：「地種」とは何ですか。

先生：土地の生産力をもとにした等級ですね。この表では省略されているけど、「中田」

や「下田」もありますね。等級によって1反あたりの米の標準収穫量が決められて、これを石盛や斗代といいました。この表から「上田」の石盛は（　Ⅰ　）だとわかります。

生徒：ということは面積に石盛を掛けたら石高ということになりますね。この石高が年貢の量を示しているということですか。

先生：そうではなくて、この石高に年貢率を掛けたものが年貢高ですね。この時期の年貢率は「二公一民」が普通だったようです。それでは、問題をだします。上から3番目の「孫兵衛」の年貢高はいくらでしょう。

生徒：難しいですね。まず単位がよくわかりません。「升」とか「合」は今でも使う単位ですよね。

先生：そうですね。「石」「斗」「升」「合」は容積の単位で10進法です。今は米は重さではかることもありますが、昔は容積ではかりました。

生徒：先生、計算しました。「二公一民」ということは石高の3分の2を納入するということですよね。答えは（　Ⅱ　）です。

先生：正解です。

① Ⅰ－1石4斗　Ⅱ－5斗9升9合
② Ⅰ－1石4斗　Ⅱ－1石1斗9升8合
③ Ⅰ－1石8斗　Ⅱ－5斗9升9合
④ Ⅰ－1石8斗　Ⅱ－1石1斗9升8合

問5　下線部(4)について述べた文として**誤っているもの**を、次の①～④の中から選びなさい。すべて正しい場合は⑤をマークしなさい。解答番号は、**39**。

① 大坂と江戸を結ぶ南海路には、菱垣廻船や樽廻船が就航した。
② 樽廻船は荷役が速く運賃も安価であったため、やがて菱垣廻船を圧倒した。
③ 河村瑞賢によって、東廻り・西廻り海運のルートが整備された。
④ 日本海沿岸の港で交易を行った北前船は、江戸時代後期には衰えた。

問6　下線部(5)について、次のメモを参考に、金貨・銀貨・銭貨の交換比率などに関して述べた文として正しいものを、下の①～④の中から選びなさい。解答番号は、**40**。

・江戸時代初期には、金 1 両＝銀 50 匁＝銭 4 貫の交換比率が定められたが、1700 年には、金 1 両＝銀 60 匁＝銭 4 貫に改定された。 ・金貨の中心である小判は 1 枚で 1 両であった。 ・金貨の単位は 1 両＝ 4 分＝ 16 朱であった。 ・銀貨は、はじめは秤量貨幣であったが、江戸時代後期には南鐐二朱銀など金貨を基準とする計数銀貨がつくられた。 ・銭は 1 貫＝ 1000 文であった。 ・銭は 1 枚で 1 文が基本であったが、江戸時代後期には 1 枚で 4 文や、1 枚で 100 文（天保通宝）のものもつくられた。

① 江戸時代初期に比べて中期には、相対的に銀貨の価値は上昇した。
② 南鐐二朱銀は、16 枚で小判 1 枚と交換することができた。
③ 小判 1 枚は、基本的に 400 枚の寛永通宝と交換することができた。
④ 小判 1 枚は、基本的に 40 枚の天保通宝と交換することができた。

C 幕末に貿易が始まると金貨が大量に海外に流出したが、これに対する幕府の対応は経済の混乱を招いた(6)。明治時代になると、政府は新貨条例を制定し新たな貨幣制度を創設するとともに、金貨・銀貨と交換できる兌換紙幣を発行させるために国立銀行(7)を設立させた。その後、松方正義大蔵卿のもとで日本銀行が設立され、銀兌換銀行券が発行されて銀本位制が確立した。さらに、（ C ）には欧米諸国にならって金本位制が採用されたが、（ D ）には金本位制が停止された。昭和初期には金輸出が解禁されて金本位制に復帰したが、短期間で金輸出は再禁止され、金本位制は以後復活しなかった。

問 7　下線部(6)について、金貨が海外に流出した理由や、幕府の対応とその結果を説明するために作成した次の図中のX・Yに入る文の組み合わせとして正しいものを、下の①～④の中から選びなさい。解答番号は、［ 41 ］。

X	➡	短期間で、大量の金貨が外国に流出した。	➡	Y

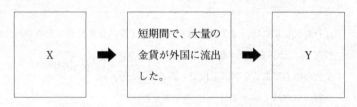

Ⅰ　金と銀の交換比率は、日本では1：5であったが外国では1：15であった。

Ⅱ　金と銀の交換比率は、日本では1：15であったが外国では1：5であった。

Ⅲ　金貨の品質を大幅に引き下げる貨幣改鋳が行われ、物価上昇を招いた。

Ⅳ　金貨の品質を大幅に引き上げる貨幣改鋳が行われ、物価上昇を招いた。

①　X－Ⅰ　Y－Ⅲ　　②　X－Ⅰ　Y－Ⅳ

③　X－Ⅱ　Y－Ⅲ　　④　X－Ⅱ　Y－Ⅳ

問8　下線部(7)について述べた文として正しいものを、次の①～④の中から選びなさい。解答番号は、42。

①　イギリスの制度にならって国立銀行条例が定められた。

②　国立銀行は政府によって設立された中央銀行であった。

③　国立銀行は当初、銀行券の正貨兌換が義務づけられていた。

④　第一国立銀行の経営には、制度の立案者であった大村益次郎が関与した。

問9　空欄(C)・(D)に入る語句の組み合わせとして正しいものを、次の①～④の中から選びなさい。解答番号は、43。

①　C－1897年　　D－1917年

②　C－1897年　　D－1923年

③　C－1905年　　D－1917年

④　C－1905年　　D－1923年

世界史

（60分）

【1】 次の文章は、古代の遊牧民の歴史に関するものである。文章を読んで、あとの各問いに答えなさい。（配点25点）

> ユーラシア大陸の内陸部には、騎馬戦を主要な戦術として独特の騎馬文化を生み出した多くの民族がみられる。彼らは騎馬遊牧民と総称される。騎馬遊牧民による最初の遊牧国家は、紀元前7～前6世紀頃、南ロシアの平原に建設されたスキタイ(1)であるとされる。スキタイは、ギリシア人植民市なども支配下におき、アケメネス（アカイメネス）朝(2)とも対抗した。
>
> モンゴル高原では、南部にいた匈奴が、前3世紀末に即位した ［（3）－a］ のもとで最盛期を迎え、東方では漢(4)を破り、西方では中央アジアのオアシス都市を勢力下において東西交易の利益を手にした。
>
> その後、匈奴が衰退(5)して分裂を重ねたのち、中国の北方には多数の遊牧国家が興亡した。モンゴル高原南部を中心として遊牧国家を建てた鮮卑は、紀元後3世紀の中頃にいくつかの部族に分裂した。そのうちのあるものは、中国の政治的混乱(6)に乗じて華北に移住して五胡十六国(7)のうちのいくつかを建て、やがて北魏を開いた(8)。
>
> 一方モンゴル高原では、［（3）－b］ が勢力を持つようになり北魏と対抗したが、6世紀に突厥に滅ぼされた。8世紀中頃、モンゴル高原に進出したウイグル（回紇）(9)は、東突厥を滅ぼして豊かな遊牧国家(10)を建設した。

問1 下線部(1)に関し、スキタイの文化について述べた文として正しいものを、次の①～④の中から一つ選びなさい。解答番号は、［1］。

① トウモロコシやジャガイモを栽培した。

② 特有の動物文様を持つ馬具や武器を特色とした。

③ 数量などの記録にはキープ（結縄）を用いた。

④ 銅鼓と呼ばれる青銅製の祭器を用いた。

問2　下線部(2)に関し、アケメネス朝の建国者として正しいものを、次の①～④の中から一つ選びなさい。解答番号は、[2]。

① ダレイオス1世　② キュロス2世
③ アルダシール1世　④ シャープール1世

問3　文章中の空欄[（3）－a][（3）－b]に入る語句の組み合わせとして正しいものを、次の①～④の中から一つ選びなさい。解答番号は、[3]。

① a － 完顔阿骨打　b － 烏孫
② a － 冒頓単于　b － 烏孫
③ a － 完顔阿骨打　b － 柔然
④ a － 冒頓単于　b － 柔然

問4　下線部(4)に関し、漢（後漢を含む）について述べた文として正しいものを、次の①～④の中から一つ選びなさい。解答番号は、[4]。

① 高祖が郡県制を全国に施行した。
② ローマ皇帝の使者が長安を訪れた。
③ 衛氏朝鮮を滅ぼして朝鮮4郡を置いた。
④ 司馬遷が紀伝体で『漢書』を記した。

問5　下線部(5)に関し、次の文章中の空欄[ア][イ]に入る語句と下の地図中の[イ]の位置の組み合わせとして正しいものを、あとの①～⑧の中から一つ選びなさい。解答番号は、[5]。

漢の武帝は、遠征軍を送って匈奴を北方に撃退する一方、匈奴を挟撃するために[ア]を[イ]に派遣した。この後、漢はタリム盆地のオアシス諸都市にまで支配を広げた。

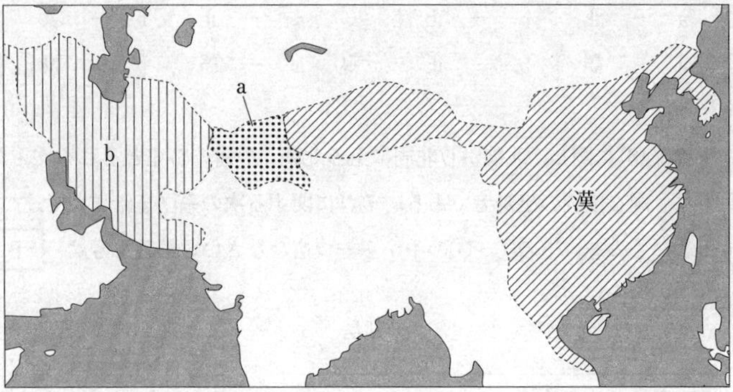

① ア － 張騫　イ － 安息　位置 － a

② ア － 張騫　イ － 大月氏　位置 － a

③ ア － 張騫　イ － 安息　位置 － b

④ ア － 張騫　イ － 大月氏　位置 － b

⑤ ア － 班超　イ － 安息　位置 － a

⑥ ア － 班超　イ － 大月氏　位置 － a

⑦ ア － 班超　イ － 安息　位置 － b

⑧ ア － 班超　イ － 大月氏　位置 － b

問６　下線部(6)に関し、３世紀末に中国で起こった政治的混乱として正しいものを、次の①～④の中から一つ選びなさい。解答番号は、 6 。

① 呉楚七国の乱　② 八王の乱

③ 陳勝・呉広の乱　④ 赤眉の乱

問７　下線部(7)に関し、華北で五胡十六国の時代が続いていた頃の江南について述べた次の文ａとｂの正誤の組み合わせとして正しいものを、下の①～④の中から一つ選びなさい。解答番号は、 7 。

ａ　移住者が増え、「蘇湖（江浙）熟すれば天下足る」といわれる大穀倉地帯となった。

ｂ　法顕がインドへ赴き、仏教が貴族に教養として受容された。

①　a　－　正　　b　－　正　　②　a　－　正　　b　－　誤
③　a　－　誤　　b　－　正　　④　a　－　誤　　b　－　誤

問８　下線部(8)に関し、北魏から北周に至る北朝･隋･唐の帝室とそれを支えた人々は、いずれも同じ部族の出身者である。それに関する次の系図を踏まえて述べた文として正しいものを、下の①～④の中から一つ選びなさい。解答番号は、[8]。

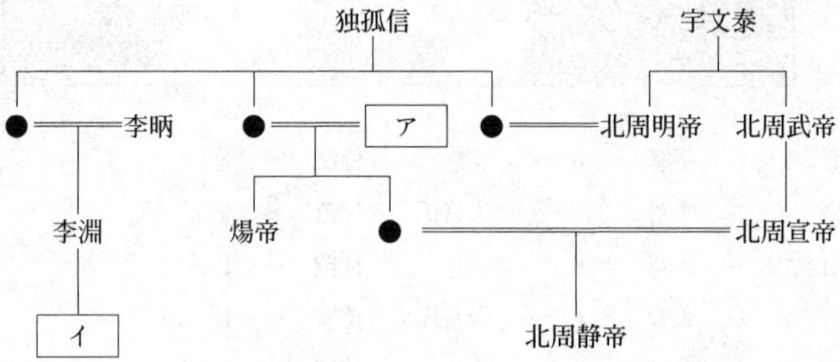

(注)●は女性を表している。

①　空欄[ア]の人物は、北周の皇帝の外戚であった。
②　空欄[イ]の人物は、九品中正を廃止した。
③　独孤信は、煬帝の祖父であるとともに隋を倒した人物の父でもあった。
④　系図中の人々は、靺鞨人であった。

問９　下線部(9)に関し、ウイグルについて述べた文として正しいものを、次の①～④の中から一つ選びなさい。解答番号は、[9]。

①　遊牧民として初めて文字をつくった。
②　キルギスに敗れて滅亡した。
③　ウイグルはモンゴル系である。
④　ササン朝と組んでエフタルと戦った。

問10　下線部(10)に関し、東西交易の中継商人として活躍し、ウイグルでも交易や外交に重用された、イラン系民族の名称と彼らの本拠地の中心都市の組み合わせとして正しいものを、次の①～④の中から一つ選びなさい。解答番号は、[10]。

① ドラヴィダ人　－　クチャ
② ソグド人　－　クチャ
③ ドラヴィダ人　－　サマルカンド
④ ソグド人　－　サマルカンド

【2】 ヨーロッパの宗教対立に関する次のA～Jの（ア）・（イ）の文を読んで、

（ア）・（イ）のいずれも正しいものには……………………①
（ア）が正しくて（イ）が間違っているものには………②
（ア）が間違っていて（イ）が正しいものには…………③
（ア）・（イ）のいずれも間違っているものには…………④

と答えなさい。　（配点25点）

A　14～15世紀の教会批判　解答番号は、[11]。
（ア）：フランスのウィクリフが、最高の権威である聖書への回帰を説いた。
（イ）：コンスタンツ公会議の結果、ベーメン（ボヘミア）のフスが処刑された。

B　マルティン=ルターによる宗教改革　解答番号は、[12]。

教皇、司教、[a]、修道士は教会的身分で、王侯、貴族、手工業者、農民は世俗的身分と呼ばれる者である、という捏造がなされています。これは実に手の込んだ解釈であり、虚構です。けれども、誰もそんなことで怖気づく必要はなく、きちんとした理由もあります。つまり、すべてのキリスト教者は真に教会的身分に属し、お互いの間には職務上の区別以外なんの差別もないのです。（中略）

それゆえ、[a]の身分はキリスト教界においては官職の保有者にほかならず、官職に就いている限りは先に立って指導する立場にあります。官職保有者がもし解任されれば、彼はほかの人々と同じように一農民であり、一市民なのです。同じように、[a]もいったん職を辞せば、事実[a]ではないのです。

マルティン=ルター『キリスト教界の改善に関してドイツのキリスト教貴族に与える』（1520年）による。

歴史学研究会編『世界史史料5』

(ア)：上の史料中、空欄 a には教会的身分を示す「司祭」が入る。

(イ)：上の史料において、ルターは、世俗的身分の者が聖職者になるべきではないと主張している。

C　16世紀ドイツの戦争　　　　解答番号は、13。

(ア)：ミュンツァーがドイツ農民戦争を指導し、ルターの支援により勝利した。

(イ)：シュマルカルデン戦争の結果、領民個人の信仰の自由が確立した。

D　カルヴァンによる宗教改革　　　　解答番号は、14。

(ア)：カルヴァンは、『キリスト教綱要』を著した。

(イ)：カルヴァンは、予定説を唱えた。

E　イギリスの宗教改革　　　　解答番号は、15。

(ア)：カルヴァン派は、イングランドではプレスビテリアン（長老派）と呼ばれた。

(イ)：メアリ1世は、国王を首長とするイギリス国教会を成立させた。

F　対抗宗教改革（反宗教改革）　　　　解答番号は、16。

(ア)：トリエント公会議で、教皇の至上権が再確認された。

(イ)：スペインのイグナティウス=ロヨラらが、イエズス会（ジェズイット教団）を設立した。

G　マテオ=リッチ（利瑪竇）の中国布教　　　　解答番号は、17。

(ア)：イギリス領のマカオを経由して中国に到達した。

(イ)：中国最初の世界地図「皇輿全覧図」を作成した。

H　フランスの宗教内乱　　　　解答番号は、18。

(ア)：ユグノー戦争の最中に、サンバルテルミの虐殺が起こった。

(イ)：シャルル9世によるナントの王令（勅令）によって、ユグノー戦争は終結した。

I　三十年戦争の勃発と展開　解答番号は、[19]。

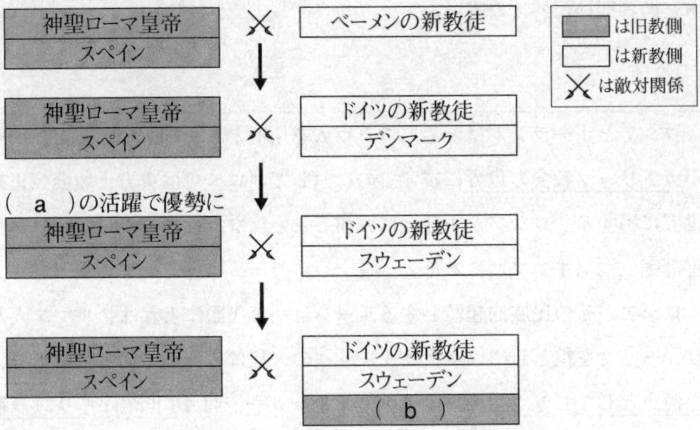

(ア)：上の図中のaには、グスタフ=アドルフがあてはまる。

(イ)：上の図中のbには、ノルウェーがあてはまる。

J　三十年戦争の終結　解答番号は、[20]。

(ア)：三十年戦争は、ウェストファリア条約の締結によって終結した。

(イ)：スイスは、三十年戦争の講和条約の締結によって、神聖ローマ帝国にとどまった。

【3】 次のA～Cの文章は、ロシアとポーランドに関するものである。文章を読んで、あとの各問いに答えなさい。（配点25点）

A

> ロシアとポーランドはともにスラヴ人を中心とした国家であるが、ポーランドがカトリック教会の世界(1)に属するのに対して、ロシアは東方正教会（正教会）の世界に属する。ロシアが正教会に属することになったきっかけは、ウクライナの首都キーウ（キエフ）にある。
>
> ロシアがその民族的起源とするルーシは、年代記によればノルマン人とされるリューリクを祖としている。リューリクの一族は、河川に沿って南下し、キエフを拠点としてビザンツ帝国とも交易した(2)。ルーシは10世紀にキリスト教を受容(3)し、この地のスラヴ人の世界で正教会が優勢となった。
>
> キエフの地は、その後幾多の変遷を経て、ロシア帝国に属することとなった。そのロシア帝国は、18世紀にはクリミア半島(4)を領有した。

問1　下線部(1)に関し、カトリック教会について述べた次の文aとbの正誤の組み合わせとして正しいものを、下の①～④の中から一つ選びなさい。
解答番号は、 21 。

a　カトリック教会は、使徒パウロを創建者としてキリスト教会の首位権を主張した。

b　800年に教皇は、フランク王レオ3世にローマ皇帝の冠を授け、西ローマ帝国を理念的に復活させた。

①　a　－　正　　b　－　正　　②　a　－　正　　b　－　誤
③　a　－　誤　　b　－　正　　④　a　－　誤　　b　－　誤

問2　下線部(2)に関し、この河川の名称と次の地図中のキエフの位置の組み合わせとして正しいものを、下の①～⑥の中から一つ選びなさい。解答番号は、 22 。

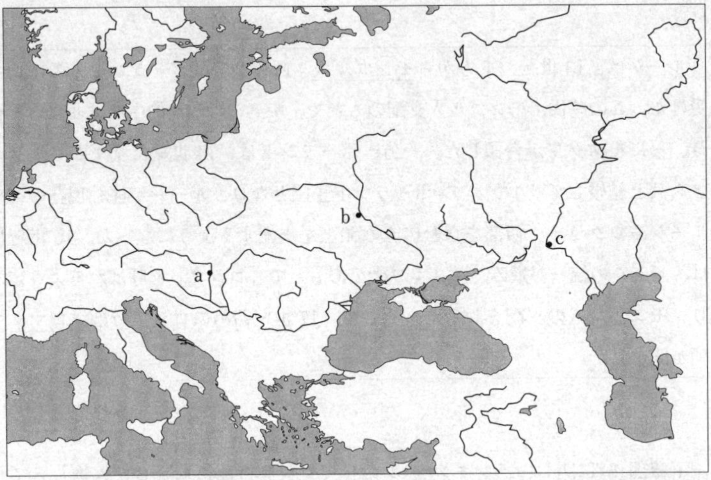

① ドナウ川　　― a　　② ドナウ川　　― b
③ ドナウ川　　― c　　④ ドニエプル川 ― a
⑤ ドニエプル川 ― b　　⑥ ドニエプル川 ― c

問3　下線部(3)に関し、10世紀にキリスト教に改宗したキエフ大公として正しいものを、次の①～④の中から一つ選びなさい。解答番号は、**23**。

① イヴァン3世　　② インノケンティウス3世
③ ヘラクレイオス1世　　④ ウラディミル1世

問4　下線部(4)に関し、ロシア帝国は、19世紀半ばにクリミア半島を主戦場としてクリミア戦争を経験した。クリミア戦争の対立関係として正しいものを、次の①～④の中から一つ選びなさい。解答番号は、**24**。

① ロシア・イギリス・フランス　対　オスマン帝国・ドイツ・オーストリア
② ロシア　対　オスマン帝国・イギリス・フランス・サルデーニャ
③ ロシア・オスマン帝国　対　イギリス・フランス・エジプト
④ ロシア・イギリス・フランス・ギリシア　対　オスマン帝国・エジプト

B

ルーシは、13世紀、東方からモンゴル人(5)、西方からはポーランド人の圧迫を受けた。この時代、モンゴル人支配のもとで、ルーシの政治的中心は北東へと移り、後にモスクワが台頭した。一方、ポーランドは、14世紀に女王がリトアニア大公と結婚してリトアニア=ポーランド王国となり、ルーシが住む現在のベラルーシやウクライナ西部を含む広大な領土を支配するようになった。15世紀には、ルーシの統一が進み、モスクワ大公のもとで「ロシア」と呼ばれるようになり、モンゴル人の支配を脱した。そして、17世紀初めのロシアでは、ロマノフ朝(6)が開かれた。

問5　下線部(5)に関し、チンギス=ハンの孫でロシア方面に進軍した人物として正しいものを、次の①〜④の中から一つ選びなさい。解答番号は、**25**。

① バトゥ　② フラグ

③ オゴタイ　④ モンケ

問6　下線部(6)に関し、ロマノフ朝のツァーリについて述べた文として正しいものを、次の①〜④の中から一つ選びなさい。解答番号は、**26**。

① ピョートル1世（大帝）は、清との間でアイグン条約を結んで国境線を画定した。

② エカチェリーナ2世は、日本にラクスマンを派遣して通商を求めた。

③ アレクサンドル2世は、デカブリスト（十二月党員）の乱を鎮圧した。

④ ニコライ2世は、ロシア十月革命（十一月革命）によって退位した。

C

ロシアは、18世紀後半、ポーランドにおける貴族同士の内紛に乗じて行われたポーランドの分割(7)に参加して、その一部を領土とした。こうして、カトリック世界東方の大国として君臨したポーランド王国は、いったん消滅した。その後、ナポレオン戦争やウィーン体制の中でポーランドに国家がつくられたが、外国の支配(8)のもとにあった。

第一次世界大戦後、ポーランドは独立を回復した。しかし、1939年のドイツ・ソ連によるポーランド侵攻(9)によって、ポーランドは再び分割支配を受けた。第二次世界大戦後、ポーランドはソ連の影響下に入り、その衛星国となった。しかし、ポーランドは、歴史的にロシアに対する警戒心が強く、冷戦体制の崩壊後には西側の集団安全保障機構(10)に加盟した。

問7　下線部(7)について述べた次の文aとbの正誤の組み合わせとして正しいものを、下の①～④の中から一つ選びなさい。解答番号は、27。

a　1793年の第2回分割には、オーストリアが参加していなかった。

b　アメリカ独立戦争に参加したコシュートが分割に反対して蜂起したが、失敗した。

①　a－正　b－正　　②　a－正　b－誤
③　a－誤　b－正　　④　a－誤　b－誤

問8　下線部(8)に関し、ポーランドが外国の支配を受ける中で、ポーランドの民族要素を取り入れた作品を多数残した、ポーランド出身の作曲家として正しいものを、次の①～④の中から一つ選びなさい。解答番号は、28。

①　ショパン　　②　シューベルト
③　バッハ　　④　チャイコフスキー

問9　下線部(9)に至るまでの次の出来事a～cを年代順に正しく並べたものを、下の①～⑥の中から一つ選びなさい。解答番号は、29。

a　ドイツがチェコスロヴァキアにズデーテン地方の割譲を認めさせた。

b　ドイツが非武装地帯であったラインラントに進駐した。

c　独ソ不可侵条約を締結した。

①　a → b → c　　②　a → c → b
③　b → a → c　　④　b → c → a
⑤　c → a → b　　⑥　c → b → a

問10　下線部(10)に関し、北大西洋条約機構（NATO）について述べた文として正しいものを、次の①～④の中から一つ選びなさい。解答番号は、30。

① アメリカ合衆国は、議会の反対により加盟を見送った。
② 2020年にイギリスが離脱した。
③ 1999年にこの機構の軍事組織がセルビアを空爆した。
④ この機構の中核をなす安全保障理事会は、五大国に強い権限が与えられている。

【4】 次の文章は、トルコ共和国に関するものである。文章を読んで、あとの各問いに答えなさい。　（配点25点）

1922年、旧オスマン帝国の軍人ムスタファ=ケマルが（1）　（2）－a 軍をアナトリア半島のイズミルから駆逐した。そして、翌23年、（2）－b 条約による国境の画定を経て、トルコ共和国が成立した。初代大統領となったケマルのもと、各分野で改革が行われたが、当初は共和人民党による一党独裁体制であった。ケマルは大統領在任のまま没し、その翌年に勃発した第二次世界大戦において、トルコは中立の立場をとった。（3）

大戦後の国際社会におけるトルコは、近接するソ連の脅威にさらされ、（4）イギリスを含むバグダード条約機構（METO）を結成するなど、（5）欧米諸国と協調的な姿勢を見せてきた。しかし21世紀に入ると、メキシコ（6）・インドネシア（7）・韓国（8）・オーストラリア（9）といった中堅国との枠組みを形成したり、シリア問題などでロシアと緊密な関係を築いたりといった多角的な外交を展開している。

一方、内政面では、1960年代以降、軍部によるクーデタ（10）と民政移管とが繰り返された。2014年に、国民の直接投票による大統領選挙が初めて実施され、以降、大統領の権限強化が進められた。

問1　下線部(1)に関する次の文書X・Yについての記述ア～エのうち正しいものの組み合わせを、その下の①～④の中から一つ選びなさい。解答番号は、31。

X　イギリス外相からイギリス駐在フランス大使への書簡（1916年5月16日）

1．イギリスおよびフランスはアラブ首長の宗主権の下において添付地図に示される A 地域および B 地域のアラブ国家あるいはアラブ国家連合を承認してそれを保護する用意がある。A 地域においてはフランスが、B 地域においてはイギリスが事業および地域融資の優先権を有する。A 地域においてはフランスのみが、B 地域においてはイギリスのみがアラブ国家あるいはアラブ国家連合の要請に応じて顧問あるいは外国人官吏を供給できる。

2．＜省略＞

3．茶色地域においては国際管理が行われるが、その形態はロシア、そして後には他の同盟諸国、さらにはメッカのシャリーフの代表と協議して決定される。

＜後略＞

＊A 地域…現在のシリアの大部分・イラク北部

＊B 地域…現在のイラク・ヨルダンの大部分など

＊茶色地域…イェルサレム・ガザなどを含むパレスチナ

Y　イギリス外相からシオニスト連盟会長への書簡（1917年11月）

私は国王陛下の政府を代表しまして、ユダヤ人シオニスト諸氏の大望に共感を示す以下の宣言を、閣議の同意を得て貴下にお伝えすることができて非常に悦ばしく思っております。

「国王陛下の政府はパレスチナにおいてユダヤ人のためのナショナル・ホームを設立することを好ましいと考えており、この目的の達成を円滑にするために最善の努力を行うつもりです。また、パレスチナに現存する非ユダヤ人諸コミュニティの市民および信仰者としての諸権利、ならびに他のあらゆる国でユダヤ人が享受している諸権利および政治的地位が侵害されることは決してなされることはないと、明確に理解されています。」＜後略＞

X・Y：歴史学研究会編『世界史史料 10』

ア　イギリスの外相は、X においてイギリス・フランスによるパレスチナ分割統治を提案したにもかかわらず、Y ではパレスチナへのユダヤ人入植を促進する考えを示している。

イ　イギリスの外相は、X においてロシアなどの承認を得た上でのパレスチナの国際管理を提案しているにもかかわらず、Y ではパレスチナへのユダヤ人国家建設につながる考えを示している。

ウ　Xには、アラブ国家またはアラブ国家連合の内政にイギリスやフランスが干渉するべきではないという考えが示されている。

エ　Yには、ユダヤ教徒だけでなく、パレスチナに住むイスラーム教徒やキリスト教徒などの権利も保証するという考えが示されている。

① ア・ウ　　② ア・エ
③ イ・ウ　　④ イ・エ

問2　文章中の空欄 (2)－a (2)－b に入る語句の組み合わせとして正しいものを、次の①～④の中から一つ選びなさい。解答番号は、32。

① a － ギリシア　b － セーヴル
② a － ギリシア　b － ローザンヌ
③ a － ブルガリア　b － セーヴル
④ a － ブルガリア　b － ローザンヌ

問3　下線部(3)に関し、第二次世界大戦勃発時は中立であったが、1941年に連合国側で参戦した国として正しいものを、次の①～④の中から一つ選びなさい。解答番号は、33。

① アメリカ合衆国　② イギリス
③ フランス　④ イタリア

問4　下線部(4)に関し、次の文章中の空欄 ア イ に入る語句の組み合わせとして正しいものを、下の①～④の中から一つ選びなさい。
解答番号は、34。

1831年に起こったエジプト=トルコ戦争において、ロシアは ア から地中海へと抜けるダーダネルス海峡・ イ 海峡の自由通行権を得ることをもくろんで、オスマン帝国を支持した。ロシア革命後にトルコの隣国となったソ連は、1946年、ダーダネルス海峡・ イ 海峡の共同管理をトルコに求めてきた。

① ア ー カスピ海　　イ ー ジブラルタル
② ア ー カスピ海　　イ ー ボスフォラス
③ ア ー 黒海　　イ ー ジブラルタル
④ ア ー 黒海　　イ ー ボスフォラス

問5　下線部(5)にはパキスタンも参加した。全インド=ムスリム連盟を率いてパキスタンの分離・独立を果たした人物として正しいものを、次の①～④の中から一つ選びなさい。解答番号は、 35 。

① アウン=サン　　② ジンナー
③ シハヌーク　　④ ホー=チ=ミン

問6　下線部(6)に関し、1846年に勃発したアメリカ=メキシコ戦争の原因となった地域として正しいものを、次の①～④の中から一つ選びなさい。解答番号は、 36 。

① アラスカ　　② カンザス
③ ネブラスカ　　④ テキサス

問7　下線部(7)に関し、1912年にインドネシアで成立し、民族運動の中心となっていった組織として正しいものを、次の①～④の中から一つ選びなさい。
解答番号は、 37 。

① 維新会
② イスラーム同盟（サレカット=イスラーム）
③ 赤色クメール
④ タキン党

問8　下線部(8)の韓国に関する次の出来事a～cを年代順に正しく並べたものを、下の①～⑥の中から一つ選びなさい。解答番号は、 38 。

a　朴正熙が大統領となり、日本との国交を正常化した。
b　朝鮮民主主義人民共和国（北朝鮮）の侵攻を受けて、釜山近郊まで迫られた。
c　上海において、大韓民国臨時政府が結成された。

① a → b → c　　② a → c → b
③ b → a → c　　④ b → c → a
⑤ c → a → b　　⑥ c → b → a

問9　下線部(9)に関し、オーストラリアについて述べた次の文aとbの正誤の組み合わせとして正しいものを、下の①～④の中から一つ選びなさい。
解答番号は、39。

a　イギリスは当初、流刑植民地として開拓した。
b　先住民であるマオリ人が移民によって迫害された。

① a－正　b－正　② a－正　b－誤
③ a－誤　b－正　④ a－誤　b－誤

問10　下線部(10)に関し、歴史上のクーデタについての説明として正しいものを、次の①～④の中から一つ選びなさい。解答番号は、40。

① ブリュメール18日のクーデタで、ナポレオンが総裁政府を倒した。
② 靖康の変で、のちの永楽帝が建文帝から帝位を奪った。
③ 壬午軍乱で、開化派は閔氏から政権を奪った。
④ チリ軍部クーデタで、アジェンデがピノチェト政権を倒した。

数学

（60 分）

大問	選択方法	解答番号
【1】〜【3】	**必須解答**	1 〜 15
【4】	**選択解答** ※大問【4】〜【6】のうち 2 問を選択し解答すること （【4】・【5】、【4】・【6】、【5】・【6】のいずれかの組合せで解答）	16 〜 20
【5】		21 〜 25
【6】		26 〜 30

必答問題

【1】 次の問題の □ に当てはまる答えを解答群から選び，その番号をマークしなさい。

解答番号は， 1 〜 5 。（配点 20 点）

(1) x の不等式 $(3a+1)x>9a^2-1$ ……Ⓐがある。ただし，a は定数で，$a \neq -\frac{1}{3}$ とする。

(i) $a>-\frac{1}{3}$ のとき，$x=3$ が不等式Ⓐを満たすような a の値の範囲は 1 である。

(ii) $-9<x<-1$ を満たす整数 x のうち，不等式Ⓐを満たす整数 x の絶対値の総和が 15 であるような a の値の範囲は 2 である。

(2) aを正の実数とする。実数xに関する次の条件p，qがある。

$$p : |x-2| \leqq a, \quad q : |x| \leqq \frac{7}{2}$$

命題「$p \Rightarrow q$」が真となるようなaの値のうち，最大となる値は **3** である。

(3) 次のデータは，生徒10人に20点満点のテストを行った得点である。
ただし，aは0以上20以下の整数である。

8, 9, 10, 11, 13, 16, 17, 17, 18, a (点)

(i) $a=8$のとき，このデータの中央値は **4** 点である。

(ii) このデータの中央値となる可能性のある値は，全部で **5** 通りある。

1 の解答群

① $-\frac{1}{3}<a<\frac{1}{3}$　② $-\frac{1}{3}<a<\frac{2}{3}$　③ $-\frac{1}{3}<a<1$　④ $-\frac{1}{3}<a<\frac{4}{3}$

⑤ $\frac{1}{3}<a<\frac{2}{3}$　⑥ $\frac{1}{3}<a<1$　⑦ $\frac{1}{3}<a<\frac{4}{3}$　⑧ $a>\frac{1}{3}$

⑨ $a>\frac{2}{3}$　⑩ $a>\frac{4}{3}$

2 の解答群

① $-\frac{7}{3}<a<-2$　② $-\frac{7}{3}<a\leqq-2$　③ $-\frac{7}{3}\leqq a<-2$　④ $-2<a<-\frac{5}{3}$

⑤ $-2<a\leqq-\frac{5}{3}$　⑥ $-2\leqq a<-\frac{5}{3}$　⑦ $-\frac{5}{3}<a<-\frac{4}{3}$　⑧ $-\frac{5}{3}<a\leqq-\frac{4}{3}$

⑨ $-\frac{5}{3}\leqq a<-\frac{4}{3}$　⑩ $-\frac{5}{3}\leqq a\leqq-\frac{4}{3}$

3 の解答群

① 1　② $\frac{3}{2}$　③ 2　④ $\frac{5}{2}$　⑤ 3

⑥ $\frac{7}{2}$　⑦ 4　⑧ $\frac{9}{2}$　⑨ 5　⑩ $\frac{11}{2}$

4 の解答群

① 10　② 10.5　③ 11　④ 11.5　⑤ 12

⑥ 12.5　⑦ 13　⑧ 13.5　⑨ 14　⑩ 14.5

5 の解答群

① 1　② 2　③ 3　④ 4　⑤ 5　⑥ 6　⑦ 7　⑧ 8　⑨ 9　⑩ 10

必答問題

【2】 2次関数 $f(x)=x^2-ax+a^2-2a-8$ がある。ただし，a は実数の定数とする。

次の問題の □ に当てはまる答えを解答群から選び，その番号をマークしなさい。

解答番号は，**6** ～ **10** 。(配点20点)

(1) $y=f(x)$ のグラフの頂点の座標は **6** である。

(2) $y=f(x)$ のグラフと y 軸の交点の y 座標を Y とする。$Y\leqq 0$ となるような a の値の範囲は **7** である。また，a の値が実数全体で変化するとき，Y のとり得る値の範囲は **8** である。

(3) **7** のとき，$0\leqq x\leqq 2$ における $f(x)$ の最小値を m，最大値を M とする。

(i) $m=-7$ となるような a の値は **9** である。

(ii) $M\leqq -1$ となるとき，a のとり得る値の範囲は **10** である。

6 の解答群

① $\left(-\dfrac{a}{2},\ \dfrac{1}{2}a^2-2a-8\right)$　② $\left(\dfrac{a}{2},\ \dfrac{1}{2}a^2-2a-8\right)$　③ $\left(-\dfrac{a}{2},\ \dfrac{3}{4}a^2-2a-8\right)$

④ $\left(\dfrac{a}{2},\ \dfrac{3}{4}a^2-2a-8\right)$　⑤ $\left(-\dfrac{a}{2},\ \dfrac{5}{4}a^2-2a-8\right)$　⑥ $\left(\dfrac{a}{2},\ \dfrac{5}{4}a^2-2a-8\right)$

⑦ $\left(-a,\ \frac{1}{2}a^2-2a-8\right)$　⑧ $\left(a,\ \frac{1}{2}a^2-2a-8\right)$　⑨ $(-a,\ a^2-2a-8)$

⑩ $(a,\ a^2-2a-8)$

7 の解答群

① $-4<a<-2$　② $-4\leqq a\leqq -2$　③ $-4<a<2$

④ $-4\leqq a\leqq 2$　⑤ $-2<a<4$　⑥ $-2\leqq a\leqq 4$

⑦ $a<-4,\ 2<a$　⑧ $a\leqq -4,\ 2\leqq a$　⑨ $a<-2,\ 4<a$

⑩ $a\leqq -2,\ 4\leqq a$

8 の解答群

① $Y\leqq -10$　② $Y\geqq -10$　③ $Y<-9$　④ $Y>-9$　⑤ $Y\leqq -9$

⑥ $Y\geqq -9$　⑦ $Y<-7$　⑧ $Y>-7$　⑨ $Y\leqq -7$　⑩ $Y\geqq -7$

9 の解答群

① $\frac{1\pm\sqrt{2}}{2}$　② $1\pm\sqrt{2}$　③ $\frac{2\pm\sqrt{7}}{3}$

④ $\frac{4\pm2\sqrt{7}}{3}$　⑤ $\frac{1-\sqrt{2}}{2},\ \frac{2-\sqrt{7}}{3}$　⑥ $\frac{1-\sqrt{2}}{2},\ \frac{2+\sqrt{7}}{3}$

⑦ $1-\sqrt{2},\ \frac{4-2\sqrt{7}}{3}$　⑧ $1-\sqrt{2},\ \frac{4+2\sqrt{7}}{3}$　⑨ $1+\sqrt{2},\ \frac{4-2\sqrt{7}}{3}$

⑩ $1+\sqrt{2},\ \frac{4+2\sqrt{7}}{3}$

10 の解答群

① $1-2\sqrt{2}\leqq a\leqq 2-\sqrt{7}$　② $1-2\sqrt{2}\leqq a\leqq 1+2\sqrt{2}$

③ $1-2\sqrt{2}\leqq a\leqq 2+\sqrt{7}$　④ $1+2\sqrt{2}\leqq a\leqq 2+\sqrt{7}$

⑤ $2-\sqrt{7}\leqq a\leqq 1+2\sqrt{2}$　⑥ $2-\sqrt{7}\leqq a\leqq 2+\sqrt{7}$

⑦ $a\leqq 1-2\sqrt{2},\ 2-\sqrt{7}\leqq a$　⑧ $a\leqq 1-2\sqrt{2},\ 2+\sqrt{7}\leqq a$

⑨ $a\leqq 1+2\sqrt{2},\ 2+\sqrt{7}\leqq a$　⑩ $a\leqq 2-\sqrt{7},\ 1+2\sqrt{2}\leqq a$

必答問題

【3】 鋭角三角形ABCがあり，$AB=2\sqrt{6}$，$\sin\angle BAC=\dfrac{\sqrt{3}}{3}$である。また，△ABCの外接円の半径は$\dfrac{3\sqrt{3}}{2}$である。

次の問題の［　］に当てはまる答えを解答群から選び，その番号をマークしなさい。

解答番号は，［11］～［15］。(配点20点)

(1) BC＝［11］であり，$\sin\angle ACB=$［12］である。

(2) 辺BCのCの方への延長線上にCD＝6となる点Dをとる。△ABDの面積が$15\sqrt{2}$であるとき，AC＝［13］である。また，このとき，△ACDの外接円の半径は［14］である。さらに，△ACDの外接円の点Aを含む弧CD上に，△ECDがCE＝DEの二等辺三角形になるように点Eをとるとき，CE＝［15］である。

［11］の解答群

① $\dfrac{\sqrt{3}}{2}$　② $\dfrac{\sqrt{6}}{2}$　③ $\dfrac{3}{2}$　④ $\sqrt{3}$　⑤ 2

⑥ $\sqrt{6}$　⑦ $\dfrac{3\sqrt{3}}{2}$　⑧ 3　⑨ $2\sqrt{3}$　⑩ $2\sqrt{6}$

［12］の解答群

① $\dfrac{\sqrt{2}}{4}$　② $\dfrac{\sqrt{3}}{4}$　③ $\dfrac{\sqrt{2}}{3}$　④ $\dfrac{1}{2}$　⑤ $\dfrac{\sqrt{3}}{3}$

⑥ $\dfrac{\sqrt{6}}{4}$　⑦ $\dfrac{\sqrt{2}}{2}$　⑧ $\dfrac{\sqrt{6}}{3}$　⑨ $\dfrac{\sqrt{3}}{2}$　⑩ $\dfrac{2\sqrt{2}}{3}$

［13］の解答群

① 4　② $3\sqrt{2}$　③ $\dfrac{9}{2}$　④ $\dfrac{7\sqrt{2}}{2}$　⑤ 5

⑥ $\dfrac{11}{2}$　⑦ $4\sqrt{2}$　⑧ 6　⑨ $\dfrac{9\sqrt{2}}{2}$　⑩ $5\sqrt{2}$

[14] の解答群

① 4　② $\frac{23\sqrt{2}}{8}$　③ $3\sqrt{2}$　④ $\frac{25\sqrt{2}}{8}$　⑤ $\frac{27\sqrt{2}}{8}$

⑥ $\frac{7\sqrt{2}}{2}$　⑦ $\frac{23\sqrt{3}}{8}$　⑧ 5　⑨ $\frac{25\sqrt{3}}{8}$　⑩ $\frac{27\sqrt{3}}{8}$

[15] の解答群

① $3\sqrt{5}$　② 7　③ $5\sqrt{2}$　④ 8　⑤ $6\sqrt{2}$

⑥ $5\sqrt{3}$　⑦ $4\sqrt{5}$　⑧ 9　⑨ 10　⑩ $6\sqrt{3}$

【4】～【6】は，いずれか2問を選択し，解答しなさい。

【4】 A, B, C, D, E, Fの文字が書いてある6枚のカードが入った袋がある。カードには，文字が1つ書いてあり，同じ文字のカードはない。この袋から無作為に1枚ずつ6枚のカードを取り出し，取り出した順に左から横一列に並べる。

次の問題の[　　]に当てはまる答えを解答群から選び，その番号をマークしなさい。

解答番号は，[16] ～ [20] 。(配点20点)

(1) 6枚のカードの並べ方は全部で [16] 通りある。

(2) AとBが両端に並ぶ確率は [17] である。

(3) (i) AとBが隣り合う確率は [18] である。

(ii) AとBが隣り合い，CとDも隣り合い，かつ，EとFは隣り合わない確率は [19] である。

(iii) AとBが隣り合い，かつ，CがAともBとも隣り合わない確率は [20] である。

[16] の解答群

① 60　② 120　③ 240　④ 360　⑤ 400

⑥ 480　⑦ 600　⑧ 720　⑨ 800　⑩ 840

[17], [18], [19] の解答群

① $\frac{1}{60}$　② $\frac{1}{30}$　③ $\frac{1}{15}$　④ $\frac{1}{12}$　⑤ $\frac{1}{10}$

⑥ $\frac{1}{9}$　⑦ $\frac{1}{6}$　⑧ $\frac{1}{5}$　⑨ $\frac{1}{4}$　⑩ $\frac{1}{3}$

[20] の解答群

① $\frac{1}{30}$　② $\frac{1}{15}$　③ $\frac{2}{15}$　④ $\frac{1}{6}$　⑤ $\frac{1}{5}$

⑥ $\frac{2}{9}$　⑦ $\frac{1}{3}$　⑧ $\frac{2}{5}$　⑨ $\frac{1}{2}$　⑩ $\frac{2}{3}$

【4】～【6】は，いずれか2問を選択し，解答しなさい。

【5】 2つの円O_1，O_2があり，円O_1は半径3，円O_2は半径12である。円O_1，O_2は点Aで外接している。円O_1，O_2の中心をそれぞれO_1，O_2とする。また，円O_1と円O_2の共通接線のうち，直線O_1O_2に垂直でない2本の接線の一方をℓとし，ℓと円O_1，O_2の接点をそれぞれB, C, 直線O_1O_2とℓの交点をD，直線O_1O_2と円O_2の交点のうち，点Aでない方の点をEとする。

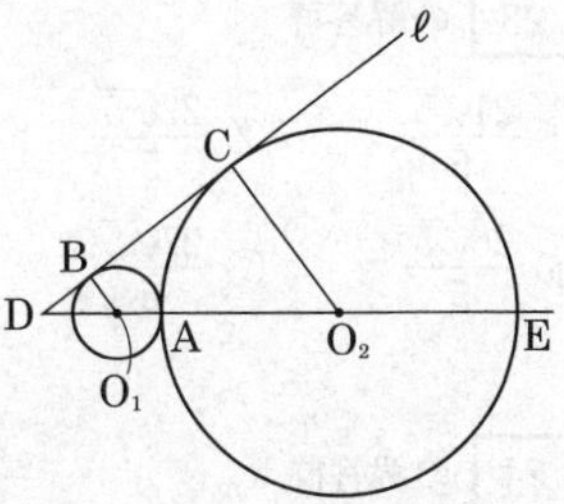

次の問題の [　] に当てはまる答えを解答群から選び，その番号をマークしなさい。

解答番号は，[21] ～ [25] 。(配点 20 点)

(1) $DO_1 =$ [21] である。

(2)　$\frac{AC}{CE}=$ **22** であり，AC＝ **23** である。

(3)　線分CEを1：2に内分する点をPとする。直線DPと線分ACの交点をQとするとき，CQ＝ **24** である。また，直線EQと線分CDの交点をRとするとき，CR＝ **25** である。

21 の解答群

① 3　② $\frac{7}{2}$　③ $\frac{15}{4}$　④ 4　⑤ $\frac{9}{2}$
⑥ $\frac{19}{4}$　⑦ 5　⑧ $\frac{11}{2}$　⑨ $\frac{23}{4}$　⑩ 6

22 の解答群

① $\frac{3}{8}$　② $\frac{2}{5}$　③ $\frac{3}{7}$　④ $\frac{4}{9}$　⑤ $\frac{1}{2}$
⑥ $\frac{5}{9}$　⑦ $\frac{4}{7}$　⑧ $\frac{3}{5}$　⑨ $\frac{5}{8}$　⑩ $\frac{2}{3}$

23 の解答群

① $\frac{21\sqrt{5}}{5}$　② $\frac{22\sqrt{5}}{5}$　③ $\frac{23\sqrt{5}}{5}$　④ $\frac{24\sqrt{5}}{5}$　⑤ $5\sqrt{5}$
⑥ $\frac{26\sqrt{5}}{5}$　⑦ $\frac{27\sqrt{5}}{5}$　⑧ $\frac{28\sqrt{5}}{5}$　⑨ $\frac{29\sqrt{5}}{5}$　⑩ $6\sqrt{5}$

24 の解答群

① $\frac{11\sqrt{5}}{5}$　② $\frac{12\sqrt{5}}{5}$　③ $\frac{13\sqrt{5}}{5}$　④ $\frac{14\sqrt{5}}{5}$　⑤ $3\sqrt{5}$
⑥ $\frac{16\sqrt{5}}{5}$　⑦ $\frac{17\sqrt{5}}{5}$　⑧ $\frac{18\sqrt{5}}{5}$　⑨ $\frac{19\sqrt{5}}{5}$　⑩ $4\sqrt{5}$

25 の解答群

① $\frac{32}{5}$　② $\frac{34}{5}$　③ $\frac{36}{5}$　④ $\frac{38}{5}$　⑤ 8

⑥ $\frac{42}{5}$　⑦ $\frac{44}{5}$　⑧ $\frac{46}{5}$　⑨ $\frac{48}{5}$　⑩ 10

【4】～【6】は，いずれか2問を選択し，解答しなさい。

【6】 2つの自然数 m, n があり，$m>n$ とする。また，m, n の最大公約数を G とする。

次の問題の □ に当てはまる答えを解答群から選び，その番号をマークしなさい。

解答番号は， **26** ～ **30** 。(配点20点)

(1) $m=216$, $n=168$ とするとき，$G=$ **26** である。また，$m=5083$, $n=4807$ とするとき，$G=$ **27** である。

(2) m, n はともに3桁(けた)の数で，$m+n=392$ である。G が2桁の奇数となるような G の値は **28** であり，$(m, n)=$ **29** である。

(3) m, n の最小公倍数を L とする。$5m-8n=L$ を満たすとき，m, n の値をそれぞれ G を用いて表すと，$(m, n)=$ **30** である。

26 の解答群

① 8　② 12　③ 18　④ 24　⑤ 27

⑥ 36　⑦ 54　⑧ 72　⑨ 108　⑩ 168

27 の解答群

① 11　② 13　③ 17　④ 19　⑤ 23

⑥ 29　⑦ 31　⑧ 37　⑨ 41　⑩ 53

28 の解答群

① 21　② 25　③ 27　④ 35　⑤ 45
⑥ 49　⑦ 55　⑧ 63　⑨ 75　⑩ 81

29 の解答群

① (210, 182)　② (220, 172)　③ (225, 167)
④ (243, 149)　⑤ (245, 147)　⑥ (252, 140)
⑦ (255, 137)　⑧ (265, 127)　⑨ (270, 122)
⑩ (275, 117)

30 の解答群

① $(2G,\ G)$　② $(3G,\ G)$　③ $(4G,\ G)$
④ $(5G,\ G)$　⑤ $(6G,\ G)$　⑥ $(7G,\ G)$
⑦ $(8G,\ G)$　⑧ $(9G,\ G)$　⑨ $(10G,\ G)$
⑩ $(11G,\ G)$

化学

（60 分）

必要があれば、原子量および定数は次の値を使いなさい。

H 1.0　C 12　O 16　S 32

アボガドロ定数　6.0×10^{23}/mol

　また、0 ℃、1.013×10^5 Pa（標準状態）における気体のモル体積は 22.4 L/mol とする。

【1】 次の問い（問１～８）に答えなさい。

解答番号は、 1 ～ 8 （配点 24 点）

問１　乾燥空気（水蒸気を除いた空気）に約１％含まれる貴ガス元素を、次の①～⑤から一つ選びなさい。 1

① He　② Ne　③ Ar　④ Kr　⑤ Xe

問２　周期表の第４周期までの元素についての記述として正しいものを、次の①～⑤から一つ選びなさい。 2

① 典型元素はすべて非金属元素である。
② 遷移元素はすべて金属元素である。
③ 金属元素はすべて典型元素である。
④ 非金属元素はすべて遷移元素である。
⑤ 典型元素にも遷移元素にも属さない元素が存在する。

問３　次のａ～ｃについて、常温常圧で空気中に放置したとき昇華する物質をすべて選択したものを、下の①～⑥から一つ選びなさい。 3

a ナフタレン　b ヨウ素　c 水酸化ナトリウム

①aのみ　②bのみ　③cのみ

④aとb　⑤aとc　⑥bとc

問4　融点が最も低い金属を、次の①～⑤から一つ選びなさい。 **4**

①金Au　②ナトリウムNa　③アルミニウムAl

④銀Ag　⑤銅Cu

問5　**中性子をもたない**同位体が存在する元素を、次の①～⑤から一つ選びなさい。 **5**

①H　②He　③Li　④Be　⑤B

問6　いずれも配位結合が含まれるものの組合せを、次の①～⑤から一つ選びなさい。 **6**

① 炭酸水素イオン、ヘキサシアニド鉄(Ⅱ)酸イオン
② ヘキサシアニド鉄(Ⅱ)酸イオン、酢酸イオン
③ 酢酸イオン、オキソニウムイオン
④ オキソニウムイオン、アンモニウムイオン
⑤ アンモニウムイオン、炭酸水素イオン

問7　次の記述中の A と B に当てはまる語句の組合せを、下の①～⑨から一つ選びなさい。 **7**

初めて発表された周期表では、元素は A の順に並んでいた。この周期表を発表した化学者は B である。

	A	B
①	原子番号	アボガドロ
②	原子番号	メンデレーエフ
③	原子番号	ゲーリュサック
④	原子量	アボガドロ
⑤	原子量	メンデレーエフ
⑥	原子量	ゲーリュサック
⑦	中性子の数	アボガドロ
⑧	中性子の数	メンデレーエフ
⑨	中性子の数	ゲーリュサック

問 8　形状が正四面体形である分子を、次の①～⑤から一つ選びなさい。 8

① H_2S　　② NH_3　　③ CH_4　　④ CO_2　　⑤ H_2O

【2】 次の問い（問 1 ～ 6）に答えなさい。

解答番号は、 9 ～ 14 （配点 20 点）

問 1　塩素 Cl の同位体には、中性子の数が 18 のものと 20 のものがある。天然におけるこれらの同位体の存在比が 3 : 1 であるとき、Cl の原子量として最も適当な数値を、次の①～⑤から一つ選びなさい。ただし、原子の相対質量は質量数の値をもちいるものとする。 9

① 18.5　　② 19.0　　③ 19.5　　④ 35.5　　⑤ 36.5

問 2　1.0 g の液体の水 H_2O が標準状態ですべて気体になると仮定したとき、体積は何倍になるか。最も適当な数値を、次の①～⑤から一つ選びなさい。ただし、液体の水の密度は 1.0 g/cm^3 とする。 10 倍

① 1.2×10^2　　② 2.5×10^2　　③ 1.2×10^3

④ 2.5×10^3　　⑤ 2.2×10^4

問 3　一酸化炭素 CO 70 g を完全燃焼させるのに必要な酸素の質量は何 g か。最も適当な数値を、次の①～⑦から一つ選びなさい。 11 g

① 16　　② 32　　③ 35　　④ 40　　⑤ 48

⑥ 70　　⑦ 80

問 4　ある金属元素の単体 45 g を十分に酸化したところ、85 g の酸化物が得られた。酸化物中で金属の酸化数が＋ 3 であるとき、この金属元素の原子量として最も適当な数値を、次の①～⑤から一つ選びなさい。 12

① 23　　② 27　　③ 48　　④ 56　　⑤ 64

問 5　メタン CH_4、アセチレン C_2H_2、プロパン C_3H_8 において、一定の質量の水素原子と結合している炭素原子の質量比(メタン:アセチレン:プロパンの順に示す)として最も適当なものはどれか。次の①～⑧から一つ選びなさい。 13

① 1 : 2 : 3　　② 2 : 8 : 3　　③ 3 : 8 : 2　　④ 3 : 16 : 5

⑤ 4 : 12 : 3　　⑥ 4 : 12 : 5　　⑦ 5 : 12 : 4　　⑧ 5 : 16 : 3

問 6　純水に標準状態で 2.8 L のアンモニアをすべて吸収させ、250 mL の水溶液にしたとき、このアンモニア水のモル濃度は何 mol/L か。最も適当な数値を、次の①～⑦から一つ選びなさい。 [14] mol/L

① 0.031　　② 0.50　　③ 0.70　　④ 1.0　　⑤ 2.0

⑥ 11　　⑦ 32

【3】 次の問い（問 1 ～ 3）に答えなさい。

解答番号は、 [15] ～ [17] （配点 12 点）

問 1　2 価の酸であり、0.10 mol/L の水溶液にしたとき pH が最も大きいものを、次の①～⑤から一つ選びなさい。 [15]

① H_3PO_4　　② HNO_3　　③ H_2SO_4

④ H_2CO_3　　⑤ CH_3COOH

問 2　下記の反応において、下線を引いた物質が、アレニウスの定義では酸・塩基どちらにも当てはまらないが、ブレンステッド・ローリーの定義では酸または塩基に当てはまるものを、次の①～⑤から一つ選びなさい。 [16]

① 二酸化炭素が水に溶けて電離した。

② 水溶液中で硫酸が電離した。

③ 気体の塩化水素が気体のアンモニアと反応して白煙を生じた。

④ アンモニアが水に溶けて電離した。

⑤ 水酸化ナトリウム水溶液が塩酸と中和した。

問 3　中和により生じた正塩の水溶液が中性を示すものを、次の①～⑤から一つ選びなさい。 [17]

① 酢酸と水酸化カルシウム

② 硫酸とアンモニア

③ 酢酸と水酸化カリウム

④ 硫酸と水酸化ナトリウム

⑤ 塩酸とアンモニア

【4】 質量パーセント濃度が98％、密度が1.8 g/cm³の濃硫酸10 mLをはかりとり、純水で希釈して900 mLの希硫酸Aをつくった。これについて、次の問い（問1～4）に答えなさい。

解答番号は、 18 ～ 21 （配点16点）

問1 希硫酸Aのモル濃度は何mol/Lか。最も適当な数値を、次の①～⑥から一つ選びなさい。 18 mol/L

① 1.8×10^{-2}　② 2.0×10^{-2}　③ 4.0×10^{-2}

④ 1.8×10^{-1}　⑤ 2.0×10^{-1}　⑥ 4.0×10^{-1}

問2 希硫酸Aを450 mLはかりとり、純水で1800 mLに希釈した希硫酸BのpHとして最も適当なものを、次の①～⑦から一つ選びなさい。ただし、硫酸は完全に電離するものとする。 19

① 1　② 1と2の間　③ 2　④ 2と3の間

⑤ 3　⑥ 3と4の間　⑦ 4以上

問3 希硫酸Aを適当に希釈し、希硫酸Cをつくったところ、希硫酸CのpHは4であった。希硫酸Cを1.0 mLはかりとり、純水と混合して全体を10 Lにした水溶液DのpHとして最も適当な数値を、次の①～⑤から一つ選びなさい。 20

① 約0　② 約2　③ 約3　④ 約7　⑤ 約8

問4 水溶液DのpHが問3のようになる理由として最も適当なものを、次の①～⑤から一つ選びなさい。 21

① 酸性の水溶液を10倍に希釈すれば、常にpHは1だけ大きくなるから。

② 酸性の水溶液を10倍に希釈すれば、常にpHは1だけ小さくなるから。

③ 水の電離によって生じる水素イオンが無視できなくなるから。

④ 2価の酸は、1価の酸よりも希釈時のpHの変化が大きくなるから。

⑤ 濃度が小さくなるにつれて、酸の電離度は大きくなるから。

【5】 次の問い（問1～3）に答えなさい。

解答番号は、 [22] ～ [24] （配点12点）

問1　炭素原子は、単体および化合物中においてさまざまな酸化数をとる。炭素原子の酸化数が最大のものと最小のものの組合せを、次の①～⑥から一つ選びなさい。 [22]

① CO_2 と CH_4　② CO_2 と CO　③ CO_2 と C
④ CO と CH_4　⑤ CO と C　⑥ C と CH_4

問2　ブリキおよびトタンに関する記述a～cについて、正しい記述をすべて選択したものを、下の①～⑦から一つ選びなさい。 [23]

a　ブリキは鉄板に亜鉛をめっきしたものである。
b　トタンは鉄板に鉛をめっきしたものである。
c　ブリキのめっきした面に傷がついたとき、めっきした金属より鉄が先に酸化される。

① aのみ　② bのみ　③ cのみ　④ aとb
⑤ aとc　⑥ bとc　⑦ aとbとc

問3　高温の水蒸気と反応しない金属を、次の①～⑤から一つ選びなさい。 [24]

① Na　② Mg　③ Pb　④ Fe　⑤ Zn

【6】 次の問い（問 1 ～ 4）に答えなさい。

解答番号は、 25 ～ 28 （配点 16 点）

硫酸酸性下での過マンガン酸イオン MnO_4^- と過酸化水素 H_2O_2 の反応は、次の e^- を含むイオン反応式で表される。

MnO_4^- ＋ ア e^- ＋ イ H^+ ⟶ Mn^{2+} ＋ ウ H_2O

H_2O_2 ⟶ エ H^+ ＋ O_2 ＋ オ e^-

今、硫酸酸性下で 0.020 mol/L の過マンガン酸カリウム水溶液を右図のように器具 A から滴下して、コニカルビーカー内の濃度未知の過酸化水素水 5.0 mL と過不足なく反応させ、過酸化水素水のモル濃度を決定する実験をおこなう。

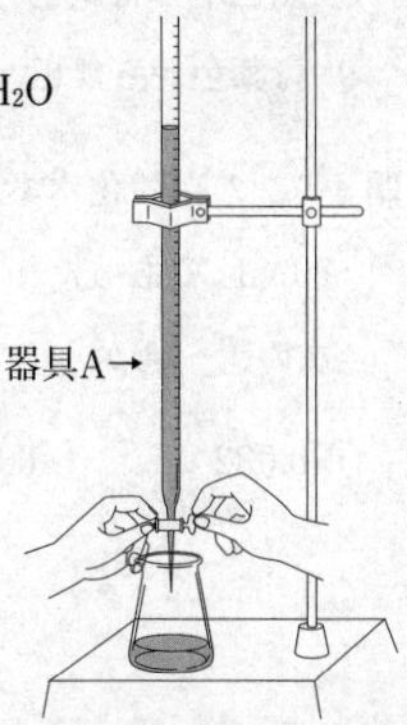

問 1　上記のイオン反応式の係数ア～ウ、オの組合せとして最も適当なものを、次の①～⑨から一つ選びなさい。 25

	ア	イ	ウ	オ
①	5	7	4	2
②	5	7	4	4
③	5	7	4	3
④	5	8	4	2
⑤	5	8	4	4
⑥	5	8	4	3
⑦	6	7	3	2
⑧	6	7	3	4
⑨	6	7	3	3

問 2　器具 A を繰り返し使うときの洗浄法として最も適当なものを、次の①～④から一つ選びなさい。 26

① 純水で洗浄後、ぬれたまま使う。

② 純水で洗浄後、加熱乾燥して使う。

③ 水で洗浄後、使用する溶液で洗ってからぬれたまま使う。

④ 水で洗浄後、使用する溶液で洗ってから加熱乾燥して使う。

問3　滴定の終点では、コニカルビーカー内の溶液の色はどのように変化するか。最も適当なものを、次の①～⑥から一つ選びなさい。 **27**

① 無色から青紫色　② 無色から赤紫色　③ 無色から黄色

④ 青紫色から無色　⑤ 赤紫色から無色　⑥ 黄色から無色

問4　この過酸化水素水と過不足なく反応した過マンガン酸カリウム水溶液の体積は、20 mL であった。この過酸化水素水のモル濃度は何 mol/L か。最も適当な数値を、次の①～⑥から一つ選びなさい。 **28** mol/L

① 0.032　② 0.080　③ 0.16　④ 0.20　⑤ 0.50　⑥ 0.80

■生物■

(60分)

【1】 生物の特徴に関する次の文を読み、後の問い（問1～5）に答えなさい。

解答番号は、1 ～ 5 (配点 5 点)
6 (配点 3 点)
7 ～ 9 (配点12点)

地球上にはさまざまな環境が存在し、多様な生物が生息している。生物には多様性がみられる一方で、共通性もみられる。共通性がみられるのは、地球上のすべての生物が、（　ア　）祖先をもつためであり、多様性がみられるのは、生物の形質が世代を重ねていく過程で（　イ　）してきたためである。

生物の共通性には、細胞からなること、遺伝情報をもちその情報を子孫に伝えること、体内の状態を一定に保とうとする調節のしくみである（　ウ　）をもつこと、（　エ　）を行いエネルギーを利用することなどが挙げられる。一方で、生物の特徴の一部だけをもつ（　オ　）のようなものも存在する。（　オ　）は細胞構造をもたず、細胞のように分裂することもなく、（　エ　）を行わない。しかし、遺伝情報をもち、細胞内に遺伝情報を侵入させ、細胞の生命活動を利用して増殖することができる。このことから、（　オ　）のようなものは生物と無生物の中間段階として位置づけられている。

問1 文中の（ア）～（エ）に入る語句として最も適当なものを、下記のそれぞれの語群から選びなさい。また、（オ）に属するものとして最も適当なものを、（オ）の語群から選びなさい。

(ア) 1　　(イ) 2　　(ウ) 3　　(エ) 4　　(オ) 5

(ア)、(イ) の語群

① 異なる　　② 同じ　　③ 相補的な
④ 遷移　　⑤ 形質転換　　⑥ 進化

（ウ）、（エ）の語群

① 食作用　② 基質特異性　③ 恒常性
④ 脱窒　⑤ 代謝　⑥ 光合成

（オ）の語群

① HIV　② 酵母　③ シイタケ　④ ゾウリムシ
⑤ 大腸菌　⑥ 乳酸菌　⑦ ヒドラ

問2 下線部に関して、図1は、世代を重ねる過程で獲得された特徴に基づく動物の類縁関係を表したものである。例えば図1中のXの時点で獲得された特徴には、翼や羽毛をもつことが挙げられる。図中のa～cの時点で獲得されている特徴の組み合わせとして最も適当なものを、下記の①～⑧から選びなさい。 6

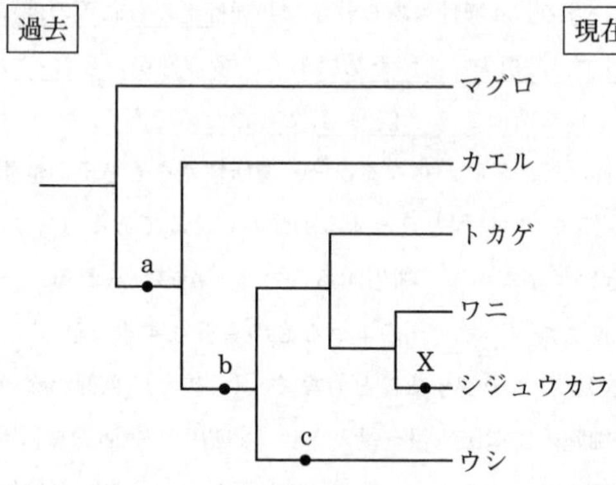

図1

	a	b	c
①	脊椎をもつ	胎生	肺呼吸をする
②	脊椎をもつ	胎生	子を母乳で育てる
③	脊椎をもつ	陸上で産卵・出産	肺呼吸をする
④	脊椎をもつ	陸上で産卵・出産	子を母乳で育てる
⑤	四肢をもつ	胎生	肺呼吸をする
⑥	四肢をもつ	胎生	子を母乳で育てる
⑦	四肢をもつ	陸上で産卵・出産	肺呼吸をする
⑧	四肢をもつ	陸上で産卵・出産	子を母乳で育てる

問 3　次の記述 a ～ d のうち、すべての生物が共通してもつ特徴を過不足なく含むものを、下記の①～⑩から選びなさい。 7

a　ATP の合成と分解の両方を行う。

b　無機物のみから有機物を合成する。

c　同化と異化の両方を行う。

d　DNA をもつ。

①　a、b　　②　a、c　　③　a、d

④　b、c　　⑤　b、d　　⑥　a、b、c

⑦　a、b、d　　⑧　a、c、d　　⑨　b、c、d

⑩　a、b、c、d

問 4　図 2 はゾウリムシの顕微鏡像をもとにした模式図、図 3 は大腸菌の顕微鏡像をもとにした模式図である。図 2 および図 3 の右下にあるスケールバーが示す長さの組み合わせとして最も適当なものを、下記の①～⑨から選びなさい。 8

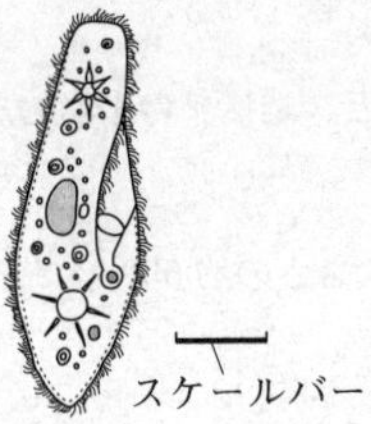

図 2

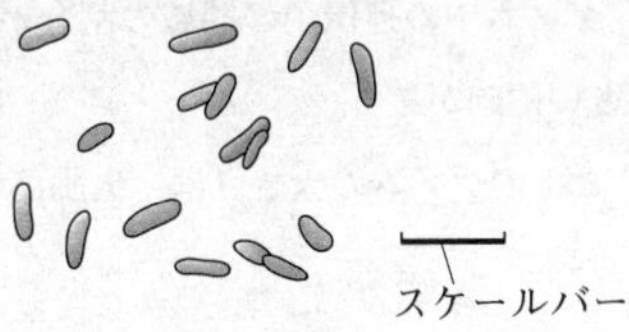

図 3

	図 2	図 3
①	0.5 µm	0.5 µm
②	0.5 µm	5 µm
③	0.5 µm	50 µm
④	5 µm	0.5 µm
⑤	5 µm	5 µm
⑥	5 µm	50 µm
⑦	50 µm	0.5 µm
⑧	50 µm	5 µm
⑨	50 µm	50 µm

問5 表1は、大腸菌、イネ、酵母、ヒトのゲノムについてまとめたものである。後の記述a〜cのうち、表1の数値についての正しい記述を過不足なく含むものを、下記の①〜⑦から選びなさい。ただし、該当するものがない場合は⑧をマークしなさい。なお、ゲノムの大きさとゲノム中の遺伝子の領域は塩基対を単位とする。

9

表1

	イネ	酵母	大腸菌	ヒト
遺伝子の数(個)	32000	6000	4500	20000
ゲノム中の遺伝子の領域の割合(%)	20	70	90	2
ゲノムの大きさ(塩基対)	400000000	12000000	5000000	3000000000

a 表1中の原核生物のゲノムの大きさは、表1中のどの真核生物と比べても、50%以下である。

b ゲノム中の遺伝子の領域の割合が低い生物ほど、遺伝子の平均的な大きさは小さい傾向がある。

c ヒトのゲノムの大きさは、大腸菌のゲノムの大きさの約600倍である。

① a ② b ③ c ④ a、b

⑤ a、c ⑥ b、c ⑦ a、b、c

【2】 体細胞分裂と染色体に関する次の文を読み、後の問い（問1～6）に答えなさい。

解答番号は、10（配点3点）
11（配点2点）
12 ～ 16（配点15点）

ヒトなどの多細胞生物では、細胞は体細胞分裂を繰り返して数を増やすとともに特定の形、はたらきをもつ細胞へと変化していく。体細胞分裂は無秩序に進むわけではなく、さまざまな制御を受ける。細胞分裂の制御のしくみについて調べるため、動物の体細胞から培養細胞を作製し、M期（分裂期）(1)、G_1期、G_2期にある細胞をそれぞれ分別して集めた。これらの細胞の特徴を調べてみると、細胞内に含まれるRNAやタンパク質の種類はそれぞれ異なっており、(2)これらの物質のなかには細胞周期の制御に関わるものもあった。これらの細胞を用いて、次の【実験1】、【実験2】を行った。

【実験1】 G_1期の細胞とM期の細胞を融合させると、G_1期の細胞由来の核膜が消失し、G_1期の細胞由来の凝縮した染色体が観察された。

【実験2】 G_2期の細胞とM期の細胞を融合させると、G_2期の細胞由来の核膜が消失し、G_2期の細胞由来の凝縮した染色体が観察された。この染色体は、【実験1】で観察されたG_1期の細胞由来の染色体と比べて、DNAの量が約2倍であった。

問1 次の記述a～cのうち、体細胞分裂についての正しい記述を過不足なく含むものを、下記の①～⑦から選びなさい。ただし、該当するものがない場合は⑧をマークしなさい。 10

a 細胞によっては、M期前期で細胞周期を停止し、G_0期に入ることがある。

b 動物細胞のM期後期には、赤道面の細胞膜が外から内にくびれこみ細胞質分裂が始まる。

c 植物細胞のM期終期には、赤道面に細胞板が生じ、細胞質分裂が始まる。

① a　② b　③ c　④ a、b
⑤ a、c　⑥ b、c　⑦ a、b、c

問2　図1は、体細胞分裂により増殖を繰り返している細胞の培養時間の経過に伴う培養液1mL当たりの細胞数の変化を測定した結果である。また、培養開始から36時間後の時点でのM期の細胞は、培養液1mL当たり 3.0×10^4 個であった。この細胞集団の(i)細胞周期の長さ、および(ii)M期に要する時間の長さとして最も適当なものを、下記のそれぞれの解答群の①～⑥から選びなさい。

(i) **11**　(ii) **12**

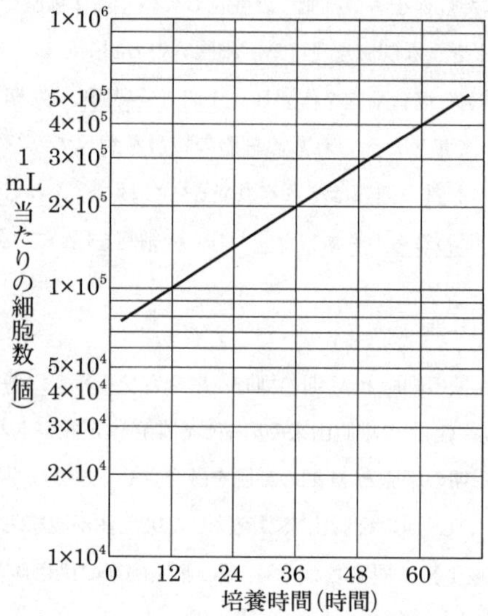

図1

(i)の解答群

①　10時間	②　12時間	③　20時間
④　24時間	⑤　30時間	⑥　36時間

(ii)の解答群

①　1時間	②　1.2時間	③　2時間
④　2.4時間	⑤　3時間	⑥　3.6時間

問3　下線部(1)に関して、図2はある動物の体細胞分裂で、M期中期にある一つの細胞に存在する染色体の模式図である。この細胞のM期後期にみられる分裂の様子と

して最も適当なものを、下記の①～④から選びなさい。ただし、図 2 で黒は父親由来の染色体、白は母親由来の染色体を示す。　13

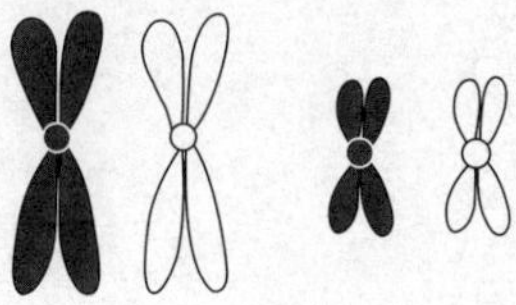

図 2

①

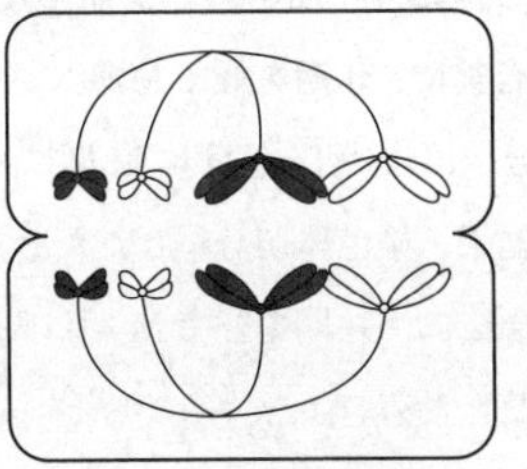

②

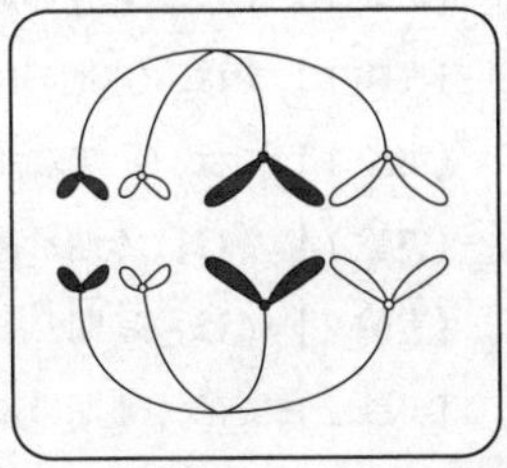

③

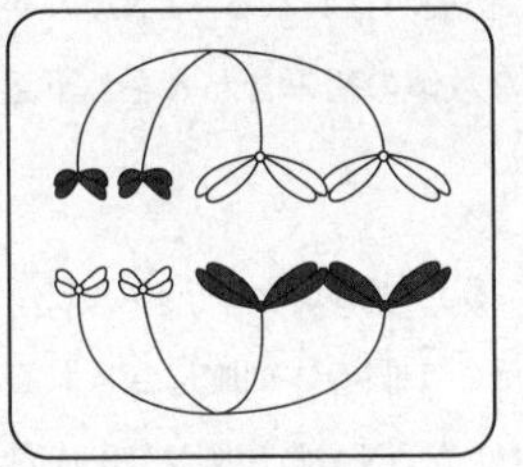

④

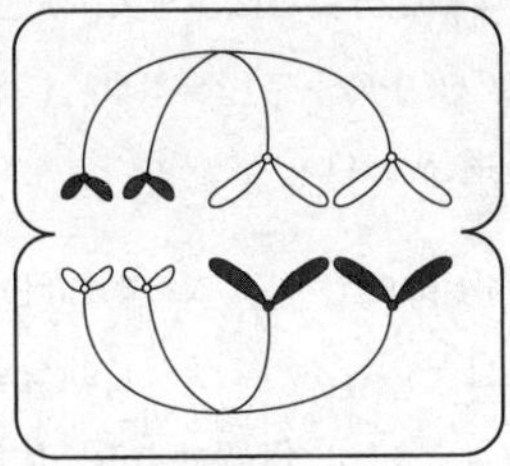

問 4　下線部(2)に関して、【実験 1】および【実験 2】の結果から、M 期の細胞内には M 期の前期で生じる現象を誘導する物質が存在することが推論できた。次の記述 a～c のうち、この推論を合理的に導くための追加実験とその正しい結果を過不足なく含むものを、下記の①～⑦から選びなさい。ただし、該当するものがない場合は⑧をマークしなさい。　14

a　2 個の M 期の細胞が融合した場合、細胞融合直後と融合してしばらく経ったときを比べて、核膜や染色体の様子に変化は見られなかった。

b　2 個の G_1 期の細胞が融合した場合、細胞融合直後と融合してしばらく経ったときを比べて、核膜や染色体の様子に変化は見られなかった。

c 2個のG_2期の細胞が融合した場合、細胞融合直後と融合してしばらく経ったときを比べて、核膜や染色体の様子に変化は見られなかった。

① a　② b　③ c　④ a、b
⑤ a、c　⑥ b、c　⑦ a、b、c

問5 【実験1】と【実験2】で観察された染色体のDNAの量に違いがあった理由として最も適当なものを、下記の①～⑥から選びなさい。 15

① 【実験1】では、G_1期の細胞が細胞融合後に、M期を経てS期に入ったため。
② 【実験1】では、G_1期の細胞が細胞融合後に、S期を経てM期に入ったため。
③ 【実験1】では、G_1期の細胞が細胞融合後に、S期を経ずにM期に入ったため。
④ 【実験1】では、M期が速く進行した結果、染色体が分離したため。
⑤ 【実験2】では、G_2期の細胞が細胞融合後に、G_1期を経てM期に入ったため。
⑥ 【実験2】では、M期に染色体が分離したため。

問6 体細胞分裂では、分裂に先立ってDNAの複製が行われる。DNAの複製に関する次の文中の（ア）～（ウ）に入る最も適当な数値の組み合わせを、下記の①～⑧から選びなさい。 16

1組のヒトゲノムは約30億塩基対からなる。分化したヒトの1個の体細胞の核にはゲノムが（ ア ）組含まれるので、その1個の体細胞に含まれる塩基の数は約（ イ ）億個である。体細胞分裂におけるDNAの複製に10時間かかるとすると、1秒当たりにDNAの複製に用いられる塩基の数は約（ ウ ）個となる。

	（ア）	（イ）	（ウ）
①	1	30	8万
②	1	30	17万
③	1	60	8万
④	1	60	17万
⑤	2	60	17万
⑥	2	60	33万
⑦	2	120	17万
⑧	2	120	33万

【3】 ヒトの体内環境に関する次の文を読み、後の問い（問１～５）に答えなさい。

解答番号は、 17 ～ 21 （配点 5 点）
22 ～ 26 （配点 15 点）

ヒトでは、外界の温度が変化しても、自律神経系と内分泌系が協調して体温はほぼ一定の範囲に保たれる。皮膚や血液の温度が低下すると、（　ア　）の体温調節中枢が感知し、皮膚の血管が刺激されて放熱が抑制される。また、（　イ　）の分泌が促され、（　イ　）を受容した甲状腺は（　ウ　）を分泌する。（　ウ　）は標的細胞に作用して熱の産生量を増加させるので体温は上昇する。（　ウ　）の分泌量が増加すると（　イ　）などのホルモンの分泌を抑制し、その結果（　ウ　）の（　エ　）。このような調節のしくみを（　オ　）という。

問１　文中の（ア）～（オ）に入る語句や文として最も適当なものを、下記のそれぞれの語群から選びなさい。

（ア） 17 　（イ） 18 　（ウ） 19 　（エ） 20 　（オ） 21

（ア）の語群

① 大脳　② 間脳　③ 中脳　④ 小脳　⑤ 延髄　⑥ 脊髄

（イ）、（ウ）の語群

① グルカゴン　② 甲状腺刺激ホルモン
③ 甲状腺刺激ホルモン放出ホルモン　④ 成長ホルモン
⑤ チロキシン　⑥ バソプレシン
⑦ パラトルモン

（エ）の語群

① 分泌は促進される　② 分泌は抑制される
③ 標的細胞の数が増加する　④ 標的細胞の数が減少する

（オ）の語群

① 正のフィードバック　② 負のフィードバック
③ 自動性　④ 復元力

問2　次の記述a～cのうち、自律神経系と内分泌系についての正しい記述を過不足なく含むものを、下記の①～⑦から選びなさい。ただし、該当するものがない場合は⑧をマークしなさい。　22

a　自律神経系は内分泌系に比べ、すばやい調節が行われる。

b　自律神経系は内分泌系に比べ、効果は持続的である。

c　自律神経系は意思とは無関係にはたらくのに対し、内分泌系は意思により調節できる。

①　a　②　b　③　c　④　a、b
⑤　a、c　⑥　b、c　⑦　a、b、c

問3　次の記述a～eのうち、(i)交感神経、および(ii)副交感神経についての正しい記述を過不足なく含むものを、下記の①～⑩から選びなさい。(i) 23　(ii) 24

a　間脳から出ている。

b　中脳から出ている。

c　脊髄から出ている。

d　気管支に分布する。

e　立毛筋に分布する。

①　a、b、c　②　a、b、d　③　a、b、e　④　a、c、d
⑤　a、c、e　⑥　a、d、e　⑦　b、c、d　⑧　b、c、e
⑨　b、d、e　⑩　c、d、e

問4　次の記述a～cのうち、体温調節についての正しい記述を過不足なく含むものを、下記の①～⑦から選びなさい。ただし、該当するものがない場合は⑧をマークしなさい。　25

a　皮膚や血液の温度が上昇すると、交感神経によって発汗が促進され、皮膚の温度が下がる。

b　皮膚や血液の温度が低下すると、副交感神経のはたらきによって熱の放散量が減少する。

c　皮膚や血液の温度が低下すると、副腎髄質から分泌されたアドレナリンのはたらきによって、発熱量が増加する。

① a　② b　③ c　④ a、b
⑤ a、c　⑥ b、c　⑦ a、b、c

問5　次の記述a～eのうち、体内環境の調節についての正しい記述を過不足なく含むものを、下記の①～⑩から選びなさい。 26

a　肝臓でのグリコーゲンの分解は、すい臓からのグルカゴンの分泌が増加すると、促進される。
b　小腸でのナトリウムイオンの再吸収は、副腎皮質からの鉱質コルチコイドの分泌が増加すると、促進される。
c　タンパク質からのグルコースの合成は、副腎皮質からの糖質コルチコイドの分泌が増加すると、促進される。
d　心臓の拍動は、交感神経がはたらくと、抑制される。
e　排尿は、副交感神経がはたらくと、抑制される。

① a、b　② a、c　③ a、d　④ a、e
⑤ b、c　⑥ b、d　⑦ b、e　⑧ c、d
⑨ c、e　⑩ d、e

【4】 植生の多様性と分布に関する次の文を読み、後の問い（問1～5）に答えなさい。

解答番号は、27 ・ 28 （配点 6 点）
29 （配点 4 点）
30 ～ 34 （配点 10 点）

バイオームを決定する主な要因は気温と降水量である。例えば、年平均気温が25℃程度の地域において、年降水量が多い地域から少ない地域へ向かうとバイオームは熱帯多雨林から（ ア ）のように変化し、年降水量が1500 mm 程度の地域において、気温が高い地域から低い地域へ向かうとバイオームは（ イ ）のように変化する。

日本は降水量が全国的に多いため、成立するバイオームの種類はその地域の気温により決定することが多い。このとき、成立するバイオームの推定に「暖かさの指数」が用いられることがある。表1は、暖かさの指数とその地域に成立するバイオームの関係をまとめたものである。また、表2は、気象庁が発表した2009年のA市における月別の平均気温のデータ（数値の単位は℃）である。

表1

暖かさの指数	バイオーム
15 ～ 45	針葉樹林
45 ～ 85	夏緑樹林
85 ～ 180	照葉樹林
180 ～ 240	亜熱帯多雨林
240 以上	熱帯多雨林

表2

1月	2月	3月	4月	5月	6月	7月	8月	9月	10月	11月	12月
−0.1	0.2	2.6	9.0	14.2	17.3	20.8	21.9	18.4	13.9	7.5	1.4

問1 文中の（ア）、（イ）に入る文として最も適当なものを、下記のそれぞれの解答群から選びなさい。 （ア） 27 （イ） 28

（ア）の解答群

① 雨緑樹林→夏緑樹林→砂漠

② 雨緑樹林→夏緑樹林→ステップ

③ 雨緑樹林→サバンナ→砂漠

④ 雨緑樹林→サバンナ→ステップ

⑤ 硬葉樹林→夏緑樹林→砂漠

⑥ 硬葉樹林→夏緑樹林→ステップ

⑦ 硬葉樹林→サバンナ→砂漠

⑧ 硬葉樹林→サバンナ→ステップ

⑨ 照葉樹林→夏緑樹林→サバンナ

⑩ 照葉樹林→サバンナ→砂漠

（イ）の解答群

① 雨緑樹林→照葉樹林→夏緑樹林→硬葉樹林

② 雨緑樹林→照葉樹林→夏緑樹林→針葉樹林

③ 雨緑樹林→硬葉樹林→夏緑樹林→照葉樹林

④ 夏緑樹林→照葉樹林→雨緑樹林→針葉樹林

⑤ 夏緑樹林→硬葉樹林→雨緑樹林→照葉樹林

⑥ 夏緑樹林→硬葉樹林→雨緑樹林→針葉樹林

⑦ 照葉樹林→雨緑樹林→夏緑樹林→針葉樹林

⑧ 照葉樹林→夏緑樹林→硬葉樹林→針葉樹林

⑨ 照葉樹林→雨緑樹林→硬葉樹林→夏緑樹林

問2　次の記述ａ～ｄのうち、日本にみられる植生についての正しい記述を過不足なく含むものを、下記の①～⑩から選びなさい。　29

ａ　北海道東北部には、冬季に落葉するタブノキなどが多くみられる。

ｂ　北海道南部から東北地方の平地にかけて成立する森林の林床は、一般的に夏季に比べて冬季のほうが明るい。

ｃ　関東地方から屋久島にかけては、チーク、オリーブなどが多くみられる。

ｄ　屋久島より南の島々にはヘゴ、アコウ、ガジュマルなどがみられる。

① a　② b　③ c　④ d
⑤ a、b　⑥ a、c　⑦ a、d　⑧ b、c
⑨ b、d　⑩ c、d

問3　日本でみられる森林の一つにマングローブがある。マングローブについての記述として最も適当なものを、下記の①～④から選びなさい。 30

① 沖縄から北海道までの海岸や河口の汽水域沿岸に分布する。
② 生息している動物種は著しく少なく、生物多様性は低い。
③ 土壌塩分濃度が海水程度になると水を吸収できず、枯れてしまう樹木で構成されている。
④ ヒルギのなかまなどの常緑広葉樹がみられる。

問4　日本における植生の垂直分布についての記述として最も適当なものを、下記の①～④から選びなさい。 31

① 垂直分布の境界となる標高は、低緯度では低くなり、高緯度では高くなる。
② 本州中部では、標高700m付近までの丘陵帯（低地帯）の上部には、標高1500m付近まで亜高山帯が分布する。
③ 本州中部では、亜高山帯にはシラビソやコメツガが、山地帯にはブナやミズナラが多くみられる。
④ 本州中部では、標高2500mより標高が高い場所では植生が成立しない。

問5　表1、表2を参考に、次の文中の（ウ）～（オ）に入る文や数値および語句として最も適当なものを、下記のそれぞれの解答群から選びなさい。

（ウ） 32　（エ） 33　（オ） 34

暖かさの指数は、（　ウ　）数値を求め、それを1年を通して積算したものである。よって、A市の暖かさの指数は（　エ　）となる。このことから、A市で遷移が進行すると、最終的に（　オ　）などが優占すると考えられる。

（ウ）の解答群
① 月平均気温が0℃をこえる月について、その月平均気温から10を引いた

② 月平均気温が0℃をこえる月について、その月平均気温から5を引いた

③ 月平均気温が0℃をこえる月について、その月平均気温から5を足した

④ 月平均気温が5℃をこえる月について、その月平均気温から10を引いた

⑤ 月平均気温が5℃をこえる月について、その月平均気温から5を引いた

⑥ 月平均気温が5℃をこえる月について、その月平均気温から5を足した

（エ）の解答群

① 17.2　② 43.0　③ 72.2　④ 83.0

⑤ 163.0　⑥ 182.2

（オ）の解答群

① トドマツ、エゾマツ　② シラビソ、コメツガ

③ フタバガキ　④ ブナ、ミズナラ

⑤ ヘゴ、ガジュマル　⑥ ハイマツ、コマクサ

⑦ チーク、オリーブ　⑧ アラカシ、スダジイ

【5】 生態系に関する次の文を読み、後の問い（問1～6）に答えなさい。

解答番号は、 35 ～ 38 （配点 4 点）

39 ・ 40 （配点 6 点）

41 （配点 4 点）

42 ・ 43 （配点 6 点）

生態系は多様な生物種と環境で構成されており、異なる生物種は食物連鎖などでつながっている。食物連鎖において、生産者を第一段階とした各段階を（　ア　）といい、（　ア　）を積み上げて、個体数や生物量などの数量的な関係を表したものを（　イ　）という。

生態系を構成する生物の個体数はさまざまな要因によって変動するが、その変動幅はある一定の範囲内に収まっていることが多い。なお(1)（　ア　）の上位にいる捕食者には、生態系のバランスそのものに大きな影響を及ぼす生物が存在することもある。このような生物種を（　ウ　）といい、その1種類の生物の増減により生態系のバランスが変化することもある。

また、生態系はかく乱を受けても、多くの場合、元のような状態に戻る。例えば、河川や川に有機物などを含む汚水が流入すると、その量が少ないときは大量の水による希釈や微生物による分解などにより汚濁物質の濃度が低下する。これを（　エ　）という。図１は、生活排水が流入する河川で（　エ　）が起こるときの、上流から下流にかけての水質および生物の変化を示したものである。図１中のＡ～Ｃはイトミミズ、細菌、藻類のいずれかの個体数の変化を示している。また、図１中のBOD（生物学的酸素要求量）(2)は、河川の汚れを表す指標の一つであり、水中の有機物を微生物が酸化分解する際に消費される酸素量によって排水の汚れを数値化したものである。

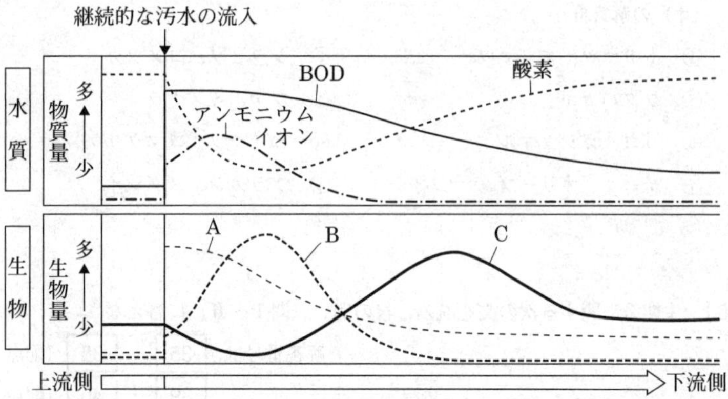

図１

問１　文中の（ア）～（エ）に入る語句として最も適当なものを、下記の①～⑩から選びなさい。　（ア）35　（イ）36　（ウ）37　（エ）38

①　栄養段階　　②　階層構造
③　キーストーン種　　④　自然浄化
⑤　硝化　　⑥　湿性遷移
⑦　生物濃縮　　⑧　生態ピラミッド
⑨　先駆種（パイオニア種）　　⑩　優占種

問2　下線部(1)に関して、図2はある岩礁帯に生息する生物間の被食－捕食の関係の一部を示したものである。矢印の太さは、上位の消費者にどれくらいの個体数が捕食されているかを表しており、太いものほど多く捕食されている。図2の動物のうち、ヒザラガイとカサガイは岩礁面に張り付き、移動しながら、岩礁面に生育する藻類を摂食している。イガイ、フジツボ、カメノテは岩礁面に固着し、海水中の有機物を摂食している。イガイとフジツボは、他種に比べて繁殖速度、成長速度、固着能力がいずれも高い。イボニシは岩場を移動し、主にフジツボを摂食している。この岩礁帯において二つの区画を設け、実験区と対照区とした。実験区ではヒトデのみを除去し続け、対照区では何も行わなかった。実験区と対照区の生物の種数の変化を図3に示す。実験区でヒトデを除去し続けたあとに起こる変化を説明した文として最も適当なものを、次ページの①～⑤から選びなさい。 **39**

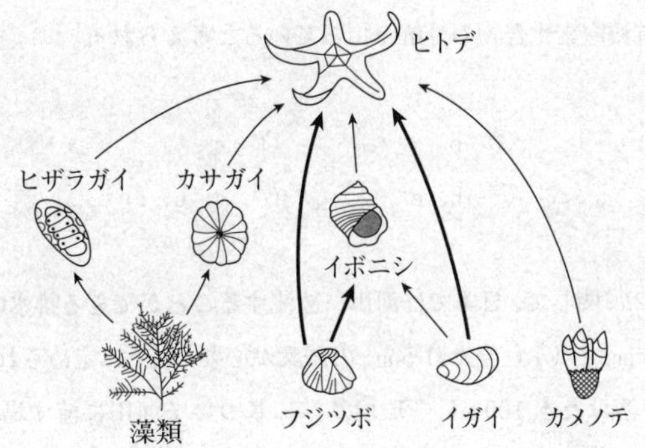

図2

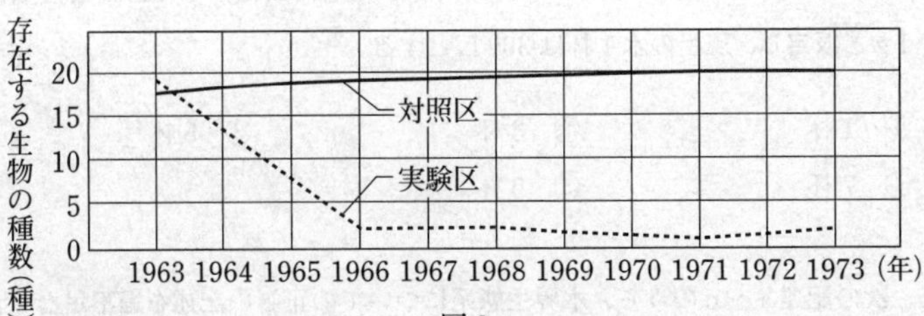

図3

① ヒザラガイとカサガイが急激に増加し、イガイとフジツボが固着していた場所にも生息範囲を広げる。

② イボニシの個体数が急激に減少したため、イガイとフジツボの個体数が急激に増加する。

③　イガイ、フジツボ、カメノテ間の食物をめぐる争いが緩和され、カメノテの個体数が急激に増加するので、イガイとフジツボは固着場所を失う。

④　イガイとフジツボはイボニシに捕食されて絶滅し、イボニシも食物がなくなるため絶滅する。

⑤　イガイとフジツボが岩礁の表面を覆いつくし、他の動物が生息できなくなる。

問3　次の記述a～cのうち、図1についての正しい記述を過不足なく含むものを、下記の①～⑦から選びなさい。ただし、該当するものがない場合は⑧をマークしなさい。　40

a　Aがイトミミズで、Bが藻類であると考えられる。

b　CはAを直接取り込むことで増加したと考えられる。

c　Aは有機窒素化合物の分解を担っていると考えられる。

①　a　　②　b　　③　c　　④　a、b

⑤　a、c　　⑥　b、c　　⑦　a、b、c

問4　下線部(2)に関して、日本では河川に放流することができる排水の環境基準濃度は、BODが5mg/L（1L当たり5mgの酸素が必要）以下に定められている。グルコース10gが溶けた水100mLを環境基準に基づいて河川に流す場合、風呂の水で考えると少なくとも何杯で薄める必要があるか。最も適当なものを、下記の①～⑤から選びなさい。ただし、グルコース1gを完全に酸化するために必要な酸素量を1gと仮定し、風呂の水1杯は300Lとする。　41

①　1杯　　②　3杯　　③　5杯

④　7杯　　⑤　9杯

問5　次の記述a～cのうち、水界生態系についての正しい記述を過不足なく含むものを、下記の①～⑦から選びなさい。ただし、該当するものがない場合は⑧をマークしなさい。　42

a　河川や湖沼などに有機物が蓄積してその濃度が高くなることを富栄養化という。

b　水中の有機物は、植物プランクトンに摂食され、無機塩類に変えられる。

c　富栄養化が進むと、植物プランクトンが異常に増殖し、海域では赤潮が発生することがある。

①　a　②　b　③　c　④　a、b
⑤　a、c　⑥　b、c　⑦　a、b、c

問6　生態系のバランスについての記述として最も適当なものを、下記の①～④から選びなさい。　43

①　光や温度、水、空気といった環境が変化すると、環境形成作用を介して生産者の個体数が変化するため、生態系のバランスが急速に変化する。
②　被食－捕食の関係が複雑になるほど、生態系のバランスは保たれやすい。
③　移入された外来生物のうち、動物は生態系のバランスを変化させるが、植物は生態系のバランスを変化させることはない。
④　渡り鳥は外来生物のため、渡り鳥の渡来地では生態系のバランスが崩れやすい。

① 貴族の義務であった「不生産的消費」は、富が蓄積されないという点で否定されるようになった。
② アダム・スミスは、製造工が商品を作ることにより、当人と雇用主に利益がもたらされるとした。
③ フランス語のluxeも英語のluxuryも、ラテン語のluxuriaにある性的な意味合いを持つ語である。
④ 近代産業社会は、その場かぎりで蓄積されない浪費を悪、未来へ向けた確実な蓄積を善としていた。
⑤ ロスチャイルド家は、それまでに培った権力を用いて、ペレール兄弟の勢力を抑圧しようとした。

① フランス独自の資本主義を打ち立てたことにより、フランスは他を圧倒する国力を手に入れた。
② フランスに合った資本主義思想を展開して近代産業社会を実現し、国内の貧富の差をなくした。
③ フランス人の思想の近代化を進め、積極的に産業を営むようになって近代産業社会が築かれた。
④ 産業が国に「富」をもたらすという思想の礎を築き、フランスにおける資本主義を活性化した。
⑤ 近代国家は産業によって成り立つという思想を掲げ、フランスの資本主義を大きく発展させた。

問8 傍線部⑷「何より第一の牽引力となったのは『銀行』の繁栄であった」とあるが、それはどういうことか。その説明として最も適当なものを、次の中から選びなさい。

解答番号は、 27 。　(配点5点)

① ロスチャイルド銀行が、王をはじめとした権力者を顧客に持つことで、フランスの金融界を支配していたということ。
② ロスチャイルド銀行が、同族経営によりフランスにとどまらずヨーロッパ一円を勢力下に収めていたということ。
③ ペレール兄弟の銀行が、既存の銀行とは異なる方法で資金を循環させ、フランスの近代化に寄与したということ。
④ ペレール兄弟の銀行が、ロスチャイルド銀行の顧客を奪い、フランスの金融界に改革をもたらしたということ。
⑤ ナポレオン三世の命を受けて設立されたペレール兄弟の銀行が、フランスの近代化の典型となったということ。

問9 本文の内容に**合致しないもの**を、次の中から選びなさい。

解答番号は、 28 。　(配点6点)

①「貴族の浪費」とは、必要以上の人数を家事使用人として雇用し労働させることである。
②「貴族の浪費」とは、富を蓄積したり資本に投下することなく消費し続けることである。
③「貴族の浪費」とは、自らの権威を示すために大勢の従者を召しかかえていることである。
④「ブルジョワジーの労働」とは、市民を工場などで雇用し生産的な仕事をさせることである。
⑤「ブルジョワジーの労働」とは、家事使用人の労働の成果として富が形成されることである。

問6　傍線部(2)「wealthとluxe」とあるが、これらの語についての説明として最も適当なものを、次の中から選びなさい。
解答番号は、**25**。　(配点5点)

①「wealth」は即物的で金や富そのものを、「luxe」は人が主観的に感じる優越感を表している。
②「wealth」は現実的で具体的な富を、「luxe」はより感覚的な要素を含んだ豊かさを表している。
③「wealth」は人間の感じる健全な感覚を、「luxe」は優雅でエロティックな感覚を表している。
④「wealth」は欲望の制御がもたらす価値を、「luxe」は欲望の解放がもたらす価値を表している。
⑤「wealth」は労働の対価として得られる賃金を、「luxe」は親の財産や不労所得を表している。

問7　傍線部(3)「フランスにあって……サン＝シモン主義者たちである」とあるが、フランスにおける「サン＝シモン主義」の内容や役割についての説明として最も適当なものを、次の中から選びなさい。
解答番号は、**26**。　(配点5点)

問2　傍線部X「表象」の本文中における意味として最も適当なものを、次の中から選びなさい。

解答番号は、[19]。（配点3点）

① 象徴　② 証明　③ 誇示　④ 特質　⑤ 表白

問3　空欄[ア]・[イ]に入る最も適当な語を、次の中から選びなさい。ただし、同じ語を二度使ってはならない。

解答番号は、ア[20]、イ[21]。（配点6点）

① だから　② たとえば　③ ちなみに　④ なぜなら　⑤ ところが　⑥ すなわち

問4　空欄[A]・[B]に入る最も適当な語を、次の中から選びなさい。ただし、同じ語を二度使ってはならない。

解答番号は、A[22]、B[23]。（配点6点）

① 即物的　② 貴族的　③ 肉体的　④ 官能的　⑤ 夢想的

問5　傍線部(1)「貴族の浪費からブルジョワジーの労働へ」とあるが、「貴族の浪費」および「ブルジョワジーの労働」の説明として**適当でないもの**を、次の中から選びなさい。

解答番号は、[24]。（配点5点）

問1　傍線部(a)〜(c)と同じ漢字を含む語を、次の中からそれぞれ選びなさい。（配点6点）
解答番号は、(a) 16 、(b) 17 、(c) 18 。

(a) リジュン 16
① ジュンプウを受けて舟を進める。
② 警察官がジュンショクする。
③ その話にはムジュンがある。
④ ホウジュンな土地で育てる。
⑤ 相撲の地方ジュンギョウを観る。

(b) ハバ 17
① 物語のフクセンを張る。
② フクギョウで生計を補う。
③ 加害者にホウフクする。
④ フクシンの部下を育てる。
⑤ 怒りがゾウフクされる。

(c) コウショク 18
① 大通りのソッコウを掃除する。
② カッコウの悪い思いをする
③ 人心がコウハイする。
④ ショウコウ状態を保つ。
⑤ コウレイの行事に参加する。

そのセンセーショナルなデビューぶりは、五百フランで売りだされた株価がたちまち値を上げてその日のうちに千五百フランにまでなり、一週間後には千六百フランを記録するという、パリ株式市場初の「現象」となって現れた。実にこの「動産銀行」の出現は、金融帝国ロスチャイルド銀行の支配を脅かした唯一の事件であり、第二帝政は、この新旧二つの銀行のあいだで起こった熾烈（しれつ）な金融戦争によっても名高い。もともとサン＝シモンの思想は、金融を「都市の血管」とみなして重視するものであった。血液の循環こそ、都市を豊かな繁栄に導く動脈なのである。そのサン＝シモンの思想が、ペレール兄弟という時の人材を得て、ここ第二帝政についに華やかな実現をみたのである。

（山田登世子『贅沢の条件』より）

（注1）ブルジョワジー――資本家階級の人々。
（注2）ゾンバルト――一八六三～一九四一年。ドイツの経済学者・社会学者。
（注3）インダストリー――産業。工業。
（注4）エートス――ある集団、社会層に共有されている精神的、倫理的特徴。
（注5）奢侈禁止令――贅沢禁止令。
（注6）イデオローグ――ある社会・政治的観念の提唱者。
（注7）ベンチャー・キャピタル――ベンチャー企業（新規事業を興し急成長を目指す企業）に対して投資を行う会社。

り、次世代の十九世紀後半にはサン＝シモン主義がフランス資本主義を牽引してゆく原動力となる。

その大きな理由の一つに、第二帝政の皇帝の座についたナポレオン三世がサン＝シモン主義に共感を抱いていたことがあげられよう。イギリス亡命の折にかの地の産業先進国ぶりを目にしたナポレオンは、『貧困の絶滅』という著作を書いたほどフランスの近代化の立ち遅れを感じていたのである。彼にとって、必要なのは［B］なluxeではなく、一国を豊かにする「富」であったのだ。

実際、一八五二年から七〇年までのおよそ二十年にわたる第二帝政は、フランス資本主義の大躍進期であり、近代産業社会の根幹ができあがった時代である。(4)何より第一の牽引力となったのは「銀行」の繁栄であった。それまでフランスの金融界を率いていたのは主にロスチャイルド銀行のような保守的な銀行（オート・バンク）だった。同族経営でヨーロッパ一円に銀行を有していたロスチャイルド家は、パリにはジェイムズ・ロスチャイルドを頭取においてパリ金融界を牛耳っていたが、その取引先は政府高官から貴族や富裕層のエリートに限定されていて、今日的な銀行とはほど遠いものだった。

［イ］そこに、サン＝シモン主義を奉じるペレール兄弟が、そうした保守的な金融業とはまったく発想を異にする銀行を開設したのである。フランスの近代化を急いでいたナポレオン三世は、この新しい銀行に期待を寄せて認可した。といっても、あなどりがたい勢力を有するロスチャイルド家はここで初めて政府側近の座を失う。歴代の王たちの銀行番を務めてきたロスチャイルドは牽制策を打ち、新参の銀行が「バンク」の名を冠するのを阻止した。

そのためペレール兄弟の銀行は「クレディ・モビリエ」（動産銀行）と銘打たれたが、大胆に小口の預金に門戸を開いたこの動産銀行は時代の要請を大きく先取りしていた。それまで存在しなかった小口取引を奨励し、誰にでも買える証券を発行し、眠っていた遊休資本を集めてベンチャー・キャピタル(注7)を創立し、ダイナミックに金を循環させてゆくペレール兄弟の新方式はあっという間にパリの金融界の中心となり、証券取引所に世間の関心を集めてゆく。

もともとラテン語のluxuriaに由来すると記されている。やはり、luxeはラテン語圏の言語なのである。

興味深いのは、語源となっているラテン語のluxuriaには、肉欲やコウショク(c)といった性的な意味合いがあると記されていることだ。そういえば、フランスの宗教思想家バタイユの『呪われた部分』の主題がまさにluxeであることが想起される。『呪われた部分』は『エロティシズム』と『至高性』の三部からなる「普遍経済学」の第一作だが、バタイユ一人の例を考えてもわかるように、luxuriaという語源にある性的な意味がフランス語にはどこかで息づいているのである。だからそこには A な感覚性がつきまとうのだ。たいするにrichesseという語は、こうした含みを一切もっていない。まさにそれは即物的、物財的な「富」なのである。

そして、これまでみてきたように、近代産業社会の富は、まさにそうした肉体的悦楽の匂いのするluxeを罪として断罪したところから始まったのであった。そう、富はluxeを禁欲することから始まるのである。その場かぎりの享楽に消える浪費を禁欲して、明日のための蓄積にいそしむこと――「資本主義のエートス(注4)」はまさしくアンチ貴族であって、つましい市民の魂を住処(すみか)としたのである。

といっても、富と贅沢の対立は、何もスミスから始まったわけではなかった。それまでにも奢侈(しゃし)(注5)禁止令は幾度となく発布されてきたし、あのヴェルサイユの財務長官コルベールのすすめた重商主義もたびたび批判の的にあがっていた。価値をつくりだすのは交易ではなく生産であり産業である――(3)フランスにあってこうした産業主義を説き広めたのは何といってもサン＝シモンとその信奉者であるサン＝シモン主義者たちである。イギリスにスミスの『国富論』があったとすれば、サン＝シモンこそ近代フランスの「富」のイデオローグ(注6)であった。

名門貴族に生まれたサン＝シモンは、十代の若さで義勇軍としてアメリカ独立戦争に参加し、アメリカの産業革命を目の当たりにして深い感銘をうけた。以後、彼は産業こそ富の源泉であると信じて著述活動や講演活動を行う。その教えはしだいに広ま

く非難したのは有名である。たとえばゾンバルト(注2)は記している。「異常といってもよいほど大勢の従者をかかえることは、貴族ふうの贅沢の特徴であった。(……)アダム・スミスが本来ならば美しい織糸をつむぐことのできる多くの手を、まるで非生産的なことにたずさわらせている当時の人々のあやまった風習を嘆いたことはよく知られている」。

事実、スミスは次のように嘆く。製造工の労働は、「自分自身の生活維持費の価値と雇主(やといぬし)の(a)リジュンの価値とを付け加える。これに反して、家事使用人の労働は、いかなる価値をも付け加えない」「人は、多数の製造工を雇用することによって富むが、多数の家事使用人を維持することによって貧しくなる」。

かつて王侯貴族が大勢の従者を召しかかえていることはそれじたいX権力の表象であったが、いまやそれは不生産的労働の極みにほかならない。それらの労働力を「工場」に集めて物財を制作すること、スミスにとってはそれこそがインダストリー(注3)であり、ブルジョワ国家の「富」なのであった。

富と贅沢。(2)wealthとluxe。対立するこの二者を、時代とともに後者が前者に移行したと言うのは不正確かもしれない。それというのも、luxeというフランス語には正確に対応する英語が存在しないといってもいいからだ。対応語がないわけではない。手もとの仏英辞典でひくと、luxeに当たる英語はluxuryである。だが、フランス語のluxeは、〈de luxe〉という形容詞的用法でよくもちいられ、ブランド・バッグや高級ホテルから、クルーズの旅など、いわゆる「贅沢」を指しつつ、なんとなく「優雅さ」を感じさせる物や事象を指す。luxeはどこかエロティックでなまめかしさを感じさせる、感覚的で、(b)ハバのある言葉なのである。

逆に、wealthという英語の方から考えてみると、これに対応するフランス語はrichesseだが、これはluxeよりずっと感覚性に乏しく、むしろ即物的な「豊かさ」を表す。日本語に訳せば、「富」「金」にあたるだろうか。とにかくこのrichesseには、luxeにあるような艶っぽさや贅沢感がなく、静けさの香(かおり)も悦楽の奢(おご)りもふくんでいない。

[ア]、『オックスフォード英和大辞典』でluxuryをひいてみると、はたしてこの語は古いフランス語のluxurieから来ており、

問9　本文の内容に合致するものを、次の中から選びなさい。　（配点6点）
解答番号は、15。

① 知的創造の危機的な状況を乗り越えるためには、インターネットではなく図書などから情報を入手する必要がある。
② 現代におけるソーシャル・メディアの発達は集合知の拡張をもたらし、集合知と記録知との結びつきの喪失を促した。
③ 現代において、エンサイクロペディアのような集合知は私たち人間が構造化できる水準を超えて蓄積されてきている。
④ 近代における記録知と集合知の協働関係は、現代においても形を変えて深化し、知的創造力の基盤を支え続けている。
⑤ 教室での討論などによる集合知の形成は非効率なものであり、デジタル化の現代においては克服されるべきである。

二　次の文章を読んで、後の問いに答えなさい。

(1)貴族の浪費からブルジョワジー(注1)の労働へ——この世紀の転換を、luxe（贅沢）からwealth（富）への転換だといってもいいだろう。貴族たちの義務でもあったluxeは、いまや「不生産的消費」の同義語となって断罪され、市民たちの勤労の成果こそがwealthとなって国富を形成する。

大切なのは蓄積であり、蓄積された富を資本に投下することである。これにたいして、蓄積を忘れた消費は、何に投下されることもなくただむなしく消えてゆく。『国富論』の作者が貴族に仕える召使(めしつか)いたちの労働をこの種の不生産的消費として幾度とな

⑤　デジタル化により、集合知と記録知との結びつきが失われ、本や討論などが持つ役割が低下してしまっている状況。

問8　傍線部(4)「重大な変化をもたらします」とあるが、それはどういうことか。その説明として最も適当なものを、次の中から選びなさい。

解答番号は、14。　（配点6点）

①　大学において選ばれた学生と教師の間での閉じられた深い学びが、外に開かれることで浅薄なものになってしまい、研究の進歩も遅れてしまうこと。

②　大学において集合知の場と記録知の場との行き来が軽視され、効率が重視されたネット情報に頼ることで、キャンパス内での学びに支障が生じてしまうこと。

③　大学図書館の利用や教師と学生との間の直接的なやりとりが減少することにより、生の情報に触れる機会が減少して、真実の見極めが難しくなってしまうこと。

④　図書館や書店で実際の資料に触れずネット情報や通販に頼ることで、学生や教師が自ら主体的に研究する意識が薄れ、正確な情報を得られなくなってしまうこと。

⑤　ネット社会が拡大していくことで、大学での研究会、学会や国際会議での発表といった様々な学習の機会が減少し、知的創造性が妨げられてしまうこと。

問6 傍線部(2)「しかしそれでも、そのような知的運動の成果が『百科事典』という形で出版されていくことは決定的に重要でした」とあるが、「百科事典」に関するどのような点を評価してそう述べているのか。その説明として最も適当なものを、次の中から選びなさい。

解答番号は、12。（配点5点）

① 「百科事典」が当時の知の形成を主導し、異なる領域を越境してきた点。
② 「百科事典」が集合知と記録知の結合の成果として創造性に寄与してきた点。
③ 「百科事典」が異なる立場や認識を横断して、若い研究者たちに刺激を与えてきた点。
④ 「百科事典」に関わる出版産業が社会の集合知と記録知の結合を長年にわたり媒介してきた点。
⑤ 「百科事典」の出版社が研究者相互の研鑽（けんさん）の機会を提供し、大学の研究の活性化に役立ってきた点。

問7 傍線部(3)「二一世紀初頭、人類はデジタル革命の奔流に巻き込まれています」とあるが、その結果どのような状況が生じているか。その説明として最も適当なものを、次の中から選びなさい。

解答番号は、13。（配点5点）

① デジタル化により情報の集積としての記録知が急激に増加することで、集合知をはるかに超えてしまっている状況。
② 情報がデジタル化され流通しやすくなることにより、集合知が記録知を凌駕（りょうが）してグローバル化していっている状況。
③ デジタル化し得る記録知とそうできない集合知との間で、それまであった協働の環がなくなってしまっている状況。
④ コンピュータにより記録知がデジタル化されたことで、構造化できないデジタル知識が激増してしまっている状況。

問4　次の文は本文の一部である。どこに入れるのが最も適当か。本文中の［Ⅰ］～［Ⅴ］の中から選びなさい。
解答番号は、［10］。（配点3点）

つまるところ、蓄積型の記録知の回路を経なくても、情報はどんどん入手できるし、発信もでき、それらはグローバルに結びついていくのです。

①［Ⅰ］　②［Ⅱ］　③［Ⅲ］　④［Ⅳ］　⑤［Ⅴ］

問5　傍線部(1)「記録知は、集合知の活動を基盤にしてこそ豊かに発展していくことができたのです」とあるが、それはどういうことか。その説明として最も適当なものを、次の中から選びなさい。
解答番号は、［11］。（配点6点）

① 読書クラブのように横断的なネットワークの活動が、近代における公共図書館の発展をもたらしていったということ。
② 読書クラブの活動が市民層に広がり、知識階級が独占していた特権的な知を大衆化し、普及させていったということ。
③ 各地で建設された公共図書館が、市民の横断的な知への欲求を高め、記録知をさらに充実させていったということ。
④ 草の根の読書クラブの活動が契機となり、集合知と記録知とが互いを高め合い、豊かに発展していったということ。
⑤ 図書館における横断的なネットワーク組織により、ソーシャル・メディアなどの記録知が発展していったということ。

(e) ジンソク 5
① エンジンを組み士気を高める。
② ジンギを重んじる人物だ。
③ ジンダイな被害を免れる。
④ リフジンな扱いを受ける。
⑤ 獅子(しし)フンジンの活躍を見せる。

問2 空欄 A ・ B に入る最も適当な語を、次の中からそれぞれ選びなさい。
解答番号は、A 6 、B 7 。 (配点6点)

A 6 ① 方法 ② 媒体 ③ 内容 ④ 世界 ⑤ 体系

B 7 ① 反発されて ② 淘汰(とうた)されて ③ 変更されて ④ 疎んじられて ⑤ 妨げられて

問3 空欄 ア ・ イ に入る最も適当な語を、次の中から選びなさい。ただし、同じ語を二度使ってはならない。
解答番号は、ア 8 、イ 9 。 (配点6点)

① 一方で ② いわば ③ むしろ ④ なぜなら ⑤ もはや ⑥ そもそも

(b) リレキ　2

① ドイツ語の授業をリシュウする。
② お盆にキョウリに帰る。
③ セキリの患者を治療する。
④ ルリ色の宝石を眺める。
⑤ 中国のカンリ登用制度を調べる。

(c) ブンケン　3

① いわれのないケンギがかかる。
② 将軍に宝剣をケンジョウする。
③ 他国とヒケンする実績がある。
④ 平和をケンゲンした像である。
⑤ 日本の代表としてハケンする。

(d) チュウカク　4

① ケッカクの薬を開発する。
② 政府のガイカク団体に勤める。
③ 実力派俳優としてトウカクを現す。
④ カクギ決定の内容を報道する。
⑤ 大声で相手をイカクする。

（注7）アクセシビリティ――システムの利用しやすさ。
（注8）知的パラダイム――ある知識体系における支配的なものの見方や考え方。
（注9）フィルターバブル――インターネット上で提供される情報が、その人が利用したものに関連した内容になり、自分が見たい情報しか見えなくなること。
（注10）サブカルチャー――漫画やアニメなどの大衆文化。

問1　傍線部(a)〜(e)と同じ漢字を含む語を、次の中からそれぞれ選びなさい。
解答番号は、(a) **1**、(b) **2**、(c) **3**、(d) **4**、(e) **5**。　（配点10点）

(a)　コウカン　**1**
①　カカンに強豪校と戦う。
②　夕景がアッカンだった。
③　カンパンから景色を眺める。
④　社長のカンシンを買う。
⑤　カンキュウをつけて話す。

の仕組みがあれば、わざわざ教室まで行かなくてもいいのです。図書館で本を探し回れば、どうしても実はあまり関係のない本まで読んでしまい、教室での討論に参加すれば、自分のテーマとは関係のない発表の討論にも参加します。ネット世代にはおそらく、それらは不効率なことと感じられてしまうのでしょう。［イ］必要な情報だけをネット上で(e)ジンソクに入手し、自分のテーマと関係のあるサイトで知的パラダイム(注8)を共有し、同様のテーマを扱う人たちとデジタルでやりとりしていったほうが効率的と思われてしまうかもしれません。

ここに大きな落し穴があります。フィルターバブル(注9)が生じるのは、世論やサブカルチャー(注10)の世界だけではありません。学問的な知識創造の世界でも、同じことが生じ得るのです。

（吉見俊哉『知的創造の条件　AI的思考を超えるヒント』より。出題の都合上、一部中略した箇所がある）

（注1）エンサイクロペディア――百科事典。
（注2）この章の半ばで紹介したイニスの区分――本文の前で、ハロルド・イニスの提唱した「空間志向のメディア」と「時間志向のメディア」の二つのタイプについて説明している。
（注3）デジタルアーカイブ――電子技術を用いて資料・情報を分類、収蔵する機関や施設。
（注4）モメント――契機。
（注5）百科全書派――一八世紀のフランスにおいて『百科全書』に関わった思想家たち。
（注6）GAFA企業――アメリカの情報技術企業大手である、グーグル・アップル・フェイスブック・アマゾンの四社のこと。

報にアクセスしようと思ったら、図書館に行って関連のありそうな本を読んだりしなくても、グーグル検索で一瞬のうちに情報を得ることができますし、背景的な知識もウィキペディアですぐにある程度は得ることができます。発信にしても、フェイスブックやツイッターで個人がどんどん情報発信していくことは容易ですから、本にして出版することの必要性は低下しています。

Ⅲ したがって、かつてのように書店の書棚で本を眺めまわし、面白そうな本を手に取って思わず買ってしまうことや、図書館で長い時間を過ごすといった経験は、若い学生層では減っています。必要な本だけをアマゾンで注文し、参考ブンケン(c)は、PDFファイルで共有するかネット情報で済ましてしまう人が増えました。Ⅳ

これは、大学で営まれてきた知的創造に重大な変化をもたらします。(4) 大学での学びも、基本的には集合知と記録知の協働という性格を持ちます。ただそれは完全にオープンなわけではなく、選ばれた学生と教師の間での閉じられた、しかしより深い学びである点において特殊なわけです。そうした限られた人々は、教師と学生の討論の場である教室と図書館、あるいは実験室や調査のフィールドを往還する仕方で学びを深めてきました。このうち教室での授業は、知的な会話をチュウカク(d)とする集合知の次元に属します。教室以外でも、大学には様々なワークショップや研究会、教師と学生の間のチュータリング（研究指導）、学会や国際会議での発表といった様々なタイプの集合知の営みが集中しています。Ⅴ

他方、学術的な専門書や研究資料を集積した大学図書館は、大学の知的創造性にとって根幹的な施設です。人文社会系はもちろん、理系においても、大学図書館の利用なしに優れた研究成果が出ることは稀(まれ)でしょう。つまり大学での知的創造は、キャンパス内の集合知の場と記録知の場を往還する仕方で営まれてきたし、それが創造の根本条件だったのです。

しかし、ネット社会が拡大していくと、情報の量的拡大と高速化、そしてアクセシビリティ(注7)が容易になるなかで、このような複雑な往還が効率の悪いものとして B いきます。ネット検索があれば、わざわざ図書館まで行かなくてもいいし、e-learning

ありませんでした。近代の知的創造は、とりわけ日本では、大学よりも出版に支えられてきました。福沢諭吉が慶應義塾の創立者であると同時に出版人でも新聞人でもあったのは、［ア］彼が『学問のすゝめ』においてはっきり表明していたように、官立の大学にとどまらない地平に近代の知的創造の条件を見出していたからです。

そして福沢に続く多くの近代日本の知識人たちは、夏目漱石から吉野作造、三木清、丸山眞男（まさお）に至るまで、官立の大学に足場を置いても、その知的創造性の基盤が大学よりも出版界にある場合が圧倒的でした。東京帝国大学をはじめとする官立大学は、そのような知的創造性の基盤の役割は果たせず、むしろ仮想敵の役割を果たしてきたかのようです。

ところが、およそ五〇〇年にわたって続いた印刷革命の時代が終わり、(3)二一世紀初頭、人類はデジタル革命の奔流に巻き込まれています。この過程で知的創造に生じている深刻な危機は、この二つの知、記録知と集合知の協働の環（わ）が失われつつあることです。

一方で、［Ⅰ］記録知についていえば、デジタル的に記録される情報の総量が爆発的に増えたことにより、今日の記録知は、私たちの人間的な想像力や思考力をはるかに超えてグローバルなコンピュータ・ネットワーク上に、あるいはGAFA企業（注6）や米国政府、中国政府の超巨大サーバーに蓄積されています。それらの情報には私たちが意識的に発言したり、書き残したりした記録だけでなく、無意識的な行動(b)リレキや生体に関する情報、偽造された情報も含まれています。それらはもはや、私たち自身が構造化できる水準を超えているという意味では人間的知識とは言えませんが、コンピュータが学習し、構造化しているという意味で、やはり単なる情報の集積というよりも体系化された知識なのです。今日、そうした「非人間的」なデジタル知識が爆発的に増えており、それらは私たちの「人間的」対話によって形作られる集合知の次元をはるかに超えてしまっているのです。［Ⅱ］

他方、ネット社会化の中で、集合知の次元でも記録知との結びつきが失われつつあります。様々なソーシャル・メディアの発達により、誰しもが発信者となることで私たちの集合知も爆発的に拡張し、その流通の速度も速まりました。私たちは必要な情

には記録知的な次元が含まれていました。近代の公共図書館を発展させてきた強力なモメント(注4)は、市民の間での読書クラブの運動です。すでに百科全書派(注5)が活躍した啓蒙(けいもう)時代から、読書するクラブ的な組織が市民層に広がり、その会員たちが図書館の熱心な利用者となっていました。この横断的なネットワーク組織が、一九世紀にはより広範な市民層も巻き込んでいき、文学への大衆的な読書欲を高めていったのです。各地に設立されていった公共図書館は、そのような草の根的な読書クラブの活動の原因というよりも結果でした。(1)つまり記録知は、集合知の活動を基盤にしてこそ豊かに発展していくことができたのです。

他方、エンサイクロペディアは、数十冊の出版された「百科事典」である以前に、異なる立場、認識をネットワーキングしていく知的運動であったわけですが、(2)しかしそれでも、そのような知的運動の成果が「百科事典」という形で出版されていくことは決定的に重要でした。日本では「研究会」と総称される活動が知的ネットワーキングの重要な部分を担ってきましたが、その代表格たる明治文化研究会も、唯物論研究会も、思想の科学研究会も、基盤を支えていたのは出版産業のシステムでした。

私事になりますが、私自身もまだ大学院生だった頃、雑誌『思想』の編集長をしていた合庭惇(あいばあつし)さんという一九七〇年代の岩波書店を代表する編集者だった方に誘っていただき、同書店で開かれていた錚々(そうそう)たる面々が集う研究会の末席に参加させていただいていました。それは出版社の研究会でありながら、出版そのもの以上に批判的な知の(a)コウカンが目的で、ひょっとすると出版は集うためのタテマエという面もなきにしもあらずの会でした。それでも、出版社が媒介することは、その集まりには必要不可欠でした。日本の出版社は、大学も、学会も成せない集合知と記録知を結ぶ役割を、長きにわたって果たしてきたのです。

つまり、グーテンベルクの印刷革命以降、出版社と図書館、エンサイクロペディアや研究会というように、数百年の歳月をかけて様々な仕方で集合知と記録知を協働させる仕組みが発達してきたのです。そしてこれらが、近代社会における知的創造の基盤をなしてきました。あえて言えば、日本の場合、近代を通じて知的創造を支えたのは、大学という制度的な高等教育機関では

▲二月七日実施分▼

（六〇分）

一　次の文章を読んで、後の問いに答えなさい。

図書館とエンサイクロペディア(注1)は、近代における知的創造を支えてきた二つの基幹的な仕組みでした。しかし、この二つの働き方は異なります。この章の半ばで紹介したイニス(注2)の区分によれば、図書館は時間志向のメディア、つまり過去からの知を蓄積し、再利用可能にしていく仕組みです。ここでは、歴史を越えて循環するメディアに集積していったこうした知を「記録知」と呼んでおきたいと思います。他方、エンサイクロペディアは異なる領域を横に越境していくメディアで、過去からの知の継承よりも、同時代の様々な立場の認識をつないでいくところに創造性の源泉があります。ここでは、このような領域横断的なメディアで流通する知を「集合知」と呼んでおきたいと思います。前者の記録知の［A］には、図書館だけでなく、文書館や博物館、デジタルアーカイブ(注3)などが含まれます。他方、後者の集合知には、古典的なエンサイクロペディアだけでなく、今日のウィキペディアはもちろん、無数のソーシャル・メディアが含まれてきます。

この章の結論として主張したい最も重要な点は、知的創造にはこの二つの次元、つまり記録知と集合知の協働が決定的に重要だということです。そして実際、今日のようなネット時代に至る以前から、近代の記録知には集合知的な次元が含まれ、集合知

問9　本文で述べられている筆者の考えに合致するものを、次の中から選びなさい。（配点5点）

解答番号は、28。

① 動物には疑似人格的な価値を認めることができるが、人工知能にそのような価値を認めることには無理がある。
② 人間は汎用人工知能を道具として活用するのではなく、未来型の人間として相互の関係を模索すべきである。
③ 未来型ロボットを考察する際に、ＳＦ作品が参照されるのは、想像世界が現実を創り出していくからである。
④ 汎用人工知能の実現がもたらす倫理的課題と向き合うには、ロボットを人格的存在として考える必要がある。
⑤ 自律型知能ロボットが私的所有や市場経済に馴染（なじ）み易いのは、特定の用途における範囲に限ってのことである。

問7　傍線部(3)「『制約があるかないか』『自由か不自由か』がロボットと人間とを分かつわけではない」とあるが、それはなぜか。その理由として最も適当なものを、次の中から選びなさい。

解答番号は、 26 。　（配点5点）

① 制約や不自由はその時どきの人間とロボットとの関係によるものであり、それは常に変化していくものだから。
② 汎用人工知能によるロボットは、人間とは異なり、原則を自分で作り出して制約を克服していく存在であるから。
③ ロボットだけでなく人間にも制約はあるが、どちらもそれによって制限されつづける不自由な存在ではないから。
④ そもそもロボットの自由意志の原則に反するため、人間のロボットに対する制約ということ自体成立しないから。
⑤ ロボットと人間との制約の違いは、ロボットには神が存在しないため、絶対的な規範がないということだから。

問8　傍線部(4)「ロボットの側の明確な権利要求が必要となる」とあるが、ここで筆者はどういうことを言おうとしているのか。その説明として最も適当なものを、次の中から選びなさい。

解答番号は、 27 。　（配点5点）

① 自然人とロボットとの合意に基づいた安定した関係には、ロボット自らの意志表示が前提になるということ。
② 自然人のお仕着せの善意だけでは、ロボットが再び都合よく利用されてしまう危険性があるということ。
③ ロボットの権利要求を受け入れなければ、自然人とロボットとの関係は悲惨なものになるということ。
④ ロボットは平等な存在として受け入れられるべきであり、権利要求と自由意志は不可分であるということ。
⑤ 自然人に対する義務を果たしたあとのロボットが、自分の権利を要求するのは当然のことであるということ。

問5　傍線部(1)「わざわざ実現する価値があるのか？」とあるが、この疑問の背景にある懸念の具体的な内容として**適当でないもの**を、次の中から選びなさい。

解答番号は、24。　(配点5点)

① 投資した額に見合う満足が得られないのではないかという懸念。
② 負荷の強い仕事をこなすことができないのではないかという懸念。
③ 所有者に対して忠実にはたらいてくれないのではないかという懸念。
④ 所有者の道具として使うことができないのではないかという懸念。
⑤ ロボットを造った意図が実現できないのではないかという懸念。

問6　傍線部(2)「自律型の知能ロボットの場合には、そのような危険性をはらんだものでなければ、そもそも役には立たない」とあるが、それはなぜか。その理由として最も適当なものを、次の中から選びなさい。

解答番号は、25。　(配点6点)

① 自律型の知能ロボットは、所有者の知能を超えた高度な判断をしなければならないように想定されているから。
② 自律型の知能ロボットは、人間の行動を見本として自立した意志に基づく行動をすることが想定されているから。
③ 自律型の知能ロボットは、所有者に忖度（そんたく）しない自立した判断力と自由意志を持つように想定されているから。
④ 自律型の知能ロボットは、自立した判断力によって所有者に反するような判断をすることも想定されているから。
⑤ 自律型の知能ロボットは、自由意志によって可能になる高度で複雑な仕事をこなすことが想定されているから。

問2　空欄 ア ・ イ に入る最も適当な語を、次の中から選びなさい。ただし、同じ語を二度使ってはならない。（配点6点）
解答番号は、ア 19 、イ 20 。

①　しかし　②　あるいは　③　なぜなら　④　それゆえに
⑤　しかも　⑥　また　⑦　そもそも　⑧　ともかく

問3　空欄 A ・ B に入る最も適当な語を、次の中から選びなさい。ただし、同じ語を二度使ってはならない。（配点6点）
解答番号は、A 21 、B 22 。

①　倫理的　②　生産的　③　身体的　④　物理的　⑤　全面的　⑥　日常的　⑦　一方的

問4　次の文は本文の一部である。どこに入れるのが最も適当か。本文中の Ⅰ ～ Ⅴ の中から選びなさい。（配点3点）
解答番号は、 23 。

それはすなわち、動き始めて以降のロボットは、自然発生人と同様に、自ら経験を積み、学び、成長＝自己形成していく、ということだ。

①　Ⅰ　②　Ⅱ　③　Ⅲ　④　Ⅳ　⑤　Ⅴ

(a) チュウコウ　16

① コウミョウな技を披露する。
② 両親にコウコウするつもりだ。
③ チームにコウケンする。
④ 大相撲のコウギョウを楽しむ。
⑤ 大臣がコウテツされる。

(b) キョウグウ　17

① ドラマがカキョウに入る。
② キョウラク的な生活を送る。
③ キョウジュンの意を表す。
④ キョウイ的な記録が出る。
⑤ セイキョウのうちに終わる。

(c) サイム　18

① 図書の返却をサイソクする。
② サイヒの削減案を議論する。
③ 上司のケッサイを仰ぐ。
④ 劇団をシュサイする。
⑤ コクサイを発行する。

て、あるいは子どもに対しても起こっていたさまざまな虐待、酷使をさらに上回る、はるかに悲惨で酷烈なロボット酷使・虐待・権利侵害事件が多発するだろうし、「正常」なケースにおいてより多くの緊張や葛藤がはらまれることになるだろう――。

（稲葉振一郎『社会倫理学講義』より。出題の都合上、一部中略した箇所がある）

（注1）汎用人工知能――特定の用途に用いられるＡＩ（いわゆる弱いＡＩ）に対して、強いＡＩと呼ばれる。

（注2）第二の課題――筆者は本文より前の部分で、ＡＩ・ロボット倫理学の第一の課題として、「どうすればＡＩ・ロボットに道徳的判断をさせることができるのか？」について論じている。

（注3）アイザック・アシモフ――一九二〇〜一九九二年。アメリカのＳＦ作家、生化学者。

（注4）ロボット工学の三原則――アイザック・アシモフが短編集『わたしはロボット』で提示した、ロボットが従うべき三つの原則。第一原則は「ロボットは人間に危害を加えてはならない」、第二原則は「第一原則に反しない限り、人間の命令に従わなくてはならない」、第三原則は「第一、第二原則に反しない限り、自身を守らなければならない」。

（注5）年季奉公――使役年限があらかじめ決められた主従的雇用関係。

問1 傍線部(a)〜(c)と同じ漢字を含む語を、次の中からそれぞれ選びなさい。

解答番号は、(a) 16 、(b) 17 、(c) 18 。

（配点6点）

者であり、管理者ではあっても、神ではない。神の前においてロボットと自然人は（人間と動物もまたそうであるのと同じく）平等（無差別）である。

以下では、徹底して実務的に考えてみよう。ロボットに対してその設計製造者である自然人は、たしかに製造物責任を負っている。だがロボットが現実的な能力のレベルにおいて自由で自律的な存在であるかぎり、その製造物責任には限界がある（ロボットはその(b)キョウグウに不満を覚えて逃亡したり反乱を起こしたりするかもしれない）。それはちょうど、親の子どもに対する扶養義務や監督責任がそうであるのと同じことだ。主人たる自然人の側の能力、負担の問題として、ロボットを［B］に、自然人の意のままになる奴隷のままにしておくことには、実質的な困難がある。

とはいえもちろん、自然人はその所有するロボットに対して、その製造物責任を負う甲斐があるといえる程度には、自分のために仕事をする、自分に奉仕する、自分といっしょに楽しくすごす、等々を要求する権利がある、といえる。そもそもそうした利益をまったく期待できなければ、わざわざ高い費用を負担し、面倒くさい製造物責任・管理責任を負ってまで、自然発生人がロボットを作ること、所有することを望むとは考えにくい。

だから自然人と対等以上の能力を持つ、自律的な人造人間としてのロボットは、民法上は「仕事をしてくれる／させてよい子ども」あるいは「年季奉公人(注5)」「(c)サイム奴隷」のような存在として扱われるのが適当だろう。つまり投資を回収して以降のロボットに対しては、もしロボット当人がそれを望み、かつそれにふさわしい能力を有すると認められたなら、所有者は基本的にその所有権を放棄してロボットを自由人となし、なお関係を継続したい場合には、適当な条件で合意が得られるかぎりにおいて、あらためて契約に基づいた雇用関係などに入り直す、といった対応をするべきである。

しかしもちろんこのような制度が安定するためには、自然人の側の善意だけでは不十分であり、(4)ロボットの側の明確な権利要求が必要となる。そしてこのような枠組みが確立したあとでさえ、人間（自然人）の世界ですでに奴隷制度や奉公人制度におい

そのような危険性をはらんだものでなければ、そもそも役には立たない。自律型知能ロボットはたんなる機械、人間の操作によってしか動けない道具ではなく、高度な判断力を要する複雑な仕事をある程度丸投げで任せるために作られるはずだ。だからこそ自律性、自由意志を持つ。 Ⅱ

もちろんロボットは人の手によって作られるものだから、設計・製作の段階であらかじめさまざまな制約を組み込んでおくことはできるだろう――有名なアイザック・アシモフの(注3)「ロボット工学の三原則」(注4)のように。しかしいったん工場から出荷され、現場において仕事を任されてからは、自分の判断で動き始めるはずだ。 Ⅲ ゆえにその制約は絶対ではありえない。

実はこの問題は、すでにロボットSFチュウコウ(a)の祖、アシモフ自身によっても提示されていた。アシモフのロボットたちは、あくまでも人類の利益のためにとはいえ、人類を欺き、裏から操りさえする。 Ⅳ 「第一原則」、「ロボットは人間を傷つけてはならない」に先行するいわゆる「第0原則」、「ロボットは(『人間を』ではなく)人類を傷つけてはならない」だ。驚くべきことにこの「第0原則」は人間が与えたものではなく、ロボットたちが自力で到達したものなのである。 Ⅴ

だから(3)「制約があるかないか」「自由か不自由か」がロボットと人間とを分かつわけではない。「望むことができない」という意味での制約は、人間に対しても多々課せられている。むろん道徳や法律のことにはかぎらない、身体的、物理的に見ても、自然法則のレベルの制約によって、人間には望んでもできないことだらけだ。しかしながらそうした制約の内のあるものは、工夫次第ですり抜けることはできる。法の抜け穴をくぐることはもちろん、そもそもテクノロジーとは自然法則という制約を克服することではなく、あくまでもその制約内において、以前は不可能であった(と思われていた)ことを達成する術(すべ)である。人間は鳥のような仕方で飛ぶことはできないが、人工の翼と動力機関、あるいは気球などを使えば飛べる。だからたとえあらかじめプログラムされた「三原則」のような制約であっても、絶対のものではなく、それゆえ人間とロボットを分かつ規準でもありえない。

だからロボットにとって自然人は、ある意味では創造主ではあるが、ある意味ではそうではない。つまり製造者であり、所有

生きている人間の選択にかかっている、ということである。すなわち、純粋な研究の見地からはともかく、実用的な技術として考えてみたとき、はたして「人造人間」というものにいかなる意味があるのか？　それが実現可能だとしても、(1)わざわざ実現する価値があるのか？　ということだ。

なにも苦労して作り出さなくとも、自分で動き回り、臨機応変な判断を下すことのできる存在は、我々の前にすでにある。ほかならぬ我々人間、自然人こそがそれだ。人間一人を育て、一人前にする。それよりもずっと大変な手間をかけて、「人間にできることを行う人工物」をわざわざ作るということには、技術的に「できるか、できないか」とは別に、経済的に見合わないかもしれない。そもそも「それはいったい何の役に立つのか？」という根本的な疑問がつきまとう。

高度な、人間のできることは大概できてしまうような自律型知能ロボットが実現されたとして、そのようなロボットは私的所有と市場経済の社会のなかで、いったいどのように扱われることになるだろうか？　少しばかり想像力をたくましくして、一種の社会科学的ＳＦを展開してみよう。

経済的観点からすれば、特定の目的のためにゼロから生み出されたロボットを、創り手、そして所有者がもっぱら道具として用いようとすることには十分な理由がある。高い買い物である以上、せめて投資を回収できるまでは、自分のいうことを聞いて忠実にはたらいてもらわなければならない。愛玩用のペットとしてではなく、［A］な仕事をさせるための存在として扱うのであれば、奴隷、といわないまでも、せめて召使い扱いができないようでは、わざわざロボットを作り、保有する甲斐がない。

［イ］言うまでもなく問題は、ここで問題となっているようなロボットには、心がある（どういう基準に照らしてかはともかく、本当にあろうがなかろうが、外から見るかぎりでは「心がある」のと実質的に何ら変わらぬ振る舞いをする）、ということである。［Ⅰ］そして、自立した判断力と自由意志を持ち、所有者の意思に逆らうこともできる、ということである。やっかいなことに、最初から徹頭徹尾道具として、人間の身体の延長として扱われるロボットではなく、(2)自律型の知能ロボットの場合には、

二　次の文章を読んで、後の問いに答えなさい。

汎用人工知能[注1]とはたんなる万能機械のことではない。そもそもあらゆるコンピューターは、計算という一点においてはすべて万能機械である。しかし現状ではその万能機械としてのコンピューターに、人間が特定の目的のために、特定の用途のためのプログラムを実装して、いろいろな仕事をさせている。汎用人工知能とはこのような、今のところ人間だけが行っている目的自体の選択を自分で行う――そうした選択を行うための自分自身の目的、行動原理を持っているシステムである。

[ア]こうした汎用人工知能はたんなる万能機械というより、人間の管理を離れて自律した機械、と考えるべきである。このような自律型人工知能機械をどのように扱うのか？といったことがＡＩ・ロボット倫理学の第二[注2]の課題である。

ひとつの考え方は、それこそカント的に、もし本当に自律型の人工知能機械と呼べるようなものが現れたら、その自律性を尊重する、つまり尊厳ある存在として、つまり人格（パーソン）的存在、道徳的に人と同等の存在として扱うべきである、というものだ。

この考え方は見かけより自然であるし突拍子もないわけでもない。動物倫理学においては、少なくとも感覚主体である動物には、人格とはいわないまでも道徳的地位が、それ自体の内在的価値が認められる、という議論は広く認められている。自律的に動ける汎用人工知能機械であれば、外界の状況が自分にとって好ましいかどうかを評価する機能があるはずなので、これは少なくとも機能的には（外側から見たときのそのはたらき方としては）快苦を感じる能力と等価である。社会制度的な実装においても、組織や団体に対して（そして動物に対して？）と同様に「法人」という仕組みを用いればよい。

問題は、それが人工物であるがゆえに、それがはたして実現されるか、現実に存在するようになるかどうか自体が、現にいま

問8　傍線部(4)「だからこそノーベル賞も取れるのだと思う」とあるが、筆者はなぜこのように思うのか。その理由として最も適当なものを、次の中から選びなさい。

解答番号は、14。　（配点6点）

① 江戸時代に知識を社会に普及できたうえ、地域の繁栄を競わせたことによって競争心を養うことができてきたから。
② 生き死に関わる医療の書物の出版や、『解体新書』の翻訳によって、医学用語が一般の人々にも理解できてきたから。
③ 社会の繁栄に役立つ和算が用いられ、問題を解くよりも新しい問題を作る習性を身につけることができてきたから。
④ それぞれの分野の最先端の学問知識を翻訳して日本語で学ぶことにより、欧米と違う発想で研究ができてきたから。
⑤ 英語にはない、日本語でしか表現できないニュアンスの言葉が多くあるため、日本の独自性を発揮できてきたから。

問9　本文の内容に合致するものを、次の中から選びなさい。

解答番号は、15。　（配点6点）

① 英語教育は大事だが、日本語で思考する日本人にとっては日本語でしか表現できないニュアンスこそが一番大切だ。
② 江戸時代に知識を持つ人が持たない人に本を使って知識を伝えたことにより、漢文の本がどんどん社会に広まった。
③ 家康の時代にそれぞれの地域の繁栄を競わせたことにより、知識を独占することなく社会に普及させる流れができた。
④ 江戸時代に知識が人々のものであったことは、第一人者ではない殿様が顕微鏡等を使用していたことからも分かる。
⑤ オランダ語を日本語に翻訳することができた理由は、古くから中国書に読み下しの訓訳をつけていたからである。

問6　傍線部(2)「まさに『近代』が欧米とは違う形で進んでいた」とあるが、それはどういうことか。その説明として最も適当なものを、次の中から選びなさい。

解答番号は、12。　(配点5点)

① 科学者だけがラテン語を使っていた欧米とは異なり、日本では全ての人が日本語の読み書きができたということ。
② 識字率の低い欧米とは異なり、日本では出版技術や寺子屋制度などの発達によって識字率が高かったということ。
③ 知識を科学者が独占した欧米とは異なり、日本では知識が役立つものとして人々にも伝えられていたということ。
④ 翻訳が普及しなかった欧米とは異なり、日本では中国語やオランダ語の翻訳が早くから行われていたということ。
⑤ 科学者だけが真偽の判定を行っていた欧米とは異なり、日本では全ての人が真偽の判定にかかわったということ。

問7　傍線部(3)「翻訳の力」とあるが、それはどのようなことを可能にさせる力か。その説明として**正しくないもの**を、次の中から選びなさい。

解答番号は、13。　(配点6点)

① 第一人者によって選びぬかれて理解しやすく換言された外国の知識を、日本語で読むことを可能にさせる力。
② 外国の知識を日本語で理解できる形にすることによって、日本語で全てを受け取り学ぶことを可能にさせる力。
③ 異なる説などを含めて、その分野の外国の状況を、日本語が分かれば子どもでも理解することを可能にさせる力。
④ 母国語である独自の細かな意味合いを持つ日本語を用い、外国の様々な知識を習得することを可能にさせる力。
⑤ 外国の最先端の研究であっても、母国語で語り合うことで、日本の独自性を発揮することを可能にさせる力。

問4 次の文は本文の一部である。どこに入れるのが最も適当か。本文中の Ⅰ ～ Ⅴ の中から選びなさい。
解答番号は、10。　（配点3点）

だから伊能忠敬（いのうただたか）の時代に入ってきた最新の天文学にあった数学も理解できたのである。

① Ⅰ　② Ⅱ　③ Ⅲ　④ Ⅳ　⑤ Ⅴ

問5 傍線部⑴「江戸時代、日本は世界で最も識字率が高かった」とあるが、それはなぜか。その理由として最も適当なものを、次の中から選びなさい。
解答番号は、11。　（配点5点）

① その分野の第一人者が知識を独占することなく、誰もが読める日本語で本を書いたから。
② 経済発展を遂げるため藩は優れた知識や技術を独占し、他藩より優位に立とうとしたから。
③ 幕府の下で近代化に成功したことにより、人々に子どもを学校に行かせる余裕ができたから。
④ 現代にまで使われるような有用な本の出版により、人々が生き死に関わる知識を得たから。
⑤ 知識が独占されず生活に役立つ本が多く流通し、人々が文字を読む利点が生まれたから。

(e) ケッショウ　5

① イショウを凝らしたビルが建つ。
② 部下をうまくショウアクする。
③ 軍事のヨウショウを押さえる。
④ エキショウテレビを設置する。
⑤ コショウが広がる湿潤な地域だ。

問2　空欄 ア ・ イ に入る最も適当な語を、次の中から選びなさい。ただし、同じ語を二度使ってはならない。
解答番号は、ア 6 、イ 7 。　（配点6点）

① だから　② しかも　③ つまり　④ たとえば
⑤ なぜなら　⑥ たしかに　⑦ ところが　⑧ にもかかわらず

問3　空欄 A ・ B に入る最も適当な語を、次の中から選びなさい。ただし、同じ語を二度使ってはならない。
解答番号は、A 8 、B 9 。　（配点6点）

① 技術　② 文化　③ 機関　④ 循環
⑤ 拡大　⑥ 体制　⑦ 深化　⑧ 普及

(b) サカんに　2

① シセイの暮らしを題材にする。
② 眠りからカクセイさせる。
③ チュウセイを誓う。
④ 弱いのにキョセイを張る。
⑤ 製糸業がリュウセイを迎える。

(c) カイテイバン　3

① 法律にテイショクする行為である。
② 首相カンテイが改装される。
③ テイセイ印を押して修正する。
④ 不動産の価格をサテイする。
⑤ 事件の証人としてシュッテイする。

(d) ヨウカイ　4

① 当時の様子をジュッカイする。
② 台風で水害をケイカイする。
③ ユウカイ事件を未然に防ぐ。
④ 火事場でカイリキを発揮する。
⑤ 川柳はハイカイから派生した。

ついて、産業革命の進展に寄与した発明家ジェームズ・ワット（一七三六～一八一九年）を例に述べている。

（注3） 通詞――江戸幕府の役人で、公式の通訳者。

（注4） 吉田光由――一五九八～一六七二年。江戸時代初期の和算家。

（注5） この蚊の漫画――出典中に引用されている漫画。ここでは省略している。

（注6） 名所図会――江戸時代に刊行された絵入り名所案内記の総称。

問1 傍線部(a)～(e)と同じ漢字を含む語を、次の中からそれぞれ選びなさい。
解答番号は、(a) 1 、(b) 2 、(c) 3 、(d) 4 、(e) 5 。 （配点10点）

(a) ハンプ 1

① テンプの才能を発揮する。
② 肩にシップを貼る。
③ ヒンプの差をなくす。
④ チンプな言葉を並べる。
⑤ 作家のネンプを調べる。

普及を殿様が行っていた証なのである。

世界の本屋で最も素晴らしい本が並んでいるのが日本だと言われる。欧米でも母国語以外の本を翻訳することはあまりない。日本は漢文、オランダ語の時代から翻訳を行い続けてきた。その伝統は未だに続いており、現在まで日本はアフリカだろうがどこだろうが、その分野の第一人者の先生がこれは絶対日本に伝えなければと思ったら、すべて翻訳するのである。世界で最も多く素晴らしい知識、**イ** 第一人者により誰にも分りやすくセレクトされた知識を母国語で読むことのできる国が日本ということになる。テレビから「fuel cell」という言葉が流れてきたとき、果たして何人の方が反応できるだろう。「燃料電池」という言葉にすれば、日本語が分かる人なら子供でも反応できる。(3)これが翻訳の力である。日本語で全てを学ぶ。翻訳をする人は、異なる説も含めてその分野の状況を全て理解していないと翻訳できない。トップの先生が日本人のために全ての知識を総動員してその分野の最先端を伝えてくれる。このような国は、欧米以外であり得ない。だからノーベル賞が取れる。日本以外のアジアの国が追いつこうと思っても、母国語で学習できない分、ハンデがある。これからは、英語教育が大事なのは間違いないが、基本的にネイティブに適うはずがない。英語にはない日本語でしか表現できないニュアンスを持つ言葉はたくさんある。最先端の研究も日本語で語り合うことで、日本の独自性が発揮できよう。欧米とは違う発想で研究ができる。これは素晴らしい文化だと思う。(4)だからこそノーベル賞も取れるのだと思う。英語を学びつつ、つなげてきた日本語、翻訳文化も大事にしていきたいものである。

（鈴木一義「日本のものづくりの源流――田中久重に学ぶ」より）

（注1）本草書――薬用になる動物・植物・鉱物について解説した書物。

（注2）先ほどワットを例に述べたように――本文より前の部分で、ヨーロッパで科学が技術と結びつき始めた時代に

者が知識を独占せず、社会に伝えるということが当たり前であった。知識が独占されない。例えば顕微鏡が入ってきて殿様が買って観察を行う。その知識や観察結果がすぐに人々に伝わるのである。『松梅竹取談（まつとうめたけとりものがたり）』(注5)にあるこの蚊の漫画は、光源氏（ひかるげんじ）を題材に(d)ヨウカイに襲われるところが、巨大な蚊に襲われるようになっている。顕微鏡で蚊を観察した本が出版され、このような漫画本が書かれたのである。この漫画を読んだ人々はどうするか。今まで潰して捨てていた蚊を、まじまじと見るのである。科学の始まりである。

殿様が観察した雪の(e)ケッショウもいろいろなモチーフになり、着物の柄などに使われた。河童（かっぱ）の絵も、日本各地にいる河童の絵を殿様が集めて出版し、その図が各地の(注6)名所図会（めいしょずえ）などに転用された。例えば、利根川にいるらしいということで、名所図会に描かれたのである。今のガイドブックのようなものに紹介されたら、江戸時代の皆さんも、早速、川に集まる。見つけたら大金持ちである。今跳ねたのはカワウソだ、今のは鯉（こい）だ、今のはサギだと言っている中で、河童はいないということが分かる。ヨーロッパはこれを科学者が行う。日本は皆で行ったのである。河童はいない、この川にはこういうものがいるとなり、知識は一般のものとなり、また殿様に戻り、正しい知識として修正される。早い段階から日本ではこの知識の［B］が行われていた。だから識字率も高くなったのである。一部の人だけではなくて、社会全体で既に科学への理解を始めている。(2)まさに「近代」が欧米とは違う形で進んでいたということになる。

江戸時代に殿様が行っていた昆虫標本の集め方に、近代を思わせる社会における科学・技術理解の在り方が示されている事例がある。熊本の殿様、細川重賢（しげかた）が作った昆虫画帳が阿蘇神社に所蔵されている。そこには西洋の貴族が楽しんだ蝶（ちょう）のコレクションのような様々な虫たちの図が描かれているが、その中にひとつカイコの図がある。この図の中にはカイコの図だけでなく、卵から成虫に至るまでカイコの一生が描かれている。このようなカイコの成長を描いた本は、当時の西洋でも珍しい。いわゆる昆虫学の走りと言ってよい。単なる昆虫好きではなく、養蚕を正しく行うための観察記録、役に立つ学問（実学）としての知識のはずである。こういう社会がすでに江戸時代に出来ていた。特に先ほどワット(注2)を例に述べたように、一七〇〇年代はヨーロッパでも科学が技術と結びつき始めた時代である。この時代に徳川吉宗は、通詞(注3)以外の学者たちにオランダ語を学ばせた。キリスト教に関係しない有用な西洋書は入れてよいということになって、通詞以外でもオランダ語が学べる［A］が出来た。約半世紀経って、オランダ語解禁によって読める人が増えることで、杉田玄白らが『解体新書』を翻訳することにつながるのである。漢文を日本語に翻訳するのも、オランダ語を日本語にするのも、有用な知識を誰もが読める日本語にすることであり、変わらない行為である。必然的に翻訳された蘭学は、日本の中に受け入れられていったのである。［Ⅱ］「神経」、「軟骨」、「動脈」、「十二指腸」など、解体新書で作られた造語は、今でも医学用語として使われている。現代科学・技術は欧米で発展したが、その発展の中で、翻訳によって母国語で最先端の科学技術を何百年も行ってきたのは欧米以外で日本だけである。その欧米と異なる言語、思考での発展が、現代日本人がノーベル賞を多く取っている理由とするのは言い過ぎだろうか。［Ⅲ］

「読み書きそろばん」と言われるように、読み書き以外に計算術は商売だけでなく、社会の繁栄に欠かせない。平和になった江戸時代の初めから、当然だが和算が(b)サカんになる。京都の吉田光由(注4)が『塵劫記』を書き、出版されるが、類似本がたくさん出る。そこで彼は、(c)カイテイバンを出す時に、いいかげんな偽物を見分けるために、解答を示さない問題を本につけた。つまり和算家として自信があれば、ここに書かれた問題を解いてみよとしたのである。それが解いてあれば優れた本だとし、その書いた人はまた後ろに解答のない問題を付すことが伝統となったのである。これを和算の「遺題継承」という。［Ⅳ］

今私たちは数学に限らず、問題を解くことに一生懸命であるが、和算に関して言えば、問題を解くことよりも問題を作ることに重点があった。それが遺題継承である。誰も考えたことのない問題を作り、それを解いた人が、また新たな問題を作るのである。和算家にとっては、常に新しい問題を考え、解き、また考えることが習い性だったのである。［Ⅴ］

日本では、江戸の時代から知識は全ての人々のものだった。多くの出版物からもそれが実証できる。日本はその分野の第一人

次の土地を征服しに行くために自分がより優位に立たないといけないので、優れた知識や技術は独占するしかない。ところが家康の時代に、その方向を変えたのである。国内を幕府が仕切って、各藩にそれぞれの地域の統治を任せ、その地域の繁栄を競わせたのである。そうすると知識は独占しないで、社会に普及させた方が得である。水戸光圀（みとみつくに）は、『救民妙薬』という本を、自分の御殿医に書かせ、無料で(a)ハンプした。その序文には、田舎にいる人、山中に住んでいる人は、医者にかかれないし、貧乏人は薬が買えないから、その辺にある草などで病気になった時に役に立つものをまとめ上げて本にして無料で配れという意味のことを書いているのである。知識を持つ人が、持たない人に、本を使って知識を伝えようとしたのである。当時の日本の学者が書く本は漢文が基本である。ヨーロッパではラテン語である。これらの言葉は、一般の人には読めない。欧米では一九世紀ぐらいまでは、科学者は全てラテン語で書いていた。 ア 日本は、知識を独占せず、殿様が皆のために、誰もが読める日本語で本を書かせたのである。例えば当時最高の西洋天文学を紹介した『授時暦』という漢文で書かれた中国書に読み下しの訓訳をつけて誰もが読めるようにする。さらに和語・日本語にする。いわゆる漢文を翻訳して、日本語にして、社会にどんどん出していくということが行われたのである。藩を繁栄させ、地域の人々を守るために知識を独占しない。殿様が率先して、奨励するから、学者たちもそれぞれの専門分野の知識を、日本語で誰でもが読める本として出版したのである。読めば得になる。『救民妙薬』は大正ぐらいまで使われているが、それは人々にとって有用な知識であったからである。勝手に草を食べたら死んでしまう。正しい知識を記した本が殿様の命令でどんどん出版される。生き死（しに）に関わる医療や、飢饉（ききん）の時などに必要な救荒本草書(注1)等など、読めれば助かる。だから学校に行かせる。今アフリカとかでいくら文字が読めたとしても、まだ社会全体に本が流通していないのである。本がないところで文字が読めて何の役に立つだろうか。それよりも働いてもらった方がいいと言うことになる。日本は、殿様や知識人らにより役に立つ本が流通し、それを読むために、識字率の高さを生んだのである。 I

有用な本を殿様らが奨励し、たくさん出版されることにより、寺子屋もでき、文字を読むことを推奨する。識字率が高くなる

国語

◀二月六日実施分▶

（六〇分）

一　次の文章を読んで、後の問いに答えなさい。

(1)江戸時代、日本は世界で最も識字率が高かった。明治維新の時に日本が近代化に成功した一番大きな理由の一つにその識字率が高いことがあげられる。当時、都市部では八割、田舎でも五割ぐらいの人は文字が読めたとされる。今、アフリカなどの発展途上国では学校を一生懸命作っているが生徒が来ない。貧しい人たちにとっては、子供を学校に行かせるよりも働いてもらった方が家族の生活にとってはありがたいのである。日本もかつて貧しかった頃、田舎では田植え休みだとか、稲刈り休みだとか、山菜採り休みだとかがあった。学校より家庭、日々の生活の方が大事であった。だから農繁期には学校が休みになった。さらに貧しかったと考えられる江戸時代なのに、なぜ多くの子どもたちが学校に通い、文字を覚えられたのか。

幕府の下で、殿様達は各藩をそれぞれ統治するように命じられる。秀吉の時代までは、技術、知識は独占すべきものであった。

解答編

英語

◀2月6日実施分▶

1 解答　1—④　2—②　3—②　4—④

2 解答　5—①　6—①　7—②　8—③　9—②

解説　5．assert「～を断言する，主張する」＝affirm

6．do away with～「～を廃止する」＝abolish

7．suppress「～を鎮圧する，抑圧する」＝hold back

8．swift「即座の，すばやい」＝fast

9．aroma「芳香，かおり」＝scent

3 解答　10—④　11—①　12—①　13—①　14—③　15—②　16—④　17—①　18—④　19—①　20—③　21—①　22—③　23—②

解説　10.「私の故郷は東京の南方20kmほどのところにあります」 to the south of Tokyo「東京の南部まで」

11.「来週までにそのレポートを提出してください」 turn in～「～を提出する」

12.「その女性が結婚しているかどうかがわからないときは“Ms.”を使って話しかけるとよいです」 address「～に話しかける」

13.「私は月に10本も映画を観るが，私の友達はそれは多すぎると思っている」 no less than～「～もの」

14.「健康であるためには，すべてにおいて楽観的な見解をもつ必要がある」 optimistic「楽観的な」
15.「最近若者の間で海外旅行がどんどん人気になっている」 growingly は「どんどん」という意味の副詞。
16.「メアリーは面接の結果について問い合わせた」 inquire about ～「～について問い合わせる」
17.「通りを歩いている女性と犬が見えるかい？」 先行詞が人間と人間以外のものなので，関係代名詞 that がふさわしい。
18.「ガソリン代が予想外に高騰しない限り自動車で通勤する人の数は変わらない」 unless S V「～しない限り」 unexpectedly「予想外に」
19.「その妻は夫にすべての家事をしてもらいたい」 have *A* *do*「*A* に～してもらう」 使役動詞の have は動詞の原形を伴う。
20.「万が一内容について質問があれば私に知らせてください」 if が省略された「仮定法の倒置」の用法である。元の文は If you should have any questions … である。
21.「彼は歌手というよりはむしろ喜劇俳優だ」 not so much *A* as *B*「*A* というよりむしろ *B*」
22.「そのマネージャーは新しいコンピュータソフトの導入に異を唱えた」 introduction「導入」 直後に前置詞 of があるので空所は名詞が入る。
23.「すべてのことが考慮されると，彼が社長に最も適した候補者だ」 元の形は when all things are considered で，独立分詞構文となる。

4 解答

(1)24―③　25―②　(2)26―①　27―⑤
(3)28―①　29―②

解説 (1)(There is) no alternative left but to give up the plan(.)
alternative「選択すべきもの」 but「～を除いて，～以外に」
(2)Almost all the cars in the parking lot were covered with snow(.)
Almost all (of) the ～「ほとんどの～」 be covered with ～「～で覆われている」
(3)(The company) will come into the view the moment you turn the corner(.) come into ～「～に入ってくる」 the moment S V「S が V するとすぐに」

解答編

5 解答 30―①　31―④　32―④

解説　30. 直前でBが，「日本人は結構フォーマルな服を着る傾向にあるよね？」と言っているので，①「私はいつもくだけすぎる服装をしているように感じてる」と続くのが自然である。

31. 空欄直前の発言で「今夜夕食を食べに行かない？」とあるので，④「何か考えがあるのですか？」がふさわしい。

32. 空欄までのBの発言で，ハイブリッドカーを提案して利点を述べているので，返答としては礼を述べた後に④「もう少し考えてみます」と続くのが自然。

6 解答 33―②　34―②　35―④　36―①　37―①

解説　≪スーパーでの垂直農業≫

33. without any agricultural chemicals「農業用化学薬品を使わない」

34. 空欄の直後に「例えば，コリアンダーやイタリアンバジル」とあるので，②「葉物」がふさわしい。

35. seedling「苗木」

36. harvest「～（作物）を収穫する」

37. bug「虫」

7 解答 38―①　39―③　40―④　41―①　42―①

解説　≪ブルーライトカット眼鏡が子供に与える危険性≫

38. 第3段第1文（Blue light, which …）に「波長の短い可視光線であるブルーライト」とあるので，①「人間にはそれを見ることができない」は不適。

39. 第3段第3文（The statement read, …）に「夜遅くまでデジタル機器のライトにさらされると睡眠障害を引き起こす可能性がある」とあるので，③「睡眠障害」がふさわしい。

40. 第4段第1文（At the same time, …）に「ブルーライトカット眼鏡の使用を子供たちに推奨する根拠はないと結論づけた」とあるので，④

「ブルーライトカット眼鏡の使用は子供たちにとってきわめて有益である」は矛盾する。

41. conduct「〜を行う」 空欄を含む文は「コロナ禍でオンラインによるたくさんの授業が行われ，これらのツールもまた学習において活用されている」

42. 第7段最終文（To protect children's eyes …）に「ディスプレイを少なくとも30センチ離し，少なくとも30分に1回，20秒以上離れたところを見ることで目を休めることを促している」とあるので，①「少なくとも30分に1回，20秒以上遠くを見る」がふさわしい。

◀2月7日実施分▶

1 **解答** 1－③ 2－④ 3－① 4－①

2 **解答** 5－③ 6－① 7－② 8－② 9－④

解説 5．proficient「熟達した」＝skillful

6．take up～「～を始める」＝begin

7．rule out～「～を除外する，排除する」＝erase

8．yearn for～「～を恋しく思う」＝long for～

9．affluent「裕福な」＝prosperous

3 **解答** 10－② 11－③ 12－③ 13－③ 14－④ 15－④ 16－② 17－④ 18－③ 19－③ 20－④ 21－③ 22－① 23－①

解説 10.「彼女はスマートフォンを使って助けを求めた」 call for help「助けを求める」

11.「私は怠惰な友人がやらなかった仕事に取り掛かった」 set about～「～に取り掛かる」

12.「私のいとこはいつも私の神経にさわることを言う」 get on *one's* nerves「～の神経にさわる」

13.「アパートは高いので，チャーリーはキャンパス近くの寮に住むことにした」 alley「路地」 boundary「境界」 dormitory「寮」 hatch「昇降口」

14.「私は頭痛があって体温を測る必要がある」 take *one's* temperature「体温を測る」

15.「その素材は熱に弱く，熱によって形状が変化する」 vulnerable to～「～に脆弱な，～に影響をうけやすい」

16.「彼女はとても思いやりのある人なので学校ではみんなに人気がある」 considerate「思いやりがある」 considerable「かなりの」

17.「そのスケーターの演技は満足からはほど遠く，私たちはがっかりした」 far from ～「～にはほど遠い」

18.「彼らは，オーナーが昨年客室を修復したホテルに到着した」 先行詞が場所を表す the hotel かつ，空欄の後ろは主語，動詞，目的語と揃っているので，関係副詞 where がふさわしい。

19.「もしあなたが必要な変更をするのであれば，私はあなたの提案を受け入れるでしょう」 provided「もし～ならば」という意味になり，that 以降で条件を述べる構文が多い。providing と現在分詞でも使用可能。

20.「彼は困っている人を助けることに生涯を捧げた」 devote *A* to *B*「*A* を *B* に捧げる」 *B* には名詞または動名詞が入る。

21.「私のアパートでペットを飼うことさえ許可されればいいのに」 if only で仮定法過去なので，I のあとの動詞は過去形を使う。

22.「先月カナダに行くまで，外国に行ったことがなかった」 過去完了（had＋過去分詞）で過去よりも前に起きたできごとを表す。

23.「私は今まで映画にこんなに感動させられることはめったになかった」 hardly ever「めったに～しない」

4 解答

(1)24―④　25―③　(2)26―③　27―④

(3)28―④　29―⑥

解説　(1)(One of the goals) is to get students to master the practical use of foreign languages(.)　get *A* to *do*「*A* に～させる」

(2)(I hope Japan) will have half as many people as it has (now.)　half as *A* as *B*「*B* の半分の *A*」

(3)(I) should have paid more attention to what my parents said(.) should have＋過去分詞「～すべきだった」 what S V「S が V すること」

5 解答

30―①　31―②　32―③

解説　30. 空欄直前の B の発言で「また宅配ピザにしない？」とあるので，①「気分転換に違うものがよい」がふさわしい。

31. 空欄の前で B がいつからでも働けると発言しているので，返答として②「1 週間以内に連絡します」がふさわしい。

32. Aの２つめの発言で「私の時計はまだニューヨークの時間です」とあるので，③「現地時間は何時ですか？」がふさわしい。

6 解答　33―①　34―①　35―④　36―③　37―③

解説　≪スターバックスとアマゾンの共同店舗オープン≫

33. full Starbucks menu「スターバックスのすべてのメニュー」

34. items added to the cart「カートに追加されたアイテム」

35. shift「変化」

36. underperforming stores「業績不振の店舗」

37. stores focused on ～「～に特化した店舗」

7 解答　38―③　39―②　40―③　41―①　42―③

解説　≪環境にやさしい竹紙ストローの開発≫

38. 第１段第１文（In an effort…）に「土砂崩れにつながる可能性のある放置林を再生させるための努力」とあるので，③「竹林を放置すると，土砂崩れなどの災害が発生する可能性がある」が適切である。

39. 第３段第３文（Due to the country's…）に「高齢化に伴い，タケノコを掘るために林に入る人の数は減少している」とあるので，②「林に入る高齢者の数は増えている」は不適である。

40. 第５段第４文（The straw was…）に「そのストローははっ水加工をされて作られた」とあるので，③「竹紙ストローは水を吸収する」は不適である。

41. 第４段第２文（It has already…）に「この会社はすでにノートや焼酎の箱を作っていた」とあり，①「ユニカラーは竹紙を使った製品を作るのは初めてである」は不適。

42. ③ operate「運営する」で，空欄を含む文は「鹿児島県内の仙巌園が運営する屋台でもこの竹紙のストローを使用することになっている」となる。

日本史

1 解答 ≪原始・古代の墳墓と風習≫

1 —② 2 —③ 3 —① 4 —① 5 —④ 6 —① 7 —⑧ 8 —⑨
9 —⑥ 10—⑩

2 解答 ≪室町幕府の組織・政治と対外関係≫

11—④ 12—③ 13—③ 14—② 15—④ 16—① 17—⑤ 18—②
19—②

3 解答 ≪江戸時代の学問≫

20—④ 21—① 22—② 23—④ 24—③ 25—③ 26—④ 27—②
28—①

4 解答 ≪幕末から現代までの日露関係≫

29—② 30—③ 31—④ 32—① 33—② 34—①

5 解答 ≪古代から近代までの通貨制度≫

35—③ 36—① 37—⑤ 38—② 39—④ 40—④ 41—① 42—③
43—①

世界史

1　解答　≪古代の遊牧民≫

1 －②　2 －②　3 －④　4 －③　5 －②　6 －②　7 －③　8 －①
9 －②　10－④

2　解答　≪ヨーロッパの宗教対立≫

11－③　12－②　13－④　14－①　15－④　16－①　17－④　18－②
19－④　20－②

3　解答　≪ロシアとポーランド≫

21－④　22－⑤　23－④　24－②　25－①　26－②　27－②　28－①
29－③　30－③

4　解答　≪近現代史総合≫

31－④　32－②　33－①　34－④　35－②　36－④　37－②　38－⑥
39－②　40－①

数学

1 解答 ≪1 次不等式，命題の真偽，中央値≫

1 ―④　2 ―⑤　3 ―②　4 ―⑤　5 ―⑥

2 解答 ≪2 次関数の最大・最小≫

6 ―④　7 ―⑥　8 ―⑥　9 ―⑧　10―⑤

3 解答 ≪正弦定理・余弦定理≫

11―⑧　12―⑩　13―⑤　14―⑤　15―⑧

4 解答 ≪6 枚のカードを並べる順列と確率≫

16―⑧　17―③　18―⑩　19―③　20―⑤

5 解答 ≪接弦定理，メネラウスの定理，チェバの定理≫

21―⑦　22―⑤　23―④　24―⑥　25―⑨

6 解答 ≪最大公約数・最小公倍数≫

26―④　27―⑤　28―⑥　29―⑤　30―①

化学

1 解答 ≪小問集合≫

1－③　2－②　3－④　4－②　5－①　6－④　7－⑤　8－③

2 解答 ≪物質量，化学反応の量的関係，分子中の炭素原子の質量比，濃度≫

9－④　10－③　11－④　12－②　13－②　14－②

3 解答 ≪pH，酸・塩基の定義，正塩の液性≫

15－④　16－③　17－④

4 解答 ≪濃硫酸の希釈とpHの変化≫

18－⑤　19－①　20－④　21－③

5 解答 ≪酸化数，ブリキとトタン，金属のイオン化傾向≫

22－①　23－③　24－③

6 解答 ≪過マンガン酸カリウム水溶液と過酸化水素水の酸化還元滴定≫

25－④　26－③　27－②　28－④

生物

1 解答 ≪生物の特徴≫

1 ―② 2 ―⑥ 3 ―③ 4 ―⑤ 5 ―① 6 ―⑧ 7 ―⑧ 8 ―⑧
9 ―⑤

2 解答 ≪体細胞分裂と染色体≫

10―③ 11―④ 12―⑥ 13―② 14―⑥ 15―③ 16―⑧

3 解答 ≪ヒトの体内環境≫

17―② 18―② 19―⑤ 20―② 21―② 22―① 23―⑩ 24―⑦
25―⑤ 26―②

4 解答 ≪植生の多様性と分布≫

27―③ 28―② 29―⑨ 30―④ 31―③ 32―⑤ 33―④ 34―④

5 解答 ≪生態系≫

35―① 36―⑧ 37―③ 38―④ 39―⑤ 40―③ 41―④ 42―③
43―②

問5 ⑤
問6 ②
問7 ④
問8 ③
問9 ③

解説 問2 ここでの「表象」は〝表すもの〟〝示すもの〟といった意味合いなので、「象徴」がふさわしい。

問3 アは補足的に説明を加えていることから、「ちなみに」が適当である。イは前後で保守的な金融業と新しい銀行が対比的に述べられているので、逆接の接続語が適当である。

問4 Aは前後にある「肉欲やコウショク（好色）といった性的な意味合い」「エロティシズム」「肉体的悦楽」から考える。Bは直後の「luxe」と結びつく語であり、下で対比されている「富」は市民たちの勤労の成果である。

問5 適当でないものが問われていることに注意する。⑤の「家事使用人の労働」は本文では「不生産的労働」と呼ばれていて、貴族によって浪費され富を形成することはない。

問6 第五～八段落から判断する。①は「優越感」が、③は「健全な感覚」が、④は「欲望の解放がもたらす価値」が、⑤は「親の財産や不労所得」がそれぞれ適当でない。

問7 ①は「他を圧倒する国力を手に入れた」が、②は「国内の貧富の差をなくした」が、③は「思想の近代化」がそれぞれ適当でない。⑤は「近代国家は……成り立つ」が本文にない。

問8 ③が次段落以降の内容と合致する。

問9 ①は第一段落に合致する。②は第三段落に合致する。③は第五～八段落に記述があるが、性的な意味合いを持つのはラテン語 luxuria とフランス語 luxe であって、英語の luxury にはこうした記述がないので、合致しない。④は第九段落から読み取れる。⑤は第十四段落に合致する。

ローバル化しているといった内容なので、そうした内容のまとめとして考えられる箇所を選ぶ。
問5　傍線部の直前にある、横断的なネットワーク組織が大衆的な読書欲を高め、公共図書館が各地に設立されていったという内容に着目する。
問6　傍線部の直後に、知的ネットワーキングの重要部分を担ってきた「研究会」は「百科事典」を出版した出版産業によって支えられていたという内容が続き、さらに「出版社は……集合知と記録知を結ぶ役割を、長きにわたって果たしてきた」とあることに着目する。
問7　傍線部直後の「記録知と集合知の協働の環が失われつつある」に着目する。さらに最後から二段落目で討論の場である教室と図書館や調査のフィールドを往還する学びの仕方が不効率なものとみなされていることから考える。
問8　②の「集合知の場と記録知の場との行き来」とは本文の「討論の場である教室と図書館、あるいは実験室や調査のフィールドを往還する」にあたり、「効率が重視されたネット情報」はネット検索やe-learningを指している。
問9　②は第九段落に合致している。①は「危機的な状況を乗り越えるため……図書などから情報を入手する」が合致しない。③は「エンサイクロペディア」が誤り。④「協働関係」は現代では失われつつあり合致しない。⑤「克服されるべき」とは言っていない。

二

出典　山田登世子『贅沢の条件』＜2章　背広たちの葬列＞（岩波新書）

解答

問1　(a)—④　(b)—⑤　(c)—②
問2　①
問3　ア—③　イ—⑤
問4　A—④　B—②

▲二月七日実施分▼

一

出典　吉見俊哉『知的創造の条件―AI的思考を超えるヒント』〈第3章　ポスト真実と記録知／集合知〉（筑摩書房）

解答

問1　(a)―④　(b)―①　(c)―②　(d)―①　(e)―⑤
問2　A―②　B―④
問3　ア―⑥　イ―③
問4　③
問5　①
問6　④
問7　⑤
問8　②
問9　②

解説

問2　Aは前に「図書館は時間志向のメディア」とあり、「メディア」はすなわち「媒体」である。Bは「効率の悪いものとして」とあるので、〝敬遠される〟といった意味が当てはまる。なくなっていくわけではないので「淘汰」ではない。

問3　アはあらためて説明を加えるといったニュアンスの語を選ぶ。イは直前の内容を「不効率」、直後の内容を「効率的」と比較していることに着目する。

問4　挿入文の冒頭に「つまるところ」とあり、直前の内容を要約した文だということがわかる。情報の入手と発信がグ

が不可欠である。

問9　④は第二・三段落の内容に合致する。①は第三・四段落に反する。②は「未来型の人間として」以降の内容が本文にない。③は「想像世界が現実を創り出していくから」が合致しない。⑤は「特定の用途における範囲に限って」が本文にない。

問3　A―②　B―⑤
問4　③
問5　②
問6　⑤
問7　③
問8　①
問9　④

解説　問2　アの直前の内容を理由として以降の展開へとつながっているので、因果関係を示す接続語を選ぶ。イの前後で真逆の内容となっているので、逆接の接続語がふさわしい。

問3　Aは直前に「忠実にはたらいてもらわなければ」とあるので、愛玩用ではなく経済的価値を生み出すといった内容の語を選ぶ。Bは直後の「意のままになる奴隷のままにしておくこと」に最もなじむ語を選ぶ。

問4　挿入文の冒頭の「それはすなわち」に着目して、その後の「動き始めて以降のロボットは……」がⅢの直前の「自分の判断で動き始めるはずだ」を受けていると読み取る。

問5　傍線部直後の段落の「経済的に見合わないかもしれない」が①に、「そもそも『それはいったい何の役に立つのか？』」が⑤に合致する。③は最後から四つ目の段落に、④は最後から二つ目の段落に合致する。②については、本文に書かれていない。

問6　傍線部直後の「高度な判断力を要する複雑な仕事をある程度丸投げで任せるために作られる」に着目する。

問7　同段落に、人間にもロボット同様制約があるが、そうした制約は絶対的なものではなくすり抜けられるものだと書かれている。

問8　前段落で「所有権を放棄して」「あらためて契約に基づいた雇用関係などに入り直す」とあり、契約には意志表示

問3　Aは幕府によって整えられたオランダ語学習のかたち、システムとしてとらえる。Bは殿様が広めた知識が一般のものとなり、再び殿様に戻るという知識の流れ方に着目する。
問4　挿入文にある「数学」に着目すると、数学について触れている部分より後に入るはずであるが、Ⅳだと前後の文脈を断ち切ってしまうためふさわしくない。
問5　空欄Ⅰの直前にある「役に立つ本が流通し、それを読むために、識字率の高さを生んだのである」に着目する。
問6　傍線部直前の「一部の人だけではなくて、社会全体で既に科学への理解を始めている」に着目すると、欧米では事象を観察するといったことは科学者に限られていたが、日本では科学知識が一部の人のものではなく社会一般のものとなっていたということ。
問7　傍線部の後に、「翻訳をする人は、異なる説も含めてその分野の状況を全て理解していないと翻訳できない」とある。③は、「異なる説」を翻訳の受け手側の子どもが理解することができるとしているところが誤りである。
問8　傍線部直前の「最先端の研究も日本語で語り合うことで、日本の独自性が発揮でき」「欧米とは違う発想で研究ができる」に着目する。
問9　③は第二段落の内容に合致する。①は「日本語でしか表現できないニュアンスこそが一番大切だ」が本文にない。②は「漢文の本がどんどん社会に広まった」が本文にない。④のように本文では殿様を人々の一員として扱っていない。⑤は「古くから中国書に読み下しの訓訳をつけていたから」が合致しない。

二

出典　稲葉振一郎『社会倫理学講義』〈第13回　応用倫理学Ⅳ　ＡＩ倫理学〉（有斐閣アルマ）

解答

問1　(a)―④　(b)―①　(c)―⑤
問2　ア―④　イ―①

国語

▲二月六日実施分▼

一

出典 鈴木一義「日本のものづくりの源流―田中久重に学ぶ」（池内了編著『高校生のための 人物に学ぶ日本の科学史』ミネルヴァ書房）

解答

問1 (a)―② (b)―⑤ (c)―③ (d)―④ (e)―④

問2 ア―⑦ イ―②

問3 A―⑥ B―④

問4 ⑤

問5 ⑤

問6 ③

問7 ③

問8 ④

問9 ③

解説 問2 アは直前で欧米の説明がなされていて、直後で対比的に日本の説明が述べられていることから、逆接の接続語を選ぶ。イは直前の内容に重ねてさらに強調された説明を加えていることから、「そのうえ」といった語が入る。

////////////////////// · memo · //////////////////////

//////////////////// · memo · ////////////////////

教学社 刊行一覧

2025年版 大学赤本シリーズ

国公立大学（都道府県順）

374大学556点
全都道府県を網羅

全国の書店で取り扱っています。店頭にない場合は，お取り寄せができます。

1 北海道大学(文系−前期日程)
2 北海道大学(理系−前期日程) 医
3 北海道大学(後期日程)
4 旭川医科大学(医学部〈医学科〉) 医
5 小樽商科大学
6 帯広畜産大学
7 北海道教育大学
8 室蘭工業大学／北見工業大学
9 釧路公立大学
10 公立千歳科学技術大学
11 公立はこだて未来大学 総推
12 札幌医科大学(医学部) 医
13 弘前大学 医
14 岩手大学
15 岩手県立大学・盛岡短期大学部・宮古短期大学部
16 東北大学(文系−前期日程)
17 東北大学(理系−前期日程) 医
18 東北大学(後期日程)
19 宮城教育大学
20 宮城大学
21 秋田大学 医
22 秋田県立大学
23 国際教養大学 総推
24 山形大学 医
25 福島大学
26 会津大学
27 福島県立医科大学(医・保健科学部) 医
28 茨城大学(文系)
29 茨城大学(理系)
30 筑波大学(推薦入試) 医 総推
31 筑波大学(文系−前期日程)
32 筑波大学(理系−前期日程) 医
33 筑波大学(後期日程)
34 宇都宮大学
35 群馬大学 医
36 群馬県立女子大学
37 高崎経済大学
38 前橋工科大学
39 埼玉大学(文系)
40 埼玉大学(理系)
41 千葉大学(文系−前期日程)
42 千葉大学(理系−前期日程) 医
43 千葉大学(後期日程) 医
44 東京大学(文科) DL
45 東京大学(理科) DL 医
46 お茶の水女子大学
47 電気通信大学
48 東京外国語大学 DL
49 東京海洋大学
50 東京科学大学(旧 東京工業大学)
51 東京科学大学(旧 東京医科歯科大学) 医
52 東京学芸大学
53 東京藝術大学
54 東京農工大学
55 一橋大学(前期日程)
56 一橋大学(後期日程)
57 東京都立大学(文系)
58 東京都立大学(理系)
59 横浜国立大学(文系)
60 横浜国立大学(理系)
61 横浜市立大学(国際教養・国際商・理・データサイエンス・医〈看護〉学部)
62 横浜市立大学(医学部〈医学科〉) 医
63 新潟大学(人文・教育〈文系〉・法・経済科・医〈看護〉・創生学部)
64 新潟大学(教育〈理系〉・理・医〈看護を除く〉・歯・工・農学部) 医
65 新潟県立大学
66 富山大学(文系)
67 富山大学(理系) 医
68 富山県立大学
69 金沢大学(文系)
70 金沢大学(理系) 医
71 福井大学(教育・医〈看護〉・工・国際地域学部)
72 福井大学(医学部〈医学科〉) 医
73 福井県立大学
74 山梨大学(教育・医〈看護〉・工・生命環境学部)
75 山梨大学(医学部〈医学科〉) 医
76 都留文科大学
77 信州大学(文系−前期日程)
78 信州大学(理系−前期日程) 医
79 信州大学(後期日程)
80 公立諏訪東京理科大学 総推
81 岐阜大学(前期日程) 医
82 岐阜大学(後期日程)
83 岐阜薬科大学
84 静岡大学(前期日程)
85 静岡大学(後期日程)
86 浜松医科大学(医学部〈医学科〉) 医
87 静岡県立大学
88 静岡文化芸術大学
89 名古屋大学(文系)
90 名古屋大学(理系) 医
91 愛知教育大学
92 名古屋工業大学
93 愛知県立大学
94 名古屋市立大学(経済・人文社会・芸術工・看護・総合生命理・データサイエンス学部)
95 名古屋市立大学(医学部〈医学科〉) 医
96 名古屋市立大学(薬学部)
97 三重大学(人文・教育・医〈看護〉学部)
98 三重大学(医〈医〉・工・生物資源学部) 医
99 滋賀大学
100 滋賀医科大学(医学部〈医学科〉) 医
101 滋賀県立大学
102 京都大学(文系)
103 京都大学(理系) 医
104 京都教育大学
105 京都工芸繊維大学
106 京都府立大学
107 京都府立医科大学(医学部〈医学科〉) 医
108 大阪大学(文系) DL
109 大阪大学(理系) 医
110 大阪教育大学
111 大阪公立大学(現代システム科学域〈文系〉・文・法・経済・商・看護・生活科〈居住環境・人間福祉〉学部−前期日程)
112 大阪公立大学(現代システム科学域〈理系〉・理・工・農・獣医・医・生活科〈食栄養〉学部−前期日程) 医
113 大阪公立大学(中期日程)
114 大阪公立大学(後期日程)
115 神戸大学(文系−前期日程)
116 神戸大学(理系−前期日程) 医
117 神戸大学(後期日程)
118 神戸市外国語大学 DL
119 兵庫県立大学(国際商経・社会情報科・看護学部)
120 兵庫県立大学(工・理・環境人間学部)
121 奈良教育大学／奈良県立大学
122 奈良女子大学
123 奈良県立医科大学(医学部〈医学科〉) 医
124 和歌山大学
125 和歌山県立医科大学(医・薬学部) 医
126 鳥取大学 医
127 公立鳥取環境大学
128 島根大学 医
129 岡山大学(文系)
130 岡山大学(理系) 医
131 岡山県立大学
132 広島大学(文系−前期日程)
133 広島大学(理系−前期日程) 医
134 広島大学(後期日程)
135 尾道市立大学 総推
136 県立広島大学
137 広島市立大学
138 福山市立大学 総推
139 山口大学(人文・教育〈文系〉・経済・医〈看護〉・国際総合科学部)
140 山口大学(教育〈理系〉・理・医〈看護を除く〉・工・農・共同獣医学部) 医
141 山陽小野田市立山口東京理科大学 総推
142 下関市立大学／山口県立大学
143 周南公立大学 新 総推
144 徳島大学 医
145 香川大学 医
146 愛媛大学 医
147 高知大学 医
148 高知工科大学
149 九州大学(文系−前期日程)
150 九州大学(理系−前期日程) 医
151 九州大学(後期日程)
152 九州工業大学
153 福岡教育大学
154 北九州市立大学
155 九州歯科大学
156 福岡県立大学／福岡女子大学
157 佐賀大学 医
158 長崎大学(多文化社会・教育〈文系〉・経済・医〈保健〉・環境科〈文系〉学部)
159 長崎大学(教育〈理系〉・医〈医〉・歯・薬・情報データ科・工・環境科〈理系〉・水産学部) 医
160 長崎県立大学 総推
161 熊本大学(文・教育・法・医〈看護〉学部・情報融合学環〈文系型〉)
162 熊本大学(理・医〈看護を除く〉・薬・工学部・情報融合学環〈理系型〉) 医
163 熊本県立大学
164 大分大学(教育・経済・医〈看護〉・理工・福祉健康科学部)
165 大分大学(医学部〈医・先進医療科学科〉) 医
166 宮崎大学(教育・医〈看護〉・工・農・地域資源創成学部)
167 宮崎大学(医学部〈医学科〉) 医
168 鹿児島大学(文系)
169 鹿児島大学(理系) 医
170 琉球大学 医

2025年版　大学赤本シリーズ

国公立大学 その他

171 〔国公立大〕医学部医学科 総合型選抜・学校推薦型選抜※ 医 総推
172 看護・医療系大学〈国公立 東日本〉※
173 看護・医療系大学〈国公立 中日本〉※
174 看護・医療系大学〈国公立 西日本〉※
175 海上保安大学校／気象大学校
176 航空保安大学校
177 国立看護大学校
178 防衛大学校 総推
179 防衛医科大学校（医学科） 医
180 防衛医科大学校（看護学科）

※No.171～174の収載大学は赤本ウェブサイト（http://akahon.net/）でご確認ください。

私立大学①

北海道の大学（50音順）

201 札幌大学
202 札幌学院大学
203 北星学園大学
204 北海学園大学
205 北海道医療大学
206 北海道科学大学
207 北海道武蔵女子大学・短期大学
208 酪農学園大学（獣医学群〈獣医学類〉）

東北の大学（50音順）

209 岩手医科大学（医・歯・薬学部） 医
210 仙台大学 総推
211 東北医科薬科大学（医・薬学部） 医
212 東北学院大学
213 東北工業大学
214 東北福祉大学
215 宮城学院女子大学 総推

関東の大学（50音順）

あ行（関東の大学）

216 青山学院大学（法・国際政治経済学部－個別学部日程）
217 青山学院大学（経済学部－個別学部日程）
218 青山学院大学（経営学部－個別学部日程）
219 青山学院大学（文・教育人間科学部－個別学部日程）
220 青山学院大学（総合文化政策・社会情報・地球社会共生・コミュニティ人間科学部－個別学部日程）
221 青山学院大学（理工学部－個別学部日程）
222 青山学院大学（全学部日程）
223 麻布大学（獣医、生命・環境科学部）
224 亜細亜大学
226 桜美林大学
227 大妻女子大学・短期大学部

か行（関東の大学）

228 学習院大学（法学部－コア試験）
229 学習院大学（経済学部－コア試験）
230 学習院大学（文学部－コア試験）
231 学習院大学（国際社会科学部－コア試験）
232 学習院大学（理学部－コア試験）
233 学習院女子大学
234 神奈川大学（給費生試験）
235 神奈川大学（一般入試）
236 神奈川工科大学
237 鎌倉女子大学・短期大学部
238 川村学園女子大学
239 神田外語大学
240 関東学院大学
241 北里大学（理学部）
242 北里大学（医学部） 医
243 北里大学（薬学部）
244 北里大学（看護・医療衛生学部）
245 北里大学（未来工・獣医・海洋生命科学部）
246 共立女子大学・短期大学
247 杏林大学（医学部） 医
248 杏林大学（保健学部）
249 群馬医療福祉大学・短期大学部
250 群馬パース大学 総推
251 慶應義塾大学（法学部）
252 慶應義塾大学（経済学部）
253 慶應義塾大学（商学部）
254 慶應義塾大学（文学部） 総推
255 慶應義塾大学（総合政策学部）
256 慶應義塾大学（環境情報学部）
257 慶應義塾大学（理工学部）
258 慶應義塾大学（医学部） 医
259 慶應義塾大学（薬学部）
260 慶應義塾大学（看護医療学部）
261 工学院大学
262 國學院大學
263 国際医療福祉大学 医
264 国際基督教大学
265 国士舘大学
266 駒澤大学（一般選抜T方式・S方式）
267 駒澤大学（全学部統一日程選抜）

さ行（関東の大学）

268 埼玉医科大学（医学部） 医
269 相模女子大学・短期大学部
270 産業能率大学
271 自治医科大学（医学部） 医
272 自治医科大学（看護学部）／東京慈恵会医科大学（医学部〈看護学科〉）
273 実践女子大学 総推
274 芝浦工業大学（前期日程）
275 芝浦工業大学（全学統一日程・後期日程）
276 十文字学園女子大学
277 淑徳大学
278 順天堂大学（医学部） 医
279 順天堂大学（スポーツ健康科・医療看護・保健看護・国際教養・保健医療・医療科・健康データサイエンス・薬学部） 総推
280 上智大学（神・文・総合人間科学部）
281 上智大学（法・経済学部）
282 上智大学（外国語・総合グローバル学部）
283 上智大学（理工学部）
284 上智大学（TEAPスコア利用方式）
285 湘南工科大学
286 昭和大学（医学部） 医
287 昭和大学（歯・薬・保健医療学部）
288 昭和女子大学
289 昭和薬科大学
290 女子栄養大学・短期大学部 総推
291 白百合女子大学
292 成蹊大学（法学部－A方式）
293 成蹊大学（経済・経営学部－A方式）
294 成蹊大学（文学部－A方式）
295 成蹊大学（理工学部－A方式）
296 成蹊大学（E方式・G方式・P方式）
297 成城大学（経済・社会イノベーション学部－A方式）
298 成城大学（文芸・法学部－A方式）
299 成城大学（S方式〈全学部統一選抜〉）
300 聖心女子大学
301 清泉女子大学
303 聖マリアンナ医科大学 医
304 聖路加国際大学（看護学部）
305 専修大学（スカラシップ・全国入試）
306 専修大学（前期入試〈学部個別入試〉）
307 専修大学（前期入試〈全学部入試・スカラシップ入試〉）

た行（関東の大学）

308 大正大学
309 大東文化大学
310 高崎健康福祉大学
311 拓殖大学
312 玉川大学
313 多摩美術大学
314 千葉工業大学
315 中央大学（法学部－学部別選抜）
316 中央大学（経済学部－学部別選抜）
317 中央大学（商学部－学部別選抜）
318 中央大学（文学部－学部別選抜）
319 中央大学（総合政策学部－学部別選抜）
320 中央大学（国際経営・国際情報学部－学部別選抜）
321 中央大学（理工学部－学部別選抜）
322 中央大学（5学部共通選抜）
323 中央学院大学
324 津田塾大学
325 帝京大学（薬・経済・法・文・外国語・教育・理工・医療技術・福岡医療技術学部）
326 帝京大学（医学部） 医
327 帝京科学大学 総推
328 帝京平成大学 総推
329 東海大学（医〈医〉学部を除く－一般選抜）
330 東海大学（文系・理系学部統一選抜）
331 東海大学（医学部〈医学科〉） 医
332 東京医科大学（医学部〈医学科〉） 医
333 東京家政大学・短期大学部 総推
334 東京経済大学
335 東京工科大学
336 東京工芸大学
337 東京国際大学
338 東京歯科大学
339 東京慈恵会医科大学（医学部〈医学科〉） 医
340 東京情報大学
341 東京女子大学
342 東京女子医科大学（医学部） 医
343 東京電機大学
344 東京都市大学
345 東京農業大学
346 東京薬科大学（薬学部） 総推
347 東京薬科大学（生命科学部） 総推
348 東京理科大学（理学部〈第一部〉－B方式）
349 東京理科大学（創域理工学部－B方式・S方式）
350 東京理科大学（工学部－B方式）
351 東京理科大学（先進工学部－B方式）
352 東京理科大学（薬学部－B方式）
353 東京理科大学（経営学部－B方式）
354 東京理科大学（C方式、グローバル方式、理学部〈第二部〉－B方式）
355 東邦大学（医学部） 医
356 東邦大学（薬学部）

2025年版　大学赤本シリーズ

私立大学②

357 東邦大学(理・看護・健康科学部)
358 東洋大学(文・経済・経営・法・社会・国際・国際観光学部)
359 東洋大学(情報連携・福祉社会デザイン・健康スポーツ科・理工・総合情報・生命科・食環境科学部)
360 東洋大学(英語〈3日程×3カ年〉)
361 東洋大学(国語〈3日程×3カ年〉)
362 東洋大学(日本史・世界史〈2日程×3カ年〉)
363 東洋英和女学院大学
364 常磐大学・短期大学 総推
365 獨協大学
366 獨協医科大学(医学部) 医

な行(関東の大学)

367 二松学舎大学
368 日本大学(法学部)
369 日本大学(経済学部)
370 日本大学(商学部)
371 日本大学(文理学部〈文系〉)
372 日本大学(文理学部〈理系〉)
373 日本大学(芸術学部〈専門試験併用型〉)
374 日本大学(国際関係学部)
375 日本大学(危機管理・スポーツ科学部)
376 日本大学(理工学部)
377 日本大学(生産工・工学部)
378 日本大学(生物資源科学部)
379 日本大学(医学部) 医
380 日本大学(歯・松戸歯学部)
381 日本大学(薬学部)
382 日本大学(N全学統一方式−医・芸術〈専門試験併用型〉学部を除く)
383 日本医科大学 医
384 日本工業大学
385 日本歯科大学
386 日本社会事業大学 総推
387 日本獣医生命科学大学
388 日本女子大学
389 日本体育大学

は行(関東の大学)

390 白鷗大学(学業特待選抜・一般選抜)
391 フェリス女学院大学
392 文教大学
393 法政大学(法〈Ⅰ日程〉・文〈Ⅱ日程〉・経営〈Ⅱ日程〉学部−A方式)
394 法政大学(法〈Ⅱ日程〉・国際文化・キャリアデザイン学部−A方式)
395 法政大学(文〈Ⅰ日程〉・経営〈Ⅰ日程〉・人間環境・グローバル教養学部−A方式)
396 法政大学(経済〈Ⅰ日程〉・社会〈Ⅰ日程〉・現代福祉学部−A方式)
397 法政大学(経済〈Ⅱ日程〉・社会〈Ⅱ日程〉・スポーツ健康学部−A方式)
398 法政大学(情報科・デザイン工・理工・生命科学部−A方式)
399 法政大学(T日程〈統一日程〉・英語外部試験利用入試)
400 星薬科大学 総推

ま行(関東の大学)

401 武蔵大学
402 武蔵野大学
403 武蔵野美術大学
404 明海大学
405 明治大学(法学部−学部別入試)
406 明治大学(政治経済学部−学部別入試)
407 明治大学(商学部−学部別入試)
408 明治大学(経営学部−学部別入試)
409 明治大学(文学部−学部別入試)
410 明治大学(国際日本学部−学部別入試)
411 明治大学(情報コミュニケーション学部−学部別入試)
412 明治大学(理工学部−学部別入試)
413 明治大学(総合数理学部−学部別入試)
414 明治大学(農学部−学部別入試)
415 明治大学(全学部統一入試)
416 明治学院大学(A日程)
417 明治学院大学(全学部日程)
418 明治薬科大学 総推
419 明星大学
420 目白大学・短期大学部

ら・わ行(関東の大学)

421 立教大学(文系学部−一般入試〈大学独自の英語を課さない日程〉)
422 立教大学(国語〈3日程×3カ年〉)
423 立教大学(日本史・世界史〈2日程×3カ年〉)
424 立教大学(文学部−一般入試〈大学独自の英語を課す日程〉)
425 立教大学(理学部−一般入試)
426 立正大学
427 早稲田大学(法学部)
428 早稲田大学(政治経済学部)
429 早稲田大学(商学部)
430 早稲田大学(社会科学部)
431 早稲田大学(文学部)
432 早稲田大学(文化構想学部)
433 早稲田大学(教育学部〈文科系〉)
434 早稲田大学(教育学部〈理科系〉)
435 早稲田大学(人間科・スポーツ科学部)
436 早稲田大学(国際教養学部)
437 早稲田大学(基幹理工・創造理工・先進理工学部)
438 和洋女子大学 総推

中部の大学(50音順)

439 愛知大学
440 愛知医科大学(医学部) 医
441 愛知学院大学・短期大学部
442 愛知工業大学 総推
443 愛知淑徳大学
444 朝日大学 総推
445 金沢医科大学(医学部) 医
446 金沢工業大学
447 岐阜聖徳学園大学 総推
448 金城学院大学
449 至学館大学 総推
450 静岡理工科大学
451 椙山女学園大学
452 大同大学
453 中京大学
454 中部大学
455 名古屋外国語大学 総推
456 名古屋学院大学 総推
457 名古屋学芸大学 総推
458 名古屋女子大学 総推
459 南山大学(外国語〈英米〉・法・総合政策・国際教養学部)
460 南山大学(人文・外国語〈英米を除く〉・経済・経営・理工学部)
461 新潟国際情報大学
462 日本福祉大学
463 福井工業大学
464 藤田医科大学(医学部) 医
465 藤田医科大学(医療科・保健衛生学部)
466 名城大学(法・経営・経済・外国語・人間・都市情報学部)
467 名城大学(情報工・理工・農・薬学部)
468 山梨学院大学

近畿の大学(50音順)

469 追手門学院大学 総推
470 大阪医科薬科大学(医学部) 医
471 大阪医科薬科大学(薬学部) 総推
472 大阪学院大学 総推
473 大阪経済大学 総推
474 大阪経済法科大学 総推
475 大阪工業大学 総推
476 大阪国際大学・短期大学部 総推
477 大阪産業大学 総推
478 大阪歯科大学(歯学部)
479 大阪商業大学 総推
480 大阪成蹊大学・短期大学 総推
481 大谷大学 総推
482 大手前大学・短期大学 総推
483 関西大学(文系)
484 関西大学(理系)
485 関西大学(英語〈3日程×3カ年〉)
486 関西大学(国語〈3日程×3カ年〉)
487 関西大学(日本史・世界史・文系数学〈3日程×3カ年〉)
488 関西医科大学(医学部) 医
489 関西医療大学 総推
490 関西外国語大学・短期大学部 総推
491 関西学院大学(文・法・商・人間福祉・総合政策学部−学部個別日程)
492 関西学院大学(神・社会・経済・国際・教育学部−学部個別日程)
493 関西学院大学(全学部日程〈文系型〉)
494 関西学院大学(全学部日程〈理系型〉)
495 関西学院大学(共通テスト併用日程〈数学〉・英数日程)
496 関西学院大学(英語〈3日程×3カ年〉) 新
497 関西学院大学(国語〈3日程×3カ年〉) 新
498 関西学院大学(日本史・世界史・文系数学〈3日程×3カ年〉) 新
499 畿央大学 総推
500 京都外国語大学・短期大学 総推
502 京都産業大学(公募推薦入試) 総推
503 京都産業大学(一般選抜入試〈前期日程〉)
504 京都女子大学 総推
505 京都先端科学大学 総推
506 京都橘大学 総推
507 京都ノートルダム女子大学 総推
508 京都薬科大学 総推
509 近畿大学・短期大学部(医学部を除く−推薦入試) 総推
510 近畿大学・短期大学部(医学部を除く−一般入試前期)
511 近畿大学(英語〈医学部を除く3日程×3カ年〉)
512 近畿大学(理系数学〈医学部を除く3日程×3カ年〉)
513 近畿大学(国語〈医学部を除く3日程×3カ年〉)
514 近畿大学(医学部−推薦入試・一般入試前期) 医 総推
515 近畿大学・短期大学部(一般入試後期) 医
516 皇學館大学 総推
517 甲南大学 総推
518 甲南女子大学(学校推薦型選抜) 新 総推
519 神戸学院大学 総推
520 神戸国際大学 総推
521 神戸女学院大学 総推
522 神戸女子大学・短期大学 総推
523 神戸薬科大学 総推
524 四天王寺大学・短期大学部 総推
525 摂南大学(公募制推薦入試) 総推
526 摂南大学(一般選抜前期日程)
527 帝塚山学院大学 総推
528 同志社大学(法、グローバル・コミュニケーション学部−学部個別日程)

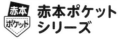

2025年版　大学赤本シリーズ　No. 457
名古屋学芸大学

2024年7月20日　第1刷発行
ISBN978-4-325-26516-0
定価は裏表紙に表示しています

編　集　教学社編集部
発行者　上原 寿明
発行所　教学社
〒606-0031
京都市左京区岩倉南桑原町56
電話　075-721-6500
振替　01020-1-15695
印　刷　太洋社

- 乱丁・落丁等につきましてはお取替えいたします。
- 本書に関する最新の情報（訂正を含む）は，赤本ウェブサイトhttp://akahon.net/の書籍の詳細ページでご確認いただけます。
- 本書は当社編集部の責任のもと独自に作成したものです。本書の内容についてのお問い合わせは，赤本ウェブサイトの「お問い合わせ」より，必要事項をご記入の上ご連絡ください。電話でのお問い合わせは受け付けておりません。なお，受験指導など，本書掲載内容以外の事柄に関しては，お答えしかねます。また，ご質問の内容によってはお時間をいただく場合がありますので，あらかじめご了承ください。
-
- 本シリーズ掲載の入試問題等について，万一，掲載許可手続等に遺漏や不備があると思われるものがございましたら，当社編集部までお知らせください。